Hannah Arendt

Vorträge und Aufsätze 1930–1938

PIPER

Zu diesem Buch

Der erste Band der *Vorträge und Aufsätze* Hannah Arendts dokumentiert ihre kurze Zeit als Publizistin in Deutschland und die ersten fünf Jahre im Pariser Exil erstmals vollständig. Enthalten sind ihre Texte aus den Jahren 1930 bis 1937/38. Darunter sind zahlreiche Artikel und Rezensionen, die zum ersten Mal seit ihrer Veröffentlichung wieder abgedruckt werden. Zwei auf Deutsch verfasste, sich im Nachlass Arendts befindliche Typoskripte – wohl in den Jahren 1932/33 bis 1937/38 geschriebene Kapitel für ein geplantes Buch – und ein Vortragsentwurf von 1936 waren bislang nur in Übersetzung publiziert und werden jetzt in der Originalsprache zugänglich gemacht. Aufgenommen werden aufgrund ihrer Bedeutung für das Verständnis der Entwicklung ihres Denkens zudem die Zeitungsartikel, die Arendt während ihres Exils in Paris auf Französisch publizierte. In einem einordnenden Nachwort skizziert der Herausgeber Thomas Meyer die Entstehungsgeschichte der verschiedenen Texte und führt unter Berücksichtigung zeitgenössischer Zusammenhänge durch die denkerische Entwicklung Hannah Arendts.

Hannah Arendt, am 14. Oktober 1906 im heutigen Hannover geboren und am 4. Dezember 1975 in New York gestorben, studierte unter anderem Philosophie bei Martin Heidegger und Karl Jaspers, bei dem sie 1928 promovierte. 1933 emigrierte Arendt nach Paris, 1941 nach New York. Von 1946 bis 1948 arbeitete sie als Lektorin, danach als freie Autorin. Sie war Gastprofessorin in Princeton und Professorin an der University of Chicago. Ab 1967 lehrte sie an der New School for Social Research in New York.
Thomas Meyer wurde an der LMU München promoviert und habilitierte sich auch dort. Nach zahlreichen Stationen im In- und Ausland lehrt Meyer Philosophie in München. Er gibt im Piper Verlag die Schriften Hannah Arendts in einer Studienausgabe heraus. Zuletzt erschien von ihm *Hannah Arendt. Die Biografie.*

Hannah Arendt

Vorträge und Aufsätze 1930–1938

Herausgegeben und mit einem einordnenden Nachwort
versehen von Thomas Meyer.

PIPER

Mehr über unsere Autorinnen, Autoren und Bücher:
www.piper.de

Von Hannah Arendt liegen im Piper Verlag vor:

Vorträge und Aufsätze 1930–1938
Macht und Gewalt
Elemente und Ursprünge totaler Herrschaft
Eichmann in Jerusalem
Fragwürdige Traditionsbestände im politischen Denken der Gegenwart
Der Liebesbegriff bei Augustin
Rahel Varnhagen
Vita activa oder Vom tätigen Leben
Über die Revolution
Im Vertrauen
Wir Juden
Vor Antisemitismus ist man nur noch auf dem Monde sicher
Was heißt persönliche Verantwortung in einer Diktatur?
Schreib doch mal ›hard facts‹ über dich
Wie ich einmal ohne dich leben soll, mag ich mir nicht vorstellen
Denktagebuch
Ich selbst, auch ich tanze
Wahrheit gibt es nur zu zweien
Briefe 1936–1968 (mit Heinrich Blücher)
Briefwechsel 1926–1969 (mit Karl Jaspers)
Eichmann war von empörender Dummheit
Wahrheit und Lüge in der Politik
In der Gegenwart
Zwischen Vergangenheit und Zukunft
Das Urteilen
Menschen in finsteren Zeiten
Über das Böse
Denken ohne Geländer
Ich will verstehen
Was ist Politik?
Vom Leben des Geistes

Unser Versprechen für mehr Nachhaltigkeit
• Klimaneutrales Produkt
• FSC®-zertifiziertes Papier
• Hergestellt in Europa

FSC www.fsc.org MIX Papier | Fördert gute Waldnutzung FSC® C021394

Originalausgabe
ISBN 978-3-492-31839-6
Mai 2024

Übersetzung: Text 19 aus dem Französischen von Thomas Meyer, Text 21 aus dem Französischen von Marie Luise Knott und Ursula Ludz, Texte 20 und 22 aus dem Französischen von Sonja Asal
Umschlaggestaltung: Büro Jorge Schmidt, München
Satz: Eberl & Koesel Studio, Kempten
Gesetzt aus der Minion Pro
Gedruckt von ScandBook in Litauen
Printed in the EU

Inhalt

Anlässlich der Studienausgabe von Hannah Arendts Schriften

Was Hannah Arendt dazu bewegte, der politischen Wirklichkeit so genau ins Gesicht zu sehen, waren die Kraft der Vernunft und die Verachtung der Illusion. Anderen schlüssig und verständlich zu machen, was sie sah, war ein großer geistiger Triumph – für sie persönlich, aber auch für die Tradition des offenen politischen Diskurses.

Judith Shklar (1975)

Die Studienausgabe in Einzelbänden von Hannah Arendts Schriften möchte dazu einladen, eine der bedeutenden Denkerinnen des 20. Jahrhunderts kennenzulernen oder erneut zu lesen. Ausgewiesene ExpertInnen untersuchen in ihren exklusiv für die Edition verfassten Nachworten die jeweiligen Werke. Die Nachwort-AutorInnen werden darin je eigene Schwerpunkte setzen, die Interessierten Hannah Arendts Gedankenwelt erschließen helfen. Bewusst wurde darauf verzichtet, eine wie auch immer geartete Einheitlichkeit vorzugeben. Die Offenheit und die Vielfalt von Arendts Überlegungen werden sich folglich in den verschiedenen Positionen der Beitragenden spiegeln, die innerhalb der Studienausgabe zu Wort kommen.

Die in Arendts Münchner Stammverlag Piper vorgelegten Bände bieten Texte, die auf der jeweils letzten, von ihr selbst noch überprüften Fassung beruhen. Mögliche Ausnahmen davon werden vom Herausgeber eigens begründet. Druckfehler, technische Hindernisse und andere offensichtliche Versehen sind korrigiert, die Zitate wurden überprüft, die bibliografischen Angaben durchgesehen. Für all das trägt der Herausgeber die Verantwortung. Ziel war es, zitierfähige Ausgaben zu schaffen, die sowohl eine breite Leserschaft ansprechen als auch eine für die Wissenschaft verlässliche Textgrundlage bieten.

Nachdem zwischen 2020 und 2024 die Monografien in der Neu-Edition veröffentlicht wurden und damit die erste Lieferung der Studienausgabe erfolgreich abgeschlossen werden konnte, folgen nunmehr in vier Bänden die zu Hannah Arendts Lebzeiten in deutscher Sprache verfassten Zeitungsartikel, Aufsätze und Essays in, naturgemäß nur soweit dies zu rekonstruieren ist, chronologischer Reihenfolge.

Hannah Arendt hat, begonnen mit ihrer Dissertation über Augustin 1928 bis hin zu ihrem Tod 1975, auf Deutsch geschrieben und veröffentlicht, sie war zeitlebens, unabhängig von der zunehmenden Selbstverständlichkeit, mit der sie das Amerikanische benutzte, in den deutschen Denktraditionen beheimatet: argumentativ und terminologisch. Ihre intellektuelle Entwicklung wird nur dann greifbar, wenn man diese Tatsache würdigt. Die Ausgabe soll genau diese Entwicklung nachzeichnen. Dabei ist klar, dass die Nachworte die Texte in Arendts Denkweg einordnen, sie also nicht separiert sind.

Zahlreiche Texte werden in dieser Edition erstmals seit dem Erscheinen wiederabgedruckt und der Forschung bislang unbekannte Texte erstmals zugänglich gemacht. Zudem werden bislang in Archiven liegende, unveröffentlichte Abhandlungen und Aufsätze Arendts exklusiv in der Studienausgabe vorgelegt. Aufgenommen werden aufgrund ihrer Bedeutung für das Verständnis der Entwicklung ihres Denkens zudem die Zeitungsartikel, die Arendt während ihres Exils in Paris auf Französisch publizerte.

Hannah Arendts Werke sprechen für sich und die beigefügten Nachworte benötigen keinerlei Rechtfertigungen. Bleibt also der aufrichtige Dank an die Kolleginnen und Kollegen, die sich der Aufgabe unterzogen haben, mit ihren Beiträgen die gesammelten Vorträge und Aufsätze Hannah Arendts für hoffentlich viele Leserinnen und Leser zu öffnen. Den Mitarbeiterinnen und Mitarbeitern vom Piper Verlag gilt der Dank für die Zusammenarbeit und die Courage, das Werk Hannah Arendts in der vorliegenden Form der Öffentlichkeit zugänglich zu machen.

Berlin, im April 2024

Thomas Meyer

1 PHILOSOPHIE UND SOZIOLOGIE
Anläßlich Karl Mannheim, Ideologie und Utopie[1]

Von Hannah Arendt
Erschienen 1930 in *Die Gesellschaft*

Die nachstehenden Ausführungen stehen in engem Anschluß an K. Mannheims Buch »Ideologie und Utopie« und wollen eine Auseinandersetzung mit der dort geschaffenen Basis und den aus ihr erwachsenden Prätentionen der Soziologie versuchen. Dabei werden die historischen Einzelanalysen, in denen Mannheim weit kompetenter ist als der Rezensent, in die Auseinandersetzung nicht direkt miteinbezogen. Wir halten uns allein an die philosophische Grundabsicht. Vorausgesetzt wird dabei die Kenntnis des Mannheim'schen Buches, dessen Bedeutung darin besteht, die Fragwürdigkeit moderner Geistigkeit überhaupt in historischem Verständnis aufzuzeigen. Was hat dieser Aufweis der Fragwürdigkeit für die Philosophie zu besagen? Wie ist die hier aufbrechende Problematik überhaupt beschaffen, daß sie die Philosophie beunruhigen kann?

Daß sie dies faktisch kann, hat seinen Grund darin, daß Mannheim zwar »Standortgebundenheit« und sogar politische Standortgebundenheit jeder geistigen Äußerung aufzeigt, sich selbst aber für keinen dieser Standorte entscheidet – es sei denn in der Rückfrage nach der sozialen Lage, in der solche »Standortlosig-

1 Verl. Fr. Cohen, Bonn. 1929.

keit« überhaupt noch möglich ist. Erst in dieser Reserve reicht Soziologie in philosophische Problematik und kann dieser etwas sagen. Erst so wird in aller Destruktion noch »Realität« gesucht.[2] Realität und nicht ein Interesse, das als ökonomisch-soziales den einzelnen Theorien zugrunde liegen kann: sondern das »Brauchbare zur Weltorientierung«.[3] Wille zur Weltorientierung aber besagt von vornherein Einsicht in die Relevanz des Geistigen; Entscheid für Standortlosigkeit, Wissen um die mögliche Fruchtbarkeit von Neutralität. Dies jedenfalls scheidet die Mannheim'sche Position im wesentlichen von der Georg Lukács', der zwar gleichfalls Geistiges in seinem Absolutheitsanspruch destruiert,[4] aber von einem bestimmten Standpunkt aus, dem des Proletariats, und der damit unmerkbar und ohne Bedenken den dort zu Recht geltenden Interessenbegriff (in der konkreten Interpretation sehr fruchtbar) substituiert. Die Distanz aber von jedem historischen Standpunkt mit dem Bewußtsein der historischen Bedingtheit auch dieser Standortlosigkeit hat einen doppelten Bezug zur Philosophie: Mannheim fragt erstens nach der Realität, d. i. nach dem möglichen echten Ursprung des Geistigen, und er versteht zweitens in der Sicht auf *alle* Standorte und in der radikalen Relativierung das Schicksal aller »Seinsauslegung«[5] als Orientierung in einer bestimmten historisch gegebenen Welt und damit die Relevanz von Welt im menschlichen Miteinander.

In philosophischer Formulierung ist das Problem, das der Mannheim'schen Soziologie zugrunde liegt, die Fraglichkeit des Verhältnisses des Ontischen zum Ontologischen.[6] Wenn Philosophie nach dem »Sein des Seienden« (Heidegger) oder nach dem

2 Ideologie und Utopie. S. 54. (Zitiert als Id. u. Ut.)

3 Verh. d. 6. Deutsch. Soziologentages, 1928 in Zürich. Mohr, Tüb. 1929. S. 80. (Zitiert als Zür. Ref.)

4 Georg Lukács, Geschichte und Klassenbewußtsein, Berlin 1923.

5 Zür. Ref. S. 45.

6 M. Heidegger. Sein und Zeit, Halle 1927. S. 6 ff.

Selbstverständnis der aus der Alltäglichkeit abgelösten »Existenz« (Jaspers) fragt, so fragt die Soziologie gerade umgekehrt nach dem Seienden, das dieser »Seinsauslegung« zugrunde liegt, nach dem, was die Philosophie als das für sie Irrelevante behauptet.

Jedes menschliche Denken ist nach Mannheim »seinsgebunden«, ist nur verständlich aus einer bestimmten jeweils vorgegebenen Situation, auch das philosophische, d. h. dasjenige, das unabhängig von allem Spezifischen für das wahre schlechthin gelten will, d. h. sich selbst *verabsolutiert.* Diese Verabsolutierung kann nun aber nicht einfach zunichte gemacht werden durch Aufzeigung der Situationsgebundenheit überhaupt, sondern wird erst wirklich in ihrem Anspruch erschüttert durch Erklärungen der *jeweiligen* Genesis der betreffenden Philosophie aus einer bestimmten Situation. Die Seinsgebundenheit ist nicht nur die conditio sine qua non, sondern die conditio per quam. Wäre die vitale Gebundenheit alles Denkens nur die conditio sine qua non, so würde sie für die geistigen Sinngehalte selbst in ihrer abgelösten Objektivität noch nichts besagen. Die Realgenese kann nicht einfach umschlagen in Sinngenese. Erst wenn die jeweilige Seinsgebundenheit nicht nur in abstracto zugestanden, sondern in concreto als treibender Faktor aufgezeigt werden kann, wenn nämlich das Geistige nur als eine besondere Art des Umschlages bestimmt wird, der selbst noch vital gebunden ist (etwa Philosophie ist überhaupt nur möglich aus einer bestimmten sozialen Position), erst dann ist die absolute Scheidung von Ontologie und Ontik zunichte gemacht zugunsten der Ontik, die jeweils in ihrer historischen Wandelbarkeit verschiedene Ontologien erzeugt oder zerstört. Der Aufweis der Unablösbarkeit beider Sphären, der Sphäre des Seins und der des Seienden, ist am radikalsten dort, wo das Bewußtsein vom Unbedingten widerlegt wird durch Rückführung auf ontisch Bedingendes. Destruktion *relativiert* also nicht nur – was verhältnismäßig harmlos wäre –, sondern sie ist auch imstande zu *widerlegen.* Ihre Widerlegung ist die Demaskierung des Bewußtseins vom Unbedingten als *Ideologie* (im Sinne der »Totalideologie«[7]), d.h. als eines Bewußtseins, das Gebundenheit an Ontik gerade durch ontisch Bedingendes nicht kennt und sich daher für unbedingt erklärt. Nicht also Gebundensein des Ontologischen an Ontisches macht allein das hier Entscheidende aus: Ontologie als Ideologie entlarven, heißt, daß sie überhaupt qua Ontologie erst aus einer bestimmten Verdeckung, *die das Seiende selber geschaffen hat*, entspringt.

Philosophie ist also nicht nur nicht der alltäglichen Wirklichkeit prinzipiell transzendent, sie entspringt aus ihr sogar im Sinne der vitalen Motivation: die Wirklichkeit ist die conditio per quam. Philosophie ist also in soziologischer Betrachtung nicht mehr die Antwort auf die Frage nach dem »Sein des Seienden«, sondern gilt nun selbst als verkettet und verstrickt in die Welt des Seienden und ihre Motivationsmöglichkeiten, als ein Seiendes unter Seienden. Philosophie wird hier in ihrer absoluten Realität bezweifelt, indem sie rückgeführt wird auf eine ursprünglichere Realität, die sie vergessen hat, ja ihre Transzendenz wird als einfaches Vergessenhaben gewertet: ihr Unbedingtheitsanspruch beruht auf dem Vergessen ihrer historischen Verwurzelung. Damit aber ist nicht nur der Absolutheitsanspruch jeder Philosophie zerstört, sondern sie ist auch in ihrer Jeweiligkeit fraglich gemacht. Die Soziologie läßt die selber philosophische Frage nach dem Sinn von Philosophie aufbrechen.

Bevor wir der Antwort Mannheims auf diese Frage nachgehen, wollen wir zu besserem Verständnis dessen Position kurz mit zwei heutigen philosophischen Frage- und Problemansätzen konfrontieren, an denen sie, wie wir dem Buche entnehmen zu dürfen glauben, polemisch orientiert ist. Ich referiere hier absichtlich einseitig nur das für diese Orientierung Wesentliche.

Wenn Karl *Jaspers* vor allem die »Existenz« des Menschen zum

7 Id. u. Ut. S. 8.

Thema der Philosophie macht, so versteht er unter Existenz nicht die Alltäglichkeit des Kontinuierlichen, sondern jene wenigen Augenblicke, in denen allein der Mensch eigentlich er selbst ist, und sein Selbstsein bzw. die Fragwürdigkeit der menschlichen Situation als solcher erkennt (»Grenzsituationen«[8]), denen gegenüber, wie dem Eigentlichsein überhaupt, jede Alltäglichkeit nur ein »Abgleiten« darstellt. Der Mensch ist also eigentlich nur er selbst in der Abgelöstheit und Freiheit vom täglichen Hier und Jetzt, in dem er sich höchstens zu bewähren hat, in der absoluten Einsamkeit der »Grenzsituationen«. Daß dabei Jaspers Alltäglichkeit und das »Abgleiten« in sie als notwendig für das menschliche Sein ansetzt, ist in diesem Zusammenhang gleichgültig. Denn schon durch den Terminus »Abgleiten« ist einmal die negative Bewertung ausgesprochen, ferner aber die Alltäglichkeit als negativer Modus »erklärt« eben aus dem Nichtalltäglichen. Dem gegenüber will die Soziologie gerade das Umgekehrte: nämlich auch das Nichtalltägliche noch als einen Modus der Alltäglichkeit fassen. Wie weit ihr das gelingt oder nicht gelingt, sehen wir später. Jedenfalls behauptet die Soziologie die konkrete Realität des täglichen Hier und Jetzt, in dessen historische Kontinuität und Bedingtheit sie auch die »hohen Augenblicke« nivelliert. Einsamkeit könnte hier nur noch als negativer Modus menschlichen Seins (Weltflucht, Weltangst oder, wie Mannheim sagt, als Bewußtsein, »das sich mit dem es umgebenden ›Sein‹ nicht in Deckung befindet«[9]) überhaupt in Sicht kommen.

In dieser prinzipiellen Bewertung der Alltäglichkeit kommt der Soziologie scheinbar *Heideggers* »Sein und Zeit« entgegen. Heidegger geht gerade von der Alltäglichkeit des menschlichen Daseins, für unseren Zusammenhang von der Alltäglichkeit des »Miteinander« aus (»Man«) als dem, worin »das Dasein zunächst

8 K. Jaspers, Psychologie der Weltanschauungen, Berlin, 1925. Seite 229 ff.
9 Id. u. Ut. S. 169. Vgl. S. 52.

und zumeist sich hält«.[10] Das Miteinander der Menschen, die historische Welt ist jedem Selbstsein so weit vorgegeben, daß »das *eigentliche Selbstsein* nicht auf einem vom Man abgelösten Ausnahmezustand des Subjekts beruht, sondern *eine existenzielle Modifikation des Man als eines wesenhaften Existenzials*« ist.[11] Menschsein ist wesensmäßig »In-der-Welt-sein«.[12] Hier ist also in dem ersten philosophischen Explikationsansatz Dasein schon als ein solches verstanden, das je in einer Welt lebt. Was aber mit Jaspers gemeinsam bleibt, ist, daß die »Grundart des Seins der Alltäglichkeit« das »Verfallen des Daseins« genannt wird. Erst in dem Sichzurückholen aus diesem notwendigen »Verlorensein in die Öffentlichkeit des Man« entspringt die Eigentlichkeit, »das Selbstseinkönnen des Daseins«.[13] – Aus dem vorangegangenen ergibt sich eine doppelte Polemik: einmal wird – wie schon oben gegen Jaspers – ein mögliches Freisein vom »Man«, damit ein Eigentlichsein bezweifelt, das Heidegger im »Sein zum Tod«[14] wie Jaspers in den »Grenzsituationen« aufzeigt. Damit wird implicite die Zulässigkeit der Kategorien: Eigentlichkeit – Uneigentlichkeit überhaupt in Frage gestellt zugunsten eines Seinsbegriffes, der außerhalb der Alternative von Eigentlichkeit und Uneigentlichkeit, Echtheit und Unechtheit liegt, da alle diese Kategorien einer völligen Beliebigkeit anheimgegeben zu sein scheinen. Denn warum das Ichselbstsein einen Vorrang haben soll vor dem Mansein, ist hier nicht mehr einsichtig. Diese Indifferenz, in der alle derartigen Kategorien belassen werden, entsteht aus einer radikalen Relativierung und Historisierung. Nicht nur das Phänomen des »Man« interessiert den Soziologen, sondern gerade »wie dieses ›Man‹ zustande kommt […] wo der Philosoph aufhört, zu fragen,

10 Heidegger, Sein u. Zeit, S. 117. (Zitiert als S. u. Z.)

11 S. u. Z. S. 130. Vgl. S. 43, 175.

12 S. u. Z. S. 52 ff.

13 S. u. Z. S. 175.

14 S. 260 ff.

beginnt das soziologische Problem«.[15] Damit ist zugleich gesagt: es braucht nicht immer und zu allen Zeiten so etwas wie »Man« zu geben. Nicht nur »Eindringlichkeit und Ausdrücklichkeit seiner Herrschaft können geschichtlich wechseln«,[16] sondern es kann ein menschliches Dasein geben, in dem ein »Man«, eine in diesem Sinne öffentliche Auslegung des Seins, überhaupt nicht existiert und nicht etwa nur nicht *entdeckt* ist. Der Soziologe fragt nicht nach dem »In-der-Welt-sein« als formaler Struktur des Daseins überhaupt, sondern nach der jeweils historisch bestimmten Welt, in der der Mensch jeweils lebt. Diese Abgrenzung der Soziologie ist scheinbar harmlos, als stecke sie nur die Grenzen ihrer Kompetenz ab. Sie wird erst dann für die Philosophie bedrohlich, wenn sie behauptet, Welt könne prinzipiell nicht als formale Struktur menschlichen Seins, sondern nur als jeweils inhaltlich bestimmte Welt eines bestimmten Lebens entdeckt sein. Damit ist die Möglichkeit von Seinsverständnis als *Ontologie* überhaupt bestritten. Die ontologischen Strukturen des menschlichen Daseins in der Welt, sofern sie unbezweifelbar gleich bleiben – etwa Hunger und Sexus –, sind gerade das Unwesentliche, uns nicht Angehende. In jedem Versuch, uns über das eigene Sein Rechenschaft abzulegen, sind wir an das je und je sich wandelnde Ontische gewiesen, das als wahre *Realität* gegenüber den »Theorien« der Philosophen besteht. Dem Geiste aber ist – obzwar in dem Mannheim'schen Buche nirgends ausdrücklich – so doch schon im prinzipiellen Ansatz keine Realität zugestanden.[17]

Alles Spirituelle ist entweder als Ideologie oder Utopie verstanden. Beide, sowohl Ideologie wie Utopie, sind »seinstranszen-

15 Zür. Ref. S. 46.

16 S. u. Z. S. 129.

17 Vgl. auch M. Schelers Terminus »die Machtlosigkeit des Geistes«. (Die Wissensformen und die Gesellschaft. Lpz. 1926. Probleme einer Soziologie des Wissens.)

dent«.[18] entspringen einem Bewußtsein, »das sich mit dem es umgebenden Sein nicht in Deckung befindet«.[19] Das *Mißtrauen* gegen den Geist, das in der Soziologie und ihrem Destruktionsversuch sichtbar ist, entspringt der Heimatlosigkeit, zu der der Geist in unserer Gesellschaft verurteilt ist.[20] Die Heimatlosigkeit und scheinbare Entwurzeltheit (»freischwebende Intelligenz«)[21] macht alles Geistige von vornherein verdächtig; es wird nach einer Realität gesucht, die ursprünglicher ist als der Geist selbst, und auf sie hin sollen alle geistigen Zeugnisse interpretiert bzw. destruiert werden. Destruktion meint hier nicht Zerstörung schlechthin, sondern Reduktion des Geltungsanspruches auf die jeweilige Situation, aus der er entsprungen ist.

Von dem Destruktionsversuch der Psychoanalyse, die auch durch Destruieren eine ursprünglichere Realität zu finden behauptet, scheidet den Mannheim'schen Versuch (schon abgesehen davon, daß Psychoanalyse nur »Partial«- und nie »Totalideologie« sein kann)[22] ein Doppeltes: Erstens bleibt die situationsgebundene Geltung des Spirituellen bis zu einem gewissen Grade bestehen, während in der Psychoanalyse, für die jedes Geistige nichts ist als »Verdrängung« bzw. »Sublimierung«, Geist überhaupt keine Geltung mehr besitzt und in einem enthemmten, d. h. richtig funktionierenden Bewußtsein gar nicht auftauchen würde. Zweitens aber – und das ist das Entscheidende – ist die Realität, auf die hin Psychoanalyse destruiert, das absolut Sinn- und Geistfremde. In der Rückführung auf das Unbewußte wird auf diejenige Schicht rückgeführt, die der Mensch gerade nicht und nie in seiner Hand hat, d. h. auf das Ahistorische schlechthin; während Soziologie gerade auf das Historische, auf das, was noch

18 Id. u. Ut. S. 169.
19 Ibid.
20 Id. u. Ut. S. 128.
21 Id. u. Ut. S. 123.
22 Id. u. Ut. S. 9 ff.

in der Freiheit des Menschen steht oder einmal stand, destruiert. Beide aber, Soziologie wie Psychoanalyse, fordern einen grundsätzlich anderen Weg des *Verstehens,* als ihn die Geisteswissenschaften kannten: kein *direktes* Verstehen, das das Verstandene als das nimmt, als was es sich gibt, keine unvermittelte Auseinandersetzung, sondern einen Umweg über eine Realität, die ihnen als die *ursprünglichere* gilt. Ihnen gemeinsam ist es, Geist als das erst Sekundäre, Realitätsfremde anzusetzen. Aber die »Realität« der Psychoanalyse ist weit geistfremder als die der Soziologie, die den Umweg des Verstehens über das »Kollektivsubjekt« und damit ein Verstehen aus dem geschichtlich sozialen Raum her fordert.[23] Indem Soziologie ihre wesentlichste Aufgabe in der Destruktion auf Geschichtliches sieht, wird sie zur historischen Wissenschaft.

Es erheben sich hier zwei Fragen: erstens die philosophische nach der Realität, auf die alles Geistige zurückgeführt wird, und in welcher Weise dieses für die Realität transzendent ist; zweitens die nach der Kompetenz in der geschichtlichen Forschung.

Die Realität, die der Geistigkeit gegenüber primär ist, die vitale Ebene, aus der sie selber entspringt, ist die »konkret geltende Lebensordnung«. Diese wiederum ist »zunächst am klarsten erfaßbar und charakterisierbar durch die ihr zugrunde liegende besondere Art des wirtschaftlich-machtmäßigen Gefüges«.[24] Dies klingt im ersten Augenblick, als sei das Wirtschaftlich-Ökonomische, an dem die jeweils geltende Lebensordnung, d. h. die Realität, um die es geht, abgelesen wird, nur ein heuristisches Prinzip. Daß sie das aber ist, daß gerade an ihr abgelesen wird, sie als der eigentlichere Index für Realität gilt, als jede geistige Äußerung, hat einen durchaus prinzipiellen Sinn. Rückgang auf die Seinsgebundenheit jeder philosophischen Erkenntnis würde nicht nur

23 Id. u. Ut. S. 8.
24 Id. u. Ut. S. 171.

nichts gegen, sondern vielleicht etwas für Philosophie besagen, wenn auch der Absolutheitsanspruch – auf den sie verzichten kann, ohne ihren Sinn aufzugeben – damit relativiert und destruiert wäre. Mannheim selber sagt, daß in der vitalen Gebundenheit gerade und vorerst eine »Chance der Erkenntnis« liegt,[25] daß erst ein solches Erkennen nicht »ins Leere greift«, nicht in der Unverbindlichkeit des für jedermann Gültigen verbleibt.[26] Das Erkennen kann gerade im Rückgang auf seine Seinsgebundenheit, auf seine *jeweilige* Gebundenheit also seine Ursprünglichkeit dartun. In der Auseinandersetzung mit seiner Situation kann und wird zumeist gerade die Sinnfrage aufbrechen. Die Genesis der Wahrheit besagt an sich nichts gegen ihre Ursprünglichkeit und »Echtheit«. (Id. u. Ut. S. 138: »[…] denn es ist sehr leicht möglich, daß es Wahrheiten, richtige *Einsichten gibt, die nur einer persönlichen Disposition oder aber einer bestimmten Art von Gemeinschaft oder bestimmt gerichteten Willensimpulsen zugänglich sind.*«) Leugnen kann das nur derjenige, welcher den uns historisch bekannten »Ursprung« etwa der abendländischen Geschichte mit dem Ursprung schlechthin identifiziert. Daß dies unmöglich ist, macht schon ein einfaches Beispiel klar: Wenn es etwa – wie wir heute wissen – für den Griechen der frühen Zeit relativ selbstverständlicher war, sich in gebundener Sprache mitzuteilen als in Prosa, so wäre es heute nichts als ein Zeichen äußerster Unursprünglichkeit und Manieriertheit, dies als das »Ursprünglichere« zu pflegen und so die Verssprache der Prosa vorzuziehen. Damit soll gesagt sein, daß Ursprung und Ursprünglichkeit etwas je Verschiedenes sind. Jede Zeit hat ihre eigene Ursprünglichkeit. Relativierung auf Seinsgebundenheit bedeutet nur so lange *Relativismus* – das betont auch Mannheim[27] –, als historisches Verstehen sich mit einem

25 Ibid. S. 35.

26 Ibid. S. 41.

27 Id. u. Ut. S. 33.

Wahrheitsbegriff eint, der selber traditionell gebunden aus einer Zeit stammt, in der »seinsverbundenes Denken« noch gar nicht entdeckt ist. Der Mannheim'sche »*Relationismus*« behauptet dagegen gerade einen neuen, durch historisches Verstehen entdeckten Erkenntnisbegriff, für den Wahrheit prinzipiell und positiv nur in Seinsgebundenheit auftauchen kann. Das Sein aber, an das jede geistige Äußerung gebunden ist, wird bestimmt als das soziale Sein des Miteinander, das wiederum abgelesen ist an dem »wirtschaftlich machtmäßigen Gefüge«. Es ist also von vornherein als selbstverständlich angesetzt, daß das Sein, an das der Geist gebunden ist, die Realität, auf die hin er destruiert wird, das *öffentliche Sein* ist. Diese Festsetzung hat ihren Grund darin, daß nur dieses Sein als geschichtlich veränderlich zugestanden ist im Gegensatz zu den »naturhaften Grenztatsachen (dem Faktum des Geborenwerdens und des Todes)«.[28] Dieses öffentliche Sein, das als *die* Welt gilt, bestimmt in der Auseinandersetzung mit ihm auch das eigene Selbstsein. Erst in dieser Auseinandersetzung wird das je individuelle menschliche Dasein ein *geschichtliches*.[29] Daß sich die geschichtliche Welt aber am klarsten im Wirtschaftlichen manifestiert, besagt, daß sie dort am eindeutigsten sie selbst ist, wo sie am sinn- und geistfremdesten ist. Daher ist Geist auch notwendig »wirklichkeitstranszendent« und nicht oder erst sekundär selbst Wirklichkeit, nämlich allein dann, wenn er versteht, in irgendeiner Weise mit der bestehenden wirtschaftlichen und sozialen Wirklichkeit zu optieren – sei es auch nur, daß er aus dem Vorhandenen die Antriebe zu einer Revolution erhält. Indem Soziologie destruiert, setzt sie schon den Geist als heimatlos, d. h. als in einer ihm ursprünglich fremden Welt lebend an.[30] Für diese fremde

28 Ibid. S. 167.

29 Ibid. S. 141.

30 Mannheim spricht ausdrücklich nur von der Heimatlosigkeit des Geistes in heutiger Welt. S. 128.

Welt ist der Geist transzendent und wird, wenn er trotz dieser wesensmäßigen Transzendenz auf sie bezogen gedacht wird, zu *Ideologie* und *Utopie*.

Eine letzte Ausschärfung solcher Gedankengänge käme zu folgendem Resultat: der Auffassung jedes Geistigen als utopisch oder ideologisch liegt die Überzeugung zugrunde, daß es »Geist« überhaupt erst gibt, wenn das Bewußtsein sich mit dem Sein, in das es gestellt ist und über das es sich Rechenschaft ablegt, nicht in Deckung befindet. Das Bewußtsein und der Gedanke sind dann »wahr«, »wenn er nicht mehr und nicht weniger enthält als die Wirklichkeit, in deren Element er steht«.[31] In dieser Sphäre der Deckung aber ist Geist als mögliche Seinstranszendenz noch gar nicht entdeckt, und er *ist* erst dort, wo die Wirklichkeit selbst für das jeweilige Bewußtsein fraglich geworden ist, und daher die Frage nach der Wirklichkeit als Frage nach der eigentlichen und wahren Wirklichkeit überhaupt gestellt wird. Ein solches Bewußtsein ist nun dann ein »falsches Bewußtsein«, »wenn es in der ›weltlichen‹ Lebensorientierung in Kategorien denkt, denen entsprechend man sich auf der gegebenen Seinsstufe konsequent gar nicht zurechtfinden könnte«.[32] Jede Ideologie entspringt aus einem »falschen Bewußtsein«, und zwar zumeist einem solchen, das in »überholten Kategorien« denkt;[33] d. h. Ideologie verabsolutiert im Denken eine schon vergangene Seinslage, an die das betreffende Individuum noch gebunden ist, zum Zwecke des Kampfes gegen eine neue Weltsituation, in der es sich nicht zurechtfindet. Daher ist Destruktion nur möglich gegen Schatten, »mit denen wir nicht mehr identisch sind«.[34] Utopisch dagegen ist ein Bewußtsein, wenn es zugunsten einer kommenden Welt, für

31 Id. u. Ut. S. 54.

32 Ibid. S. 51.

33 Ibid. S. 53.

34 Ibid. S. 43, Anm. 1.

die es sich einsetzt, »die jeweils bestehende Seinsordnung zugleich teilweise oder ganz sprengt«.[35] Utopie ist von Ideologie durch das Kriterium der »Wirklichkeitsrelevanz« geschieden.[36] Die notwendige Seinstranszendenz des Geistes setzt sich also als Utopie wieder in die Wirklichkeit um und hat daher eine gewisse Macht über sie, obwohl der Geist die jeweilige Wirklichkeit als solche übersteigt. Für die Ideologie wird dagegen entweder gewesene Welt wirklichkeitstranszendent, da sie auf Umsetzung in die Wirklichkeit prinzipiell verzichtet (etwa die romantische Ideologie vom Mittelalter), oder aber sie setzt von vornherein eine absolut seinstranszendente, jenseitige Welt als solche an (christliche Religiosität) und wird von ihr aus desinteressiert an der jeweils bestehenden. Utopie scheidet sich von Ideologie also grundsätzlich durch den Willen zur Realität. Utopie schafft eine neue Realität und wird daher zur Macht. Nur als Utopie kann der Geist der Realität, an die er gebunden ist, eine andere Realität entgegensetzen, die er selbst schafft. Es kommt also der Soziologie nicht auf Realität schlechthin an, sondern auf die *Realität, die Macht über den Geist hat*; Macht deshalb, weil Geist ursprünglich realitätsfremd ist, so etwa in der Ideologie die jeweils bestehende und bestimmende Welt *vergißt*. Damit vergißt der Geist das, von dem her er überhaupt erst zum Geist wurde und an das er trotz des notwendigen Vergessens unausdrücklich gebunden bleibt. Soziologie zeigt also die Determinanten des Denkens auf, an denen es selbst gerade uninteressiert ist, und weist damit zugleich auf, daß das Pathos des Unbedingten nur unausdrückliches Vergessen des Bedingenden ist. (Unbedingtheitspathos hat sowohl Ideologie wie Utopie, denn auch die Utopie glaubt an die Absolutheit der von ihr heraufbeschworenen Welt. Beide sind daher destruierbar.) Soziologie bean-

35 Ibid. S. 169.
36 Ibid. S. 29.

spruchť »Zentralwissenschaft«[37] zu sein, weil sie allein imstande ist, die Determinanten aufzuzeigen.

Dieser Versuch der radikalen Determination stößt nun aber von sich aus auf »Sphären der Unauflösbarkeit«.[38] Es bleibt als Residuum der geistigen Freiheit die »metaphysisch ontologische Entscheidung«, die keine Ideologiedestruktion wirklich erschüttern und keine Analyse des jeweiligen Standes im wirtschaftlichen Gefüge wirklich abnehmen, sondern nur durch »Mehr-Wissen« hinausschieben kann.[39] Es bleibt ferner jenes »ekstatische Außerhalb«, das »irgendwie existiert als etwas, was auch dem Geschichtlichen und Sozialen immer wieder gleichsam den Anstoß gibt«, es wird zugestanden, »auch daß die Geschichte immer wieder von diesem abfällt«. Beides, sowohl die »hinausgeschobene metaphysische Entscheidung« wie das schließlich »zugegebene« ekstatische Außerhalb stehen an der Grenze der möglichen durch Soziologie erkennbaren Sachverhalte. Dadurch erhalten sie ein eigentümliches Gepräge. Da Soziologie Anspruch macht, Zentralwissenschaft zu sein, erhält dieses nur an ihrer Grenze Sichtbare selbst einen merkwürdigen *Grenzcharakter*. Sie glaubt, auf diese Phänomene erst zu stoßen nach der Destruktion aller historisch noch erfaßbaren Gehalte. Da sie Geist (Ideologie und Utopie) von vornherein als heimatlos in der Welt angesetzt hat, kann der Geist in seiner möglichen Freiheit, die als primum movens verstanden ist, nur *außerhalb des geschichtlichen Miteinanders* zu stehen kommen. Geist existiert also *eigentlich* – ein sehr sonderbares Ergebnis, das aber nur scheinbar paradox ist – gerade in der völligen Unbezogenheit (»ekstatisches Außerhalb«) und Ahistorizität. Erst seine Wirkungen gehören der Historie, d. h. dem Erforschbaren an. In seiner primären Bezuglosigkeit ist er nur *negativ* und in ausdrück-

37 Id. u. Ut. S. 233.

38 Ibid. S. 163.

39 Ibid. S. 165. S. 43.

licher Unbestimmtheit (»irgendwie, gleichsam« »Menschsein ist mehr als«)[40] charakterisierbar. Er steht zu dem faktisch erfahrbaren und erforschbaren Miteinander der Menschen in seiner unerkennbaren und nur via negationis gefundenen Urheberschaft wie der Gott der negativen Theologie zu der faktischen Welt, die er geschaffen hat, und aus der er durch negative Prädikationen als einer, der so und so *nicht* ist, erkannt werden soll. Ja, diese eigentümliche Parallele zur negativen Theologie läßt sich noch weiter verfolgen, wenn man bedenkt, daß auch sie aus dem Bestehenden nur auf die *Existenz* Gottes hat schließen können, eine Existenz, die prinzipiell die *Grenze* alles menschlich erfahrbaren Daseins bildet, und dann sieht, wie der Soziologie die Freiheit des Menschen und damit des Geistes überhaupt zu diesem mystischen Grenzfaktum aller menschlichen Erkenntnis wird. Der *menschliche* Geist wird so der menschlichen Welt selbst transzendent und eigentlich sogar noch transzendenter, als die Soziologie in ihrem ursprünglichen Ansatz dachte. Denn war zu Beginn der soziologischen Forschung (immer im Sinne Mannheims) der Geist *für sich* zwar wirklichkeitstranszendent, so sah ihn doch gerade der Soziologe verwurzelt und entspringend aus einer jeweils anders gelagerten Realität. Also gerade die Seinstranszendenz, die der Geist in seinem Unbedingtheitsanspruch behauptete, versuchte die Soziologie zu destruieren, indem sie diese Transzendenz als bedingt aus dem Seienden selbst zu verstehen suchte, mit dem Argument, daß erst dann menschliches Dasein im Denken die Wirklichkeit transzendiere, wenn es sie nicht mehr erträgt und sich in ihr nicht mehr auskennt (also als Flucht vor der Wirklichkeit, die dem Bewußtsein inadäquat ist: falsches Bewußtsein). Da die Soziologie, indem sie Transzendenz des Geistes als *Flucht* auslegt, ganz bestimmten Möglichkeiten menschlichen Daseins nicht gerecht wird und sie nur scheinbar zu entlarven imstande ist, bleiben *Resi-*

40 Id. u. Ut. S. 47.

dua der Destruktion, auf die sie im Destruieren nicht gefaßt war, und die sie deshalb in eine viel radikalere Transzendenz rückt, als sie der Geist von sich aus beanspruchte. Aus dem Nichtgefaßtsein auf das mögliche Prius des Geistigen, also schon aus der Destruktion selbst, die die Grenzen ihrer Kompetenz nicht von vornherein absteckt (was sie mit Sinn auch gar nicht könnte, denn nur in destruendo kann sie auf Nichtdestruierbares stoßen), entsteht diese eigentümliche Verschiebung: daß als letztes Residuum doch noch Geist bleibt, dieser aber transzendent und ahistorisch wird, weil Realität der Geschichte so verstanden ist, daß für ihn in ihr eigentlich kein Platz bleibt.

Damit wird nun aber ein Phänomen als unerklärbare und nicht weiter aufhellbare Voraussetzung angesprochen, das für die Philosophie keineswegs in dieser Unbestimmtheit und Negativität zu verbleiben braucht: das »ekstatische Außerhalb« ist im Grunde identisch mit dem menschlichen Dasein, von dem die Philosophie sehr wohl etwas auszusagen weiß, ist identisch mit »Existenz« in der von Kierkegaard her stammenden Bedeutung. Der ursprüngliche Mut und die Tugend der Transzendenzleugnung, der Versuch einer universalen Destruktion wird schließlich zur Notwendigkeit, einen Restbestand als undestruierbar zuzugestehen, das Nichtdestruierbare mit Transzendenz gleichzusetzen und damit Phänomene der Sphäre des Irreduziblen zuzuweisen, die nicht ohne Grund die Philosophie durchaus nicht als transzendent anspricht.

Das ursprüngliche *Mißtrauen* gegen den Geist eliminiert aber den Geist noch in einer anderen Hinsicht: wie es auf der einen Seite ihn in die absolute Transzendenz gedrängt hatte, so relativiert es ihn auf der anderen auf das Niveau des »Kollektivsubjekts«, das als eigentlicher Geschichtsträger angesehen wird. Dieses »Kollektivsubjekt« ist u. E. nun aber gerade das relativ *geschichtsfremdere*. Der Einzelne existiert nicht nur ihm zugeordnet und es mitkonstituierend, sondern – und dies vielleicht gerade, sofern sein Sein geschichtsrelevant wird – in einer *Abgelöstheit*, die entsteht, wenn er sich mit dem ihm zugehörenden sozialen Sein nicht in Deckung befindet. In dieser Abgelöstheit wird die geschichtlich gegebene Welt, in die er hereingeboren ist, für ihn zum Vorhandenen und Vorfindlichen, das als solches, nämlich erst in der Distanz zu ihm, die Charaktere veränderlich und veränderbar bekommt. Die Freiheit vom öffentlichen Sein, für die die Welt eine zu verändernde wird, nennt Mannheim das »utopische Bewußtsein«. In der Auslegung dieses Bewußtseins läßt er sich unausdrücklich von folgender Voraussetzung leiten: nur weil das jeweilige öffentliche Sein so ist, daß das Bewußtsein sich nicht mit ihm in Deckung befindet, entsteht der Wille sie zu verändern und mit ihm eine relative Freiheit von Welt. Auch die Abgelöstheit wird aus der vorgegebenen Welt als solcher verstanden. Die Erfahrung also, die der *Freiheit-von* zugrunde liegt, entstammt der *Gebundenheit-an*. *Einsamkeit* ist nie als eine positive und eigene Möglichkeit des menschlichen Lebens verstanden. So richtig es ist, gegen die Philosophie zu betonen, daß Eigentlichkeit nicht nur in der absoluten Abgelöstheit aus dem Miteinander möglich ist, so fragwürdig ist es umgekehrt – zwar nicht ausdrücklich zu behaupten – so doch zu unterstellen, daß nur aus der Verwurzeltheit im Miteinander die Echtheit und Eigentlichkeit des Lebens entspringen, Einsamkeit aber nur als Flucht – aus (Ideologie) oder Flucht in die Zukunft (Utopie), jedenfalls negativ zu bestimmen.

So ist auch das Kriterium der »Wirklichkeitsrevelanz« für die Arten der Seinstranszendenz, Ideologie und Utopie, nicht immer zulänglich. Es kann eine Seinstranszendenz als *positive* Möglichkeit des Neinsagens zur Welt geben, ohne doch utopisch zu sein. Beispiel: Christliche Nächstenliebe. Mannheim verstünde sie als Ideologie, sofern der homo religiosus sie nur in einer absoluten Transzendenz verwirklichen zu können glaubt, als Utopie, sofern er das Reich Gottes auf Erden verwirklichen will. Es gibt aber drittens – und dies ist nicht ein beliebiger Sonderfall, sondern für die

Fassung der Nächstenliebe im Urchristentum gerade entscheidend – auch die Möglichkeit, zwar in der Welt lebend, so doch von einer Transzendenz her bestimmt zu sein, die sich selbst als auf Erden nicht zu realisierende gibt (eschatologisches Bewußtsein). Aus dieser Abgelöstheit von der Welt ergibt sich kein Veränderungswille; sie ist aber auch keine Flucht aus ihr, als der historisch jeweils so oder so strukturierten, deren Historizität verabsolutiert würde. Franz von Assisi z. B. lebte so in der Welt, *als ob sie nicht wäre*, und dieses »Als-ob-sie-nicht-wäre« in seinem konkreten Leben *verwirklichend.*

Hiergegen kann die Soziologie jederzeit den Einwand machen: etwas als »Ideologie« interpretieren, besagt ja gerade, daß dem Geistigen selbst das Ideologiehafte seiner Existenz verdeckt ist. Sein Selbstverständnis ist also nichts als *Material* der soziologischen Ausdeutung und kann direkt dem Interpretierenden nichts sagen. Es ist aber durchaus fraglich, ob das *Selbstverständnis* des Geistes in dieser Weise übersprungen werden darf. Es ist möglich, daß die Selbstauslegung selber in ihrem inhaltlichen Gehalt mit zu dem gehört, worüber ausgesagt wird, daß das Sich-selbst-verstehen etwas neu macht, nämlich sich selbst zu dem, als den es sich versteht. In der notwendigen Seinstranszendenz alles Denkens ist Abgelöstheit und Distanz von der Situation schon mitgegeben. Die Abgelöstheit, die als *Faktum* jedem Geistigen zugrunde liegen mag, ist immer noch so oder so ausdeutbar. Diese Ausdeutung ist nicht – jedenfalls nicht immer – etwas, was zu dem Faktum einfach noch hinzukommt (ideologischer Überbau, wie die Ideologieforschung meint), sondern *macht* das Faktum allererst zu einem verstehbaren und damit in der historischen Welt geltenden und wirkenden. Also erst die jeweilige »Ideologie« ist »geschichtlich«.

So hat Max Weber z. B. in seinem Aufsatz »Die protestantische Ethik und der Geist des Kapitalismus«[41] gerade aufgewiesen, wie

41 Max Weber, Religionssoziologie. Bd. 1. Tüb. I. C. Mohr.

ein ganz bestimmtes öffentliches Sein (Kapitalismus) aus einer ganz bestimmten Art des Einsamseins und dessen Selbstverständnis (Protestantismus) entspringt. Eine ursprünglich religiöse Gebundenheit, für die die Welt nicht die Heimat ist, schafft sich eine Welt der Alltäglichkeit, die nun faktisch für den einzelnen in seiner individuellen Besonderheit keinen Platz mehr hat. Und dies tut sie nicht aus einem utopischen Bewußtsein heraus wie die chiliastische Bewegung,[42] sondern lediglich als *Ausdruck* für ein primäres Nicht-in-der-Welt-sein und sich doch mit ihr Abfindenmüssen. Die Welt ist hier negativ von vornherein als eine solche verstanden, in der man nichts als seine Pflicht zu tun hat; sie darf also auch *realiter* nur eine solche sein, da sie sonst wieder einen Zugehörigkeitsanspruch an den Menschen stellen würde. Erst wenn die religiöse Bindung verschwunden ist, wird die Öffentlichkeit so eigenmächtig, daß Einsamkeit nur noch als Flucht aus ihr möglich ist. Dazu bedarf es eben erst eines primären Bestimmtseins von der selbstgeschaffenen Welt als Wirtschaft und Gesellschaft, die in actu creandi nicht da war. Vielleicht sind wir diesem Öffentlichsein heute so weit ausgeliefert, daß auch unsere Möglichkeiten der Abgelöstheit nur sekundär als Freisein-von zu bestimmen sind. Das ändert nichts daran, daß Öffentlichkeit nicht immer das Prius zu haben braucht. Erst wenn das »ökonomisch machtmäßige Gefüge« so übermächtig geworden ist, daß der Geist, der es schuf, in ihm wirklich keine Heimat mehr hat,[43] ist es möglich, Geistiges als Ideologie oder Utopie zu verstehen.

Die Soziologie hat also selbst ihren historisch gebundenen Ort, an dem sie überhaupt erst entstehen konnte: nämlich da, wo aus

42 Id. u. Ut. S. 191. Erst in der chiliastischen Bewegung bindet sich nach Mannheims eigenen Worten, der Geist bewußt an bestimmte soziale Schichten. Erst von diesem Augenblick an kann es so etwas wie Utopie im Mannheim'schen Sinne geben.

43 Über die Heimatlosigkeit heutigen Geistes, der gerade sozial am wenigsten gebunden scheint, vergleiche Id. u. Ut. S. 123 ff.

der Heimatlosigkeit des Geistes ein berechtigtes Mißtrauen gegen den Geist wach geworden war. Sie hat damit als historische Wissenschaft eine ganz bestimmte Grenze ihrer *historischen Kompetenz*. Interpretation des Geistigen als Destruktion auf Ideologie oder Utopie besteht erst da zu Recht, wo das Wirtschaftliche sich so weit vorgedrängt hat, daß der Geist *faktisch* zum »ideologischen Überbau« werden kann und werden muß. Das Realitätsprius des »ökonomisch machtmäßigen Gefüges« hat selber eine Geschichte und ist ein Stück Geschichte des modernen Geistes. »Gruppen vorkapitalistischen Ursprungs, in denen das gemeinschaftliche Element dominiert, können schon durch Traditionen oder gemeinsam tradierte Gefühlsgehalte zusammengehalten werden. Die Theoretisierung hat dort nur eine völlig sekundäre Funktion. Bei Gruppen dagegen, die primär nicht durch Lebensgemeinschaft zusammengeschweißt sind, sondern aus einer verwandten Strukturlage sich konstituieren, kann nur ein stark theoretisierendes Element den Zusammenhang gewährleisten«.[44] Erst wenn das selbstverständliche In-der-Gemeinschaft-sein nicht mehr da ist, wenn etwa durch wirtschaftlichen Aufstieg der einzelne plötzlich einer ganz anderen Lebensgemeinschaft angehören kann, gibt es so etwas wie Ideologie als Rechtfertigung der eigenen Position gegen die Position des anderen. Erst hier entspringt die Frage nach dem *Sinn*, die geboren ist aus der Fragwürdigkeit der eigenen Situation. Erst wenn der einzelne seinen Platz in der Welt durch wirtschaftliche Zugehörigkeit und nicht durch Tradition erhält, ist er heimatlos geworden. Und erst in dieser Heimatlosigkeit schließlich kann die Frage nach Recht und Sinn der *Position* aufbrechen. Diese Sinnfrage aber ist älter als der Kapitalismus, weil sie aus einer historisch früheren Erfahrung der menschlichen Ungesichertheit in der Welt entspringt, aus dem Christentum. Der Begriff der Ideologie, ja das Faktum ideologischen Denkens weist

44 Id. u. Ut. S. 93/94.

selber noch auf ein Positivum hin, auf die Sinnfrage. Destruktion dieser Sinnfrage auf die »ursprünglichere« Realität des Ökonomischen ist erst möglich, wenn Welt und Leben des Menschen wirklich primär ökonomisch bestimmt sind, und damit die Realität, an die der Geist gebunden ist, zu einem prinzipiell Geist- und Sinnfremden geworden ist, was sie ursprünglich (im Gegensatz zu dem Realitätsbegriff der Psychoanalyse) nicht war. Vor der Mannheim'schen Frage nach dem sozialen und historischen Ort soziologischer Fragestellung steht die nach der Seinslage, in der soziologische Analysen historisch berechtigt sind.

2 Rilkes »Duineser Elegien«[1]

von Hannah Arendt und Günther Stern
Erschienen 1930 in der *Neuen Schweizer Rundschau*

> *»Wer, wenn ich schriee, hörte mich denn aus der Engel Ordnungen?«*

Echolosigkeit und das Wissen um die Vergeblichkeit ist die paradoxe, zweideutige und verzweifelte Situation, aus der allein die *Duineser Elegien* zu verstehen sind. Dieser bewußte Verzicht auf Gehörtwerden, diese Verzweiflung, nicht gehört werden zu können, schließlich der Wortzwang ohne Antwort ist der eigentliche Grund der Dunkelheit, Abruptheit und Überspanntheit des Stiles, in dem die Dichtung ihre eigenen Möglichkeiten und ihren Willen zur Form aufgibt.

Vor einer derart kommunikationentfremdeten Dichtung entsteht die grundsätzliche Frage, wie weit sie noch verstanden sein will, wie weit sie verstanden werden kann, d.h. für uns: wie weit Interpretation noch erlaubt ist. Diese in der Sache selbst liegende Schwierigkeit zeigt sich am eindeutigsten in der 5. Elegie, in der jede Sinnkonstruktion und jedes nachträgliche Brückenschlagen von Zeile zu Zeile unmöglich wäre, da die Bildassoziationen in ihrer unnachvollziehbaren Einmaligkeit und Situationsabhängig-

1 Die nachstehenden Ausführungen verzichten darauf, mehr oder anderes zu geben, als es ein von Zeile zu Zeile mitgehender Kommentar ebenfalls könnte. Eine konsequent systematische Darstellung wäre dem Sinn der Dichtung unangemessen.

keit einem völligen Belieben anheimgegeben sind. Methodisch möglich bleibt hier allein, den Hintergrund des Gestimmtseins, gleichsam die Tonart, die als einzige Einheit feststeht, deutlich zu machen. Aus dieser Einheit tauchen die einzelnen Zeilen zusammenhanglos und inselhaft auf; ihre Umstellung wäre durchaus denkbar. Trotz dieser völligen Beliebigkeit, trotz des Mangels an einem zeitlich unumkehrbaren Prozeß, trotz der Gleichzeitigkeit der Bilder häuft sich die Dichtung doch nicht zu einer sinnlosen Assoziationsmenge. Denn alles Einzelne und in dieser Vereinzelung nicht zu Verbindende beruht auf dem Grunde des eigentlich zu Sagenden, der die isolierten Bilder erst herauftreibt. Dieser Grund ist hier die Vergeblichkeit, von der aus jedes einzelne Bild nur *eines* ist unter unendlich vielen möglichen, und das von sich aus andere mit sich zieht.

Bei dem religiösen Sinn der Elegien bedeutet unverbundenes Nebeneinander zugleich Unverbindlichkeit. Diese zusammen mit der eingestandenen Echolosigkeit (die wiederum nur als Dichtung sich äußern kann), macht die eigentümlich zweideutige Situation der Elegien aus. So ist diese Dichtung zwar religiös bestimmt, aber kein religiöses Dokument. Bezeichnend dafür ist die merkwürdige Tatsache, daß für »Gott« zumeist Zwischenschichten eintreten, die »Engel« oder die »Toten«, oder in äußerster Unbestimmtheit ein »Man« (»denn man ist sehr deutlich mit uns« 4. El.). Daß die eigentlich religiöse Kategorie in völliger Unbestimmtheit belassen wird, bedeutet eine Rückbesinnung auf *das* Religiöse. Die Macht Gottes wird zwar verspürt, aber wer und wo der Mächtige sei, verbleibt in der Antwort nicht mehr erhoffenden Frage. Diese Frage geht dennoch an ihrer Antwortlosigkeit nicht zugrunde, sie lebt als Unruhe weiter und schlägt in endgültige Verzweiflung an der Treffbarkeit Gottes um. Im Unterschied zu jeder unverbindlichen Religiosität, die mit ihrem eigenen Gefühl zufrieden, auf einen persönlichen Gott verzichten zu können glaubt, sichert sich Rilke in der Unbestimmtheit des »Man« ein letztes Residuum des Objektiven. Hieraus entspringt die einzigartige Einschätzung der Verzweiflung und der Schmerzen, die nicht (wie etwa noch bei Kierkegaard) Gefahr und »Ärgernis« des Religiösen sind, sondern umgekehrt zu der religiösen Situation schlechthin werden: von Gott geschlagen sein, es zu wissen, ja noch zu rühmen, wird zu der letzten Möglichkeit, Gott zu erfahren.

»Daß ich dereinst, an dem Ausgang der grimmigen Einsicht,
Jubel und Ruhm aufsinge zustimmenden Engeln.
Daß von den klargeschlagenen Hämmern des Herzens
keiner versage an weichen, zweifelnden oder
reißenden Saiten. Daß mich mein strömendes Antlitz
glänzender mache: daß das unscheinbare Weinen
blühe. O wie werdet ihr dann, Nächte, mir lieb sein,
gehärmte. [...] Sie (sc. die Schmerzen) [...] sind ja
unser winterwähriges Laub, unser dunkeles Sinngrün,
eine *der Zeiten des heimlichen Jahres –, nicht nur*
Zeit –, sind Stelle, Siedelung, Lager, Boden, Wohnort.« *10. El.*

Trotz ihrer religiösen Zweideutigkeit ist die Rilke'sche Welt wie jede echte religiöse eine *akustische.*[2] Niemals sind »Rang« oder »Engel«, allgemeiner das »stärkere Dasein« (1. El.) für Rilke objekthafte Gesichte; jedenfalls verlegt er jede direkte und visionäre Begegnungsmöglichkeit des Engels in ein unserer Zeit und ihren Möglichkeiten grundsätzlich vorausliegendes Zeitalter:

2 Siehe die Bildlosigkeit des Judentums (Index für die Unlokalisiertheit, positiv: Allgegenwart, d. h. Unbegrenzbarkeit und Unabbildbarkeit Gottes), die Bestimmung der πίστις als ἀκοή im Neuen Testament, überhaupt die Rolle des Gebetes, das nicht beschwört und sich nicht an ein Idol wendet, sondern *erhört* werden will; schließlich über Augustin, Luther, Calvin bis zur säkularisierten Ethik Kants, der noch vom »Ruf« der Pflicht spricht.

»[...] Wohin sind die Tage Tobiae,
da der Strahlendsten einer stand an der einfachen Haustür,
zur Reise ein wenig verkleidet und schon nicht mehr furchtbar;
(Jüngling dem Jüngling, wie er neugierig hinaussah).
Träte der Erzengel jetzt, der gefährliche, hinter den Sternen
eines Schrittes nur nieder und herwärts: hochauf-
schlagend erschlüg uns das eigene Herz [...]« 2. *El.*

Was nun ihm, dem vergeblich Lebenden, allein noch hörbar bleibt, ist das »Wehende« zwischen den Rängen. Das Hören bindet sich so wenig an ein Objekt, daß es gerade erst umgekehrt »seine ununterbrochene Nachricht, die aus Stille sich bildet« (1. El.) erhält, wenn die Objekte sich verlieren und verwehen: es ist nicht ein jeweiliges Hören einer artikulierten Nachricht, sondern die Inständigkeit des Herzens (»Höre, mein Herz«), also ein Seinsmodus (»so waren sie hörend«, 1. El.). Diese Inständigkeit setzt ebensowenig wie die Inständigkeit des Gebetes, mit der sie eigentlich identisch ist, schon die Gegenwart der antwortenden Stimme voraus, sondern ist in ihrer Intensität unabhängig von deren Gegenwart; ja das Hörendsein ist soweit schon seine eigene Erfüllung, daß es selbst der Erhörung seiner Inständigkeit nicht mehr achtet.

»[...] Höre, mein Herz, wie sonst nur
Heilige hörten: daß sie der riesige Ruf
aufhob vom Boden; sie aber knieten,
Unmögliche, weiter und achteten's nicht:
so waren sie hörend [...]« 1. *El.*

Was Rilke in seiner religiös entfremdeten Situation, in der er »Gottes Stimme bei weitem nicht mehr ertrüge«, in der er »verginge von seinem stärkeren Dasein«, noch zu retten sucht, ist diese Inständigkeit des Hörens, dieses *Im-Hören-sein.* Heute braucht das Im-Hören-sein Bedingung und Gelegenheit. An die Stelle der völligen Objektlosigkeit, der unser Herz nicht mehr gewachsen ist, tritt als Gelegenheit das Schwinden des Objektes, dem wir lauschend nachgehen: das Wehen aus der »Lücke«, die der Sterbende im Übergang aus unserm Dasein zum »stärkeren«, aus einem Rang zum anderen in den Kreis der Lebenden reißt. Der »andere Bezug« (9. El.) wird nun nicht mehr erfahren, nur noch der Hingang zu ihm, den wir hören im Vermissen eines eben Hingegangenen. (»Es rauscht jetzt von jenen jungen Toten zu dir.«)

Durch die Aussichtslosigkeit, unmittelbar die Transzendenz zu erfahren, erhält der Sterbende in seinem Transzendieren von einem Dasein ins andere grundsätzliche religiöse Bedeutung: er wird einer der Vermittler und eine der Bedingungen, um die Existenz des »andern Bezuges« zwar nicht mehr zu erfahren, aber von ihr gerade noch zu hören. In diesem Hören auf den entweichenden Toten schwinden wir mit, erreichen zwar den andern Bezug nicht (»Und das Totsein ist mühsam und voller Nachholn, daß man allmählich ein wenig Ewigkeit spürt.«), sind aber bereits unserer menschlichen Erde entfremdet und schweben zweideutig zwischen einem Nicht-mehr und einem Noch-nicht:

»Freilich ist es seltsam, die Erde nicht mehr zu bewohnen,
kaum erlernte Gebräuche nicht mehr zu üben,
Rosen, und andern eigens versprechenden Dingen
nicht die Bedeutung menschlicher Zukunft zu geben;
....
Seltsam, die Wünsche nicht weiterzuwünschen. Seltsam,
alles, was sich bezog, so lose im Raume
flattern zu sehen. [...]« *1. El.*

Obwohl für Rilke menschliches Dasein und menschliches Rufen heute grundsätzlich in der Vergeblichkeit bleibt, versteht sich doch diese seine Dichtung als »Auftrag« (im Unterschied zu den

Sonetten an Orpheus, wo Gesang als »Dasein« angesetzt ist, dieser Gesang aber gleichfalls in der Vergeblichkeit bleibt: »Wann aber *sind* wir?« Orpheus, I. III.). Dieser Auftrag rührt nicht her aus »der Engel Ordnungen«, um die die Elegien vergeblich zu werben versuchen (»Engel, und würb ich dich auch! Du kommst nicht.« 7. El.), geht auch nicht aus von den Menschen, sondern von den Dingen. (»Ach, wen vermögen wir denn zu brauchen? Engel nicht, Menschen nicht. [...] Es bleibt uns vielleicht irgendein Baum an dem Abhang. [...] es bleibt uns die Straße von gestern. [...]« 1. El.). Daß das, was an Weltbeziehung übrig geblieben ist, sich zum verhältnismäßig Fernsten hinrettet, sich jedenfalls nicht an den Andern, Nächsten wendet, sondern diesem Fernen sich verpflichtet und zu ihm eine Nähe behauptet, beweist, in welchem Maße das menschliche Dasein hier der Welt entfremdet ist:

»[...] drum zeig
ihm das Einfache, das, von Geschlecht zu Geschlechtern gestaltet,
als ein Unsriges lebt neben der Hand und im Blick.
Sag ihm die Dinge. Er wird staunender stehn; wie du standest
bei dem Seiler in Rom, oder beim Töpfer am Nil.« *9. El.*

Dinge sind Auftrag; aber sowohl in der Ausdrücklichkeit wie in der Nachträglichkeit menschlicher Zustimmung »von weit her« (9. El.) zeigt sich der Mangel an primärer Zugehörigkeit des Menschen zu ihnen. Denn eigentlich hängt der Mensch bezuglos in der Luft. Im Unterschied zu jeder historisch bekannten ist diese Weltfremdheit nicht direkt und ursprünglich von einer Transzendenz bestimmt oder rettet sich in diese, sondern macht einen charakteristischen Umweg. Der Umweg besteht in dem, was Rilke »Rettung« nennt. Die Hintergründe dieser Rettung sind folgende: Dinge sind vergänglich und daher rettungsbedürftig. Rettung ist nicht einfach ein spontan menschlicher Akt, sondern Auftrag und Drang der Dinge (»drängender Auftrag« 9. El.) andererseits – und darin besteht der Umweg, und die allein mögliche Leistung des Menschen für den »andern Bezug« – ein Hinüberretten in das »stärkere Dasein«. Der »andere Bezug« ist für Rilke hier das »Unsägliche«, die Dinge aber sind Sägliches (»Sind wir vielleicht hier, um zu sagen: Haus, Brücke, Brunnen, Tor, Krug, Obstbaum, Fenster, –« 9. El.). Retten aber ist Nennen, d. i. vor Verfall bewahren. Nennen ist schließlich Rühmen. Gerühmt-werden aber heißt hier nicht nur in seinem unveränderten Sein belassen und als solches Gepriesenwerden, sondern bedeutet grundsätzlich eine Verwandlung in ein stärkeres Sein:

»[...] aber zu sagen, *verstehs,*
o zu sagen so, *wie selber die Dinge niemals*
innig meinten zu sein. [...]« *9. El.*

Für die Verwandlung genügt es nicht einfach, dem Engel das Sägliche zu sagen; es bleibt nur erhalten im wiederholten Weitererzählen (7. El.). Der Mensch übernimmt diese Rettung, weil er in ihr wiederum einen Zutritt zu dem »andern Bezug« findet; die Dinge muten sie ihm zu, denn

»[...] Mehr als je
fallen die Dinge dahin, die erlebbaren, denn,
was sie verdrängend ersetzt, ist ein Tun ohne Bild.« *9. El.*

Dieser Drang und diese »Zumutung« (1. El.) sind um so merkwürdiger, als die Dinge für Rilke einen Existenzvorrang vor dem Menschen haben; sie sind relativ dauernder als der Mensch, der in seiner äußersten Flüchtigkeit der Welt eigentlich nicht mehr zugehört, der die Dinge »bestehen« in ihrem relativen Bestand, und der von ihnen nur geduldet ist:

»[...] Siehe, die Bäume sind; die Häuser,
die wir bewohnen, bestehn noch. Wir nur
ziehen allem vorbei wie ein luftiger Austausch.
Und alles ist einig, uns zu verschweigen, halb als
Schande vielleicht und halb als unsägliche Hoffnung.« 2. El.

Die Verwandlung des »Sichtbaren ins Unsichtbare« ist nun für Rilke eine aus der heutigen Situation entspringende Aufgabe, die er folgendermaßen motiviert: heutige Welt ist nur noch innen (»immer geringer schwindet das Außen«, 7. El.), das Leben wird »Tun ohne Bild«. Daher verfallen die Dinge, die durch dieses Tun »verdrängt« und »ersetzt« werden. Verfallen besagt zugleich: es entstehen keine neuen Dinge. Der Gedanke läge nun nahe, Innerlichkeit selbst schon als ein Bestimmtsein von Transzendenz zu verstehen. Aber nur solange noch das Innere sich in einem Außen manifestierte, war der fraglose Bezug zur Transzendenz gesichert und eine Übergabe wie ein Rühmen und Retten überflüssig. Erst heute, da das Außen schwindet (»Wo einmal ein dauerndes Haus war, schlägt sich erdachtes Gebild vor«, 7. El.), und die Beschränkung auf das Unsägliche lediglich eine Privatisierung, nicht ein ursprüngliches Transzendieren bedeutet, bedürfen schließlich wir »Enterbte« der Dinge als unserer letzten Möglichkeit des Preisens und des Hinübergreifens in die andere Ordnung:

»Preise dem Engel die Welt, nicht die unsägliche, ihm
kannst du nicht großtun mit herrlich Erfühltem; im Weltall,
wo er fühlender fühlt, bist du ein Neuling, drum zeig
ihm das Einfache [...]« 9. El.

Diese Privatisierung aber besagt nicht nur einen Rückzug von der Welt, sondern – und das ist das Entscheidende – zugleich eine »Abwehr« gegen den Engel:

»Engel, und würb' ich dich auch! Du kommst nicht. Denn mein
Anruf ist immer voll Hinweg; wider so starke
Strömung kannst du nicht schreiten. Wie ein gestreckter
Arm ist mein Rufen. Und seine zum Greifen
oben offene Hand bleibt vor dir
offen, wie Abwehr und Warnung,
Unfaßlicher, weit auf.« 7. *El.*

Erst aus der Vergeblichkeit der Werbung und der Verzweiflung an ihr erwächst die Preisung. Nur in der Preisung gibt es noch ein Gehörtwerden, nämlich ein Gehörtwerden des Erzählten, wenn auch kein *Erhörtwerden.* Der erste Impuls des Rufes ist somit ein religiöser, und aus seinem Scheitern erwächst die Dichtung, die also eine doppelte Zweideutigkeit in sich birgt: an ihrem religiösen Ursprung gemessen ist sie als Dichtung schon dessen Verfälschung. Als Dichtung aber, d.h. als innerweltlicher Ausdruck, scheitert sie an ihrer eigenen Voraussetzung.[3] »Höre, mein Herz, wie sonst nur Heilige hörten« – dies der Impuls, der aber, wie das Folgende zeigt (»Nicht daß du Gottes ertrügest die Stimme, bei weitem«) das Scheitern des Hörens schon in sich birgt.

Denn darin gerade besteht das hier Eigentümliche, daß die Echolosigkeit der »andern Ordnung«, die »es gelassen verschmäht, uns zu zerstören« (1. El.) nun in der Tat nicht zerstört, sondern in ein Positives umschlägt: hier entspringt der Begriff des Schönen.

3 Allerdings sieht Rilke die Realität einer andern Werbung, die aber dem Menschen verschlossen ist. Diese wirbt nicht mehr *um* etwas, sondern schreit »rein wie der Vogel« (7. El.), d.h. frei von Sorge. Vgl. *Sonette an Orpheus* 1,3: »Gesang, wie du ihn lehrst, ist nicht Begehr, nicht Werbung um ein endlich noch Erreichtes; [...] In Wahrheit singen, ist ein anderer Hauch. Ein Hauch um nichts.« Dazu s.u. die Interpretation des Daseinsbegriffes.

»[...] Denn das Schöne ist nichts
als des Schrecklichen Anfang, den wir noch gerade ertragen,
und wir bewundern es so, weil es gelassen verschmäht,
uns zu zerstören [...]« *1. El.*

Das Schreckliche ist also, sofern es erträglich ist, das Schöne. Andererseits ist umgekehrt das Schöne in den *Duineser Elegien* nicht autark, wie es sich in den »attischen Stelen« der Griechen darbietet, sondern nur ein Anfang, nämlich der Anfang des Schrecklichen. Obwohl also diese Dichtung keine reinliche Scheidung in Schönes und Schreckliches, in göttliche und menschliche Kompetenz kennt (»diese«, sc. die Griechen, »Beherrschten wußten damit: soweit sind wir's, dieses ist unser, uns so zu berühren; stärker stemmen die Götter uns an. Doch dies ist Sache der Götter« 2. El.), und obwohl sie betroffen wird von der Schrecklichkeit des »stärkeren Daseins«, ist sie dennoch möglich, da sie dieses Dasein als Schönes zu bewundern vermag. So ist es direkt die Vergeblichkeit, in der die Dichtung gründet: an dem Indifferenzpunkte, an dem religiöse Intention und religiöse Abweisung sich aufheben, entsteht Ruhe und Gleichgewicht und damit die Schönheit, die ursprünglich mit Religion nichts zu tun hat. Säkularisierung des Religiösen, die in jedem Ästhetizismus unverbindliche Ausnutzung religiösen Gutes darstellt, entspringt hier einer bestimmten religiösen Erfahrung, der Erfahrung der Vergeblichkeit.[4]

Indessen ist Vergeblichkeit bei Rilke nur Index des dichtenden Menschen, der allerdings als Verkörperung der Vergeblichkeit fast durchweg unausdrücklich für das menschliche Dasein und seine

4 Während bei Kant durch die Möglichkeit unserer Uninteressiertheit an Welt das Reich der Schönheit sich konstituiert, und das »stärkere Dasein«, das »Erhabene« nur Anhang dieses Schönen ist, entsteht hier die Schönheit nur durch die Uninteressiertheit des »stärkeren Daseins« an uns und ist somit Derivat des »Erhabenen«.

Situation überhaupt eintritt. Diese Existenz gilt aber nicht als echtes Dasein. Und so stellt Rilke jeweils der spezifisch menschlichen Situation des Dichters verschiedene echte Situationen bzw. Möglichkeiten des In-der-Welt-Seins gegenüber. Situation bedeutet hier nicht ephemere Lage innerhalb *eines* Lebens, sondern ein spezielles Leben als Lage selbst; Tier repräsentiert nicht eine Gattung Lebewesen, sondern eine bestimmte Situation, ein bestimmtes In-der-Welt-Sein, nämlich das »todlos« und zukunftlos Aufgehen in der reinen Gegenwärtigkeit. So ist »Held« nicht der, der rühmenswerte Taten vollbringt, sondern die Situation des dauernden Sterbens, des »von der Dauer Nicht-angefochten-seins« (6. El.), d. h. des Termin- und so Todlosseins; der Sterbende nicht der Mensch, dessen Leben endet, sondern das Im-Tod-sein, d. h. hier wiederum: den Tod nicht als Termin vor sich haben und deshalb todlos und zukunftlos sein. So bedeutet auch Kind nicht Mensch in seiner frühen Phase, sondern die Situation des Noch-nicht-Zukunft-habens, der reinen Gegenwärtigkeit. So ist schließlich der Liebende nicht der einem andern Menschen Verbundene, sondern das jedem Liebesobjekt zuvorkommende, von ihm unabhängige, ja von ihm verfälschbare In-der-Liebe-sein schlechthin.

Damit ist deutlich: echt ist Dasein für Rilke dort und nur dort, wo es entsubstantialisiert und entobjektiviert ist, weder gebunden an ein persönliches Schicksal, noch begrenzt, d. h. für ihn »verdeckt«, durch ein Gegenüber, sei es durch den Tod als Termin oder durch den Geliebten als den nur Einen. Positiv bedeutet Dasein dann die reine, gegensatzfreie Gegenwart, den »reinen Vorgang«, der die anderen zeitlichen Dimensionen menschlichen Seins, Zukunft und Vergangenheit nicht in sich birgt.[5] Diesem

5 Dem Tier allerdings gesteht Rilke, wenn auch niemals Zukunft, so doch eine gewisse Vergangenheit zu, dessen Index die Schwermut ist. Denn das Tier ist etwas, was »fliegen muß und stammt aus einem Schoß.« (8. El.) Dadurch ist die Gegenwart des Tieres unsicher (»denn Schoß ist alles«). Aber diese Vergangenheit kennt keine einzelnen, persönlichen Fakten –

Dasein stellt nun Rilke das gegenüber, was er »Schicksal« nennt. Schicksal ist Zeitlichsein, das Frontiertsein durch ein Gegenüber und das Begrenztsein durch den Tod. In diesem Begrenztsein durch den Tod, in der Terminhaftigkeit des menschlichen Lebens gründet Zeit als schlechte Dauer, Vergänglichkeit als Angst vor dem Verlust und die Begehrlichkeit (s. 8. El.), deren höchste Ausformung die Werbung darstellt.

»Dieses heißt Schicksal: gegenüber sein
und nichts als das und immer gegenüber.« *8. El.*

Schicksalhaftigkeit ist nun allerdings Bedingung für das Dichtersein im Sinne der *Duineser Elegien,* denn Gegenübersein heißt ja nichts anderes als Sich-einlassen mit den Dingen, deren Preisung uns die Tür zum »andern Bezug« öffnet:

»warum dann
Menschliches müssen – und, Schicksal vermeidend,
sich sehnen nach Schicksal? ….
………
Aber weil Hiersein viel ist, und weil uns scheinbar
alles das Hiesige braucht, dieses Schwindende, das
seltsam uns angeht. Uns, die Schwindendsten. Einmal
jedes, nur einmal. Einmal *und nicht mehr. Und wir auch*
einmal. *Nie wieder. Aber dieses*
einmal *gewesen zu sein, wenn auch nur* einmal:
irdisch gewesen zu sein, scheint nicht widerrufbar.« *9. El.*

Erinnerung »überwältigt« nicht, sondern ist nur das ihm anhaftende Faktum ehemaliger »Abstandlosigkeit«.

Schicksal ist also Provisorium und zwar in seiner Einmaligkeit so unwiderrufbar wie unwiederholbar. Diesem Ernstnehmen des Provisorischseins, das den Dichter ausmacht, steht schroff und scheinbar widerspruchsvoll jene Aussage gegenüber, durch die an anderer Stelle das Hiersein charakterisiert wird: dort bedeutet es das über seine Einmaligkeit sich hinwegtäuschende *Verweilen* in der Blüte (6. El.), in der unnötigen Breite, der etwa der Held entgeht:

> *»[...] Dauern*
> *ficht ihn nicht an. Sein Aufgang ist Dasein; beständig*
> *nimmt er sich fort und tritt ins veränderte Sternbild*
> *seiner steten Gefahr. [...]«* 6. El.

Einsamkeit entsteht für Rilke aus der Vergänglichkeit und Unverläßlichkeit dieser Welt: uns verlassen die vergänglichen Dinge, wir »ziehen allem vorbei wie ein luftiger Austausch«. (2. El.) Diese Unverläßlichkeit in der Welt ist also doppelt bestimmt: die Dinge verlassen uns, die »wir nicht sehr verläßlich zu Haus sind in der gedeuteten Welt« (1. El.), und wir verlassen die Dinge, »denn Bleiben ist nirgends«. (1. El.) Diese zweifache Verlassenheit, von Rilke unausdrücklich positiviert zur Verlaßbarkeit, erhält als Einsamkeit ihre selbständige Bedeutung. Damit ist auch deutlich, daß die Liebe für Rilke zu einer repräsentativen Situation wird; denn Liebe ist prinzipiell Liebe der Verlassenen. Als Situation haftet sie nicht an der einzelnen Gelegenheit und der einzelnen geliebten Person, die nur Anlaß ist; sie ist auch nicht verstanden als ein Gefühl neben anderen. Liebe übersteigt und vergißt zugleich die geliebte Person, da sie mehr meint als den zufällig Einzelnen, und ihr Horizont verstellt wird durch die Nähe des Geliebten (»Ach, sie verdecken sich nur miteinander ihr Los.« 1. El.) Liebe ist nur in dieser Verlassenheit; freigegeben vom Geliebten in die Weite ihres eigenen Horizontes kann sie Organon werden für das Verständnis der Weltbezüge. Dabei bleibt sie völlig in ihrer Verlassenheit und Weltentfremdung. Denn die Welt, die der Liebe offensteht, ist eine grundsätzlich andere als diejenige, die sich uns im täglichen Hier und Jetzt natürlich darbietet. Sie ist Welt in kosmologisch-hierarchischem Verstande, deren obere Schichten Rilke terminologisch »Ränge« und »Ordnungen« nennt. Also gerade die nahe und uns unmittelbar angehende Welt bleibt in diesem »Erkennen« ungegeben, und darin manifestiert sich noch einmal ausdrücklich jene dem Welterkennen nur scheinbar entgegengesetzte Weltentfremdung. Wird auch die diesseitige Welt übersprungen, so doch nicht zu Gunsten einer radikal anderen, sondern zu Gunsten der oberen Weltschichten, die trotz ihrer sonst grundsätzlichen Unzugänglichkeit nicht eigentlich jenseitig, trotz ihrer Erfahrbarkeit in der einzigen Situation der Liebe nicht diesseitig sind, sondern eben noch dem hierarchisch-geordneten Sein zugehören. In diesem Ansatz, der die schroffe Alternative von Diesseits und Jenseits durch die Pluralität der Seinsebenen neutralisiert, und durch das Fehlen jeder absoluten und vom Diesseits radikal abgelösten Transzendenz wird die Zweideutigkeit der religiösen Situation, aus der die *Duineser Elegien* erwachsen, von neuem sichtbar.

Da es nun wahre Transzendenz in dieser geordneten Welt nicht gibt, gibt es auch nicht wahre Übersteigung, sondern nur Aufsteigen in andere Ränge. Dieses Aufsteigen ist eigentlich ein Aufgehen, das rein nur die Liebende leistet. Aufgehen, d. h. Untergang ist nun aber die radikalste Möglichkeit zu *sein* (»Denn Bleiben ist nirgends«). Erst in diesem Untergang, der die Selbstzerstörung der Liebenden und ihres Hanges an den Geliebten garantiert, befreit sich die Liebende völlig vom Geliebten, vom Hange an ihn und von sich selbst. Im Sich-selbst-Aufgeben unterscheidet sich die Liebende vom Helden, der zwar gleichfalls im Untergang sein Dasein hat, aber: »selbst der Untergang war ihm nur ein Vorwand zu sein: seine letzte Geburt« (1. El.), und damit letzte Ausschärfung und endgültige Bestätigung seiner individuell einzelnen Existenz. Diese Vereinzelung des Seins hat die Liebende im Untergang gerade aufgegeben. Denn eigentlich gibt es für Rilke nur die *eine* Liebende:

> *»Aber die Liebende nimmt die erschöpfte Natur*
> *in sich zurück, als wären nicht zweimal die Kräfte,*
> *dieses zu leisten. […]«* *1. El.*

Jede Einzelne ist nur die naturhafte Wiederholung, die jährlich neue und doch gleiche Blüte. Diese naturhafte Wiederholung ist allerdings in charakteristischer Weise unselbstverständlich und müßte eigentlich je von der Liebenden selbst ausdrücklich gemacht werden. Dies Ausdrücklichmachen der Wiederholung ist der Verzicht auf das eigene individuelle Sein, eine radikale Entindividualisierung:

> *»[…]*
> *das, was man war in unendlich ängstlichen Händen,*
> *nicht mehr zu sein, und selbst den eigenen Namen*
> *wegzulassen wie ein zerbrochenes Spielzeug.«* *1. El.*

Die Liebende verliert die Vereinzelung ihres individuellen Geschikkes, wenn sie ihr eigenes Schicksal mit dem gleichen aller übrigen und früheren Liebenden vergleicht, ihm angleicht und es schließlich mit diesem einen identifiziert:

> *»[…] Hast du der Gaspara Stampa*
> *denn genügend gedacht, daß irgendein Mädchen,*
> *dem der Geliebte entging, am gesteigerten Beispiel*
> *dieser Liebenden fühlt: daß ich würde wie sie?*
> *Sollen nicht endlich uns diese ältesten Schmerzen*
> *fruchtbarer werden? Ist es nicht Zeit, daß wir liebend*

uns vom Geliebten befrein und es bebend bestehn:
wie der Pfeil die Sehne besteht, um gesammelt im Absprung
mehr zu sein als er selbst. […]«   1. El.

Liebe ist desto liebender je weniger sie gestillt ist; will sie sich stillen lassen, so flüchtet sie sich vor der Verlassenheit ihrer eigenen Liebe in den sicheren Schutz des Geliebtwerdens: »Ach sie verdecken sich nur miteinander ihr Los.«

»Liebende, seid ihrs dann noch? Wenn ihr einer dem andern
euch an den Mund hebt und ansetzt –: Getränk an Getränk:
o wie entgeht dann der Trinkende seltsam der Handlung.«   2. El.

Durch diese Möglichkeit, sich »miteinander das Los zu verdekken«, ist der Unterschied zwischen dem Rilke'schen Ansatz und allen jenen Theorien, die gleichfalls Liebe als Organon der Erkenntnis ansetzen (Augustin, Pascal, Kierkegaard, Scheler), deutlich. Während nämlich bei diesen Liebe als singulärer Akt verstanden und nunmehr gerade der von der Liebe fixierte Gegenstand für den Liebenden erkennbar wird, besagt hier Liebe primär die Situation des objektlos In-der-Liebe-seins, in der umgekehrt die geliebte Person vergessen und übersprungen wird zugunsten einer Transzendenz: in dieser Situation überfliegt die Liebe ihre angeblich immanente Kompetenz, um den Blick zu öffnen für die Welt- und Rangbezüge, für den »andern Bezug« und die »Ordnungen der Engel«, die die Liebende in ihrem Verlassensein nicht nur erkennt, sondern denen sie zugehört:

»[…] Doch selbst nur
eine Liebende, o, allein am nächtlichen Fenster […]
reichte sie dir nicht ans Knie –?«   7. El.

In der Liebe übersteigt das menschliche Dasein noch in einer anderen Richtung die Grenze seiner eigenen Individualität. So wie es in der Verlassenheit sich aufgibt und sich übersteigert in andere Ränge, so findet es sich hinabsteigend in die Abgründe seines eigenen Ursprungs zurück zu den Wurzeln, »wo seine kleine Geburt schon überlebt war.« (3. El.) Zwar bedarf diese Rückkehr zum »gewaltigen Ursprung« der Geliebten als Anlaß:

»Zwar du erschrakst ihm das Herz; doch ältere Schrecken
stürzten in ihm bei dem berührenden Anstoß.« *3. El.*

Auf ihren Zuruf findet er aber nicht zu ihr, sondern zurück in

»[...] seines Inneren Wildnis,
diesen Urwald in ihm, auf dessen stummem Gestürztsein
lichtgrün sein Herz stand. [...]«

Findet er zurück in den Abgrund seiner eigenen Existenz, so zieht dieser ihn doch tiefer über die Grenzen seines eigenen Selbst, so daß nun der Abstieg in die Gründe der Individualität hinübersteigt in die unendliche Vorzeit seines Geschlechtes,

»[...] in das ältere Blut, in die Schluchten,
wo das Furchtbare lag, noch satt von den Vätern.«

Das erst macht die Abgründigkeit des Geschlechts aus (des »verborgenen schuldigen Fluß-Gott des Bluts«), daß zugleich das eigene und das »ältere Blut« der Geschlechter aufgerührt wird. Das heißt nicht, daß sich nun die einzelnen Ahnen in klarer geschichtlicher Folge geben: »das zahllos Brauende« steigt auf, der Urgrund, aus dem die einzelnen geschichtlichen Geschlechter sich erst lösen, und gegen deren Nacheinander er in seinem absoluten Vergangensein gleichgültig bleibt. In ihm ist alles Spätere schon vorgesehen und überholt, wie der Liebende selbst so auch die Geliebte. Diesem Land der Vorzeiten, aus dem die »Fluten der Herkunft« steigen, gehört der Jüngling an, denn

»[...] jedes
Schreckliche kannte ihn, blinzelte, war wie verständigt.
Ja, das Entsetzliche lächelte. [...] Selten
hast du so zärtlich gelächelt, Mutter. Wie sollte
er es nicht lieben, da es ihm lächelte. [...]« 3. El.

Da er jenen unvordenklichen Zeiten, die über ihn verständigt sind, nun wieder zugehört, ist er seiner natürlichen Mitwelt entfremdet, der Mutter wie der Geliebten: selbst seiner Mutter, die nur scheinbar Ursprung und Vergangenheit ist; denn im Vergleich zu dieser absoluten Vergangenheit, die als Genos grundsätzlich jede, auch die von uns erst zu realisierende Zukunft in sich birgt, ist die Mutter wie alles Gegenwärtige und alles Künftige bereits »überlebt«, das Vergängliche vergangener als die absolute Vergangenheit selbst.

»[...] O Mädchen,
dies: daß wir liebten in *uns, nicht Eines, ein Künftiges, sondern*
das zahllos Brauende; nicht ein einzelnes Kind,
sondern die Väter, die wie Trümmer Gebirgs
uns im Grunde beruhn; sondern das trockene Flußbett
einstiger Mütter –; sondern die ganze
lautlose Landschaft unter dem wolkigen oder
reinen Verhängnis –: dies *kam dir, Mädchen, zuvor.«* 3. El.

Liebe ist nicht nur für den Liebenden selbst, sondern indirekt auch für den dritten Fragenden Möglichkeit der Seinsgarantie. Der Dritte fragt nun allerdings entscheidend anders: ihm nämlich scheinen die Liebenden die zweifellosesten Bürgen des menschlichen Daseins überhaupt, nicht aber Garanten einer transzendenten Welt. Bürgten die Liebenden für eine der Vergänglichkeit entzogene Möglichkeit diesseitiger Existenz,

> *»weil die Stelle nicht schwindet, die ihr, Zärtliche,*
> *zudeckt; weil ihr darunter das reine*
> *Dauern verspürt. […]«* 2. *El.*

so wäre auch für ihn etwas mitgeleistet:

> *»Liebende, euch, ihr ineinander Genügten,*
> *frag ich nach uns. Ihr greift euch. Habt ihr Beweise?«*

Durch die Einführung des Dritten tritt also eine merkwürdige Aspektdrehung ein: die Liebenden sind nun gerade nicht mehr die Ungestillten, für die die Gegenwart verschwindet zu Gunsten einer eschatologisch bestimmten Zukunft, sondern die »ineinander Genügten«, denen sich in der Erfüllung des Augenblicks die Gegenwart verabsolutiert und zur »Ewigkeit« wird, (»so versprecht ihr euch Ewigkeit fast von der Umarmung«). Damit ist Zeit wie Vergänglichkeit paralysiert, und in der Fülle der Liebe doch noch ein der Vergänglichkeit entrissenes Dasein verbürgt.

Dreifach sieht also Rilke Liebe als eigentliche Existenz des Menschen: einmal als Verlassenheit und Möglichkeit der Transzendenz, dann als Verlassen und Möglichkeit der Rückkehr zum Ursprung, zu den »Müttern«, schließlich als innerweltliche Möglichkeit der »reinen Dauer«. Dreimal wird auf völlig verschiedene Weise die Vergänglichkeit paralysiert; aber in allen diesen drei Fällen bleibt ein Gleiches: Liebe ist nur dort eigentlich, wo sie von allen bindenden Zielen und von aller Weltfixierung befreit ist.

Die Weltentfremdung, die in der Liebe ausdrücklich gemacht wird, ist ursprünglich kein positiver Charakter des Menschen.

Dadurch werden alle Aussagen Rilkes über Weltabgelöstheit vieldeutig und ambivalent. Weltfremdheit ist positiv als Leistung der Liebe Freisein-von und Freisein-für, sie ist negativ Ausgestoßensein aus der Welt. Dieses Ausgestoßensein wird näher charakterisiert als »Nichtverständigtsein«. Das Tier ist »verständigt«, gehört dieser Welt, ihrem Rhythmus, ihren Gezeiten so zu, daß sein Teilhaben an der Welt nichts weniger als Teilsein von ihr besagt. Wenn wir dagegen versuchen, an der Welt teilzunehmen und ihr anzugehören,

»so drängen wir uns plötzlich Winden auf
und fallen ein auf teilnahmslosen Teich.«; 4. *El.*

scheitern damit an der Indifferenz der Welt an uns, denn »Wir sind nicht einig. Sind nicht wie die Zugvögel verständigt«, die in der Sommersuche erfahrungunbedürftig ihren Süden finden, mit dem Sommer sommerlich und mit dem Winter winterlich sind. Der Mensch aber ist durch seine Fremdheit so rhythmusunsicher, daß ihm nicht nur im Sommer der Sommer und im Winter der Winter gegeben ist, sondern jeweils in Unsicherheit beides zugleich, unverbunden mit der Welt, als unverbindliche Möglichkeiten: »Blühn und Verdorrn ist uns zugleich bewußt.« Die ausdrückliche Dialektik, die Rilke der menschlichen Erfahrung zuspricht –

»Uns aber, wo wir eines meinen ganz,
ist schon des andern Aufwand fühlbar.« –

ist somit nicht theoretisch, sondern Index für die Unsicherheit und das relative Nicht-in-der-Welt-sein des Menschen.

Unter diesem Gesichtspunkt des Einig-seins mit der Welt erhält nun das Tier für Rilke kosmologische Bedeutung. Einig mit dieser Welt, der es nicht nur angehört, sondern die es mit ausmacht, kennt es kein endgültiges Aus-der-Welt-herausmüssen, ist »frei von Tod« (8. El.) und in der »reinen Dauer« seines Daseins.

»[...] Doch sein Sein ist ihm
unendlich, ungefaßt und ohne Blick
auf seinen Zustand, rein, so wie sein Ausblick.« *8. El.*

Das Tier ist also unvergänglich, hat Ewigkeit, sein Dasein verläuft im Modus der Zukunftslosigkeit und des Und-so-weiter:

»[...] und wenn es geht, so gehts
in Ewigkeit, so wie die Brunnen gehen.«

Wir aber, die wir grundsätzlich verstellt sind durch den Tod, haben nie das »Offene« vor uns:

»Wir haben nie, nicht einen einzigen Tag,
den reinen Raum vor uns, in den die Blumen
unendlich aufgehn. [...]«

Selbst das »Offene« ist uns nur das Nichtbegrenzte, verständlich allein durch sein Gegenteil, das dauernd in ihm fühlbar bleibt: »immer ist es Welt und niemals Nirgends ohne Nicht«. So sind wir allein auf eine indirekte Möglichkeit verwiesen, das »Offene« zu sehen: »Was draußen ist, wir wissens aus des Tiers Antlitz allein.« Todloses Dasein hat sonst nur noch das Kind, das »mit Dauerndem vergnügt« (4. El.), also unbegehrlich im »reinen Vorgang« (4. El.) lebt. Aber entwächst es der Kindheit, so entwächst es der heimatlichen Welt; im Unterschied zum Tier, das selbst dieses Entwachsen und diese Entfremdung nicht kennt und von vornherein lernunbedürftig verständigt ist von dieser Welt. Wir, die endgültig Entfremdeten, umzingeln das Tier und stellen unsere Blicke als Fallen um seinen Blick, um in seiner Gefangenschaft Weite und todfreies Dasein zu erfahren.

»Mit allen Augen sieht die Kreatur
das Offene. Nur unsre Augen sind
wie umgekehrt und ganz um sie gestellt
als Fallen, rings um ihren freien Ausgang.« 8. El.

Obwohl hier das menschliche Dasein gegen das tierische als begrenztes konfrontiert ist, obwohl hier der Tod als unübersteigbare Schranke das Leben hoffnungslos verstellt, hat doch Vergänglichkeit bei Rilke einen zweiten, so völlig von der Konfrontierung unabhängigen Sinn, daß – wie an manchen anderen Stellen auch – die Suche nach einem systematischen Generalnenner und nach lückenloser Konsequenz eine müßige und der unphilosophischen Absicht des Werkes unangemessene Überinterpretation wäre. Dennoch steht auch diese andere Fassung von Vergänglichkeit innerhalb des einheitlichen Sinnhorizontes der Dichtung; ist ohne den ungegenständlichen Charakter von Welt, die nur noch hörbar und schmeckbar ist, ohne die hierarchischen Ordnungen, die absolute Transzendenz ausschließen, nicht zu denken.

Diese Vergänglichkeit ist nämlich nicht die Tatsache des Einmal-sterben-werdens, sondern das ständige Vergehen und Verwehen, nicht ein Index der Zukunft, sondern das Leben selber, das *in vivendo* sich selbst dauernd verbraucht und ver-lebt. Als Vergehen hat aber die Vergänglichkeit ein Wohin des Vergehens und birgt als nicht abrupt Endendes ihre mögliche Bleibe schon im Prozeß des Vergehens selbst. Somit kennt sie das ihr gewöhnlich entgegengesetzte radikal andere Sein, die Unsterblichkeit nicht mehr. Ist Vergänglichkeit als Vergehen angesetzt, so erhebt sich die Frage, (die bei Rilke laut wird, ohne beantwortet zu werden), ob das Wohin unserer Vergänglichkeit uns vorgesehen und vorbestimmt, oder ob es ein fremder Raum ist, in den wir – ihm belanglos, uns zufällig – verwehen.

»[...] Schmeckt denn der Weltraum,
in den wir uns lösen, nach uns? Fangen die Engel
wirklich nur Ihriges auf, ihnen Entströmtes,
oder ist manchmal, wie aus Versehen, ein wenig
unseres Wesens dabei? [...]« 2. *El.*

Daß die *Duineser Elegien* nicht nur faktisch kaum gekannt sind und unter den Publikationen der Zeit völlig isoliert stehen, ist sekundär gegenüber der Echolosigkeit, um die sie selbst wissen und aus der sie entspringen. In die heutige literarische Produktion, die entweder selbstverständlich und ohne Bedenken von Gott nichts weiß oder religiöses Gut unverbindlich ausbeutet, oder die schließlich sogenannte religiöse Bedürfnisse mit Surrogaten befriedigt, sind sie nicht einzuordnen. Denn die Untreffbarkeit Gottes ist für sie nicht Beweis seiner Nichtexistenz, sondern wird zu einer ausdrücklichen und in ihrer Negativität immer wieder erfahrenen Ferne Gottes, damit zum religiösen Faktum.

So stehen wir vor einer merkwürdigen Situation: die gewöhnlich in ihrer Neutralität belassene Tatsache des Nichttreffens Gottes wird zur Verzweiflung an seiner Untreffbarkeit. Solange menschliches Leben unter der selbstverständlichen Bestimmung Gottes stand, war Menschsein als *creatum esse,* als ein Vor-Gott-sein, Nichtigsein. Mit der Leugnung der Erfahrbarkeit und Existenz Gottes verschwindet die Nichtigkeit als Bestimmung menschlichen Seins: der Mensch findet in der Welt seine natürliche Heimat. Versteht sich der Mensch dennoch als nichtig, so doch nicht als Nichts vor Gott, sondern als nichtig schlechthin: sein Leben lebt nicht mehr in der Nichtigkeit, sondern in der Sinnlosigkeit seines Seins, lebt im Nihilismus, wenn es diese Sinnlosigkeit zugesteht. Bei Rilke dagegen ist Nichtigkeit weder Nichtigkeit des Menschen vor Gott, noch Sinnlosigkeit (ohne Gott), sondern das menschliche Sein, sofern es in dieser Welt nicht zu Hause ist und zu jener keinen Zulaß findet. Auch hier hängt zwar das menschliche Leben in der Luft, aber nicht deshalb, weil es keinen Gott gibt, sondern weil der Mensch von ihm abgewiesen und verlassen ist. Diese Gott- und Weltverlassenheit, dieses Nirgendwo-Hingehören macht gleichzeitig den religiösen wie den nihilistischen Charakter der Dichtung aus. Nihilismus wird damit zum »positiven Nihilismus«, da er seine Gottlosigkeit verzweifelt als Gottverlassenheit versteht, Verzweiflung wird zum einzigen religiösen Residuum und nicht wie in konfessionell gebundenen Zeiten zum Beginn und Stachel der Häresie, Elegie zur letzten literarischen Form religiösen Dokumentes, zum Ausdruck der Verlorenheit selbst, nicht zur Klage um das Verlorene.

3 Augustin und der Protestantismus

Erschienen am 4. Dezember 1930 in der *Frankfurter Zeitung*

Das 1500. Todesjahr Augustins wird in der gesamten katholischen Welt festlich begangen. In Italien, in Frankreich, in Deutschland stehen die katholischen Zeitschriften unter diesem Zeichen, Veranstaltungen werden zu seinem Gedenken abgehalten, in denen Geistliche wie Gelehrte sich Rechenschaft ablegen über die Bedeutung seines Werkes, seiner Person und seiner Wirkung. Im Protestantismus aber ist er zumeist vergessen: so sehr haben ihn die Katholiken als *heiligen* Augustin mit Beschlag belegt, daß die Protestanten eine Scheu davor zu haben scheinen, seinen Namen gleichfalls für sich in Anspruch zu nehmen.

Das war nicht immer der Fall. Im Mittelalter bis Luther hatte der Name Augustin gleicherweise für Orthodoxe wie für Ketzer, gleicherweise für Reformierte wie für Gegenreformierte Geltung gehabt. *Luther* selbst berief sich auf ihn und fühlte sich als sein Nachfolger im selben Maße, wie er Thomas von Aquino und mit ihm die aristotelische Tradition als die Lehre des »törichten Philosophen« ablehnte. Und wirklich ist weder das protestantische Gewissen, der protestantische »Einzelne« noch die protestantische Bibel-Exegese, die mit den Kommentaren des jungen Luther über den Galater- und Römerbrief begann, denkbar ohne die augustinischen Konfessionen einerseits, ohne die großen Kommentare über Johannes-Evangelium und Johannes-Briefe, über Genesis und Psalme andererseits. Augustin konnte zweifach Ahnherr sein, da er ein Mensch der Spätantike, ein Bürger des Römischen Reiches war, als er die Bildungswelt seiner Jugend verließ, als er zum

Christentum übertrat. Er hatte sich in seiner Jugend in allen kulturell-geistigen Strömungen seiner Zeit treiben lassen: er war Manichäer gewesen, dann Skeptiker, dann Neuplatoniker. Seinen Neuplatonismus, das Erbe Plotins, des letzten Griechen, hat er im Grunde niemals aufgegeben: er hat nie aufgehört zu versuchen, die Welt philosophisch-kosmologisch zu begreifen und zu deuten. Vielmehr brachte er in die entstehende katholische Kirche alle jene Elemente der hierarchischen Ordnung, der rhetorischen Beredsamkeit und des Anspruches auf Universalität, auf Grund deren wir heute noch die Kirche als Erbin des Römischen Reiches ansehen können. Augustin legitimiert dieses Erbe, indem er der Kirche in seinem »Gottesstaat« (De civitate Dei) ihre eigene Geschichte als weltliche Institution gibt. Er weiß, daß die Kirche ihre Universalität nur gründen kann auf die Universalität des untergehenden imperium romanum, und er gibt ihr das Recht dazu. Man kann die Weite und den Reichtum des Christen Augustin nur verstehen, wenn man die Doppeldeutigkeit seiner Existenz als Römer und als Christ in Rechnung zieht, wenn man sich vergegenwärtigt, wie er gerade auf der Grenze zwischen ausgehender Antike und anhebendem Mittelalter steht.

Die Konfessionen geben Zeugnis von dem andern, dem christlichen Reich, das Augustin bei Abschluß derAntike für die weiteren Jahrhunderte aufschloß: vom Reich der Innerlichkeit. Seele war für den Griechen keineswegs Innerlichkeit gewesen. Seele hatte das Wesen des Menschen dargestellt, aber nicht die geheimnisvollen und unbekannten Horizonte des eigenen Innern, die dem Menschen nicht weniger verborgen sind als die Horizonte der äußeren Welt. Der Grieche kannte diese Horizonte nicht als Geschichte des eigenen Lebens, nicht als Biographie. So gibt es zwar in der griechischen Literatur »Bioi«, Leben großer Männer, von anderen geschrieben (und auch sie stammen erst aus der hellenistischen Zeit); sie dienen zum Ruhme eines bedeutenden Menschen. Bei Augustin ist Lebensrückblick aber gerade nicht zum eigenen Ruhme, sondern zum Ruhme Gottes. Das eigene Leben hat nur deshalb Bedeutung, weil es nicht nur irdisch ist, sondern in ihm entschieden wird über Gottesferne und Gottesnähe, über Sünde und Erlösung. Im Augenblick der Bekehrung ist Augustin durch Gott erlöst; nicht die ganze Welt, sondern er, der Einzelne, der vor Gott steht. Er ist erlöst von seinem sündigen Leben. Und daß er diese Erlösung *bekennt*, geschieht zum Ruhme Gottes und ist menschliches Zeugnis für die Macht Gottes. In diesem Bekennen ist er gezwungen, sich an sein früheres Leben zu erinnern, und zwar an das ganze Leben, weil jedes Moment dieses Lebens Sünde war, jedes Moment also die Stärke und das Wunder der Erlösung vergrößert. Dadurch wird das eigene Leben zu einem einheitlich sinnvollen Zusammenhang, zum Weg zur Erlösung. Dieses Leben schließt die Erinnerung auf, erst in der Erinnerung gewinnt das Vergangene seinen unvergänglichen Sinn, es wird in ihr aufgehoben. – Es ist oft an dem Wahrheitsgehalt der Konfessionen gezweifelt worden: Augustin übertreibe seine Sünden, stelle – absichtlich oder unabsichtlich – sein Leben falsch dar, anders als es wirklich gewesen, vergesse alles Gute dieses Lebens; kurz: man meint, die Erinnerung fälsche. Ohne diese Erinnerung aber, ohne diese »Darstellung«, die schon immer etwas wesentlich anderes ist als die nur naiv gelebte Wirklichkeit selbst, wäre uns diese Vergangenheit gar nicht erhalten geblieben; sie wäre vergangen geblieben. Erst die »fälschende« Erinnerung *rettet* die Wirklichkeit. Die Frage nach der »wirklichen« Wirklichkeit, unabhängig von der in den Konfessionen geretteten Wirklichkeit, ist sinnlos. – Die Konfessionen schließen konsequenterweise mit einer langen philosophischen Erörterung über die Erinnerung, in der diese zum Wesen der Innerlichkeit, d. h. des christlichen Menschen wird.

Die Entdeckung der eigenen Innerlichkeit und ihre ganz thematische Durchforschung haben mit Psychologie oder moderner Reflektierung trotz der tausendfältigen, psychologisch frappanten

Einzelheiten nichts zu tun. Denn die Innerlichkeit gilt nicht deshalb etwas, weil sie meine und darum interessant ist, sondern weil sie schlecht war und gut geworden ist. Das eigene Leben wird nicht deshalb thematisch, weil es im modernen Sinn individuell und einmalig wäre, nicht weil es seine eigne Entwicklung im Sinne einer Vervollkommnung der Persönlichkeit hätte; es ist *nicht einmalig*, sondern *exemplarisch*: wie es mir geht, kann es allen gehen. Das Selbstbekenntnis hat einen generellen Sinn: So waltet Gottes Gnade in einem Leben überhaupt. Das Leben hat nicht eine autonome Geschichte; sondern das Grundprinzip der Veränderung ist die Bekehrung, die das Leben in zwei verschiedene Teile zerfällt. Was mithin das Leben zu einem erinnerungswürdigen macht, zu einem Denkmal für den Christen, ist nicht ein immanentes Prinzip des Lebens selbst, sondern das schlechthin Andere, die Gnade Gottes.

In der christlich-europäischen Tradition hat diese Erinnerung zweifache Erben: die Beichte und das Gewissen. Die Beichte aber bedeutet schon eine gewisse Alterierung des ursprünglichen Konfessions-Sinnes: bei Augustin ist der Bekennende zurückgeschlagen in die Einsamkeit seines eigenen Innern und steht mit ihm vor Gott. Daß dieses einsame Gott-ausgesetzt-sein für die Anderen Mahnung und Zeugnis wird, besagt dagegen gar nichts. Augustin bekennt nur Gott, nicht den Menschen, höchstens für diese. Die Beichte aber schiebt jene Instanz zwischen die Beziehung Seele – Gott, die Luther als Veränderung des ursprünglichen Sinnes des Christentums bekämpfte. In sonderbarer Tradition über Jahrhunderte und über die eigentlich katholische Epoche hinweg knüpfte Luther seine Auffassung vom Glaubenden, dessen Gewissen unmittelbar vor Gott steht, bei Augustin wieder an.

So wenig Augustins eigenes Lebensbekenntnis psychologische Absichten hatte, so sehr ist er doch der Ahnherr des modernen psychologischen autobiographischen Romans, und zwar auf dem Umweg über den Pietismus. Die religiöse Rückbesinnung vor

Gott verliert mit der allgemeinen Bewegung der Säkularisierung die Autorität, der bekannt wurde, und wird zur Rückbesinnung auf das eigene Leben schlechthin. So zum ersten Male in Deutschland in repräsentativer Weise im Anton Reiser von K. Ph. Moritz, der, selbst noch aus dem Pietismus stammend, die »erbaulichen« Lebensbeschreibungen der pietistischen Religiosität endgültig ablöste. Der Begriff der Gnade weicht völlig dem der autonomen Selbstentwicklung, und die eigene Geschichte erscheint uns schließlich bei Goethe als »geprägte Form, die lebend sich entwickelt.«

Dr. Hannah Arendt.

4 Weil, Hans: Die Entstehung des Deutschen Bildungsprinzips

Erschienen 1931 im *Archiv für Sozialwissenschaft und Sozialpolitik*

Die gehaltvolle und anregende Untersuchung von H. Weil ist nicht nur der historischen Gründlichkeit wegen, mit der hier über bekannte Dinge ganz neu gearbeitet wird, wichtig, sie ist vor allem auch geeignet, jeder modernen Diskussion über »Bildung« die historische Basis zu geben.

Weil zeigt die Herkunft des deutschen Bildungsideals von seinen Anfängen in der Herder'schen Übernahme Shaftesbury'scher und Rousseau'scher Einwirkungen über Humboldts Formulierungen eines Bildungs»ideals« bis zum Entstehen dessen, was er »Bildungselite« nennt, in der die eigentliche Rezeption des Bildungsprinzips sich vollzieht. Diese Aufnahme des Bildungsprinzips, der wichtigste Teil der ganzen Untersuchung, ist vorwiegend eine soziologische Analyse, während die vorhergehenden über Herder und Humboldt immer in erster Linie nach den individuellen Motivationen fragen. Methodisch gehen in diesen ersten beiden Teilen (vor allem in den Herderkapiteln) die soziologische und die psychologische Analyse etwas durcheinander. – Die Darstellung besteht im allgemeinen weniger darin, daß Wert auf eine genaue Durchinterpretation eines bestimmten Textes gelegt wird, als daß dieser Text – eben von den erwähnten Voraussetzungen her – »erklärt« wird, daß der Text befragt wird nach seinen »personalen Motivationen« und seinen »gesellschaftlichen Determinanten« (166).

Sofern Weil interpretiert, orientiert sich die Untersuchung vornehmlich an dem aus dem Pietismus herstammenden Gegensatz von »Weltlichkeit und Innigkeit«. Die Innigkeit wird ihrerseits gleichgesetzt mit »Innerlichkeit« (5). Diesem Gegensatz entsprechen die beiden wesentlichsten Möglichkeiten der Bildung: 1. »Bildung als zum Bilde machen« und 2. als »Ausbildung vorgegebener Anlagen« (6). »Bildung als zum Bilde machen« wird *historisch* hergeleitet aus der »Bildlichkeit überhaupt« als einer spezifisch europäischen Tradition, sofern sie griechisch-heidnisch bestimmt ist (22 ff.). Aus dieser Tradition wird Shaftesburys Einfluß geltend gemacht. Andererseits ist die »Bildung als zum Bilde machen« *soziologisch* bestimmt als eine »gesellschaftliche Strebung zum Vornehmen« (8). Zu beiden Herleitungen gehört die Bedeutung des »Vorbildes«, einmal als historisches Vorbild, das andere Mal wieder als das gesellschaftliche. Demgegenüber stellt die »Bildung als Ausbildung vorgegebener Anlagen« eine gesellschaftlich »resignative Haltung« (9) dar, sofern sie soziologisch interpretiert ist; sie stammt aus der pietistischen Innerlichkeit, sofern sie wieder historisch verstanden wird. – Prinzip der Interpretation ist es, die jeweilige Innerlichkeit aus der »besonderen Art der ›Weltlichkeit‹ zu interpretieren«, weil diese gleichsam das Manifestere sei (5). Damit wird implizit alles Innerliche als abhängig von der »besonderen Art der Weltlichkeit« verstanden; damit wird weiter die Innerlichkeit oft nur noch als Kompensation einer mißlungenen Weltlichkeit gesehen.[1] Durch diese – unausgesprochene – Kompensationstheorie wird bis zu einem gewissen Grade die Tra-

1 So wird die »innere« Bildung S. 230 als Kompensation eines »äußeren« Verhaltens gedeutet, und die direkte Tradition dieser »Innerlichkeit«, der Pietismus an dieser Stelle gleichsam vergessen. – So wird S. 235 ein Brief von Humboldt an F. A. Wolf zitiert, um zu belegen, daß die »›Kultivierten‹, die ihre Titulargeltung minder achteten« »ihre Geltung ›tiefer‹ begründen« mußten; während Humboldt den Vorgang selbst gerade umgekehrt schildert, nämlich, daß »auch der Schatten von Lust, ein tätiges Leben […] zu führen, nie so sehr in mir erstorben ist, als seitdem ich mit dem Altertum

dition der Innerlichkeit ausgeschaltet. W. beruft sich zwar an den entsprechenden Stellen immer auf den Pietismus, aber ohne ihm historisch nachzugehen. Pietismus wird nur als personale Herkünftigkeit geltend gemacht, nicht eigentlich als historisch überkommenes Gut interpretiert. Durch die selbst nicht gedeutete Übernahme des Gegensatzpaares »Innerlichkeit – Weltlichkeit« wird diese Art der Interpretation allerdings fast erzwungen. Die alternative Fragestellung aber erfordert ihrerseits eine Legitimierung aus der Geschichte; sie ist nicht mit gleichem Recht überall anzuwenden. Sie scheitert meines Erachtens am deutlichsten in der Herderanalyse. Herder wird in einer ihm spezifischen Doppeltheit verstanden: in ihm kommen die beiden oben erwähnten Bildungstendenzen zusammen. Bildung als »zum Bilde machen« übernimmt Herder von Shaftesbury, Bildung als »Ausbildung vorgegebener Anlagen« von Rousseau. Als Herders eigene Tradition wird nur der Pietismus des Elternhauses und das protestantische Predigeramt geltend gemacht, d. h. nur seine personale Herkünftigkeit; so kommt es, daß der Einfluß Lessings völlig vernachlässigt wird.[2] – Shaftesbury gibt Herder – wie W. ausgezeichnet aufweist – die Legitimität für die schon von Herder erfahrene Ungleichheit aller Menschen. Rousseau nun gibt dem einzelnen Menschen in der organisch vegetativen Analogie die Möglichkeit

vertrauter bin –«. (S. 235 Anm.) Diese Differenz müßte zumindest in die Darstellung mit einbezogen werden.

2 Das Auslassen des Einflusses Lessings auf Herder und damit auf das Entstehen der Bildung stört durchgängig. Am auffallendsten jedoch an der Stelle, an der W. davon spricht, daß für Herder »der Weg sichtlich bedeutsamer wird als das Ziel« (50). Dies wird hergeleitet aus einem »Stimmungsumschwung«, statt – was meines Erachtens sehr viel näher liegt – aus jenem bekannten Wort Lessings: »Wenn Gott in seiner Rechten alle Wahrheit und in der Linken den einzigen immer regen Trieb nach Wahrheit, obschon mit dem Zusatze, mich immer und ewig zu irren, verschlossen hielte, und spräche zu mir: wähle! Ich fiele ihm mit Demut in seine Linke und sagte Vater gieb! die reine Wahrheit ist ja doch nur für Dich allein!« (Theol. Streitschriften. Duplik. I.)

der »Charakterbildung« (96). Damit wird – getreu der pietistischen Herkunft Herders – auch die Bildung als »zum Bilde machen« wieder »verinnerlicht«. Beide Tendenzen tendieren nach Weil zur Autonomie des Menschen: »Zugleich aber gibt das Bildungsprinzip als das *Streben nach dem schönen Bilde* dem Einzelnen eine *Autonomie des Geistes und der Persönlichkeit*, vergleichbar jener Wendung zur Autonomie, wie sie Luther dem Christenmenschen im eigentlich Religiösen gewiesen hatte« (41). Diese Autonomie entsteht durch den Bildungs*prozeß*, dessen Analogie die Pflanze ist, die »in sich selbst, durch sich selbst und für sich selbst« (42) besteht. W. versucht nun zu zeigen, wie Herders Geschichtsbetrachtung von dieser vegetativen Menschauffassung ausgeht, wie er aber durch den Einfluß Shaftesburys, »kraft seiner ästhetisch harmonischen Zielsetzung« über Rousseau und damit über die »Grenzenlosigkeit« des nur »natürlichen Menschen« hinauskommt (47). – In dieser Darstellung scheint mir die Bedeutung, die die Geschichte und damit auch die außerpersonale Realität (etwa als »Schicksal«, als »Verhängnis«) für Herder und auch für seinen Begriff der Bildung hat, unterschätzt zu sein. Der Isoliertheit des an der Metapher der Pflanze verstandenen Menschen stehen alle jene Äußerungen Herders (vor allem in der Schrift »Auch eine Philosophie der Geschichte zur Bildung der Menschheit«) gegenüber, in denen er ausdrücklich spricht von der »Kette der Individuen« und von der »Tradition«, die den Menschen formt. Ja, Herder polemisiert direkt gegen einen so isolierenden Bildungsprozeß, wie Weil ihn schildert, allerdings nicht direkt in einer Polemik gegen Rousseau, sondern in der Polemik gegen Lessing: »Empfinge der Mensch alles aus sich und entwickelte es abgetrennt von äußeren Gegenständen, so wäre zwar eine Geschichte *des* Menschen, aber nicht *der* Menschen, nicht ihres ganzen Geschlechts möglich« (Ideen zur Geschichte der Menschheit I. Teil, IX. Buch, 1, 2). Bei Herder vollzieht sich durch den Einbruch der Geschichte und damit der Realität, über die der Mensch keine

Macht hat, eine Zerstörung der Autonomie des Menschen: er ist nur noch die »Ameise auf dem Rad des Verhängnisses«. Es scheint mir danach durchaus fraglich, ob die Pflanzen-Metapher bei Herder im selben Maße ernst genommen werden darf wie bei Rousseau. Den W.schen Ausführungen über Herder würde meines Erachtens sehr viel mehr der Schleiermacher'sche Individualismusbegriff entsprechen. – Zur Bildung gehört für Herder die Rezeption der Geschichte, die sich für W. vor allem in der »gefühlsmäßigen Verbindung des sich Bildenden mit den von ihm erfühlten und erwählten Vorbildern« vollzieht. So richtig diese Darstellung einerseits ist, in so engem Zusammenhang für Herder die »stille ewige Macht des Vorbildes und einer Reihe Vorbilder« mit der Bildung steht, so vollzieht sich doch nicht diese Rezeption »mehr durch das ›Gefühl‹ als durch das ›Denken‹« (68), sondern durch das – zu dieser Alternative völlig neutral stehende – Verstehen. Dieses Verstehen wahrt schon bei Herder, der um die unwiederbringliche Einmaligkeit alles Geschehens weiß, die Distanz zur Wirklichkeit – ebenso, wie es die Wirklichkeit heraufbeschwört, als die, die sie wirklich war, ohne alle pädagogischen Zwecke und Hintergedanken.[3] Diese Distanz des Verstehens und damit überhaupt das Verstehen als eine ganz neue Möglichkeit des Zugangs zur Welt und zur Wirklichkeit scheint mir fortwirkend sowohl für das Bildungsprinzip als auch für die Geisteselite, deren »Distanz« – nach Weil – sie mit zur »Richterin über die Kultur« (233) macht, ausschlaggebend geworden zu sein.

Eine sehr erhellende Analyse *Humboldts*, der die Bildung erst zum »Ideal« machte, bereitet vor auf den dritten Teil, die Entstehung der deutschen Bildungselite. W. will Humboldt als Träger

3 In diesem Sinne polemisiert Herder gegen alle typisch aufklärerische Geschichtsbetrachtungen, die in der »Aufklärung« das »Ziel« der Geschichte sehen, bzw. – wie Lessing – in der Geschichte nichts anderes sehen als die »Erzieherin des Menschengeschlechts«.

einer »transpersonalen Bedeutung« fassen, wobei diese »transpersonale Bedeutung« im wesentlichen identisch gesetzt wird mit der »gesellschaftlichen Bedeutung« (95). In diesem exemplarischen Sinn wird Humboldts Lebensgeschichte, seine Herkunft usw. erzählt, immer im Hinblick auf die gesellschaftliche und ökonomische Situation des Adels überhaupt. Aus dieser vorwiegend soziologisch orientierten Analyse entspringt eine der besten modernen Humboldtdarstellungen. – Hervorgehoben wird der Humboldt'sche Realismus einerseits (die »›Anschauung‹ […] als eine Art Überwindung des Gegensatzes zwischen ›Denken‹ und ›Fühlen‹« (91/92)) und die Liebe zur eigenen Individualität andererseits. War Humboldt auf den Realismus angewiesen, d.h. auf den Durchbruch zur Welt, weil er sein »Denken«, das er von der bürgerlichen Aufklärung »gelernt« hatte, »nicht als Waffe brauchte« (101), so bleibt ihm doch auf der anderen Seite, ihm dem völlig Vereinzelten, seine »Individualität als einzig wahrer Besitz« (103). Hieraus resultiert wiederum, daß – wie W. es sehr schön formuliert – »ihn nur traf, was ihn faszinierte« (142). Nicht völlig geklärt ist der Zusammenhang dieser beiden Komponenten: wie verhält sich der Realismus Humboldts dazu, daß er »überhaupt nur noch Beziehung zur Welt« hatte, »insofern sie an sein Inneres rührte« (103)? Mir scheint daß ein solcher Zusammenhang besteht und zwar in der Humboldt'schen Vorstellung einer schlechthinnigen Realität, in der alles, was ist, trotz völliger Anonymität, doch immer real bleibt. »Mir ist es ein fester unumstößlicher Satz, nichts von dem, was ein Mensch je Gutes und Großes wirklich war, geht jemals unter, und wäre es nur das von niemand erkannte unmittelbare Gefühl eines einzigen Augenblicks gewesen. Es prägt sich seinem Wesen […] ein […] und wäre niemand je zugegen, so prägt es sich, möchte ich sagen, der toten Natur selbst ein«, schreibt Humboldt an Caroline 1803. Diese merkwürdige Realitätsvorstellung scheint wirklich beides zu leisten: sie nimmt einmal jedes Geschehen als Geschehen wichtig, und sie erfordert andererseits die »innere Existenz mit Sorgfalt zu hegen«.

War Bildung als Prozeß bei Herder gerade der Ausdruck dafür, daß der »Weg bedeutsamer wird als das Ziel«, so ist bei Humboldt »Bildung als Zustand nicht als Vorgang das ›Ideal‹ der Bildung als Prozeß« (120). »Das ›Sein‹ erschien« – so formuliert Weil – »sozusagen stets als Erfolg einer ›Bildung‹« (129). Das gebildete Sein seinerseits wird nun in seiner seit Herder erfahrenen Vielfalt gegliedert in Hinsicht auf bestimmte »ideelle Gehalte« (131) wie etwa das männliche und das weibliche Prinzip. Diese »Konzentration« hat die Funktion, wieder eine Übersicht zu ermöglichen. (Übrigens rettet meines Erachtens diese Möglichkeit der Klassifizierung vor der Herder'schen Zerstörung der Autonomie.) Das Ziel aller Bildung ist die »Objektivation seiner selbst als Figur« (135), eine Objektivation, die erst ermöglicht wird durch die fixierende Eingliederung, in der der Einzelne »weiß«, was er ist. Die Eingliederung des Einzelnen, die auch dadurch begünstigt wird, daß die »›Gebildeten‹ sich immer wieder nach einigen Vorbildern richteten« (143), leistet zweierlei: einmal wird »der Vereinzelung der Individualität [...] gesteuert« (143) und zweitens wird die einzelne Individualität von der Masse wirksam abgesondert. Beides bedeutet die Entstehung der deutschen »Geisteselite«.

Der vorliegende Versuch einer »Soziologie der Geisteselite« orientiert sich an drei Fragen: »1. Wie wird die *Zugehörigkeit* der Glieder zur Gruppe erfahren? 2. Wie ist die Elite *soziologisch* strukturiert? 3. Welche sind die gesellschaftlichen *Grundlagen* der Elite und ihre *Funktionen* innerhalb einer Gesamtgesellschaft?«

Die Antworten auf diese drei Fragen können hier nur andeutungsweise, somit sehr schematisch gegeben werden. Das Referat will nichts anderes, als auf die sehr instruktiven und neuartigen Ausführungen des Buches selbst hinweisen. – Die Zurechnung zur Elite geschieht auf Grund eines spezifischen »Besondersseins«, das W. als das »Repräsentative« faßt (154). Diese Repräsentation kann durch qualifizierte, objektiv bestimmbare Leistung geschehen, braucht es aber nicht; denn das was den Einzelnen im Grunde hier legitimiert, ist der »Glaube« an ihn (156/57), d.h. wie weit er die Möglichkeit der Faszination hat. Die relative Unabhängigkeit der Elite von objektiver Leistung geht Hand in Hand mit ihrer »Gleichgültigkeit gegen die äußere Stellung« (161). Ausschlaggebend für die faktische Zugehörigkeit ist die Teilhabe an der »Zirkulation«, die spezifische Art, den »Geist«, deren Träger der »Kreis« ist, zu »bewahren« (158). In der eigentümlichen Schwebe zwischen Esoterischem und Exoterischem, zwischen intimer Freundschaft und Anspruch auf öffentliche Geltung hängt das Phänomen der Elite seiner gesellschaftlichen Struktur nach aufs Engste mit dem »Salon« zusammen (225). Was die Elite vom Salon vor allem scheidet, ist die »Distanz« als personaler Ausdruck für das Herausgehobensein (160). Dieses wiederum dokumentiert und legitimiert sich an »großen Vorbildern« (161. 185), die schon Herder für die Bildung empfohlen hatte. Der Bezug zu den Vorbildern gibt der Elite die Möglichkeit einer »neuen Einordnung, die gerade für die qualitativ oft so unterschiedenen und vereinzelten Mitglieder der Elite eine wichtige Rolle spielt« (162). – Die Untersuchung der sozialen Struktur der Elite und ihrer gesellschaftlichen Funktion ergibt eine, wenn auch zweifelhafte Zurechnung zum »Mittelstand« (164); ihre Art der Anteilhabe am Geiste läßt sie notwendig »apolitisch« sein (164); ihre mögliche Wirkung geschieht durch »Wort und Schrift« (169). Sie hängt aber in dieser Wirkung wesentlich von ihrem »Prestige« ab, das darüber entscheidet, ob »sie sich nur selbst repräsentativ weiß« oder »auch für repräsentativ gehalten wird« (171). Diese Legitimierung durch das »Prestige« wird die Elite am ehesten dann erhalten, »wenn soziale Gruppen [...] von einem gesellschaftlichen Umschichtungsprozeß erfaßt werden« (171). Ihre gesellschaftliche Funktion ist es – so führt W. aus –, daß sie »ein Bild von der Welt und der Gesellschaft weiter gibt, das Gegenbild zur sozialen Realität« (173). – Das Entstehen der Geisteselite wird begünstigt zu Ende des 18. Jahrhunderts und zu Beginn des 19. durch eine soziale Veränderung und

Verschiebung, die eine genauere Beobachtung, ein Wichtignehmen der einzelnen Individualität ermöglicht: die soziale Veränderung ergreift vor allem den Adel, der »durch das Schwinden des Feudalsystems« seinen alten »Funktionssinn« innerhalb des Ganzen der menschlichen Gesellschaft verliert; ferner entsteht in derselben Zeit durch den »freien Handel« ein Großbürgertum, das nicht mehr primär am Staat interessiert war; dazu kommt die Seelenschulung des Pietismus, der vor allem im Kleinbürgertum zu Hause ist (192). In dieser Umwälzung ist nach W. die traditionelle Aristokratie »nicht auf dem Posten« (219) und ermöglicht so der Geisteselite, sich durchzusetzen. Einzelne Adlige optieren sogar für sie (221). Eine wirkliche Opposition gegen die Geisteselite finden wir dann erst wieder in der Zeit der Romantik, die dem traditionellen Adel »eine Handhabe zur geistigen Rechtfertigung des patriarchalischen Ständestaates gab« (212). In diesem Zusammenhang wird vor allem auf v. d. Marwitz und seinen Kampf gegen die Aufklärung verwiesen. Diese rein soziologische Aufhellung, so dankenswert sie ist, vergißt doch unseres Erachtens auch hier die eigentlich historische Tradition, d. h. in diesem Falle, daß schließlich der »kleinbürgerliche Pietist« Herder das erste »Pamphlet« gegen die Aufklärung geschrieben hat. Und es scheint mir, daß die zitierten Worte Marwitzs (213 f.) gegen das 18. Jahrhundert überraschend direkt auf das Wort Herders über denselben Gegenstand hinweisen: »das altkluge Kind lästert«.

Die eigentliche Grenze der sehr dankenswerten Untersuchungen des Weil'schen Buches scheint mir überhaupt dies Vergessen des Historischen zu sein. – Zum Schluß sei noch bemerkt, daß die ausgewählten Zitate sehr geschickt zusammengestellt sind und nicht nur die Darstellung anschaulich machen, sondern jederzeit auch die Möglichkeit geben, sie zu verifizieren.

(Hannah Arendt.)

5 Sören Kierkegaard

Von Hannah Arendt.
Erschienen am 29. Januar 1932 in der *Frankfurter Zeitung*

Vor 75 Jahren starb Kierkegaard dreiundvierzigjährig einsam in einem Hospital in Kopenhagen. Zu Lebzeiten mehr bekannt als berühmt – bekannt durch manche Absonderlichkeiten seiner Person und seines Lebens, die zu Skandalgeschichten nivelliert wurden – begann seine eigentliche Wirksamkeit erst sehr viel später. Wollte man eine Geschichte seines Ruhmes vor allem in Deutschland schreiben, so kämen für diese Geschichte nur die letzten fünfzehn Jahre in Betracht, die ihn – nun allerdings in einer überraschenden Plötzlichkeit – berühmt machten. Dieser Ruhm ist mehr als die Entdeckung eines großen Menschen, der zu Unrecht vergessen, nachträglich gewürdigt wird. Es geht um mehr als eine nachträgliche Gerechtigkeit. Kierkegaard wird aktuell, er wird zum Sprecher einer ganzen Generation, die ihn nicht aus historischem Interesse liest, sondern aus einem höchst akuten Angegangensein: mea res agitur.

Vor 25 Jahren noch, fünfzig Jahre nach seinem Tode, war Kierkegaard in Deutschland kaum bekannt. Nicht nur, daß nicht alles von ihm in deutscher Sprache übersetzt war – kein ausreichender Grund, da Christoph Schrempf sich schon Ende der achtziger Jahre für ihn eingesetzt hatte – vielmehr bot die geistes- und kulturgeschichtliche Situation in Deutschland, die Selbstsicherheit der Einzelwissenschaften schlechthin keine Lücke, durch die hindurch die Kierkegaard'sche Beunruhigung hätte dringen und die Sekurität hätte erschüttern können. Erst die Nachkriegszeit mit ihrer geistigen Destruktionsbereitschaft bot für eine Aufnahme Kierkegaards den geeigneten Boden. Deutschland war auf Kierkegaard vorbereitet durch Nietzsche und die sogenannte Lebensphilosophie, durch Bergson, Dilthey und Simmel. In Nietzsche sah sich zum ersten Male die systematische Philosophie in ihren Grundlagen bedroht, da die Nietzsche'sche psychologische Destruktion die außerphilosophischen, psychischen und vitalen Motive aufzeigte, aus denen heraus die Philosophen philosophierten. Die Revolte gegen die Philosophie von einem Philosophen störte die Situation des *Philosophierens* selbst und behauptete gerade dieses als Philosophie. Damit war die Subjektivität des einzelnen gerettet. Ganz parallel dazu lagen die Bemühungen der Erlebnisphilosophie, die das Konkrete dadurch zu fassen versuchte, daß sie nicht von einem stets generalisierenden Erkennen ausging, sondern von einem »Erlebnis«, das den Gegenstand nicht in ein Generelles einordnete, sondern ihn selber in den Griff bekam. Wesentlich ist dabei nicht das methodisch Neue, sondern die Entdeckung bestimmter Welt- und Menschengebiete, die bis dahin der Philosophie entweder unsichtbar geblieben waren oder ein sorellarienhaftes Schattendasein geführt hatten.

So scheint Deutschland vorbereitet – aber vorbereitet gerade auf Kierkegaard, auf den, dessen Existenz vom Christentum bestimmt ist? Was hat die Revolte in der Philosophie mit dem Christentum zu tun? Die späte Eindringlichkeit seines Ruhmes befremdet um so mehr, je mehr man sich sein entschiedenes Christentum vor Augen hält und ihn von dorther zu verstehen sucht. Diese fragwürdige Beziehung von Christentum und Philosophie wird plausibel aus der Kierkegaard'schen Polemik gegen Hegel, die nicht die Kritik eines bestimmten Philosophen sein will, sondern eine Absage an die Philosophie als solche darstellt. Die Philosophie vergisst und verliert nach Kierkegaard im System das konkrete Selbst des Philosophierenden. Die Philosophie betrifft nie den »einzelnen« in seiner konkreten »Existenz«. Bei

Hegel wird gerade dieser einzelne und sein Leben, um das es geht, bagatellisiert; diese Bagatellisierung geschieht dadurch, daß die Dialektik und ihre Synthese nicht den einzelnen in seiner jeweiligen Existenz betrifft, sondern bereits die Einzelheit und Jeweiligkeit als generelle Abstraktionen. Der Hegel'schen Lehre vom Gegensatz und seiner Synthese setzt Kierkegaard die grundsätzliche Paradoxie der christlichen Existenz entgegen: ein einzelner zu sein – sofern man allein vor Gott (bzw. dem Tode) steht – und doch kein Selbst mehr zu haben, sofern dieses Selbst als Person, als Individuum vor Gott nichtig ist, sofern es verleugnet wird. Die Kierkegaard'sche Paradoxie als Grundstruktur des menschlichen Seins ist bei Hegel nur der Gegensatz, der in der höheren Synthese »aufgehoben« wird, nicht die Unlösbarkeit, die in dem Sein des Lebens, von Kierkegaard »Existenz« genannt, als solchem schon liegt und auf der das Leben zu bestehen hat. Kierkegaard spricht jeweils nur von sich, Hegel ist nur noch Exponent seines Systems. Auch Kierkegaard spricht zwar in gewissem Sinne allgemein, aber seine Allgemeinheit ist nicht eine Generalisierung, sondern er redet »in jenem Allgemeinen, in welchem es dadurch, daß es einen einzigen Menschen angeht, alle angeht«. Denn alle sind Einzelne. Indem Hegel die Geschichte in einem eindeutig deutbaren Zusammenhang erfaßt und als notwendigen Prozeß interpretiert, schaltet er nach Kierkegaard das konkret Wirkliche, den Zufall und damit den einzelnen aus. Diese Polemik gegen Hegel ist eine Polemik gegen jedes philosophische System überhaupt.

Heute liegt die Situation folgendermaßen: Die verschiedensten und heterogensten Richtungen berufen sich auf Kierkegaard als Autorität, treffen sich auf dem zweideutigen Boden einer radikalen Skepsis, sofern die Verzweiflung an der eigenen Existenz und an den eigenen wissenschaftlichen Grundlagen noch mit diesem blassen und harmlos gewordenen Ausdruck belegt werden darf.

Auf der bereits etwas abstrakt gewordenen Basis »Entscheidung« versammeln sich die Entschiedensten der verschiedensten

Lager. Daß man sich sowohl im protestantischen wie im katholischen Lager auf Kierkegaard beruft, hat aber noch einen anderen Grund. Und zwar gründet dieser nicht in einer spezifischen subjektiven Eigenart Kierkegaards, sondern in dem Medium, in dem er als religiöse Existenz lebte, bzw. zu leben hatte. Kierkegaard war der erste, der in einer der unseren ähnlich gelagerten Welt lebte, d. h. in der säkularisierten Welt der Aufklärung. Eine unbedingt religiöse Existenz – wie sie etwa Schleiermacher gerade nicht war – steht in der Polemik zu relativ derselben Welt, in der wir heute noch leben. Wenn sich der Christ von Paulus bis Luther gegen die Weltlichkeit und Verweltlichung der Existenz wehrte, so war die »schlechte« Welt eine grundsätzlich andere Welt als diejenige, in der wir heute leben. Sofern es in der modernen Welt überhaupt noch so etwas wie eine religiöse Existenz geben kann, hat sie sich faktisch auf Kierkegaard als ihren Ahnherrn zu berufen. Die Gegensätze zwischen den Konfessionen verblassen vor der ungeheuren Kluft, die sich zwischen einer geschlossenen atheistischen Welt und einer auch in dieser Welt lebenden religiösen Existenz aufgetan hat. In dieser Welt nämlich radikal religiös sein, heißt nicht nur einsam sein, sofern man als einzelner vor Gott steht, sondern sofern die andern nicht vor Gott stehen.

Das Sein, um das es Kierkegaard geht, ist sein eigenes Leben. In diesem seinem Leben hat sich die christliche Paradoxie zu verwirklichen. Der »einzelne« verleugnet sein Selbst, seine Individualität, die weltlichen Möglichkeiten, der die unerbittliche Wirklichkeit Gottes – gleichsam von außen – gegenübersteht. Sein Leben ist von vornherein nicht seinem Belieben, eben seinen Möglichkeiten unterstellt, es ist nur noch *Konsequenz*, die Konsequenz des Von-Gott-Bestimmtseins. Aber dieses Von-Gott-Bestimmtsein bleibt in einer eigentümlichen Schwebe von Gottferne und Gottnähe. Kierkegaard erzählt in seinen Tagebüchern, das Bestimmende seines Lebens sei eine Sünde des Vaters gewesen, der, ein Kind noch, einmal Gott geflucht hat. Mit diesem Fluch ist über das Leben des Sohnes entschieden – er erbt gleichsam den Fluch. Dieses zweideutige Von-Gott-Bestimmtsein allein gilt es ihm als Schriftsteller zu ergreifen. An dieser Exponiertheit, von der man nie weiß, ist sie Fluch oder Gnade, scheitert die Verlobung mit Regine Ohlsen und damit die Möglichkeit eines »normalen« Lebens, die Möglichkeit, nicht »Ausnahme« zu sein.

Was sein Leben bestimmt, ist also gerade nicht das immanente Gesetz dieses individuellen Lebens, »nach dem es angetreten«, sondern das schlechthin Äußere, das, was er erst spät erfährt: der Fluch des Vaters. Aber dieser Fluch bewährt sich an ihm selbst in seinem Sinne dadurch, daß er nicht weiß, ob er nicht einmal völlig zufällig der Vater eines Kindes geworden ist. Diese »fast schon abstrakt zu nennende Möglichkeit« (wie Theoder Haecker sagt) ist sein »Pfahl im Fleisch«. Im Exponiertsein wird diese abstrakte Möglichkeit zur schwersten Wirklichkeit. Der Zufall ist das Außerhalb des eigenen Selbsts und zieht durch dies sein Außerhalb-sein die ganze Verbindlichkeit des Transzendenten, des Nur-Gott-gewollten in sich herein. In dem absoluten Ernst-nehmen des Zufalls, das identisch mit der Konsequenz ist, wird der Zufall zu dem letzten Residuum, in dem Gott selbst – wenn auch als Ferner – spricht.

Im selben Maße, wie dieses Leben als Exponiertes nur in der erbittertsten Konsequenz gehalten werden kann, im selben Maße erliegt und verfällt das konkrete Selbst Kierkegaards einer grausamen psychologischen Reflektiersucht. Diese Reflektiertheit entsteht aus dem Ernstnehmen der eigenen Möglichkeiten. Diese gilt es auszurotten, um nichts anderes mehr zu sein als anonymer Träger der Konsequenz. Sollte diese Anonymität vom Schriftsteller, dessen Schreiben ja immer das eines Bestimmten, Namhaften ist, öffentlich und gleichsam als Zeugnis seiner Namenlosigkeit festgehalten werden, so mußte sich der Name verstecken hinter einem Pseudonym. Jedes Pseudonym aber droht wieder seinerseits den eigentlichen Namen zu ersetzen und vom Autor Besitz zu ergreifen. So jagt ein Pseudonym das andere, und kaum ein Werk Kierkegaards ist vom selben Verfasser gezeichnet. Freilich ist auch in diesem Wechsel der Pseudonyme noch ein ästhetisches Spiel der Möglichkeiten zu entdecken, jene Verführungsmöglichkeit, die Kierkegaard selbst als »Victor Eremita« in »Entweder-Oder« dargestellt hat.

Wenn Kierkegaard wie Nietzsche, beide freilich in sehr verschiedenem Sinne, den Abschluß der Romantik bedeuten, so liegt eine Überwindung der Romantik gerade darin, daß die Welt- und Lebensfülle, die sich der Romanik als ästhetische Möglichkeit gegeben hatte, aus dieser ästhetischen Sicht herausgerissen wird. So wird die ästhetische Möglichkeit der Romantik bei Kierkegaard zu dem existentiellen Problem schlechthin, weil im Bereich der verbindlichen Innerlichkeit die Möglichkeit selbst zur Wirklichkeit wird, nämlich zur Wirklichkeit der *Sünde*. So wird bei Nietzsche die Kunst zum wesentlich moralisch symptomatischen und moralischen Faktum. Kierkegaard ist gewissermaßen die Sühne und Rache der Romantik; die Möglichkeit, die die Romantik ironisch vorschützt als Entschuldigung vor der Welt, rächt sich und wird verbindlich als *die* Wirklichkeit, wird zur Wirklichkeit schlechthin. Kierkegaard zahlt mit seinem Leben die Schulden zurück, die die Romantik unverbindlich gemacht hatte.

6 Friedrich von Gentz/ Zu seinem 100. Todestag am 9. Juni

Von Hannah Arendt
Erschienen am 8. Juni 1932 in der *Kölnischen Zeitung*

> *»Er ergriff das Unwahre mit Wahrheitsleidenschaft.«*
> Rahel Varnhagen.

Selten ist ein großer Schriftsteller gründlicher vergessen worden. Als Varnhagen ihm Mitte der dreißiger Jahre des vorigen Jahrhunderts in einer Charakteristik seines Lebens und seines Tuns ein Denkmal setzte, als wenig später Gustav Schlesier eine erste Auswahl seiner Schriften und Briefe veröffentlichte, meinten die Hallischen Jahrbücher schon, Gentz habe es durch nichts verdient, einem gerechten Vergessen entrissen zu werden, es lohne nicht, gegen ihn noch zu streiten, er sei vergessen. Und selbst die ungleich sachlichere und gerechtere Würdigung von Rudolf Haym glaubte seine Bedeutung für die Nachwelt nur in der in Deutschland seltenen »Vereinigung literarischer und politischer Talente« sehen zu dürfen.

Diese Vergessenheit ist um so merkwürdiger, als Gentz der einzige seiner Generation, mehr seines Kreises ist, dem es gelungen ist, *aktiv* in die europäische Politik einzugreifen. Er ist 1764 in Breslau geboren, studiert in den achtziger Jahren bei *Kant*, geht dann nach Berlin, um in die preußische Beamtenlaufbahn einzutreten. In Berlin verkehrt er vorerst mit Wilhelm *von Humboldt*, dann in dem Kreis, der sich um Henriette *Herz* und später um Rahel *Varnhagen* versammelt. Er gehört zu der Generation, die die Französische Revolution schon mit vollem Bewußtsein als einen Triumph der Philosophie über die Geschichte erlebt. Gentz wechselt rascher noch als die übrigen seine anfängliche Begeisterung für die Revolution in eine nachhaltigere Einsicht in die Großartigkeit und geschichtliche Tragfähigkeit der englischen Verfassung. Er übersetzt als erster Burke und schafft damit in Deutschland die erste Grundlage der konservativen Argumentation. Durch ein Sendschreiben im Jahre 1797 an Friedrich Wilhelm III. aus Anlaß seiner Thronbesteigung, in dem er Gewerbe- und Pressefreiheit verlangt, hat er sich in Preußen so mißliebig gemacht, daß an eine weitere Beförderung nicht mehr zu denken ist.

Da er nicht gewillt ist, sein Leben lang Kriegsrat zu bleiben, geht er nach Wien (1802), zuerst als »freier« Schriftsteller im Dienst der österreichischen Regierung, als »Volontär«, wie er selbst später schreibt. Vorher hat er noch eine Reise nach England gemacht, und die Beziehungen, die ihn ohnehin mit englischen Politikern verbinden, fester geknüpft. Er empfängt von der englischen Regierung für seine Schriftstellerarbeiten Geld; seither ist der Vorwurf, daß er käuflich sei, nicht mehr von ihm gewichen. – Nach Österreich zurückgekehrt, sucht er vor allem die europäischen Kabinette gegen Napoleon zusammenzuschließen. Alle seine Schriften aus dieser Zeit wenden sich nur nominell an alle, an die Völker – so vor allem die berühmten »Fragmente aus der neuesten Geschichte des europäischen Gleichgewichts« – in Wahrheit ist es ihm damals schon um eine Kabinettspolitik zu tun, zu der er nur noch keinen Zugang hat. Von 1812 an ist er der treue und ergebene *Anhänger Metternichs* und der österreichischen Restaurationspolitik. Wenn er noch schreibt, so schreibt er Rechtfertigungen für die Regierung. Er ist der Protokollführer des Wiener Kongresses, der ständige Unterhändler zwischen den Staaten, der geheime Ratgeber Metternichs; diese Rolle spielt er auch auf den spätern Kongressen von Troppau und Laibach, vor allem bei den Karlsbader Beschlüssen. Er wird zum *konservativen Verfechter* des Bestehenden, zum erbittertsten Gegner der Pressefreiheit, zum geistvollsten Anwalt derer, die den Anteil der Völker an den Befreiungskriegen zugunsten der Kabinettspolitik als vergessen zu betrachten wünschen. – Die Politik Metternichs, die Politik der Ruhe um jeden Preis, feiert nur kurze Triumphe: die Aufstände in Spanien, Italien, Griechenland, die Juli-Revolution in Frankreich scheinen Gentzsches Lebenswerk illusorisch zu machen.

Als Gentz 1832 stirbt, weiß er, daß er für eine verlorene Sache gekämpft hat, daß »der Zeitgeist zuletzt mächtiger bleiben« wird als er und die, in deren Dienst er sich gestellt hat; daß die »Kunst so wenig als die Gewalt dem Weltrad [...] in die Speichen zu fallen vermag«. Der Zeitgeist, den Gentz so gehaßt hat, ist stärker gewesen als die Kunst des Diplomaten und die Macht des Politikers. Gentz hat in der Verteidigung der Kabinettspolitik gegen zwei Fronten gekämpft, die zwar beide zu seinen Lebzeiten nicht eigentlich gesiegt haben, die aber inoffiziell das Leben der Zeit bestimmen. Diese beiden Fronten sind der *Liberalismus* auf der einen, der *Konservativismus* auf der andern Seite.

Der Liberalismus und sein »unseliger Anspruch, vermöge dessen jeder seine eigne Vernunft als gesetzgebend ansehen will«, bedeutet ihm Anarchie, den Untergang der moralischen und politischen Weltordnung. Gegen diesen Liberalismus spielt er einen »selbst mittelmäßig geordneten Feudalismus« aus, dessen Weltbild ihm in der romantischen Formulierung seines Freundes *Adam Müller* nahegelegt ist. Aber auch der Konservativismus kann sich auf ihn nicht berufen, denn er spielt ihn nur aus als Gegengewicht gegen alles Reformerische, er setzt sich nicht für ihn selbst ein, er benutzt ihn nur als Mittel, das »Gleichgewicht« zu halten. Er versucht das Bestehende zu fixieren, die Geschichte auszuschalten, um ein »stabiles System« zu schaffen, in dem Tradition und Ratio sich die Waage halten. Er hat sich, als er seine freie Schriftstellerexistenz aufgab, um als ein Bestimmter, als Diener eines bestimmten Staats etwas Bestimmtes zu erreichen, für die Wirklichkeit entschieden – und damit *gegen die Aufklärung* und den möglichen »Triumph der Philosophie über die Geschichte«; aber er hat sich ebensosehr *gegen die Romantik* entschieden, deren Welt ihm illusionistisch scheint. Der Anmaßung der Vernunft hält er die »Gebrechlichkeit des Menschen« entgegen; aber er hält dem Konservativismus, dem Prinzip der Legitimität entgegen, daß auch dieses nicht »absolut«, sondern »in der Zeit geboren«, »in der Zeit begriffen« und »durch die Zeit modifiziert« werden müsse. Sein Interesse gilt sowenig dem einen »Prinzip« wie dem andern, sondern ausschließlich der *»großen alten Welt«*, deren Untergang er mitansieht. Die »große alte Welt« ist Europa. Der Patriotismus, das neue Nationalgefühl, das für einen Augenblick den sterbenden Feudalismus mit dem aufkommenden liberalen preußischen Patrioten zusammengehen ließ, ist ihm gleichgültig.

Es ist kein Zufall, daß zuerst der liberale *Varnhagen* sich mit Gentz auseinandergesetzt hat. Gentz' Art der Argumentation ist aufklärerisch, sein Lebensstil ist frühromantisch; in beiden gehört er der Generation an, von der er sich abzuwenden schien, als er für die Wirklichkeit optierte: der Generation Humboldts und Schlegels. Er wendet sich denn auch faktisch nie völlig ab von den alten Freunden – von Humboldt so wenig wie von Rahel Varnhagen oder Pauline Wiesel –; er ist trotz seiner Freundschaft mit Adam Müller nicht zum Katholizismus übergetreten, und er hat auch innerlich keinen diesem Schritt entsprechenden Bruch vollzogen. Er lebt zwar in der Wiener Diplomatenwelt, aber er ist angewiesen, sofern er verstanden sein will, auf eine Liberalität, deren politischen Ausdruck er bekämpft. »Er fuhr fort wie Mirabeau zu leben, aber er begann wie Burke zu denken.« (Rudolf Haym.) Seine Virtuosität besteht in der Balance, ein andrer zu sein, als es die Sache ist, für die er eintritt. Er begreift nicht, daß die Existenz des aufgeklärten Menschen, der er ist, auch eine aufgeklärte Politik (d.h. damals eine liberale) fordern könne; Politik ist ihm nichts als eine Kunst, die Staaten zu lenken und die Völker zu beherrschen, eine Kunst, die von Liberalen dilettantisch, von den Romantikern illusionistisch gehandhabt wird.

Alle Anwürfe gegen Gentz gehen davon aus, daß Politik eine Sache der Gesinnung, des Prinzips sei; dies aber ist sie für Gentz gerade nicht. *Stein* spricht von ihm als einem Menschen von »verfaultem Herzen und vertrocknetem Gehirn«, wendet sich also gegen die Grundsätze seiner Politik selbst. Der Freund Adam Müller wiederum, der mit den Grundsätzen der österreichischen Politik durchaus einverstanden ist, appelliert dennoch stets an »etwas Besseres in ihm«; seine Grundsätze seien mit seinem Leben nicht zu vereinbaren. Gentz gilt als der größte Egoist, als das »Prinzip der Genußsucht« (Hallische Jahrbücher), seine Tätigkeit als gekauft. In objektivern Darstellungen taucht er bald als der Kavalier des 18. Jahrhunderts, bald als der »incarnierte Geist der Lucinde« auf. Alle diese Vorwürfe meinen im Grunde die Gentzische *Doppeldeutigkeit,* aber die treffen Gentz nicht, weil sie den Grund seiner Zweideutigkeit nicht erfassen, weil sie nicht verstehen, daß er kein »Heuchler« ist. Rahel Varnhagen, die trotz aller persönlichen Enttäuschungen stets zu ihm hielt, hat dies erkannt, wenn sie immer wieder von seiner ungeheuern »Naivität« spricht.

Gentz hat gegen Ende seines Lebens eine wirkliche Rechtfertigung seiner politischen Tätigkeit gegeben. Er antwortet auf die Herausforderung einer Frau, die er in seiner Jugend sehr geliebt hat, Amalie Imhof, mit einem »politischen Glaubensbekenntnis«.

Die Weltgeschichte ist ein ewiger Übergang vom Alten zum Neuen. Im steten Kreislauf der Dinge zerstört alles sich selbst, und die Frucht, die zur Reife gediehen ist, löset sich von der Pflanze ab, die sie hervorgebracht hat. Soll aber dieser Kreislauf nicht zum schnellen Untergang alles Bestehenden, mithin auch alles Rechten und Guten führen, so muß es notwendig neben der großen, zuletzt immer überwiegenden Anzahl derer, die für das Neue arbeiten, auch eine kleinere geben, die mit Maß und Ziel das Alte zu behaupten und den Strom der Zeit, wenn sie ihn auch nicht aufhalten kann, noch will, in einem geregelten Bett zu erhalten sucht. In Epochen gewaltiger Erschütterungen wie der unsern, nimmt der Streit zwischen diesen beiden Parteien einen leidenschaftlichen, überspannten, oft wilden und verderblichen Charakter an; das Prinzip bleibt jedoch immer das nämliche, und die Bessern auf beiden Seiten wissen sich vor den Torheiten und Mißgriffen ihrer Bundesgenossen wohl zu verwahren. Ich hatte seit meinem 25. Jahre meine Wahl getroffen. Früher von der neuen deutschen Philosophie, auch wohl von einigen vermeintlich neuen Entdeckungen auf dem Feld der Staatswissenschaft, die mir jedoch damals noch sehr fremd war, ergriffen, hatte ich seit dem Ausbruch der Französischen Revolution meine Bestimmung klar und deutlich erkannt, anfänglich gefühlt, weiterhin begriffen und gewußt, daß ich vermöge der Anlagen und Mittel, welche die Natur in mich gelegt hatte, zu einem Verteidiger des Alten und zu einem Gegner der Neuerungen berufen war.

Gentz beruft sich hier auf die Rolle, die ihm in der Wirklichkeit zugefallen ist; zugleich aber distanziert er sich in dieser Berufung von der Welt, in der er etwas Bestimmtes getan hat: *als reiner Betrachter der Welt* weist er sich in ihr eine Stelle zu. Er legt nicht Rechenschaft für eine Sache ab, sondern nur für sich oder für die Rolle, die er gespielt hat.

Ob es gelingt, eine Stelle in der Welt, in der Wirklichkeit zu finden, ist eines der Grundprobleme der Frühromantik, zu der Gentz generationsmäßig gehört.

An der phantastischen Distanz von der Wirklichkeit, an dem Spiel mit den Möglichkeiten scheitert Friedrich Schlegels Leben. Das wirklich Sich-Einlassen mit der Welt, wenn auch nur im Experimentieren, gibt dem Humboldt'schen Leben die große

Chance des Gelingens; denn im Experiment mit sich und der Welt wird Humboldt frei von sich und seinen nur phantasierten Möglichkeiten; er gibt der Wirklichkeit Chance, ihn zu überrumpeln. Gentz überläßt sich sofort und direkt der Welt und wird von ihr aufgesogen. Seine Genußsucht ist nur die radikalste Art, sich von der Welt aufzehren zu lassen, ja, er steht zu sich selbst noch in dem Verhältnis »sich selbst zu genießen«. Sogar sein eignes Ich ist ihm noch eine Wirklichkeit, über die man nicht verfügt, sondern in die man sich ergeben kann. Seine höchste »Virtuosität« ist die, »sich selbst zu genießen«. Diese vollkommene Passivität ist der Grund, daß man ihn den »inkarnierten Geist der Lucinde« nennen konnte.

Das Aufgesogensein von der Welt nennt Gentz selbst seine »grenzenlose Empfänglichkeit«. Er schreibt an Rahel Varnhagen: »Wissen Sie, Liebe, warum unser Verhältnis so groß und so vollkommen geworden ist? Sie sind ein *unendlich produzierendes, ich bin ein unendlich empfangendes* Wesen; Sie sind ein großer Mann; ich bin das erste aller Weiber, die je gelebt haben. Das weiß ich, währe ich ein physisches Weib geworden, ich hätte den Erdkreis vor meine Füße gebracht [...] Bemerken Sie diese Sonderbarkeit: aus mir allein ziehe ich nicht den lumpigsten Funken heraus [...] Meine Empfänglichkeit ist ganz ohne Grenzen. Ihr ewigtätiger, ewigfruchtbarer Geist (ich meine nicht Kopf, sondern Seele, alles) traf auf diese unbegrenzte Empfänglichkeit, und so gebaren wir Ideen, und Gefühle, und Lieben, und Sprachen, die alle ganz unerhört sind. Was wir beide wissen, ahndet kein Sterblicher.« Das Ideal des Androgynen, als des vollkommenen Menschen, das wir aus der Lucinde kennen, taucht hier in einer höchst realen und konkreten Gestalt auf. Wäre dieses »Verhältnis« realisiert worden, so hätte Gentz vielleicht die Möglichkeit gefunden, der Welt eine in sich geschlossene zweite Welt entgegenzusetzen, um sich so von neuem der Wirklichkeit zu entziehen.

Als Friedrich Schlegel auf dem Weg des Katholizismus den

Anschluß an eine große Welt gefunden hatte, bezeichnete er sein Verhältnis zu den aktuellen politischen Ereignissen seiner Zeit als »teilnehmendes Mitdenken«. Ganz analog betont Gentz seine *Mitwisserschaft* als sein höchstes Ausgezeichnetsein. »Ich weiß *alles*; kein Mensch auf Erden weiß von der Zeitgeschichte, was ich davon weiß.« Diese und ähnliche Äußerungen kehren immer wieder. Aber er ist, wie er selbst sagt, »durch nichts entzückt, vielmehr sehr kalt, blasiert, höhnisch von der Narrheit fast aller andern und von meiner eignen – nicht Weisheit, aber Hellsichtigkeit, Durch-, Tief- und Scharfsichtigkeit durchdrungen, und innerlich quasi teuflisch erfreut, daß die sogenannten großen Sachen zuletzt solch ein lächerliches Ende nahmen«. Diese Blasiertheit bleibt, solange er völlig in der Politik steht. (Sie verschwindet erst in den letzten Jahren seines Lebens, als die Leidenschaft zu der Tänzerin Fanny Elßler von ihm Besitz ergreift.) Was ihn dennoch immer wieder zu den »Weltgeschäften« zieht, ist die Möglichkeit der Mitwisserschaft. An der Welt, wenn auch nur im Wissen teilzuhaben, Zeuge von ihr zu sein, scheint die größte Chance, die dem Menschen der Romantik gegeben ist. Dieser Chance hat Gentz Gesinnung, Ansehen und seinen schriftstellerischen Ruhm geopfert. Daß es ihm geglückt ist, wirklich alles zu wissen, läßt ihm eine letzte Gleichgültigkeit gegen den Untergang alles dessen, was er in seiner Politik erstrebt hat. Aus dieser Desinteressiertheit an allem Bestimmten – und nicht aus einer bestimmten Überzeugung oder Gesinnung – stammt denn auch der Satz, mit dem er seine Selbstrechtfertigung an Amalie Imhof schließt:

Victrix causa Diis placuit, sed victa Catoni.

7 Adam Müller-Renaissance?

Von Hannah Arendt
Erschienen am 13. September 1932 in der *Kölnischen Zeitung*

Es gehört mit zu den Eigenarten der nationalsozialistischen Bewegung, daß sie ihre Ideologien, ja sogar ihre historischen Kronzeugen nachträglich sucht. Auf dieser Suche ist sie nun auf *Adam Müller* gestoßen: der Verlag A. Kröner, Leipzig, fügt seiner Auswahl aus den Müller'schen Staatsschriften, die eine empfindliche Lücke ausfüllt, die Ankündigung bei, der Band stelle die Grundlage des »nationalen Sozialismus« dar; und Friedrich Bülow, der die Einleitung über Müller und die Romantik beifügt, bestätigt den Zusammenhang zwischen den politischen Romantikern und den heutigen aktuellen Theorien. Den Generalnenner findet er lediglich in der Tatsache, daß hier wie dort »die gefühlsmäßige, im unmittelbaren Erlebnis verwurzelte Hingabe an alle überindividuellen Werte« vorherrsche. Das ist karg; man könnte über die Beziehung schon mehr sagen. Von einem Herausgeber, der seinem Helden zuliebe Schellings Philosophie »leere Formel« und »totes Schema« nennt, kann man freilich nicht mehr erwarten. Kurz: die Einleitung ist – bis auf die biographischen Daten – indiskutabel.

*

Wen möchte man in Adam Müller entdecken? Den *Vorläufer des nationalen Sozialismus*, d. h. den Verfechter des Ständestaats, den Gegner des Liberalismus, der Industrialisierung, der Aufklärung, den »Romantiker«, den Verfechter der Organismus-Metapher, den Ideologen von Grund und Boden. War dies Adam Müller?

Schlechthin unmöglich, auf diese Frage mit einem glatten Ja oder Nein zu antworten. Wenn man Müller zum Beispiel einen *Verfechter des Ständestaats* nennt, so muß man sich darüber im klaren sein, daß es vor allem der *Feudaladel* ist, in dessen Namen Müller schreibt. Wenn er *für die Gemeinschaft* gegen den, schon von ihm so genannten, »atomisierenden« Individualismus kämpft, darf nicht vergessen werden, daß das eigentliche Modell dieser Gemeinschaft die *katholische Kirche* war. Wenn man in ihm den *Verkünder der nationalen Idee* preist, so muß man sich gegenwärtig halten, daß es für ihn kein Widerspruch war, einer der Schrittmacher der *österreichischen Restauration* zu werden.

Wer war also Adam Müller? Müller, der 1779 als Berliner Beamtensohn geboren ist, gehört der Generation der Romantiker Arnim und Brentano an; das besagt bereits für seine Situation, daß für ihn die Französische Revolution nicht mehr zu den »größten Tendenzen des Jahrhunderts« (Schlegel) gehört, daß er nicht erst, wie Schlegel oder Fichte, von der Revolution abfallen muß, sondern daß er bereits in die allgemeine europäische Ernüchterung hineingeboren ist, die geistig ihren größten Ausdruck fand in der englischen Staatstheorie Burkes. Und Müller, jedenfalls der frühe, ist ausgesprochener Schüler und Propagator der Burke'schen Ideen.

Müller ist in einem gewissen, nicht persönlichen Sinn ein Parvenü. Er steht – mit andern seiner Generation – in einer paradoxen Situation: seit Herder ist die *Geschichte* »entdeckt«. Wenn sie entdeckt ist, entdeckt werden mußte, so heißt das: sie ist etwas andres als die noch bestehende autoritative Tradition. Die Geschichte wird entdeckt von Bürgern, das heißt von solchen, die »ungeschichtlich« sind, ungeschichtlich sind, da sie keine Ahnen haben und da sie nicht demjenigen Stand zugehören, der die Geschichte gemacht hat und dessen Geschichte die Geschichte ist. Die Emanzipation des Bürgers, seine Selbsteroberung durch

Bruch mit der Geschichte, durch Beginn beim Jahre I, ist nach dem Zusammenbruch der Französischen Revolution sistiert. Er sucht Anschluß bei denjenigen Mächten, die Geschichte waren, die durch ihre *Existenz* ihr Recht ausweisen und nicht ihre Existenz auf ein angeblich »natürliches« Recht bauen wollen. Der Bürger hegt Ressentiment gegen den Adligen; der, der nur »haben« kann, gegen den, der »ist«. »Er (der Bürger) darf nicht fragen, ›was bist du‹, sondern nur ›was hast du? Welche Einsicht, welche Kenntnis, welche Fähigkeit, wieviel Vermögen?‹« (Goethe, Wilhelm Meister.)

*

Schon in Müllers Göttinger Studentenzeit ist es der in zweien seiner Lehrer verkörperte *Kampf zwischen Naturrecht und historischem Recht*, der ihn mitten in die Problematik hineinzieht, die er sein Leben lang weiter verfolgt. Das Naturrecht identifiziert Müller in gewissem Sinne mit den Thesen der Französischen Revolution: es ist das Recht, auf das jeder als Mensch Anspruch habe, einen Anspruch auf Recht, nicht ein Recht auf Ansprüche. Die Irrealität dieser bloß moralischen Forderung erscheint ihm als eine Versündigung am Faktum, an demjenigen Recht, das die Geschichte selbst durch ihr Bestehen ausgebildet hat, am *Vorrecht*. Man könnte, um Müllers Philosophie mottohaft zu bezeichnen, den berühmten Hegel'schen Satz »was wirklich ist, ist vernünftig« variieren: was ist, ist berechtigt. Die Macht der Geschichte ist ihr Recht. Der Stand, den die Geschichte auszeichnete, in dem die Geschichte sich selbst auszeichnete, hat Vorrechte. Der »Zufall«, das »Glück« dieser Privilegien kann nicht einfach ausgelöscht werden durch die bloße Verstandesregel der Gleichheit. Der Zufall, der Aufklärung ein Skandal der Vernunft, und selbst bei Schlegel noch der »rohe, ungebildete Zufall« tritt hier als *Glück* auf, das den Aufbau der gesamten gesellschaftlichen Welt bestimmt. Nur wer mit dem Glück von vornherein und im ganzen rechnet (d.h. den Adel als privilegierten Glücksstand zugesteht), ist vor einzelnen »Glücksfällen« gefeit. Der Mensch »muß das Glück also anreden können: Ich lasse dich hinein in meine Werke; ich lasse dich eine anscheinende Unregelmäßigkeit in mein Kalkül bringen, weil ich weiß, daß dieser an allgemeiner und ewiger Richtigkeit gewinnt, was er an abgesonderter, augenblicklicher Präzision verliert; ich lasse die Familien, welche du einmal auszeichnetest dadurch, daß du sie zuerst kommen, bei der Gründung eines Staates zugegen sein ließest, ohne daß du ihren Unternehmungen besonderes Gedeihen gabst, in ihrer Auszeichnung bestehen, begehre von ihren gegenwärtigen Repräsentanten weder Verdienst noch Industrie, noch Virtuosität, noch Talente; ja, was mehr ist, ich erkenne die Glücksmenschen mit ihrem Glück an wie die Verdienstmenschen mit ihrem Verdienste [...] Ich verbünde mich mit dem Glück selbst, und so kann ich allen einzelnen *Glücksfällen* trotzen« (1809). Müller wußte schon, daß man der »rohen und ungebildeten« Wirklichkeit, die im Zufall Macht über den Menschen gewinnt, nicht ausweichen kann; er paktiert mit der Wirklichkeit, indem er einen bestimmten, geschichtlich legitimierten Zufall anerkennt, um sich dadurch jedem weitern Zufall zu entziehen.

Die Forderung der *Gleichheit der Menschenrechte*, die alle Menschen nur als Einzelmenschen sieht, ist aber nun für Müller noch aus einem andern Grunde unsinnig: sie geht an der Tatsache vorbei, daß nicht alle Menschen Einzelne sind. (Wesentlich ist also nicht, daß nicht alle gleich sind, sondern daß nicht alle Individuen sind.) *Einzelne sind sie erst durch die Verbürgerung.* Der Adlige aber, besonders der Landadlige, ist nur ein Glied, nur zufälliger, gerade heutiger Repräsentant und Stellvertreter eines »Gutes«, das festern Bestand hat als der einzelne. Der Adel: das sind die »Raumgenossen« durch die Zeiten, das ist dasjenige Element, das den Zusammenhang von Vergangenheit, Gegenwart und Zukunft garantiert und dadurch das Ganze der Nation verbürgt, das nicht nur ein gleichzeitiges Ganzes ist. Der Bürger dagegen, der weder Grund und Boden noch festen Sitz hat, lebt nur in der Gegenwart und gefährdet damit das Kontinuum der Geschichte.

Diese Legitimierung des Seienden, die bei Müller kaum weniger eindrucksvoll ist als bei Hegel, ist bei Müller deutlicher in seinen Motivationen zu erkennen. Die Vertragstheorie, wie sie in Rousseaus Contrat social klassisch formuliert ist, unterstellt, der Staat sei etwas von den einzelnen Menschen *Gemachtes.* Müller sah deutlich in dieser Theorie die revolutionäre Gefahr: was der Mensch als nur gemacht ansieht, wagt er zu verändern. Seiend im eigentlichen Sinne ist also nur das organisch Gewachsene, das nicht Herstellbare. Müllers Polemik richtet sich durchaus nicht nur gegen den Individualismus, gegen die These, daß der Staat die Resultante der einzelnen sei, sondern vor allem dagegen, daß der Staat in Freiheit durch eine »menschliche Sanktion« künstlich hergestellt sein soll. Es ist gerade der *Begriff der Künstlichkeit* im Naturrecht, der ihm ein Dorn im Auge ist. Ihm setzt er einen andern Naturbegriff entgegen; eben den des *organisch Gewachsenen*, des, im Sinne eines Lebewesens, Ganzen. Daß Müller diesen Naturbegriff zu den künstlichsten Konstruktionen ausnutzt, hat Treitschke überdeutlich gesehen: Müller »erkünstelte sich [...] eine natürliche Gliederung der Gesellschaft«.

(Schluß folgt.)

8 Adam Müller-Renaissance? (Schluß aus Nr. 502)

Von Hannah Arendt
Erschienen am 17. September 1932 in der *Kölnischen Zeitung*

Das »*Ganze*«: dieser Begriff (an dem auch der Wiener Soziologe Spann in seiner Müller-Nachfolge ansetzt) verbindet Müller mit dem deutschen *Idealismus*. Der Organismus-Begriff, der bei Schelling, insbesondere in seinen naturphilosophischen Werken, zentral ist, ist hier als Metapher so sehr in die Staatslehre gegangen, daß der Organismus Mensch geradezu als das Modell der Nation angesehen wird. Diese Analogisierung steht nicht allein in der Zeit. Steffens und Novalis behandeln Natur und Nation oft in einem Atem. Bei Müller aber hat die Analogisierung einen ideologischen Sinn, ja eine bestimmte Abzweckung: er will die Gegliedertheit, das heißt die Ständischkeit der Staaten metaphysisch legitimieren und besiegeln.

Mit dem heutigen Nationalismus hat diese Nationtheorie herzlich wenig zu tun. Seine Thesen sind überhaupt nur zu verstehen als – allerdings bis ins einzelne ausgebildete – *Gegentheorien* gegen die absolutistischen Tendenzen Hardenbergs, gegen den »mechanistischen« Liberalismus, gegen den von ihm gleich heftig verehrten und bekämpften Adam Smith. Im Einzelfall hat sich Müller rigoros gegen jede organische und selbsttätige Bewegung der Nationen gewandt. Den Freiheitskriegen als einer Sache des Volkes stand er trotz seiner organisatorischen Betätigung beim Tiroler Aufstand äußerst skeptisch gegenüber; und nach der Schlacht von

Belle-Alliance schließt er sich der absurden englisch-legitimistischen Anschauung an, von Napoleon könne man abstrahieren; Ludwig der achtzehnte sei seit 24 Jahren rechtmäßiger französischer König, da »sonst das lächerliche Recht des Volkes, eine Art von Willen zu haben«, anerkannt werden müsse.

Ferner ist für Adam Müller die *organische Geschlossenheit der Nation* durchaus *keine nur weltliche* oder *nur politische Angelegenheit.* Ihre letzte Legitimation erhält sie durch die Autorität der Kirche. Seine Lehre, sofern sie in der zweiten Hälfte des vorigen Jahrhunderts bekannt ist, gilt als rein ultramontan und somit als nichtvölkisch. Und Erich Przywara, der zu einer 1924 erschienenen Auswahl von Müllers Schriften das Vorwort beisteuerte, konnte noch sagen, daß »Adam Müllers christliche Staatsphilosophie zwar keine schlechthin absolute Lösung bedeuten« könne, aber doch »die hohe zeitgeschichtliche Mission« habe, »eine in altheidnischen Nationalismen trunkene Gegenwart darauf hinzuweisen, daß Christi Erlösung ein Lebensvorbild für die Ganzheit menschlichen und menschheitlichen Lebens Gültigkeit habe«. Diese Seite Müllers wird nun freilich bei der heutigen Wiederentdeckung wenig hervorgekehrt, ebensowenig wie seine Rolle als Philosoph, die dem Modell des nationalsozialistischen Erlebnismenschen wenig kongruent sein mag, ebensowenig schließlich wie seine – jeder seiner Theorien hohnsprechende – politische Laufbahn und Tätigkeit.

*

Nicht anders als Hobbes, Rousseau, Hegel, Marx beginnt der Staatstheoretiker Müller als reiner Philosoph mit einer an den frühen Kant und an Schelling anknüpfenden Schrift über den »Gegensatz«, in welcher er die *Polarität als das universelle Grundprinzip der Welt* darstellt. Diese in einzelnen Parteien klassische Arbeit über die Zwiespältigkeit alles Seienden wird später für ihn die persönliche Legitimation, gewissermaßen der präsumptive Entschuldigungsbrief für charakterliche Zweideutigkeiten. Sein berüchtigtes Angebot, das er 1809 Hardenberg macht, »eine Ministerial- und Oppositionszeitung zugleich zu schreiben«, ein Angebot, das Hardenberg begreiflicherweise ablehnt, erklärt er (und erklären mit ihm andre) als bloße Verifizierung seiner philosophischen Systematik. Diese Rechtfertigung erscheint um so unwahrscheinlicher, als Adam Müllers Leben durchweg seiner Lehre widerspricht.

Ein Beispiel für viele: Müller rügt am liberalistischen Staatsbegriff, er sehe den Staat an als ein Haus, das man nach Belieben verlassen könne; Staat und Geburt seien bindend, und der einzelne sei, abgesehen von dieser Gebundenheit, nichts. Diese These, die in ihrer sehr ausführlichen Darstellung vieles Grundsätzliche von der Marx'schen Theorie der schlechthinnigen Gesellschaftlichkeit des Menschen vorwegnimmt – nicht zu Unrecht nennt man Müller den ersten »Soziologen« –, diese These empfand Müller für sich selbst offenbar nicht als bindend; er wechselte seine Staatszugehörigkeit nicht anders als seine Religions- und Standeszugehörigkeit. Gestorben ist der protestantische preußische Bürger als katholischer österreichischer Adeliger; der Fürsprecher des preußischen Landadels wurde österreichischer Ritter von Rittersdorf. Sein Leben besteht aus einer einzigen großen Reihe von teils erfolgreichen teils vergeblichen Bemühungen, in höhern gesellschaftlichen Regionen, in sanktionierten Bereichen sich durchzusetzen. Eine derartige Durchsetzung war naturgemäß nur dadurch möglich, daß Müller überall, wo er dazukam, der eigentliche Formulierer wurde. Er hatte geschichtlich die Funktion, mit der geistigen Beweglichkeit des Bürgertums die gegenbürgerliche Tendenz geistig zu machen, sie zur Diskussion zu stellen. Sein Übergang zum Adel ist ein Stück Wegs, den der Adel zum Bürgertum zurücklegte.

Nach seinem Studium ging Müller nach Berlin, nicht als irgendeiner, sondern bereits protegiert von dem um eine Generation ältern Gentz. Der Übersetzer Burkes wurde und blieb lange der Bewunderer des Burke-Propagators. Hier in Berlin schreibt Müller seine Rezension von Fichtes »Geschlossenem Handelsstaat«, den er an Adam Smiths Wirtschaftstheorien mißt. In dieser Schrift stoßen also zum ersten Male die *englische Ökonomie und die deutsche philosophische Spekulation* zusammen, jene beiden Quellen, die nach einem bekannten Wort aus der Mitte des 19. Jahrhunderts jeden Revolutionär speisen müßten. In der Tat sind auch in seiner hier entstehenden Gegensatzlehre Elemente enthalten, die in den spätern revolutionären Theorien von Feuerbach und Marx eine wesentliche Rolle spielen. Die Auflösung des aufklärerischen Subjektbegriffs sieht bei dem Restaurator oftmals nicht anders aus als bei den Revolutionären. Feuerbachs Thesen, daß es keinen »Menschen schlechthin« gäbe, sondern nur Mann und Frau, daß dem Menschbegriff der Plural, »die Menschen«, bereits inne wohne, diese Auflösungen aufklärerhafter Abstraktionen kommen alle schon bei Adam Müller vor.

*

So scharf Müller gegen Fichte polemisiert, so energisch ist seine *Polemik gegen Adam Smith*, dessen Ökonomie nicht eine Nationalökonomie darstelle, sondern ein *System der Privatökonomien.* Alles werde bei ihm zur Ware, zum mobilen Gut; das eigentlich immobile nationale Gut: die Güter des Adels und die nicht materiellen Güter: das nationale Geistesleben, seien nicht mitberücksichtigt.

Nach dieser Schrift beginnt die Kette seiner Konversionen. Von Gentz eingeladen, geht er nach dem katholischen Wien; als Hauslehrer nimmt er eine Stelle auf einem ostelbischen Adelsgut an. Die Bildungselemente sind nun also Etappen seines Lebens geworden. Als er 1806 nach Dresden kommt, dort eine große gesellschaftliche Rolle spielt und Vorlesungen hält, ist Adam Müller in gewissem Sinne fertig: die philosophische Lehre vom Gegensatz wird konkretisiert mit den Elementen, die sein Leben »gebildet« haben: »Adel und Bürgertum, Freiheit und Gesetz, Tradition und Buchstaben« werden gegenübergestellt (Bülow).

Freilich werden sie nun nicht mehr als völlig gleiche Pole gesehen; Müller hat bereits Partei ergriffen. Längst katholisch, ist er dennoch zugleich – und das beweist sowohl seine literarische wie moralische Vielseitigkeit – der Fürsprecher des Preußentums. Ihm, außer Wieland ist es zuzuschreiben, wenn *Kleist*, mit dem er die Zeitschrift *Phöbus* herausgab, an die deutsche Öffentlichkeit trat. Trotz seiner bereits eindeutig proösterreichischen Einstellung ging er – genötigt durch die politischen Wirren – gerade nach Berlin, wo er Vorlesungen über den großen Repräsentanten der Aufklärung, über Friedrich den Großen, hielt. Aber in Berlin wurde die Situation heikel durch Hardenbergs antifeudale Tätigkeit. Die feudale Kritik der Hardenberg'schen Edikte, die unter anderm von Ludwig von der Marwitz gezeichnete Eingabe der Kurmärkischen Stände wurde Adam Müller zugeschrieben.

Müller wandte sich wiederum nach Wien, wo er sehr rasch in österreichische Politik untertauchte, in Metternichs Kreis Allianzpolitik trieb und einen festen Bestandteil des Wiener Kongresses darstellte. Seine Tätigkeit wurde gekrönt durch seine endliche Ernennung zum österreichischen Generalkonsul in Leipzig. Hier erschienen nun zwischen seiner politischen, besonders seiner universitätspolitischen Tätigkeit seine theologischen Staatsschriften, in denen Müller, sehr im Unterschied zu denjenigen, die auf ihn sich berufen, nicht nur Gott und die Kirche als letzten Bürgen aller Politik behandelt, sondern auch *die gesamte Gliederung des Staats christlich interpretiert*. Daß Christus nicht nur für die Nationen gestorben sei, war schon ein Grundgedanke seiner frühern Schrift gewesen. Jetzt geht er in der Detaillierung der kirchlichen Staatsdeutung so weit, den Lehr-, Wehr- und Nährstand als Repräsentationen von Glaube, Liebe und Hoffnung darzustellen. Die

Staatsgliederung, die sich ursprünglich als eine organische, naturhafte dargestellt hatte, ist schließlich eine symbolische Institution geworden.

*

Wenn sich der Nationalsozialismus auf Adam Müller bezieht, so meint er insbesondere seine Theorie vom Menschen in der »Gemeinschaft«. Dieser Begriff der Gemeinschaft ist bei Müller gewiß schillernd, teils biologisch, teils historisch, teils religiös. Aber in seinen endgültigen Schriften besagt er deutlich – wie Przywara mit Recht hervorhebt – eine politische Repräsentation der Erlösung. Der einzelne ist der Unerlöste. Nur mit andern ist er »aufgenommen«. Diese Aufnahme in den Schoß der Geschichte, der Raumgenossen, der Kirche ist ihm aber nur die erste Stufe der Erlösung im spezifisch christlichen Sinn. Was bei Müller katholisch gemeint war, ist im Nationalsozialismus, um mit Przywara zu reden, »heidnisch«, naturhaft gemeint. Was als Generalnenner übrigbleibt, ist eine rein formale Gemeinsamkeit. Sie reicht nicht aus, Müller zum Kronzeugen der heutigen Bewegung zu machen.

9 Berliner Salon

von Hannah Arendt
Erschienen 1932 im *Deutschen Almanach für das Jahr 1932*

»Je serai cet après-diné entre six et sept heures chez vous, chère et aimable Mademoiselle Lévi, pour raisonner et déraisonner avec vous pendant deux heures. – Ich habe nämlich zu Gentz gesagt, Sie wären eine moralische Hebamme, und accouchierten einen so sanft und schmerzlos, daß selbst von den peinlichsten Ideen dadurch ein sanftes Gefühl zurückbliebe. – Leben Sie indessen wohl. Louis.«

Mademoiselle Lévi ist Rahel Levin, zu ihrer Zeit als die »kleine Lévi«, später als Rahel Varnhagen oder einfach Rahel bekannt. Und Louis ist der preußische Prinz Louis Ferdinand. Der gesellschaftliche Raum, der dieses intime Billett und viele Briefe ermöglichte, ist bezeichnet mit dem Namen »Berliner Salon«.

Die Berliner Geselligkeit hat eine kurze Entstehungsgeschichte und eine kurze Dauer. Sie entsteht aus dem »gelehrten Berlin« der Aufklärung – daher ihre gesellschaftliche Neutralität. Sie dauert in ihrer wirksamen und repräsentativen Form nicht länger als von der Französischen Revolution bis zum Ausbruch des unglücklichen Krieges. Daß der der friderizianischen Aufklärung entsprechende gesellige Ausdruck der Zeit etwas nachhinkt, bedingt die eigentümliche Abseitigkeit und damit Privatheit dieser Gesellschaft. Sie fängt gerade die beiden Schichten ein, die im Täglichen des Lebens eine gewisse Öffentlichkeit haben: die Schauspieler und den Adel. Der Schauspieler und der Adlige: das sind die beiden Extreme, von denen das Bürgertum umschlossen, in gewissem Sinne ausgeschlossen war. Dieser Schichten nun wird das immer mächtiger werdende Bürgertum habhaft; das bekundet sowohl der Wilhelm Meister, der seine Bildung und Weltorientierung gerade diesen beiden gegensätzlichen Welten verdankt, wie die Gewohnheit des Adels, die Erziehung des Nachwuchses bürgerlichen Hauslehrern anzuvertrauen. So ist es kein Zufall, daß der ersten Berliner Geselligkeit, die von einer Frau (Henriette Herz) geleitet wird, also spezifisch Salon ist, die beiden Humboldts zugehörten, die von dem Berliner Aufklärer Campe erzogen wurden, ebenso wie die Grafen Dohna, in deren Hause Schleiermacher Hauslehrer war.

Der sozialen Neutralität des Salons entspricht die gesellschaftliche Unfestgelegtheit der unheimlich schnell sich anpassenden Berliner Judenheit. Sie braucht sich nicht erst aus allen möglichen gesellschaftlichen Bindungen zu lösen. Sie steht von vornherein außerhalb des sozialen Raumes schlechthin. Und waren auch die jüdischen Männer durch ihren Beruf einigermaßen gebunden, so standen die jüdischen Frauen – waren sie erst einmal emanzipiert – in einer heute schwer vorstellbaren Freiheit von allen Konventionen. Diese jüdischen Häuser, die sich weder eigentlich kompromittiert noch geehrt fühlen konnten, wurden zum Treffpunkt der geistigen Welt.

Der »Tugendbund« der 80er Jahre, von Henriette Herz ins Leben gerufen, ist noch völlig ein Produkt der Aufklärung. Zu ihm gehören: die beiden Humboldt, Alexander von Dohna, Karl de Laroche, Brendel Veit und die spätere Dorothea Schlegel. Sie alle bis auf Brendel, die eine Jugendfreundin der Henriette Herz ist, sind Schüler von Marcus Herz und kommen regelmäßig zu seinen Vorträgen ins Haus. Die beiden Frauen spielen die Rolle der älteren Freundin. Der Bund beruht auf dem Streben nach Tugend und auf der Voraussetzung der Gleichheit aller »guten« Menschen. Wichtig ist, daß aus dieser Vorstellung von der Gleichberechtigung aller Guten zum ersten Male jene Indiskretion entspringt, die wir als typisch romantisch anzusehen pflegen. Alle Mitglieder des Bundes nämlich waren verpflichtet, einander die wichtigen Briefe zu zeigen, auch solche von fremden Personen, die sich persönlich an sie wandten. Man begründete das damit, wie wir von Caroline von Dacheröden wissen, »daß jene Personen, die uns ein Geheimnis anvertrauen, es ihnen ebenso gut anvertrauen würden, wenn sie sie so genau kennten, wie sie uns kennen«. Gegen diese Nivellierung des Individuellen, die aus einer verflachten Lessinganbetung stammt, wehrt sich sehr energisch Caroline, die Verlobte Wilhelm v. Humboldts, den sie dann auch bald aus diesem Kreis der Tugendverehrung herauszieht. Der Kreis zerfällt rasch: Dorothea geht mit Friedrich Schlegel nach Jena, Wilhelm v. Humboldt löst sich durch seine Verlobung, Dohna bleibt als persönlicher Freund der Herz. Durch ihn lernt sie dann Schleiermacher kennen. Wie etwa der Ton im Bund gewesen sein muß, läßt aber noch Jahre nachher eine Bemerkung Friedrich Schlegels an Caroline Schlegel erkennen: »Schleiermacher verdirbt durch den Umgang mit der Herz an sich und auch für mich und die Freundschaft [...] Sie machen sich einander eitel: Es ist kein großer Stolz, sondern ein alberner Dampf, wie von barbarischem Punsch. Jede kleine, noch so lausige Tugendübung rechnen sie sich hoch an: Schleiermachers Geist kriecht ein, er verliert den Sinn für das Große. Kurz, ich möchte rasend werden über die verdammten und winzigen Gemütereien! –«

Etwa vier bis fünf Jahre nach Gründung des Tugendbundes beginnt Rahel Levin bekannt zu werden. Erst in ihrem Kreis vollzieht sich eine Ablösung von der Aufklärung, erst hier gibt es so etwas wie das Bewußtsein einer neuen Generation, das in der Verehrung Goethes seinen Ausdruck findet. Rahel inauguriert den Goethekult in Berlin. Dieser Kult unterscheidet sich wesentlich von dem der Romantiker. War die Jenenser Geselligkeit, deren Mittelpunkt die beiden Schlegels und Caroline Schlegel bildeten, vor allem dadurch bestimmt, daß jeder sich und den andern für ein Genie hielt und Prototyp und Maßstab des Genies eben Goethe war, so ist für den Berliner Kreis Goethe vor allem nur derjenige, der das ausspricht, was alle fühlen: ihr Wortführer. Unter der Devise Goethes finden sich bei Rahel Menschen verschiedensten Standes und verschiedenster Individualität zusammen. Sie bilden einen Kreis, »in welchen aufgenommen zu werden königliche Prinzen, fremde Gesandte, Künstler, Gelehrte oder Geschäftsmänner jeden Ranges, Gräfinnen und Schauspielerinnen – sich gleich eifrig bemühten; und wo jeder von ihnen nicht mehr Wert, aber auch nie weniger hatte, als er selbst durch seine gebildete Persönlichkeit geltend zu machen vermochte« – so schreibt Brinckmann, der schwedische Gesandte in Berlin, nach Rahels Tod an Varnhagen. Bedingung ist also die »gebildete Persönlichkeit«. Damit ist von vornherein jeder Gedanke an Leistung oder Stellung, die zu Eintritt in den Salon berechtigen könnten, abgewehrt. Und lassen wir einmal Revue passieren, wer denn eigentlich bei Rahel in den neunziger Jahren in der »Dachkammer« verkehrt, so werden wir feststellen, wie weit die Möglichkeiten gespannt waren, und wie sehr sie alle oft nur durch Rahels goût selbst zusammengehalten sind. Neben David Veit, dem jüdischen Arzt, v. Burgsdorf, der märkische Edelmann, der seine Zeit mit jenem vornehmen Dilettantismus verbrachte, der von jeher als Vorrecht des Adels gilt, jetzt aber als Selbstbildung neuen Wert und Rang bekommt. Peter v. Gualtieri, der zur Gesellschaft des Hofes gehört, nie etwas geschrieben hat, nichts ist als seine persönliche Faszination – ein willkommenes Gesellschaftstalent. Ihn rechnet Rahel zu den »vier Eitlen«. Wie kommt er zu ihr? »Er war eines höheren Grades von Schmerz fähig als alle mir bekannten Menschen; denn er ertrug ihn schlechterdings nicht.« Dies eine Ausgezeichnetsein genügt. Dann Hans Genelli, ein junger Architekt mit einer schwer beschreibbaren Mischung von Scheu, Ironie und unnachsichtiger Sauberkeit, alles verbunden mit einer Grazie, die die ernstesten Dinge wieder leicht und zärtlich macht. Dazwischen die berühmte Schauspielerin Unzelmann, die von allen geliebt wird; Henriette Mendelssohn, von der Schlegel sagt, ihre »schöne Seele würde gewiß schöner sein, wenn sie nicht so übertrieben und ausschließend schön wäre«; die böhmische Gräfin Pachta, die ihrem Mann weglief und 18 Jahre mit einem Bürgerlichen zusammenlebt; die Gräfin Schlabrendorf, die zuweilen Männerkleider trägt und mit der Rahel zusammen nach Paris fährt, weil sie illegitimerweise in anderen Umständen ist. Dann Gentz, Pauline Wiesel, die Geliebte des Prinzen Louis Ferdinand, Christel Eigensatz, die Schauspielerin und Geliebte von Gentz. Es kommen auch Friedrich Schlegel, Schleiermacher, Humboldt, Jean Paul und andere der großen Berühmten. Aber das ist gerade nicht charakteristisch für Art und Ton dieser Gesellschaft.

Sich selbst zu bilden, war nötig für diejenigen, deren gesellschaftliche Tradition gelockert war. In diesem Ablösungsprozeß befand sich sowohl der durch bürgerliche Hauslehrer aufgeklärte junge Adel, der, seinen eigenen Idealen entfremdet, sich doch nicht mit bürgerlichen zu identifizieren vermochte, wie die gerade emanzipierte Judenheit, die noch gar keine Zeit gehabt hatte, eine neue Tradition zu bilden. Beide waren so auf ihr eigenes Leben zurückgeworfen. Die Verehrung und Hochschätzung der Frau, die sich im Salon dokumentiert, entstammt dem Ernstnehmen des privaten Lebens, das der Frau von Natur aus näherzuliegen scheint als dem Mann – und das etwa in der »Lucinde« auf fast schamlose Weise dem Publikum preisgegeben wird.

Zu Anfang war diese Indiskretion im »Tugendbund« der Henriette Herz noch geleitet durch ein scheinbares Ideal, eben die Tugend – wenn auch gerade in Wilhelm v. Humboldt dieses Ideal schon völlig verblaßt neben dem Interesse am »interessanten Menschen«. Jetzt, in den 90er Jahren, wird dieses Interesse allgemein. Alles Intime bekommt so einen Charakter der Öffentlichkeit, alles Öffentliche wird intim. (Wir nennen heute noch die damals berühmt gewordenen Frauen, die Rahel, die Bettina, die Caroline halb öffentlich und halb privat bei ihren Vornamen.) – Man konnte indiskret sein, weil dem Privaten der Beisatz des Intimen fehlte, weil das private Leben selbst zum objektiven Inhalt wurde. Was aber so der Intimität entrissen wird, ist nicht so sehr der einzelne Mensch und seine Individualität, sondern sein Leben. »Mir aber war das Leben angewiesen«, schreibt Rahel; ganz ähnlich Wilhelm v. Humboldt, der in seiner Selbstbiographie von sich sagt, daß seine »eigentliche Sphäre das Leben selbst ist«. Damit entsteht jene personale Geschichtlichkeit, in der der datenhaft aufzeichenbare, eigene Lebenszusammenhang als ein – wie auch immer – objektives Geschehen verstanden wird. Nennen wir diese Objektivierung des Persönlichen mit Rahel »Schicksal«, so sehen wir, wie verhältnismäßig modern diese heute selbstverständliche Kategorie ist. Schicksal ist dort, wo das eigene Leben historisiert wird, oder, wie Rahel sagt, »wo man weiß, was man für eines hat«. Als das großartigste Zeugnis eines solchen historisierten Lebens gilt hier dasjenige Goethes, dessen Werke »Bruchstücke einer großen Konfession« sind. »Goethe und das Leben sind mir noch immer eins, ich arbeite mich in beide hinein.«

Über der Anteilnahme am Leben, am persönlichen Geschehen als solchem, wird der Träger dieses Lebens vergessen. Daher die Tatsache der Wahllosigkeit. So existiert beispielsweise ein ausgedehnter, unzählige intimste Details umfassender Briefwechsel von Rahel mit einer gewissen Rebekka Friedländer,[1] von der Rahel

1 Die Briefe an Rebekka Friedländer gehen in der bekannten Briefausgabe Varnhagens »Rahel, ein Buch des Andenkens« als Briefe an Frau v. F. – Varnhagen hatte überhaupt die Gewohnheit, Jüdinnen in seiner chiffrierten Briefausgabe möglichst gleich mit einem »von« auszustatten. Henriette Herz erscheint beispielsweise als Frau von Bl. Noch häufiger ist allerdings, daß er nur Exzerpte der Briefe ohne Überschrift wiedergibt, so daß bestimmte, in einer bestimmten Situation gesprochene Worte wie »allgemeine Gedanken« aussehen und dadurch für die Interpretation ein schiefes Bild ergeben.

selbst sagt, sie sei »unnatürlich pauvre von Natur mit Prätensionen«.[2] Aber dieser von Natur pauvre Mensch ist unglücklich, und sein Unglück, sein Schmerz ist gleichsam wirklicher als er selbst. Der einzige »Trost«, den es gibt, ist der, daß das Geschehene in der Mitteilung aufbewahrt wird. »Trost ist schrecklich! aber Sie haben den in das lebendigste Herz zu sprechen«, schreibt Rahel an die Friedländer. Dadurch schafft sich der Mensch den Zeugen für sich selbst, den, der seine Realität bezeugte, wenn alle öffentliche Geltung verschwunden ist. »Lassen Sie sich dies Trost an dem Schrecknis sein, daß eine Kreatur lebt, die Ihre Existenz als liebende Zeugin kennt […]« Das liebende Zeugnis ist die wahre Anteilnahme am Leben des Andern. Zeugin zu sein von vielen Leben und vielem Geschehen ist einzige Rechtfertigung und wahrer Ursprung dieser Indiskretion und damit der Geselligkeit des Salons überhaupt.

Die Katastrophe von 1806 wird zur Katastrophe auch für diese Geselligkeit. Das Öffentliche, die Macht des allgemeinen Un-

---

2 So in einem unveröffentlichten Brief an Pauline Wiesel. Der Briefwechsel mit Pauline Wiesel, der einzigen wirklichen Freundin der Rahel, liegt noch unveröffentlicht auf der Berliner Staatsbibliothek und ist auch von Varnhagen zum Druck nicht vorbereitet. Dies hat nicht nur den Grund, daß ihm in den 30er Jahren die Freundschaft mit der unwiderstehlichen und von allen trotz unzähliger Skandalgeschichten geliebten »Erscheinung aus der griechischen Götterwelt« peinlich war für das Andenken Rahels, die er auf ein Piedestal zu stellen suchte; er hätte ja schließlich diesen Namen auch chiffrieren können und hat es in wenigen edierten Briefen auch getan. (Pauline Wiesel = Frau v. V.). Ausschlaggebend für die Geheimhaltung der Briefe ist gewesen, daß in ihnen, vor allem in denen aus den 20er Jahren, eine erheblich andere Rahel hervortritt als er herauszupräparieren liebte. Aus diesen Briefen geht auch hervor, daß die Varnhagen'sche Ehe anders aussah, als man sich diese nach den veröffentlichten Briefstellen vorstellen muß. Varnhagen verfuhr hier ähnlich – wenn auch weniger rigoros – wie in der Aufbewahrung der Clemens Brentano'schen Briefe, aus denen er rücksichtslos alles ausgeschnitten hat, was ein ungünstiges Licht auf ihn hätte werfen können.

glücks, läßt sich nicht mehr privatisieren. Das Intime wird wieder von dem, was publik ist, geschieden, und was von ihm als »bekannt« bleibt, wird zum Klatsch. Die Möglichkeit, ohne gesellschaftlichen Stand zu leben als eine »imaginäre romantische Person, eine, der man den wahren goût geben konnte!«[3] ist verschüttet. Nie wieder ist es Rahel gelungen, wirklich die Mitte eines repräsentativen Kreises zu sein, ohne selbst etwas anderes zu repräsentieren als sich selbst. Schon 1808 schreibt Humboldt aus Berlin an seine Frau, daß Rahel ganz isoliert sei. »Wo ist unsere Zeit!« schreibt Rahel 1818 an Pauline Wiesel, »wo wir alle zusammen waren. Sie ist Anno 6 untergegangen. Untergegangen wie ein Schiff: mit den schönsten Lebensgütern, den schönsten Lebensgenuß enthaltend.«

Die Salons hören nicht einfach auf zu existieren, sondern sie bilden sich um andere Personen, und zwar solche von Stand und Namen. Die bekanntesten unter ihnen sind die des Geh. Staatsrats Stägemann, der Gräfin Voß und des Fürsten Radziwil. Hier verkehren Adam Müller, Kleist, Humboldt, Arnim, Schill. Die Zusammenkünfte tragen durchaus das Gepräge eines patriotischen Geheimbundes und sind infolgedessen sehr exklusiv. Kennzeichnend, daß in ihnen neben dem hohen Landadel gerade das höhere Beamtentum wieder zu Worte kommt, das bisher in Berlin gesellschaftlich mit den jüdischen Salons nicht hatte konkurrieren können, und damit zugleich die ältere Generation. Dieser älteren Generation und ihrem Konservativismus gibt Adam Müller das geistige Gepräge. Armin, Adam Müller, Brentano – die jüngere Generation der Romantiker, die, um 1780 geboren, etwa 10 bis 15 Jahre jünger ist als der Rahel'sche Kreis, verleiht ab 1809 der Berliner Gesellschaft ihre Physionomie. Gemäß der ausgesprochen politischen Färbung der neuen Geselligkeit will sie sich nicht damit begnügen, einfach Salon zu sein, sondern sie sucht nach

3 Aus einem unveröffentlichten Brief an Pauline Wiesel.

einer Form, die die Glieder des Kreises fester zusammenzuschließen imstande ist. Ein erster Versuch hierfür ist die Zelter'sche Liedertafel, »an der sich Männer aller Schichten der vornehmeren Berliner Einwohnerschaft zur Pflege des Gesanges und des nationalen Gedankens zusammenfanden«.[4] Von hier datiert die komische und nur in Deutschland existierende Verbindung von Patriotismus und Männergesangverein. Ursprünglich aber ist diese Verbindung nur eine Tarnung, um einen patriotischen Bund vor der Zensur passieren zu lassen. Wilhelm v. Humboldt 1810: »Ich war heute bei Zelter an der Liedertafel, wo man aber für Gesang zu ernsthaft ist.«

Aus der Liedertafel entsteht direkt die Christlich-Deutsche Tischgesellschaft, die teilweise dieselben Mitglieder enthält. Arnim gründet sie. Zu ihr gehören Brentano, Kleist, Adam Müller, neben Angehörigen des hohen Geburts- und Militäradels und des hohen Beamtentums. Es entsteht ein eigentümliches Zwischengebilde, in dem sich romantische und preußische Elemente zu einer kurzen Ehe zusammenfinden. Die Tischgesellschaft hat ihre festen Statuten und gleicht schon fast einem Verein. Das romantische Element wird hier durch eine merkwürdige Einrichtung vertreten: es gilt als Regel, daß bei jeder Zusammenkunft eine ernste Geschichte, die von einem »unbekannteren Zug vaterländischer Treue und Tapferkeit […] wisse«, in der Gesellschaft verlesen wird.[5] Auf eine solche ernste Geschichte folgt unmittelbar ein Schwank, der ebendieselbe Geschichte ins Ironische oder Groteske abwandelt. Dieser romantische Zug der Ironisierung der Gesinnung wird noch ertragen. Zu den Hauptbedingungen der Aufnahme gehört, daß der Betreffende »kein Jude, kein Franzose und kein Philister« sei. Die Zusammenstellung von Jude, Franzose und Philister befremdet auf den ersten Blick. Gemeint ist

4 Reinhold Steig, Kleists Berliner Kämpfe. S. 14.
5 Vgl. Reinhold Steig. S. 21 ff.

damit – abgesehen von einem selbstverständlichen Antisemitismus des Adels und einer selbstverständlichen Franzosenfeindlichkeit der Patrioten –, daß alle drei Vertreter der Aufklärung seien. Prototyp des Philisters ist hier Hardenberg seiner Reformen wegen, Prototyp des Nichtphilisters Goethe. Alles, was wir über die Philisterideologie der Gesellschaft wissen, finden wir in Brentanos Abhandlung »Der Philister vor, in und nach der Geschichte«. Dort lesen wir, daß sie »alte Volksfeste und Sagen verachten, und was an einsamer Stelle vor moderner Frechheit gesichert, im Alter ergraut ist«, »daß sie ewig damit umgehen, alles was ihr Vaterland zu einem bestimmten individuellen Land macht, zu vernichten«. »Sie nennen die Natur, was in ihren Gesichtskreis oder vielmehr in ihr Gesichtsviereck fällt, denn sie begreifen nur viereckige Sachen [...] Eine schöne Gegend, sagen sie, lauter Chaussee! Voltaire ist ihnen lieber als Shakespeare, Wieland als Goethe, Ramler als Klopstock, Voß der allerliebste.« Frankreich gilt nun als das klassische Land der Aufklärung, und die Juden verdanken ja allein der Aufklärung und ihrem Glauben an die gleichen Menschenrechte die Argumente für eine soziale Emanzipation und die Forderung auf bürgerliche Gleichstellung. Ferner sind die Frauen ausgeschlossen, was wohl ein direkter Protest gegen den Salon ist. Durchaus für den Stil der Zusammenkünfte charakteristisch ist, daß man sich zum Mittagessen traf – im Gegensatz zum Salon, der zur Teezeit oder am Abend stattfand. Es ist ein wesentlicher Unterschied, ob man Bier oder Tee trinkt. Diese merkwürdige Vereinigung von Romantik und Preußentum findet ihr natürliches Ende in den Freiheitskriegen, was den preußischen Adel anlangt, in den romantischen Konversionen, was die Romantiker betrifft.

Der Varnhagen'sche Salon der 20er Jahre ist geistig nicht mehr repräsentativ. Rahel Levin ist als Frau Varnhagen von Ense Mitglied der Gesellschaft geworden und hat so ihren vorgeschriebenen Verkehr. Sie selbst hat das in aller Schärfe empfunden. Sie konnte noch einzelne wichtige Freundschaften haben – so die mit Heinrich Heine –, sie konnte noch einzelne Menschen von Gewicht faszinieren, eine eigentlich entscheidende Bedeutung für die Zeit haben ihre mehr konventionellen Einladungen nicht mehr. Als Rahel starb, war der Salon schon 25 Jahre zersprengt. Manche waren anonym geworden, manche in die Tischgesellschaft übergegangen, manche konvertiert; die besten, wie Prinz Louis und Alexander v. d. Marwitz, in den Kriegen gefallen. Der einzige Mensch von ehemals, der ihr blieb, war der, der schon von vornherein jenseits aller bestimmten geistigen, politischen oder gesellschaftlichen Ordnung stand: Pauline Wiesel. Nichts war von der Geselligkeit übriggeblieben als das, was immer außerhalb der Gesellschaft gestanden hatte.

10 An Pauline Wiesel in Paris

Erschienen 1932 im *Deutschen Almanach für das Jahr 1932*

Mitten im Sommer, den 8. Juni 1826 Donnerstag vormittag, schönes munkliches Wetter. Vormittag 11 Uhr.

Einzige Pauline: immer und ewig! Diese Worte allein wären genug und ein Brief für Sie. Aber! Über ein Jahr quäl' ich mich mit einer Antwort an Sie, die ich *nicht* schreibe. Den vorigen Frühling erhielt ich Ihren Brief und den im Herbst von der Schwester Meyer, die ihn selbst brachte. Ich kann Ihnen, teure Mitleidende, nicht schreiben: denn Ihnen möchte ich *alles*, jeden fliehenden Tag mit seinen fliehenden Minuten beschreiben; wie er mir das Leben in den Busen einkerbt. Alles, was ich wünsche, *nicht*: und dabei weiter, immer weiter gelebt! – Endlich ordentlich krank, so daß ich mich nur leidlich befinde, wenn ich zu Hause bleibe, oft Brustbeschwerden habe – *jetzt* stark – schreiben gar nicht kann: und dabei ausgehe und *alle* geselligen Pflichten erfülle und alle geselligen Verbindungen habe. Mitunter Theater. Nicht *einmal,* wie wir's *hatten. Nichts* von Pauline und mir. Keine Freiheit. Wollen Sie noch mehr wissen? Oft wundere ich mich, daß ich lebe, dieselbige bin und so weit von mir ab kam. Ach! und in einer anderen Art geht's Ihnen auch so. Aber darin sind und bleiben wir und *wollen* wir einzig bleiben, daß wir noch wissen, wer wir waren, wissen, was wir wünschen; noch dasselbe wünschen, wollen und meinen. *Ewig* und bei *allem*, bei *jeder* Gelegenheit denke ich an Sie; und schrieb doch nicht: aus Ingrimm, denn wenn ich das Papier für *Sie* vor mir habe, dann ist alles zu lebendig und ich fühle meinen Untergang; und will ihn Ihnen beschreiben, und dazu langen meine Kräfte nicht hin. Diesen Brief, diese Worte zerreißen Sie *gleich*! – In meiner Seele und in meinem Geiste bin ich ruhig. Der Gedanke des Existierens – nicht als Pauline oder Rahel – überhaupt, das Dasein irgendeines Dinges oder einer uns möglichen Vorstellung ist so groß, so überragend kolossal, daß ich in der Grübelei und Anschauung untergehe in Ruhe. So mit meinem Geist und mit meinen Gedanken hab' ich noch Pläsier. Und so ist's auch ganz gewiß mit Ihnen. Auch bin ich noch zu allem wahren Vergnügen fähig und aufgelegt. Es kommt nur nicht, und ich bin nicht frei; und nun nicht gesund genug mehr, um es mit Inkommodidäten zu erkaufen. Man ist nicht frei, wenn man in der bürgerlichen Gesellschaft etwas vorstellen soll; eine Gattin, eine Beamtenfrau usw. Und *Sie* und unser Kreis fehlen mir ganz. Die Dummheit, Leerheit, Pedanterie, Frömmelei herrscht. Ihr Brief vorigen Herbst, wo Sie mir von den *drei* verschiedenen Gesellschaften schrieben, in denen Sie leben, ergötzte mich! In vieler Art geht's mir auch so; jeder meint, ich meine wie er: ach! ich meine wie *Sie* und *ich*!

Diesen Winter hielt mich auch Wiesels Mordkrankheit und sein Tod ab, Ihnen zu schreiben. Bis in der letzten Minute hatte er alles von mir. Essen, Gelee, Getränke, *was* nur erfunden werden kann für einen Kranken und für dessen Appetit und Bedürfnisse, vier-, fünfmal täglich wurde hin- und hergeschickt. Ich konnte, weil er drei Treppen hoch im Hirsch unter den Linden wohnte, nicht hinauf mit meinem Atem und Brust. Er wollte es auch nicht leiden. Dore war *zweimal* den Tag dort. Er empfand es und schrieb es mir. Varnhagen besuchte ihn noch zwei Tage vor dem Tod; das war viel, denn der selbst war an einer Gallenentzündung auf den Tod diesen Winter. Ich erlebte alles! Nein! Nein! Es kann noch mehr Schrecklicheres geben und kommen. Sähe ich *Sie* nur noch. Aber auch das werde ich noch erleben.

Nun Ihren Brief gelesen! Den *dritten* seit einem Jahr. Er liegt noch unerbrochen neben mir. Mlle. Bauer, eine Aktrice, von Karlsruhe kommend, schickte ihn mir mit einem von Robert aus Paris. Und heute eben wollte ich Ihnen schreiben, weil Varnhagen gestern Crayens bei Stägemann sah und Victoire ihm sagte, Sie wüßten Wiesels Tod. Ja! Pauline, alles herunter nach der stummen Erde: und erst hier Bewußtsein und Schmerz. Dahinter muß ein herrliches Geheimnis stecken, wovon wir hier *nichts* wissen. *Herrlich*, wenn es auch schrecklich ist. Oh! Könnte ich jetzt mit Ihnen sprechen! Zu Ihrem Brief! Also, meine Herzenstochter, Sie waren in Wien. Leben jetzt auf Montmartre. Glück zu! Oh! wie verstand ich das, daß Ihnen alle unsere Menschen, die Sie in Wien gekannt, lebendig wurden und nur Sie sich wie eine Tote dagegen fühlten. Gentz scheint mir nach Ihren Äußerungen sehr herab zu sein! Ich liebe ihn und kenne ihn: wie tiefrichtig schreiben Sie in wenig Worten ihn – sozusagen – ab. Nur wir sind ganz geblieben, wie wir waren, Grünes, Kinder, Liebe, Musik, Wetter, alle wahren Realitäten lieben wir, empfinden wir noch, weil wir nur ewig *das* wollten und nie den Schein und *Vorstellen*. Und die glückliche Organisation. Mut fehlte mir nur von je, mich in unselige Lagen zu stürzen: darum duldete ich, was ich *nicht mochte* und *verabscheute*; davon bin ich krank; das ist der *ganze* Unterschied zwischen uns beiden: *der* mit seinen Folgen und Nuancen: sonst keiner. Ich bin, wie der Arzt meint, nicht bedenklich: was macht mir das! Ich finde alle Lebendigen in Lebensgefahr: und Leiden ist das Schlimme. Daß ich nicht auf dem Lande lebe, ist meine innigste immerwährende Krümmung. Nämlich ein Landhaus im Sommer.

Ludwig Robert mit Frau ist in Paris. Rabes Mädchen sind gut; der Sohn bei einer umherziehenden Truppe: *ich* finde, für ihn übergut. – Meine Adresse: Mad. de V. – meinen Namen – Rue Française Nr. 20. – Sparen Sie mir Postgeld. –

Vorigen Sommer war ich unverhofft mit Varnhagen und meinem ältesten Bruder in Baden-Baden; ich dachte an Sie; in Karlsruhe und allerwärts. Reise ich diesen Sommer, sollen Sie's wissen;

vorher vielleicht ein Rendezvous. Wäre ich frei, käme ich nach Paris. – Hanne und Fanny haben jede zwei herrliche Kinderchen. Hanne einen Emil von fünf Jahren, eine Marie von drei, Fanny eine Elise – Göttin – von zwei Jahren, eine Pauline von acht Monaten. Alle blond und schön und meine Freude. Varnhagen grüßt. Ich küsse und liebe Sie. – Jettchen Mendelssohn ist bigott – katholisch – und liebt stumm und still, was wollen Sie mehr? Aber mich wundert nichts dabei, als daß sie gegen Leidenschaft der Liebe spricht, als wäre das nicht das einzig Ewige auf Erden; und als hätte *sie nie* geliebt; es mag auch so sein: die meisten schwindelt's nur so, und vergessen kann man's nie. Wieder geliebt sein wollen und Treue verlangen, ist dumm – und von den Vorfahren uns eingebläut –, aber Bezauberung durch die Augen, Glück durch *Sehen*, das ewig Schöne, Paradiesartige auf der Erde. Nur darum möchte ich noch einmal leben, um zu lieben und es nie zu gestehen. So lang' es eine Empfindung, ist es göttlich; so wird's ein Verhältnis, eine Geschichte – halbe Ehe – gemeine Werkeltagslast. Jette Mendelssohn ist dabei doch noch lieb und gut. –

Mein Bruder ist Rue Bergère Nr. 6 bei dem Herrn Vallentin zu erfragen. Machen Sie aber nicht, als wüßten Sie seinen Aufenthalt und seine Wohnung von mir. *Beileibe nicht!* Wie von ungefähr, wenn Sie ihn sehen wollen. Hugo Hatzfeldt ist bei Verwandten in oder bei Mainz. Adieu, Herze! Alles stirbt, es ist ein Wunder, daß wir noch leben. Wiesel starb an Brustwassersucht. Schwerer, langsamer Tod. Er starb den 16. März. Aß den Tag vorher noch meine Suppe und Apfelgelee, und Kalb- und Rindfleischgelee. Ein Trost für mich! Er empfand es, und schrieb mir öfters. Welche Liste von Toten haben wir! Wir wollen uns doch noch sehen! Ewig, wie Sie mich kannten! Die größte Liebe zu Ihnen!

R.

11 Aufklärung und Judenfrage

Von Hannah Arendt-Stern
Erschienen 1932 in der *Zeitschrift für die Geschichte der Juden in Deutschland*

Die moderne Judenfrage datiert aus der Aufklärung; die Aufklärung, d. h. die nichtjüdische Welt hat sie gestellt. Ihre Formulierungen und ihre Antworten haben das Verhalten der Juden, haben die Assimilation der Juden bestimmt. Seit Mendelssohns wirklicher Assimiliertheit und seit Dohms Werk »Ueber die bürgerliche Verbesserung der Juden« (1781) tauchen in der Diskussion über die Emanzipation immer wieder die gleichen Argumente auf, die in Lessing ihren Kronzeugen haben. Ihm verdankt sie die Propagierung von Menschlichkeit und Toleranz wie die Trennung von Vernunft- und Geschichtswahrheiten. Diese Trennung ist deshalb so überaus wichtig, weil sie die innerhalb der Geschichte zufällige Assimilation legitimieren kann; sie braucht dann nur als fortschreitende Einsicht in die Wahrheit, nicht als Angleichung und Rezeption einer bestimmten Kultur in einem bestimmten und damit zufälligen Geschichtsstadium zu erscheinen.

Für *Lessing* ist die allen gemeinsame Vernunft das Fundament der Menschlichkeit. Sie verbindet als Menschlichstes Saladin mit Nathan und dem Tempelherrn. Sie allein ist die echte Verbindung von Mensch zu Mensch. Aus der Betonung des Menschlichen, das auf dem Vernünftigen basiert, erwächst das Ideal und die Forderung der Toleranz. Daß in allen Menschen, nur unter der Verschiedenheit der dogmatischen Überzeugungen, der Sitten und des Gebahrens versteckt, immer derselbe Mensch steckt, diese

Ehrfurcht vor allem, was Menschenantlitz trägt, ist nie allein aus der allgemeinen Geltung der Vernunft als bloßer formaler Qualität herzuleiten; vielmehr steht der Toleranzgedanke in engster Verbindung mit dem Lessing'schen Wahrheitsbegriff, der seinerseits erst wieder aus seinen geschichtsphilosophischen und theologischen Gedankengängen verständlich wird.

Die Wahrheit geht in der Aufklärung verloren, mehr: man will sie nicht mehr. Wichtiger als die Wahrheit ist der Mensch, der sie sucht. »Nicht die Wahrheit, in deren Besitz irgend ein Mensch ist, [...] sondern die aufrichtige Mühe, die er angewandt hat, hinter die Wahrheit zu kommen, macht den Wert des Menschen.«[1] Der Mensch wird wichtiger als die Wahrheit, die relativiert wird zugunsten des »Werts des Menschen«. In der Toleranz ist dieses Menschliche entdeckt. Die Allherrschaft der Vernunft ist eine Allherrschaft des Menschlichen, des Humanen. Weil dieses Menschliche wichtiger ist als aller »Besitz der Wahrheit«, gibt der Vater in der Fabel von den drei Ringen jedem Sohn einen Ring, ohne zu sagen, welcher der echte sei, so daß damit der echte verloren ist. Die Wahrheit als religiöse Offenbarung ist von der deutschen Aufklärung, wie sie in Lessing repräsentiert ist, nicht einfach verloren, sondern der Verlust ist positiviert zur Entdeckung des Reinmenschlichen. Im Streben nach dem Echten bekommt der Mensch und seine Geschichte, die eine Geschichte des Suchens ist, einen eigenständigen Sinn. Er ist nicht mehr nur Verwalter eines Gutes und seine Bedeutung von diesem Besitz abhängig; suchend kann er diesen Besitz, der kein objektives Heilsgut ist, bestätigen. Wird in der Nachforschung der Wahrheit, im »Sicherweitern der Kräfte« das allein Gehaltvolle gesehen, so sind schließlich alle Konfessionen für den Toleranten, und das heißt für den wahrhaft Menschlichen, nur verschiedene Benennungen desselben Menschen.

1 Theologische Streitschriften. Eine Duplik.

Die Geschichte hat keine beweisende Kraft für die Vernunft. Geschichtswahrheiten sind zufällig, Vernunftwahrheiten notwendig, und die Zufälligkeit trennt von der Notwendigkeit »ein garstiger breiter Graben«, über den zu springen eine »μεταβασις εἰς ἀλλο γενος« bedeutet. Geschichtswahrheiten sind eigentlich nicht wahr, und seien sie noch so gut bezeugt, weil sowohl ihre Faktizität wie ihre Bezeugung stets zufällig sind: auch die Bezeugung ist noch geschichtlich. Nur sofern Geschichtswahrheiten die Vernunftwahrheit bestätigen, sind sie »wahr«, d. h. allgemein überzeugend und verbindlich. So ist es die Vernunft, die über die Notwendigkeit einer Offenbarung und damit über die Geschichte zu entscheiden hat.[2] Die Zufälligkeit der Geschichte kann nachträglich durch Vernunft geadelt werden; nachträglich entscheidet die Vernunft, daß die geoffenbarte Geschichte mit der Vernunft identisch ist. Die geoffenbarte Geschichte fungiert als Erzieherin des Menschengeschlechts. Am Ende dieser Erziehung, die wir als Geschichte erleben, steht die Zeit »eines neuen ewigen Evangeliums«, die jede Erziehung überflüssig macht. Am Ende der Geschichte steht ihre Auflösung; am Ende wird das immer noch relativ Zufällige in das absolut Notwendige verwandelt. »Erziehung gibt dem Menschen nichts, was er nicht auch aus sich selbst haben könnte«; sie führt ihn nur zu jener Vollkommenheit, die eigentlich schon in ihm liegt. Die Geschichte entwickelt die Vernunft zu ihrer Eigenständigkeit, weil die Offenbarung die Vernunft schon in sich schloß. Die Mündigkeit des Menschen ist das Ziel der göttlichen Offenbarung wie der menschlichen Geschichte.

Als Erzieherin hat die Geschichte eine Bedeutung, die selbst der Vernunft nicht restlos zugänglich ist. Die Vernunft kann nur ihr Daß bestätigen, muß aber dann gerade ihr Wie wieder freigeben als nicht in ihrer Kompetenz stehend. »Aber wenn eine Offenba-

2 Vgl. Zur Geschichte und Literatur. Aus dem 4. Beitrage. Ein Mehreres aus den Papieren des Ungenannten, die Offenbarung betreffend.

rung sein kann und eine sein muß [...], so muß es der Vernunft eher noch ein Beweis mehr für die Wahrheit derselben als ein Einwurf dawider sein, wenn sie Dinge darin findet, die ihren Begriff übersteigen.« Aus diesen Worten geht keine neue Anerkennung der göttlichen Autorität hervor. Sie sind zusammen zu sehen mit der theologischen Hauptthese Lessings, daß die Religion früher und unabhängig von der Schrift sei. Nicht Wahrheit als These, als Dogma oder objektives Heilsgut, sondern die Religiosität ist das Wesentliche.

Dies scheint auf den ersten Blick nichts als eine aufgeklärte Übernahme des Pietismus. Die »Fragmente eines Ungenannten« können nur den Theologen verwirren, nicht den Christen, denn der Christ ist innerhalb seines Glaubens unangreifbar, weil dieser Glaube sich auf die reine Innerlichkeit stützt. »Was gehen den Christen dieses Mannes Erklärungen, Hypothesen und Beweise an? Ihm ist es doch einmal da, das Christentum, welches er so wahr, in welchem er sich so selig fühlet.« Aber in der Betonung dieser unangreifbaren Innerlichkeit liegt schon das Mißtrauen der Aufklärung gegen die Bibel; die reine Innerlichkeit wird betont, weil die Objektivität der Offenbarung in der Schrift nicht mehr feststeht. Die Trennung von Religion und Bibel ist die letzte vergebliche Rettung der Religion; vergeblich: denn diese Trennung zertrümmert die Autorität der Bibel und damit die sichtbare und wißbare Autorität Gottes auf Erden. »Die Religion ist nicht wahr, weil die Evangelisten und Apostel sie lehrten: sondern sie lehrten sie, weil sie wahr ist.« Ist die Wahrheit der Religion früher als die der Bibel, so ist sie nicht mehr objektiv sicher, sondern muß gesucht werden. Die aufgeklärte Übernahme der pietistischen Religiosität zerstört zugleich den Pietismus. Neu ist nicht die Betonung der Innerlichkeit, sondern, daß sie ausgespielt wird gegen die Objektivität.

Die Geschichte taucht also bei Lessing in zwei heterogenen Zusammenhängen auf. Geschichte ist *erstens* das ewige Suchen nach der Wahrheit: sie setzt erst ein mit der Mündigkeit des Menschen, hat dann aber einen unendlichen Horizont vor sich. Geschichte ist *zweitens* Erzieherin des Menschengeschlechts, macht sich selbst als solche überflüssig und findet mit der Mündigkeit des Menschen gerade ihr Ende. Die erste Geschichtsvorstellung erlaubt dem Menschen, wenn er zum Bewußtsein seiner Vernunft gekommen ist, ganz von vorne anzufangen und eine Geschichte zu gründen. Dies ist der Gedanke, der in der Mendelssohn'schen Rezeption allein maßgebend bleibt. Bei Lessing aber hatte diese neu zu gründende Geschichte durchaus eine Verankerung in der Vergangenheit. Die von der Autorität beherrschte Vergangenheit ist ja Erzieherin. Die Mündigkeit des Menschen ist erst geworden; geworden in einer Erziehung, die Gott dem Menschen zuteil werden ließ. Ist diese Mündigkeit erreicht, so beginnt des Menschen zweite Geschichte, die im Unterschied zur ersten zwar nicht auf jedes Ziel verzichtet, aber dieses in die Unendlichkeit des Zeitlichen überhaupt verschiebt: die Wahrheit ist das in steigernder Vollkommenheit nur approximativ zu erreichende Ziel. Diese Geschichtstheorie weist eine grundsätzlich andere Struktur auf als die in der »Erziehung des Menschengeschlechts« vorgetragene. Sie ist keineswegs eine Säkularisierung des Christentums – schon deshalb nicht, weil die Wahrheit doch nur für Gott bestimmt ist[3] –, sondern zielt von vornherein nur auf den Menschen ab; sie rückt die Wahrheit so weit wie nur möglich in die Ferne, weil sie eigentlich das Irdische des Menschen nichts angeht. Ihr Besitz stört nur die Entfaltung aller Möglichkeiten des Menschen, verhindert die Duldung, die dafür notwendig ist, sie wendet nur den Blick ab vom Menschlichen: die Wahrheit geht nur Gott etwas an, für den Menschen ist sie nicht wichtig. Diese ausschließliche und vorbehaltlose Bejahung des ewig Unabgeschlossenen und Fragmentari-

3 Vgl. Theolog. Streitschriften. Eine Duplik. I.

schen alles Menschlichen nur um des Menschlichen willen ist in der »Erziehung des Menschengeschlechts« wieder abgebogen.

Mendelssohns Rezeption der Aufklärung, seine »Bildung« vollzieht sich noch innerhalb einer absoluten Gebundenheit an die jüdische Religion. Diese Gebundenheit gilt es ihm – etwa den Angriffen Lavaters gegenüber – zu verteidigen. Die Mittel zu dieser Verteidigung liefert ihm Lessings Trennung von Vernunft- und Geschichtswahrheiten. Gleichzeitig aber mit der Apologie des Judentums muß er die Möglichkeiten seiner »Bildung« behaupten: hierzu dient die in der Aufklärung behauptete absolute Autonomie der Vernunft. »Selbstdenkenden Köpfen«, sagt Lessing, »ist es nun einmal gegeben, daß sie das ganze Gefilde der Gelehrsamkeit übersehen, und jeden Pfad desselben zu finden wissen, sobald es der Mühe verlohnt, ihn zu betreten.«[4] Dieses Selbstdenkenkönnen liegt dem Ideal der Bildung bei Mendelssohn zugrunde; die wahre Bildung nährt sich nicht aus der Geschichte und ihren Fakten, sondern macht diese gerade überflüssig. Herrschend ist die Autorität der Vernunft, zu der jeder allein und von sich aus kommen kann. Der denkende Mensch lebt in einer absoluten Isolierung: unabhängig von allen andern findet er die Wahrheit, die eigentlich allen gemeinsam sein müßte. »Jeder geht das Leben hindurch seinen eigenen Weg. [...] Aber daß auch das Ganze der Menschheit hienieden in der Folge der Zeiten immer vorwärts rücken und sich vervollkommnen soll, dieses scheint mir der Zweck der Vorsehung nicht gewesen zu sein.« Die Vernunft wird bei Mendelssohn noch unabhängiger von der Geschichte, sie hat keinerlei Rückverankerung in ihr; ausdrücklich wendet er sich gegen Lessings Geschichtsphilosophie, die »Erziehung des Menschengeschlechts, die sich mein verewigter Freund Lessing von ich weiß nicht welchem Geschichtsforscher der Menschheit hat ein-

4 Lessing, Theolog. Streitschriften. Anti-Goeze. IX.

bilden lassen«.[5] Kenntnis der Geschichte ist für Mendelssohns Bildung noch nicht nötig; sie ist nichts als Befreiung zum Denken. Er ist von Haus aus keinem Gegenstand der fremden Kulturwelt verpflichtet; und er braucht in der herrschenden geistigen Atmosphäre dieses Im-Nichts-stehen nicht zu entdecken.

Wie Mendelssohn in der Übernahme der autonomen Vernunft diese allein auf das Selbst-denken-können und auf die Unabhängigkeit von allen Fakten zuspitzte (während dieselbe Vernunft bei Lessing nur ein Weg war zur Entdeckung des Menschlichen), so erfährt auch die Theorie der Trennung von Vernunft- und Geschichtswahrheiten eine Umbiegung: sie wird von Mendelssohn zur Apologie des Judentums benutzt und dogmatisiert. Die jüdische Religion und nur sie ist für Mendelssohn mit der vernünftigen identisch, und zwar um ihrer »ewigen Wahrheiten« willen, die allein auch religiös verpflichten. Denn die Geschichtswahrheiten des Judentums – so führt Mendelssohn aus – hatten nur solange Geltung, als die mosaische Religion die Religion einer Nation war, was jetzt nach der Zerstörung des Tempels nicht mehr der Fall ist. Nur die »ewigen Wahrheiten« sind von aller Schrift unabhängig, jederzeit einsehbar; auf ihnen ruht die jüdische Religion, und sie sind es, die auch heute noch den Juden zur Religion seiner Väter verpflichten. Ständen sie nicht im Alten Testament, so wäre weder das Gesetz noch die geschichtliche Überlieferung bindend. Weil im Alten Testament nichts steht, was »mit der Vernunft streitet«,[6] nichts Widervernünftiges, ist der Jude auch an die außervernünftigen Vorschriften gebunden, an die aber ausdrücklich kein Nicht-Jude gebunden sein soll; denn sie sind das Scheidende zwischen den Menschen. Die ewigen Wahrheiten bilden die Grundlage der Toleranz: »In welcher glückseligen Welt würden wir leben, wenn alle Menschen die Wahrheit annähmen und

5 Jerusalem.
6 Correspondenz mit dem Erbprinzen von Braunschweig-Wolfenbüttel. 1776.

ausübten, die die besten Christen und die besten Juden gemein haben.«[7] Geschichts- und Vernunftwahrheiten sind für Mendelssohn nur der Art nach verschieden, sie werden nicht verschiedenen Entwicklungsstufen der Menschheit zugerechnet. Die allen gemeinsame Vernunft ist allen Menschen zu allen Zeiten gleich zugänglich gewesen. Der Weg ist ein verschiedener; der der Juden schließt nicht nur die Anerkennung der jüdischen Religion, sondern die genaue Befolgung des Gesetzes in sich.

Die Scheidung von Geschichte und Vernunft bezweckt bei Lessing die Eliminierung der Religion als Dogma; Mendelssohn versucht mit ihr gerade eine Rettung der jüdischen Religion, unabhängig von ihrem geschichtlichen Bezeugtsein, auf Grund ihres »ewigen Gehaltes«. Das theologische Interesse, das hier die Geschichte aus der Vernunft ausscheidet, scheidet zugleich den Wahrheit suchenden Menschen aus der Geschichte aus. Allem Wirklichem: Umwelt, Mitmenschen, Geschichte fehlt die Legitimation der Vernunft. – Diese Eliminierung der Wirklichkeit hängt aufs engste zusammen mit der faktischen Stellung des Juden in der Welt. Die Welt ging ihn in einem solchen Maße nichts an, daß sie zu dem Unveränderlichen schlechthin wurde. Die neue Freiheit der Bildung, die Freiheit des Selbstdenkens und der Vernunft ändert daran nichts. Die geschichtliche Welt bleibt für den »gebildeten« Juden in derselben Gleichgültigkeit wie für den unterdrückten des Ghettos.

Dieses Unverständnis der Juden für Geschichte, begründet in ihrem Schicksal der Geschichtslosigkeit, genährt von einer nur halb erfaßten und assimilierten Aufklärung, wird in einem Punkt von Dohms Emanzipationstheorie – deren Argumentation für die folgenden Jahrzehnte entscheidend bleibt – durchkreuzt. Die Juden sind zwar für Dohm (den ersten Schriftsteller, der sich in

7 Mendelssohn an Bonnet. 1770. Vgl. Moses Mendelssohns Ges. Schriften, Bd. VII, p. LXXXII ff.

Deutschland systematisch der Juden annimmt) niemals das »Volk Gottes« oder auch nur das Volk des Alten Testaments. Sie sind Menschen wie alle anderen Menschen auch. Aber die Geschichte hat diese Menschen verdorben.[8] Diesen Begriff von Geschichte allein greifen die Juden jetzt auf. Er ist auch für sie der Erklärungsgrund für ihre kulturelle Minderwertigkeit, für ihre Ungebildetheit, für ihre soziale Schädlichkeit und Unproduktivität. Geschichte wird für sie prinzipiell zur Geschichte des Fremden; sie ist Geschichte der Vorurteile, in denen die Menschen vor dem Zeitalter der Aufklärung befangen waren: Geschichte ist Geschichte der schlechten Vergangenheit oder der noch an Vorurteilen haftenden Gegenwart. Die Gegenwart von der Last und den Folgen dieser Geschichte zu befreien, wird zum Werk der Einbürgerung und Befreiung der Juden.

So einfach und relativ problemlos ist die Situation der ersten Assimilationsgeneration. Mendelssohn war mit den Vorkämpfern der Einbürgerung, mit Dohm und Mirabeau, nicht nur gewissermaßen in allen theoretischen Fragen einer Meinung: er ist und bleibt für sie wie für die Juden Garant dafür, daß die Juden einer Verbesserung fähig und würdig sind, daß es genügen wird, für sie eine andere bürgerliche Situation zu schaffen, um aus ihnen sozial und kulturell produktive Glieder der bürgerlichen Gesellschaft zu machen. Die zweite Assimilationsgeneration (repräsentiert durch *David Friedländer*, den Schüler Mendelssohns) klammert sich

8 Dohm, a. a. O. I, S. 45; II, S. 8: »Daß die Juden Menschen wie alle übrigen sind; daß sie also auch wie die übrigen behandelt werden müssen; daß nur eine durch Barbarei und Religionsvorurteile veranlaßte Drückung sie herabgewürdigt und verderbt habe; daß allein ein entgegengesetztes, der gesunden Vernunft und der Menschlichkeit gemäßes Verfahren sie zu bessern Menschen und Bürgern machen könne; [...] dies sind so natürliche und einfache Wahrheiten, daß sie richtig verstehen und ihnen beistimmen beinahe eins ist.«

noch an die Verderbnistheorie der Aufklärung.[9] Religiös nicht mehr gebunden wie Mendelssohn, versucht sie mit allen Mitteln, auf diesem ihren Bestrebungen so günstigen Boden Eintritt in die Gesellschaft zu erlangen. Sie hat sich schon so sehr der Blindheit der Aufklärung, der die Juden nur als Unterdrückte gelten, assimiliert, daß sie sich selber jede eigene Geschichte abspricht, daß alles, was ihr eigen ist, nur als Hemmung für ihre Einbürgerung, ihre Menschwerdung, gilt.[10] Sie übernimmt die Mendelssohn-Lessing'sche Trennung von Vernunft und Geschichte zugunsten der Vernunft; ja sie versteigt sich in einer verschärften Übernahme zu Blasphemien, zu denen Mendelssohn selbst nie gekommen wäre: »Will man den nachdenkenden redlichen Forscher etwa mit dem Einwurf in die Enge treiben: die menschliche Vernunft könne sich mit der göttlichen nicht messen […]? Dieser Einwurf kann ihn keinen Augenblick beunruhigen; denn selbst die Erkenntnis der Göttlichkeit dieses Glaubens und dieser Pflicht des Gehorsams gehört vor den Richterstuhl der menschlichen Vernunft.« Friedländer dient die Trennung von Vernunft und Geschichte nicht mehr zur Rettung der jüdischen Religion, sie ist nur noch Mittel, sie so schnell wie möglich loszuwerden. Für Mendelssohn war die Freiheit noch die Freiheit der Bildung und die Möglichkeit, »Betrachtungen über sich selbst und seine Religion anzustellen«. Jetzt ist die Betrachtung der jüdischen Religion

9 Vgl. Friedländer, Sendschreiben einiger jüdischer Hausväter […], S. 30 ff.

10 ebda. S. 39: »Der mächtigste Gewinn für die Juden ist auch wohl der, daß die Sehnsucht nach dem Messias und nach Jerusalem aus den Herzen sich immer mehr entfernt, so wie die Vernunft diese Erwartung als Chimäre immer mehr verwarf. Immer möglich, daß einzelne in Clausen verschlossene oder sonst von den Weltgeschäften sich entfernende Männer noch dergleichen Wünsche unterhalten in ihrem Gemüt; bei dem größten Teil der Juden wenigstens in Deutschland, Holland und Frankreich findet der Gedanke keine Nahrung mehr und wird endlich bis zur letzten Spur vertilgt werden.«

eingestandenermaßen nur noch Mittel, »die politische Verfassung« der Juden zu ändern. Und der Schüler Mendelssohns stellt sich in offenen Widerspruch zu seinem Lehrer, der geraten hatte: »Schicket Euch in die Sitten und Verfassungen des Landes, in welches Ihr versetzt seid; aber haltet Euch standhaft bei der Religion Eurer Väter. Traget beider Lasten, so gut Ihr könnt!« Friedländer steht in offenem Widerspruch zu diesen Worten, wenn er unter Berufung auf die Aufklärung, auf Vernunft und moralisches Gefühl – das ja bei allen Menschen das gleiche ist – die Taufe anbietet, um »sich öffentlich der Gesellschaft einzuverleiben«.

Aber dies Anerbieten kommt 1799 zu spät. Propst Teller, an den es gerichtet ist, antwortet kühl. Und Schleiermacher wehrt sich gegen diese unliebsamen Gäste energisch. Er rechnet charakteristischerweise das »Sendschreiben« der »älteren Schule unsrer Litteratur« zu[11] und hebt gegen den Appell an Vernunft und moralisches Gefühl das Eigentümliche des Christentums hervor, das durch solche Proselyten nur verwässert werden könne. Die Vernunft hat nichts mit dem Christentum zu tun. Schleiermacher will das Individuelle der eigenen Religion gegen das notwendig Andere der fremden schützen. Die Vernunft gibt nur noch Möglichkeit für partielle Einigung – sie gilt für das Staatsbürgertum, nicht für die Religion. Schleiermacher ist für schnellste Einbürgerung. Aber die Einbürgerung wird nicht mehr der Anfang der völligen Assimilation sein, obwohl die Juden gerade diese anbieten. »Die Aufklärungsmanier«, die alle Menschen als ursprünglich gleich ansetzt und sie wieder gleich machen will, ist »verächtlich« geworden. Schleiermacher verlangt die Unterordnung des Zeremonialgesetzes unter das staatliche Gesetz und das Aufgeben der messianischen Hoffnung. Beides bietet Friedländer an. Er ist sich dabei nicht einmal bewußt, daß er damit überhaupt etwas auf-

11 Schleiermacher, Briefe, bei Gelegenheit […] des Sendschreibens. 1799. Werke, Abt. I. Bd. 5. S. 6 ff.

geben könnte; er will alles, was der Vernunft, die die gleiche für Christen und Juden ist, entgegensteht, aus dem Wege räumen – er verlangt ausdrücklich das gleiche von den Christen. Das Friedländer'sche Anerbieten wäre 20–30 Jahre früher, als Lavater Mendelssohn aufforderte, alle Beweise für oder wider das Christentum zu prüfen und sich dann zu entscheiden, wie es »ein Sokrates getan hätte«, nicht solch ein Unding gewesen, wie es jetzt Schleiermacher und mit ihm dem gebildeten Deutschland erscheint.

Im Geschichtsbewußtsein Deutschlands ist eine Wandlung vorgegangen, die sich am charakteristischsten in *Herder* ausdrückt. Herder hatte mit einer Kritik seines Zeitalters, des Zeitalters der Aufklärung, begonnen. Die Schrift »Auch eine Philosophie der Geschichte zur Bildung der Menschheit« erscheint 1774, noch mitten in der Aufklärung und bleibt ohne jede Wirkung auf die ältere Generation. Um so stärker und entschiedener ist ihr Einfluß auf die kommende Romantik. Sie wendet sich gegen die Allherrschaft der Vernunft und ihre platten Nützlichkeitslehren. Sie wendet sich ferner gegen die Allherrschaft des Menschen, der »nichts mehr als Wunderbares und Verborgenes hasset«. Sie wendet sich schließlich gegen eine Geschichtsschreibung, die in Nachfolge Voltaires und Humes die Wirklichkeit vergißt zugunsten der immer gleichen Anlagen und Möglichkeiten des Menschen.

Wir sahen, wie Mendelssohn in der Übernahme Lessing'scher Ideen vor allem die Isolierung des Einzelnen im Selbstdenkenkönnen betonte. Herder und nach ihm die Romantik (die deutsche Tradition also, die für die Judenfrage vor allem in Betracht kommt) scheidet dies gerade aus und führt die schon bei Lessing begonnene Entdeckung der Geschichte fort.

Herder wendet sich gegen den Lessing'schen Satz, daß der Mensch in der Erziehung nichts empfinge, als was immer schon in ihm gelegen habe: »Empfinge der Mensch alles aus sich selbst und entwickelte es abgetrennt von äußeren Gegenständen, so wäre zwar eine Geschichte *des* Menschen, aber nicht *der* Menschen, nicht ihres ganzen Geschlechts möglich.« Der Mensch lebt vielmehr in einer »Kette von Individuen«, »Tradition tritt zu ihm und formt seinen Kopf und bildet seine Glieder.«[12] Die reine Vernunft, das reine Gute ist auf der Erde »ausgestreut«. Kein Einzelner vermag es mehr zu fassen. Es ist nie als es selbst da – wie es keinen echten Ring bei Lessing gibt; es ist verwandelt, verändert, »verteilt in tausend Gestalten [...] – ein ewiger Proteus«. Dieses immer Verwandelte hängt ab von Wirklichkeiten, die außerhalb der menschlichen Macht liegen, von »Zeit, Klima, Bedürfnis, Welt, Schicksal«. Entscheidend ist nicht mehr – wie für die Aufklärung – die pure Möglichkeit, sondern entscheidend ist die Wirklichkeit des jeweils menschlichen Seins. Die wirkliche Unterschiedenheit der Menschen ist wichtiger als die »eigentliche« Gleichheit. »Der feigste Bösewicht hat ohne Zweifel zum großmütigsten Helden noch immer entfernte Anlage und Möglichkeit – aber zwischen dieser und dem ganzen Gefühle des Seins, der Existenz in solchem Charakter – Kluft!«[13]

Vernunft ist demnach nicht die Richterin der geschichtlichen Wirklichkeit im Menschen, sondern sie ist das »Resultat aller Erfahrung im Menschengeschlecht«.[14] Dieses Resultat ist wesensmäßig nie abgeschlossen.[15] Herder übernimmt das »ewige Suchen« des Lessing'schen Wahrheitsbegriffes, aber in modifizierter Form; denn wenn Lessing die Wahrheit auch in eine unabsehbare Ferne der Zukunft verschiebt, so bleibt bei ihm die Vernunft als eingeborenes Vermögen doch von dieser Dynamisierung unangefochten. Ist die Vernunft als »Erfahrungsresultat« selbst historisiert, so ist der Platz des Menschen in der Entwicklung des Menschengeschlechts nicht mehr eindeutig bestimmt: »keine Geschichte in

12 Ideen zur Geschichte der Menschheit. I. Teil. IX. Buch. 1. 2.
13 Auch eine Philosophie [...].
14 Erläuterungen zum Neuen Testament. I. Buch. III.
15 Briefe das Studium der Theologie betreffend. II. Teil. 26. Brief.

der Welt steht auf Abstraktionsgründen a priori«. Wie Lessing sich gegen eine Wahrheit auflehnt, die man als Besitz und endgültige Beruhigung haben kann, weil dieser Besitz unmenschlich wäre, so lehnt sich Herder dagegen auf, auch nur die reine Vernunft als Möglichkeit der einen Wahrheit anzuerkennen. Gegen die eine Vernunft wie gegen die eine Wahrheit steht die Unendlichkeit der Geschichte und »warum soll ich ein reiner *Vernunftgeist* werden, da ich nur ein *Mensch* sein mag, und wie in meinem Dasein, so auch in meinem Wissen und Glauben als eine Welle im Meer der Geschichte schwebe?« Dementsprechend stellt sich für Herder das Verhältnis von Vernunft und Geschichte gerade umgekehrt dar: die Vernunft ist der Geschichte unterworfen, »denn Abstraktion hat eigentlich über Geschichte keine Gesetze«.

Der Herrschaft der Vernunft, der Mündigkeit und Eigenständigkeit des Menschen ist ein Ende bereitet: die Geschichte, das, was mit dem Menschen geschieht, ist undurchsichtig geworden: »Kein Philosoph ist da, der Rechenschaft gebe, wozu sie (sc. die Völker) da sind, noch wozu sie dagewesen.« In ihrer Undurchsichtigkeit wird Geschichte zum Außermenschlichen, Unpersönlichen, aber nicht zu Gott. Die Transzendenz des Göttlichen ist endgültig verloren, »die Religion soll nichts als Zwecke durch Menschen und für Menschen bewirken«.

Parallel zu der Einsicht in die Macht der Geschichte über die Vernunft steht die Polemik gegen die Gleichheit aller Menschen. Je tiefer das Leben von der Geschichte ergriffen ist, desto stärker differenziert es sich. Die Verschiedenheit entwickelt sich aus einer ursprünglichen Gleichheit. Je älter ein Volk ist, desto mehr unterscheidet es sich von jedem anderen.[16] Die Konsequenz des Geschehens treibt die Verschiedenheit von Menschen und Völkern erst hervor. Nicht in Anlage, Begabung, Charakter liegt die Differenz,

16 Ideen […], I. Teil. 7. Buch. Zusätze zu der ältesten Urkunde des Menschengeschlechts. 5.

sie ist vielmehr die Unwiderruflichkeit alles menschlichen Geschehens, daß es eine Vergangenheit hat, die nicht ungeschehen zu machen ist.

Durch diese Entdeckung der Unwiderruflichkeit alles Geschehens wird Herder einer der ersten großen Interpreten der Geschichte. So wird durch ihn, zum ersten Male in Deutschland, auch die Geschichte der Juden sichtbar als eine Geschichte, die wesentlich durch den Besitz des Alten Testaments bestimmt ist. Daraus erfolgt eine Änderung in der Stellungnahme zur Judenfrage, sowohl von Seiten der Umwelt als von Seiten der Juden selbst. Mitbedingt wird diese Änderung außerdem durch die neue Bedeutung, die Herder den für diese Diskussion entscheidenden Begriffen: Bildung und Toleranz gibt.

Herder versteht die Geschichte der Juden so, wie sie selbst diese Geschichte deuteten, als die Geschichte des auserwählten Volkes Gottes.[17] Ihre Zerstreuung ist ihm Beginn und Vorbedingung ihrer Wirkung auf das menschliche Geschlecht.[18] Er verfolgt ihre Geschichte den Ausblicken nach bis zur Gegenwart und wird aufmerksam auf das eigentümliche Lebensgefühl der Juden, das sich an das Vergangene hält und das Vergangene in der Gegenwart zu halten versucht. Ihre Klage über das vor unendlichen Zeiten zerstörte Jerusalem, ihre Hoffnung auf den Messias sind ihm Zeichen dafür, daß »die Trümmer Jerusalems gleichsam im Herzen der Zeit […] gegründet sind«.[19] Ihre Religion ist weder eine Quelle der Vorurteile noch die Mendelssohn'sche Vernunftreligion, son-

17 Ideen […], III. Teil. 12. Buch. III. Ebräer: »Ich schäme mich also nicht, die Geschichte der Ebräer, wie sie solche selbst erzählen, zugrunde zu legen […].«

18 ebda. »Nun wurden sie in alle Länder der römischen Welt zerstreut und eben zur Zeit dieser Zerstreuung fing eine Wirkung der Juden aufs menschliche Geschlecht an, die man von ihrem engen Lande hinaus sich schwerlich hätte denken mögen […].«

19 Die Denkmale der Vorwelt. I. Stück.

dern das »unveräußerliche Erbstück ihres Geschlechts«. Zugleich sieht Herder, daß ihre Geschichte, die aus dem Gesetz Mosis stammt, von diesem nicht zu trennen ist,[20] daß sie daher mit der Befolgung des Gesetzes steht und fällt. Diese Religion ist weiter eine Religion Palästinas, und an ihr festhalten, heißt eigentlich das Volk Palästinas und damit in »Europa ein unserem Erdteil fremdes asiatisches Volk« bleiben. Nicht ihre Gleichheit mit allen andern Völkern wird zugestanden – für die Aufklärung einziges Mittel, sie überhaupt zu Menschen zu machen –, sondern ihre Fremdheit betont. Dabei wird auf Assimilation keineswegs verzichtet, sie wird sogar radikaler gefordert, aber auf einem andern Boden. War die Judenfrage und ihre Diskussion noch bei Lessing und Dohm wesentlich geleitet von der Religionsfrage und ihrer Tolerierung, so wird für Herder die Assimilation zu einer Frage der Emanzipation und damit zu einer Staatsfrage. Gerade weil Herder die Treue zu der »Religion der Väter« ernst nimmt, sieht er in ihr das Zeichen der Nationalverbundenheit; die fremde Religion wird zu der Religion einer andern Nation. Aufgabe ist jetzt weder: eine andere Religion zu dulden, wie man ja viele Vorurteile zu dulden gezwungen ist, noch: eine sozial schädliche Situation zu ändern, sondern: Deutschland eine andere Nation einzuverleiben.[21] Herder sieht den augenblicklichen Zustand also durchaus sub specie der Vergangenheit. Selbst die Tatsache, daß die Juden trotz aller Unterdrückungen in der fremden Welt nicht untergingen, sondern sich, wenn auch parasitär, anzupassen suchten, versteht er aus der Geschichte des Volkes.[22] Es gilt jetzt, das Parasitäre

20 Briefe das Studium der Theologie betreffend. 4. Brief.

21 Adrastea: »Wiefern nun dies Gesetz und die aus ihm entspringende Denk- oder Lebensweise in *unsre Staaten* gehöre, ist kein Religionsdisput mehr, wo über Meinungen und Glauben discurriert würde, sondern eine einfache *Staatsfrage.*«

22 Vgl. Ideen [...] III. Teil. XII. Buch. VI. Weitere Ideen zur Philosophie der Menschengeschichte.

der jüdischen Nation produktiv zu machen. Wieweit eine solche Assimilation möglich ist unter Beibehaltung des jüdischen Gesetzes, ist eine Staatsfrage, wieweit sie überhaupt möglich ist, eine Frage der Erziehung und Bildung, d. h. für Herder der Humanisierung.

Humanität ist durch zwei Begriffe gekennzeichnet, durch Bildung und Toleranz. Herder polemisiert aufs schärfste gegen den Bildungsbegriff der Aufklärung, das Selbstdenken, dem er vor allem Wirklichkeitslosigkeit vorwirft. Diese Bildung erwächst aus keiner Erfahrung, und sie wird zu keiner »Tat«, zu keiner »Anwendung des Lebens im bestimmten Kreise«. Sie kann keinen Menschen bilden; denn sie vergißt die Wirklichkeit, aus der er kommt und in der er steht. Der »Rücktritt der Bildung«, der wahren Bildung, die »erbildet, anbildet und fortbildet«, ist beherrscht von der Vergangenheit, einer »stillen, ewigen Macht des Vorbildes und einer Reihe Vorbilder«. Diese Vergangenheit kann die Aufklärung nicht bewahren.

Die Erziehung durch Bildung in diesem Herder'schen Sinn kann nicht wollen, daß die »Vorbilder« einfach nachgeahmt werden; hatte Herder doch gerade die unwiderrufliche Einmaligkeit der Geschichte, auch der größten und genialsten Geschichte gezeigt. Die Bildung sucht das Bildende im Verstehen der Vorbilder. In diesem *Verstehen*, das ein ganz neu erschlossener Zugang zur Wirklichkeit ist und aller Allegorese und Deutung der heiligen Schriften wie aller Polemik so fern steht wie dem bloßen gläubigen Hinnehmen, liegt zugleich eine *Beschwörung* der Wirklichkeit: sie so zu nehmen, wie sie wirklich war, ohne alle Zwecke und Hintergedanken; und eine Distanz von der Vergangenheit: sich nie mit ihr zu verwechseln, den Zeitraum, der zwischen ihr und dem Verstehenden liegt, ernst zu nehmen, in das Verstehen hineinzunehmen. Die Geschichte hat so dem Gehalt nach keine Verbindlichkeit für den, der sie versteht, er versteht sie als einmalige und vergängliche. Ihre bildende Funktion liegt im Verstehen als solchem. Auf diesem Vergangenen basiert eine neue Idee von Toleranz. Jeder Mensch wie jede geschichtliche Epoche hat ein Schicksal, dessen Einmaligkeit kein Anderer mehr verurteilen darf; ist es doch die Geschichte selbst, die in der Unerbittlichkeit ihrer Kontinuität das Richteramt übernommen hat. Die Toleranz, der »Vorzug seltener, vom Himmel privilegierter Seelen« entdeckt nicht mehr das Menschliche als solches, sondern sie versteht es. Und sie versteht es gerade in all seinen Verkleidungen und Veränderungen; sie versteht seine Einmaligkeit, seine Vergänglichkeit. Die Toleranz entspricht der verstehenden Distanz des Gebildeten.

So gibt Herder den Juden ihre Geschichte in einer eigentümlichen Indirektheit zurück; die Geschichte ist zur *verstandenen* Geschichte geworden. Sie wird als Geschehen absolut ernst genommen, ohne daß doch an den ursprünglichen Leiter dieses Geschehens noch direkt geglaubt würde. Die Säkularisierung ist nicht mehr rückgängig zu machen. Die indirekte Rückgabe der eigentlichen Gehalte zerstört die Vergangenheit im Sinne der Juden restlos. Denn war für Herder diese wie jede Vergangenheit gebunden an eine einmalige, nie wiederkehrende Zeit, so war sie für die Juden gerade das immer wieder dem Vergehen zu Entreißende. Herder gibt zwar dem assimilierten Juden das Geschehen im Sinne seiner eigenen Interpretation zurück, aber doch ein Geschehen ohne Gott; so vernichtet er seine in der Rezeption der Aufklärung gewonnene Freiheit, die vis à vis de rien stand, und unterstellt ihn der Macht des Schicksals, aber er stellt ihn nicht mehr unter die Macht Gottes. Noch die Aufklärung hatte insofern wenigstens einen direkten Bezug zum Gehalt der Geschichte, als sie sich mit ihm auseinandersetzte, ihn verwarf, verteidigte oder bewußt umdeutete. Herders Geschichtsverständnis ist ein letztes Unverbindlichmachen jeglichen Gehaltes – zugunsten des Geschehens selbst. Für die Juden fällt mit dem Zerstören des Gehaltes der Geschichte jede geschichtliche Bindung; denn das Eigentümliche ihrer Geschichte besteht gerade darin, daß nach der

Zerstörung des Tempels in gewissem Sinne die Geschichte selbst das »Continuum der Dinge«, das Herder vor dem »Abgrund« rettet, zerstört hat. Deshalb war Mendelssohns Verteidigung der jüdischen Religion und sein Versuch, den »ewigen Gehalt« zu retten – so naiv dies uns heute erscheinen mag – nicht schlechthin sinnlos. Er war auf dem Boden der Aufklärung auch noch möglich; den Juden blieb dort noch ein letztes Residuum an Bindung, das erst jetzt völlig schwindet. Herder selbst sieht diese Bindungslosigkeit als Positivum, wenn er sagt, »Lessing insonderheit hat dies unbefangenere Urteil gebildeter Juden, ihre schlichtere Art die Dinge anzusehen, in Nathan dem Weisen dargestellt; wer darf ihm widersprechen, da der Jude als solcher von manchen politischen Urteilen frei ist, die wir mit Mühe oder gar nicht ablegen?« Herder betont die Unbefangenheit gebildeter Juden, d. h. solcher, die nicht gebunden sind an irgendwelche Gehalte, an die bei aller »Bildung« die nichtjüdische Umwelt dank dem Kontinuum der Zeit gebunden bleibt. Zugleich will Herder die Eigenschaften positivieren, die die Not der schlechten Gegenwart aus ihnen herausgepreßt hat – sei es die Not des Sozialen, sei es die Not der Diaspora überhaupt –, die die Juden zu dem doppelten Scharfblick in Erwerb und Bibelauslegung zwang.[23] Sind die Juden erst in Herders Sinn »gebildet«, so sind sie der Menschheit zurückgewonnen, d. h. aber in ihrer eigenen Auslegung, sie haben aufgehört, das auserwählte Volk zu sein. »Abgelegt die alten stolzen Nationalvorurteile; weggeworfen die Sitten, die für unsre Zeit und Verfassung, selbst für unser Klima nicht gehören, arbeiteten sie nicht als Sklaven […], wohl aber als Mitwohner gebildeter Völker an […] dem

23 »Unter Drangsalen, die dies Volk Jahrhundertelang betroffen haben, welch andere Nation hätte sich auf *dem* Grad der Cultur erhalten, auf dem sie ihr inhaltsreiches Buch der Bücher, die Sammlung ihrer heiligen Schriften, mit ihnen die Schreib- und Rechenkunst festhielt? Not und ihr Gewerbe haben sie zu einem Scharfblick gebildet, den nur ein stumpfes Auge nicht wahrnimmt.«

Bau der Wissenschaften, der Gesamtcultur der Menschheit. [...] Nicht durch Einräumung merkantilischer Vorteile führt man sie der Ehre und Sittlichkeit zu; sie heben sich selbst dahin durch reinmenschliche, wissenschaftliche und bürgerliche Verdienste. Ihr Palästina ist sodann, wo sie leben und edel wirken allenthalben.«

Damit sind die Juden wieder in eine Ausnahmestellung gedrängt, die in der Aufklärung, die kein ausgebildetes Verständnis für Geschichte hatte, noch verdeckt bleiben konnte. Die völlige Gleichheit Lessings verlangte von den Juden nur das Menschsein, das sie schließlich, zumal in der Mendelssohn'schen Auslegung *auch* leisten konnten. Hier aber wird eine Sonderstellung von ihnen gefordert, – als Besondere werden sie eingeordnet in die »Gesamtcultur der Menschheit«, nachdem durch »Bildung«, durch die Distanz des Verstehens alle Gehalte zerstört sind, an die sich diese Sonderstellung klammern konnte. Schleiermacher lehnt Friedländers Anerbieten ab, weil er sowohl das Eigentümliche des Christentums wie die Besonderheit der Juden gewahrt wissen will. Man erwartet von den Juden ein Verständnis für ihre eigene geschichtliche Situation, eine Erwartung, die sie um so weniger erfüllen können, als ihre Existenz in der nichtjüdischen Welt mit der wesentlich unhistorischen Argumentation der Aufklärung steht und fällt. Sie sind gezwungen, in dem Kampf um ihre Emanzipation dauernd »salti mortali« zu wollen, eine sprunghafte Eingliederung zu beanspruchen; sie können nicht auf das, was »sich natürlich macht«, auf eine »schrittweise« Entwicklung[24] vertrauen, denn sie haben in der fremden Welt ja gar keine bestimmte Stelle, von der aus eine bestimmte Entwicklung anheben könnte.

So werden die Juden die Geschichtslosen in der Geschichte. Ihre Vergangenheit ist ihnen durch das Herder'sche Geschichtsverstehen entzogen. Sie stehen also wieder vis à vis de rien. Inner-

24 W. u. C. v. Humboldt, Briefwechsel. Bd. 4. Nr. 236. S. 462.

halb einer geschichtlichen Wirklichkeit, innerhalb der europäischen säkularisierten Welt, sind sie gezwungen, sich dieser Welt irgendwie anzupassen, sich zu bilden. Bildung aber ist für sie notwendig all das, was nicht jüdische Welt ist. Da ihnen ihre eigene Vergangenheit entzogen ist, hat die gegenwärtige Wirklichkeit begonnen, ihre Macht zu zeigen. Bildung ist die einzige Möglichkeit, diese Gegenwart zu überstehen. Ist Bildung vor allem Verstehen der Vergangenheit, so ist der »gebildete« Jude angewiesen auf eine fremde Vergangenheit. Zu ihr kommt er über eine Gegenwart, die er verstehen muß, weil er an ihr beteiligt wurde. Die Vergangenheit muß, soll die Gegenwart überhaupt begriffen werden, neu und ausdrücklich ergriffen werden. Das Ausdrücklichmachen der Vergangenheit ist der positive Ausdruck für die Herder'sche Distanz des Gebildeten – eine Distanz, die die Juden von vornherein mitbringen. So entsteht aus der Fremdheit der Geschichte die Geschichte als spezielles und legitimes Thema der Juden.[25]

25 Erst der »Verein für Kultur und Wissenschaft der Juden« hat es unter der Ägide von Leopold Zunz [1794–1886] erfasst. Anm. d. Red.

12 Giovanni Papini, Gog

Erschienen 1933 in *Die Gesellschaft*

Dies wirklich amüsante Buch ist geschrieben von der Klugheit eines Menschen, der es versteht, sich zu langweilen. Der Gelangweilte ist Gog, ein phantastischer amerikanischer Multimillionär, für den die ganze Welt und alles, was Menschen tun und denken, zu Erzeugnissen des Spleen wird. Gogs Nihilismus wird nie aufdringlich, weil er aus ihm keine Weltanschauung macht und von vornherein auf Verbindlichkeiten metaphysischer, moralischer oder kulturphilosophischer Provenienz verzichtet. Gog stattet auf seinen phantastischen Reisen, die eher der Experimentiersucht und der Neugierde als dem Wissensdrange entspringen, allen namhaften Berühmtheiten seinen Besuch ab. Die Entgötterung der »großen Männer« vollzieht sich etwa nach Shaw'scher Manier. Bei aller Schiefheit im einzelnen kann man seinen Spaß haben am Ganzen, das einen Stil hat, der sich durchhält. Schließlich ergreift Gog der Ekel, und das Buch schließt mit der sentimentalen Geschichte vom Millionär, der auf seine Millionen verzichtet, die ihm das Glück nicht gebracht haben, und zu dem einfachen Dasein zurückkehrt, das von Tag zu Tag für seine eigene Erhaltung sorgen muss und der Langweile deshalb nicht ausgesetzt ist. Dieser Schluß fällt ab gegen die Gescheitheit des Ganzen: denn Armut allein macht nicht glücklich.

13 Dr. Alice Rühle-Gerstel. »Das Frauenproblem der Gegenwart«

Erschienen 1933 in *Die Gesellschaft*

Die Frauenemanzipation ist bis zu einem gewissen Grade Tatsache geworden: fast alle Berufe stehen der Frau heute offen, im sozialen und politischen Leben genießt sie die gleichen Rechte wie der Mann, sie hat das aktive und passive Wahlrecht. Diesen ungeheuren Fortschritten gegenüber erscheinen die Beschränkungen der Frau – vor allem in der Ehe, in der sie ohne Zustimmung des Ehemannes keinerlei Vermögens- und freie Erwerbsrechte besitzt –, so wichtig sie auch im einzelnen sein mögen, wie Überbleibsel aus einer anderen Zeit ohne wirklich prinzipielle Bedeutung. Aber diese prinzipiell garantierte Gleichstellung hat bei näherem Zusehen etwas Formales: die Frau ist rechtlich gleichberechtigt, sie ist es nicht in der sozialen Wertschätzung; dies drückt sich ökonomisch darin aus, daß sie in vielen Berufen unter beträchtlich niedereren Tarifen arbeitet als der Mann. Würde sie unter gleichen Lohnbedingungen arbeiten, so würde sie – eben entsprechend der gesellschaftlichen Einschätzung – besonders heute ihren Platz im Berufsleben wieder verlieren. Dies wiederum wäre ohne weiteres gleichbedeutend mit einer reaktionären Entwicklung, da die Unabhängigkeit der Frau vorerst eine ökonomische Unabhängigkeit vom Mann ist. Von dieser paradoxen Situation – um der Gleichberechtigung willen auf einen Teil der Gleichberechtigung verzichten müssen – sind nur die sogenannten höheren Berufe, wie Ärztin, Rechtsanwältin usw., ausgenommen; diese aber spielen prozentual keine Rolle, wenn auch gerade sie ihre Rechte der Frauenbewegung im engeren Sinne verdanken. Die berufstätige Frau ist eine ökonomische Tatsache, neben der die Ideologie der Frauenbewegung einhergeht.

Die durchschnittliche Situation der berufstätigen Frau ist aber noch komplizierter. Nicht nur, daß sie trotz ihrer prinzipiellen Gleichberechtigung eine faktische Geringerschätzung ihrer Leistung einstecken muß, sie hat außerdem noch Pflichten übrigbehalten, die sich mit ihrem neuen Stand nicht mehr vereinbaren lassen und die teils auf gesellschaftlichen, teils auf biologischen Tatsachen basieren: sie soll neben dem Berufe noch einen Haushalt besorgen und für ihre Kinder sorgen. So scheint die Freiheit des Erwerbs entweder zu einer Versklavung oder zu einer Auflösung der Familie zu führen.

An diesem »Frauenproblem der Gegenwart« setzt A. Rühle-Gerstel ein. Sie beschreibt, auf wie verschiedene Weisen die Frau charakterlich mit ihrer Situation fertig zu werden versucht. Ausgehend von der richtigen Einsicht, daß das Biologische nicht nur ein factum brutum ist, sondern sich wandelt im Wandel der Gesellschaft, verdankt sie ihre Betrachtungsweise vor allem der Individualpsychologie und ihrer pauschalen Theorie, daß positive wie negative Leistungen des Menschen aus einer ursprünglichen Überkompensation hervorgehen. Diese Methode, nicht nur auf die Lebensgeschichte eines Individuums, sondern einer ganzen Gattung angewandt, gibt die Möglichkeit, typische Überkompensationen zu erkennen, mithin überhaupt Typen zu finden. Die Beschreibung dieser Typen – des Typus Hausfrau, des Typus Barmherzige, Kindweib, Prinzessin, Tüchtige, Gescheite, Überspannte, Dämonin usf. – ist die stärkste und originellste Leistung des Buches.

Die Stellung der Frau in der gegenwärtigen Gesellschaft sieht die Verfasserin insofern doppelt kompliziert, als sie einerseits, abgesehen von ihrer Klassenzugehörigkeit, als Hausfrau – vor allem wenn sie in bürgerlichen oder kleinbürgerlichen Verhältnissen lebt – besitzlose Arbeitnehmerin des arbeitgebenden Mannes ist: also noch nicht einmal Proletarierin, die immerhin freie Lohnarbeiterin ist; daß sie andererseits, sofern sie noch obendrein im Beruf stehen muß, ohnehin fast ausschließlich Arbeitnehmerin ist. Die Doppeldeutigkeit dieser Verhältnisse wird besonders deutlich, wenn eine politische Stellungnahme erwogen wird. Denn die Frau läßt sich in dieser Situation nicht ohne weiteres in die politischen Fronten, die Männerfronten sind, einordnen; dazu kommt, daß quer durch diese Fronten in der Frauenbewegung eine einheitliche Front *der* Frauen geht. Für sie ist charakteristisch, daß sie sich nie auf konkrete Ziele – außer karitativen – hat einigen können. Der mißlungene Versuch, eine Frauenpartei zu gründen, zeigt die Fragwürdigkeit der Bewegung: es ist dieselbe Fragwürdigkeit wie die der Jugendbewegung, einer Bewegung nur um der Jugend willen, so hier eine Bewegung nur um der Frau willen. Das eine ist so abstrakt wie das andere.

Wäre der Frau ihre Situation klar, so würde sie – so meint die Verfasserin – sich einheitlich der Masse der werktätigen Bevölkerung zugesellen müssen, wenn auch dort unter dauerndem Kampf um ihre Gleichschätzung. Diese politische Zuordnung gründet auf der oben skizzierten sozialen. Beide scheinen fragwürdig. Die »Hausfrau« wird zur besitzlosen Arbeitnehmerin höchstens für den Fall einer Ehekrise. Dann erst kann sie in eine proletarische Situation kommen. (Die Verfasserin würde meinen: dann erst wird ihr ihre Situation klar.) Aber selbst im Fall einer Scheidung wird die Frau zumeist von der Gesellschaft, der sie angehört, aufgefangen. Eine Identifizierung der Abhängigkeit der Frau vom Mann mit der des Arbeitnehmers vom Arbeitgeber geht aus von einer Bestimmung des Proletariers, die zu sehr am einzelnen orientiert ist. Faktisch ist nicht der einzelne, sondern die Familie proletarisch oder bürgerlich, auch wenn die Proletarierfrau als Prinzessin und die bürgerliche Hausfrau im Einzelfall als Sklavin behandelt wird.

Das Buch ist trotz seiner Weitschweifigkeit instruktiv und anregend. Der Schluß »Bilanz der Weiblichkeit« ist von einer nicht gerade geschmackvollen Pathetik. Die Enquete, die den Ausführungen häufig zugrunde liegt, umfaßt leider nur 155 Personen, also bei weitem nicht genug, um so weitgehende Konsequenzen zu ziehen, wie die Verfasserin es tut. Die Statistiken entbehren häufig der soziologischen und geographischen Fixierung, die ihre Verallgemeinerung erst legitimieren würde.

Hannah Arendt.

14 Rahel Varnhagen/ Zum 100. Todestag, 7. März 1933

Von Hannah Arendt
Erschienen am 7. März 1933 in der *Kölnischen Zeitung*

Daß wir heute, 100 Jahre nach ihrem Tode, noch wissen, wer diese Frau war, ist durchaus nicht selbstverständlich. Der Nachruhm pflegt sich nur derer anzunehmen, die in ihrem Leben schon für ihn gesorgt haben; deren Namen sich mit einer bestimmten Leistung verbindet; deren Leistung in einem bestimmten geschichtlichen Raum steht, die von sich aus eine Zukunft hat, wie sie eine Vergangenheit gehabt hat. Die Nachwelt kennt noch die Außerordentlichen, die in irgendeinem Sinne Ungewöhnlichen. Aber die Nachwelt pflegt sich nur gelegentlich derer zu erinnern, deren Namen an die Faszination des Augenblicks gebunden waren.

Daß wir uns der Rahel Varnhagen heute noch erinnern können, verdanken wir einem Zufall und einem Mißverständnis. Wir kennen viele Frauennamen aus der Romantik. Sie sind entweder verbunden mit dem Ruhm andrer Berühmter, wie der Name der Dorothea Schlegel oder der der Karoline Schelling oder der der Frau von Humboldt, oder sie haben wirklich eigne Leistungen hervorgebracht wie die Günderode oder die Bettina. Beides trifft nicht auf die Rahel zu. Sie hat viele Berühmte ihrer Zeit gekannt; das war damals, in der Zeit der Salons, für eine geistige Frau nicht mehr als eine Selbstverständlichkeit, das hätte nie genügt für das Bleiben ihres Namens. Wir kennen Worte von Goethe, die ihre absolute Originalität bezeugen. Aber diese Originalität war, so wie sie sich äußerte, gebunden an bestimmte Situationen und trat niemals in den objektiven Raum einer für sich bestehenden Erkenntnis oder eines Kunstwerks.

Wir kennen die Rahel nur aus *Briefen*. Diese Briefe hat ihr Mann, Varnhagen von Ense, ein bekannter liberaler Schriftsteller der Zeit, mit unendlich minutiöser Genauigkeit gesammelt und herausgegeben. Er hat sie so zusammengestellt, daß man aus ihnen den Eindruck einer überragenden Persönlichkeit gewinnen soll, eines besonders begnadeten Menschen mit besondern Gaben und Talenten. Er hat in dem Vorwort, das er seiner Sammlung »Buch des Andenkens« voranschickt, eine Schilderung von ihr entworfen, in der er sie in dieser Weise deutet. Daß Rahel das Glück hatte, einen Menschen zu treffen, für den sie und alles, was sie sagte und tat, zum Lebensinhalt schlechthin wurde, ist der Zufall, dem wir ihr Andenken verdanken. Daß es Varnhagen gelang, ihr Andenken wirklich zu retten, liegt im Grunde an seiner oft belächelten Glorifizierung ihrer Person.

Das, wovon Rahel Zeugnis ablegt, ist ihr Leben. Also spricht sie sich nur aus, erzählt nur von sich, konfessioniert nur? Es handelt sich bei ihr um etwas grundsätzlich andres. Sie hat einmal von sich gesagt, als sie über ihren völligen Mangel an Talenten sprach, über ihre Ignoranz klagte, darüber, daß sie nicht schön sei und nicht reich, daß sie in der Welt seinen Stand habe: »Mir aber ward das Leben angewiesen.« Alles, was man sonst vom Leben oder Schicksal in Allgemeinheit aussagen kann, in immer falscher widerspruchsvoller Allgemeinheit, das hat sie auf eine einzigartige Weise in ihrem Leben verwirklicht. Ihr einzelnes Leben, das Glück und das Unglück, das sie traf, das, was ihr geschah, macht auf eine eigentümliche Weise deutlich: so ist das Leben. »Die dunkelsten Sachen und alles, was wir je gelesen haben, werden an uns wahr wie die trivialsten Sprichwörter.« Rahel ist nicht ein Exempel für das Besondere, nicht für das Außerordentliche oder in irgendeiner Merkwürdigkeit Bestimmte. Sie ist Beispiel für das Triviale, für das Dunkle wie das Helle, für das, was *alle* Menschen trifft, aber doch jeden so vereinzelt, daß er es für etwas Besonderes hält und wie ein Geheimnis hütet. Sie hat darauf verzichtet, das, was ihr geschah, zu verschweigen, als sei es etwas Besonderes. Dadurch hat sie sich selbst zum Beispiel gemacht für alles, was man über *das* Leben aussagen kann, für die dunkelsten Sachen wie für die trivialsten Sprichwörter. Wenn sie es selbst nicht gesagt hätte, wenn sie von ihrem Leben nicht selbst Zeugnis gegeben hätte, so wäre sie verloren gewesen, obwohl es dem Leben beliebte, an ihr, die doch eigentlich ein Nichts war, nicht schön, als Jüdin benachteiligt, ohne Grazie, gerade an ihr ein Exempel zu statuieren. Sie sagt alles selbst, nicht weil sie sich aussprechen will, sondern »damit ein Abbild die Existenz beschließt«, die nicht sich selbst genug ist; denn es gibt keine Tafel, auf die das Leben sich selbst schriebe, und das Bewußtsein gehört zum Exempel-sein wie die Mitteilung, weil nur »der ein Schicksal hat, der da weiß, was er für eins hat« und es mitteilen kann. Ihre Einzigartigkeit ist nichts andres, als daß ihr das Leben angewiesen war, als daß sie zum Exempel gemacht worden ist.

Warum gerade sie? Was für eine Situation ist es, die es ermöglicht, nicht nur ein privates Leben zu leben, sondern in aller Privatheit gleichsam die Struktur des Lebens zu verkörpern?

*

Rahel wird im Jahre 1771 in Berlin als Tochter eines wohlhabenden jüdischen Juwelenhändlers geboren. Sie wächst auf in der eigentümlich zweideutigen Situation des Juden, der sich noch nicht an die Umwelt assimiliert hat, aber auch nicht mehr die Tradition des Judentums kennt. Sie hat weder eine Tradition, an die sie sich halten kann, noch bestimmte Urteile oder Konventionen, die ihr selbstverständlich sind und in denen sie sich orientieren kann. Alles, was ihr begegnet, ist ihr neu und fremd. In der Welt hat sie keinen bestimmten Platz, keinen bestimmten Stand. Die Welt kann zu ihr nur kommen in den persönlichen Erfahrungen, die sie in ihrem Leben macht. Sie hat keinen Boden, auf dem sie steht, und nichts, worauf sie sich verlassen kann. Sicher ist nur das, was sie selbst trifft. Daß die Welt überhaupt auf sie trifft, hat sie in ihrer Jugend nie glauben können. Sie hat nicht glauben können, daß sie je einen Mann würde lieben können. Denn die Welt war ihr von vornherein so unbestimmt, daß sie gar nicht hat wissen können, woher etwas gerade sie treffen sollte. Nicht nur die Welt war ihr unbestimmt, sie selbst ohne Tradition, ohne jedes Wissen, ohne bestimmte Gaben und Talente, sie selbst war eigentlich nichts. Sie hat keinen bestimmten Namen, es sei denn einen solchen, dem man von vornherein das Nichtzugehören zu der öffentlichen Welt anhört.

Rahel verlobt sich mit dem Grafen Karl von Finckenstein. Diese ihre erste Liebesgeschichte macht sie zu einer Bestimmten: das, was sie trifft, das Glück und das Unglück ihrer Liebe, sind die einzigen Realitäten, an die sie sich überhaupt halten kann. Rahel wurde eine Bestimmte, aber sie erwarb keine bestimmten Eigenschaften, und ihre Wirklichkeit manifestierte sich nur in dem, was ihr geschehen war. »Was ich nicht bekommen habe, kann ich vergessen, was mir aber geschehen ist, kann ich nicht vergessen«. Rahel hat dem, was ihr geschieht, nichts entgegenzusetzen, keine bestimmten Vorstellungen über das Leben oder die Welt, keine bestimmten Vorurteile, keine bestimmten Erwartungen. Sie ist immer nur das, was ihr geschieht. Als sie Finckenstein liebte, hatte sie gewagt, »sich dem Zufall zu ergeben«; jeder Zufall war mächtiger als sie, seine Wirklichkeit stärker als jede »errechenbare« Notwendigkeit, die vielleicht ursprünglich in ihrer Natur gelegen hätte. Weil sie der Wirklichkeit nichts entgegenzusetzen hat, widerfährt ihr alles »auf ewig«. Sie kann nicht vergessen, denn sie hat nichts, worüber sie vergessen könnte. Das einzige, was sie vor der Bodenlosigkeit ihrer Existenz retten kann, ist die Zeit und ihr Kontinuum, das nichts Geschehenes ungeschehen werden läßt.

Weil sie auf nichts andres als auf das Leben selbst angewiesen ist, muß sie alles, was das Leben bringt, bis zur letzten Konsequenz verfolgen. Sie kann nicht abspringen, denn es ist kein Ort da, wohin sie abspringen könnte. So wird ihr jedes Glück zum Glück überhaupt, jedes Unglück zum Unglück überhaupt. Nur das vollständige Glück und das vollständige Unglück lassen das Leben im ganzen erscheinen, weil beide die Hoffnung nicht kennen. »Wer jemals wirklich unglücklich war, der kann nicht wieder glücklich werden: wer jemals recht glücklich war, der sollte nicht wieder unglücklich werden können; sonst fehlte ihm das deutliche Bewußtsein dabei. Darum findet man eine Grausamkeit beim Unglück, und darum ist es ein so großer Glücksfall, glücklich zu sein.« Weil das, was ihr geschieht, immer *das Leben im ganzen* zu zeigen scheint, weil das, worauf sie sich einläßt, stets bis zur letzten Konsequenz vorgetrieben wird, scheint es nach dem ersten Erlittenen kein Weiterleben mehr zu geben. Das Erlittene (die Verlobung mit Finckenstein muß sie nach vier Jahren lösen) bleibt nicht in seiner bestimmten Einzelheit bestehen.

*

Daß sie weiß, »was jeder fühlt und was jedem fehlt«, hat sie in ihrer Zeit berühmt werden lassen. Es ist bekannt, daß sie in Berlin einen Salon hatte, in dem unendlich viele Berühmte der Zeit aus und ein gingen, einen Kreis, »in welchen aufgenommen zu werden, königliche Prinzen, fremde Gesandte, Künstler, Gelehrte oder Geschäftsmänner jedes Ranges, Gräfinnen und Schauspielerinnen sich gleicheifrig bemühten« – wie der schwedische Gesandte in Berlin Gustav von Brinckmann schreibt. Friedrich Schlegel finden wir dort, Humboldt, Jean Paul, den Prinzen Louis Ferdinand, Gentz, um nur die berühmtesten Namen zu nennen. Rahel gilt als die große Versteherin, als der »Confident«.

*

Das Interesse am »*interessanten Menschen*« war allgemein. Alles Intime bekam einen Charakter der Öffentlichkeit, alles Öffentliche wurde intim. Man konnte indiskret sein, weil dem Privaten der Charakter des Intimen fehlte, weil das private Leben zum objektiven Inhalt wurde. Was aber Rahel verstehen will, ist nicht so sehr der einzelne Mensch und seine Individualität als vielmehr sein Leben. Sie vergißt sogar über der Anteilnahme an einem solchen Leben die Person, den Träger des Lebens. Sie ist unerträglich wahllos in ihrem Verkehr. So existiert beispielsweise ein ausgedehnter, unzählige intimste Details umfassender Briefwechsel von Rahel mit einer Frau, von der sie selbst sagt, sie sei »unnatürlich pauvre von Natur mit Prätension«. Aber dieser von Natur pauvre Mensch ist unglücklich, und sein Unglück, sein Schmerz ist wirklicher als er selbst. Der einzige Trost, den es gibt, ist der, daß das Geschehene in der Mitteilung aufbewahrt wird.

Varnhagen hat es übernommen, Rahels Leben aufzubewahren. »Für Dein Aug allein«, schrieb sie an ihn, »ist das schreckliche Schauspiel (meines Lebens) da! Hättest Du mich selbst gemordet und ein Bewußtsein schwämme noch auf der Erde, so würde ich Dich dafür wieder mit Liebe erfassen müssen.« Rahel hat früher versucht, direkt und ohne Vermittlung mitzuteilen, was ihr geschehen ist: »Sprachrohr der ewigen Gerechtigkeit zu sein«, »die Wahrheit wie auf dem Totenbett zu sagen«. Sie hat erkennen müssen, daß die Wahrheit auch nur eine Meinung unter andern Meinungen ist. Ihr blieb nichts übrig, als sich einem Menschen anzuvertrauen und anheimzugeben, der nichts andres von seinem eignen Leben wollte, als für sie da zu sein. Daß Varnhagen persönlich oft unerträglich war, daß er eitel war, in jeder seiner Mitteilungen abhängig von ihr, dies alles hat sie in Kauf nehmen müssen, wenn sie nicht auf die Realität dessen, was ihr widerfuhr, auf die bleibende Realität hätte verzichten wollen.

Wir kennen Rahel, aber sie ist nicht eigentlich berühmt. Daß sie keinen Ruhm hat und keinen Ruhm haben kann, ist ihre Besonderheit, und nur deshalb kennen wir sie. Andre Berühmte, wie die Henriette Herz, erscheinen neben ihr nur als Begabungen unter andern. Als Begabungen, die gerade in der Fülle der großen Begabungen ihrer Zeit unerheblich und unoriginal wirken. Rahel ist nicht Repräsentantin eines Lebens, das sich durch irgendein Werk verewigt, sondern nur des Lebens selbst.

15 Originale Assimilation: Ein Nachwort zu Rahel Varnhagens 100. Todestag

Von Hannah Arendt
Erschienen am 7. April 1933 in der *Jüdischen Rundschau*

I.

Die jüdische *Assimilation* scheint heute in Deutschland ihren Bankrott anmelden zu müssen. Der allgemein gesellschaftliche und offiziell legitimierte Antisemitismus trifft in erster Linie das assimilierte Judentum, das sich nicht mehr durch Taufe und nicht mehr durch betonte Distanz vom Ostjudentum entlasten kann. Die Frage nach Erfolg und Scheitern der Assimilation ist heute gerade für den assimilierten Juden brennender denn je. Denn Assimilation ist ein Faktum und nur sekundär, erst im Abwehrkampf, eine bestimmte Ideologie; eine Ideologie, von der man heute weiß, daß sie sich nicht mehr behaupten kann, weil die Wirklichkeit sie prägnanter und eindeutiger widerlegt als früher. Assimilation ist vor allem das Faktum des Eintritts der Juden in die geschichtliche europäische Welt.

Die Rolle der Juden in dieser Welt ist weder soziologisch noch geistesgeschichtlich eindeutig festzulegen. Was ihnen, jedenfalls in Deutschland, von dem spezifisch modernen Antisemitismus, der sich gegen die Assimilierten richtet und der so alt oder so neu ist wie die Assimilation selbst, was ihnen immer wieder vorgeworfen wird, ist, daß sie Träger der Aufklärung seien. Darauf läuft im Grunde schon die pöbelhafte Polemik Grattenauers im Jahre 1802 ebenso hinaus wie die unvergleichlich geistreiche Satire Brentanos, die den Antisemitismus der Spätromantik, der Christlich Deutschen Tischgesellschaft widerspiegelt. Diese Polemik ist nicht zufällig. Es ist richtig, daß es wenigstens zu Beginn des vorigen Jahrhunderts noch keine beliebige Assimilation gab, daß Assimilation immer Assimilation *an die Aufklärung* bedeutete.

Die Juden, denen von der Aufklärung die Emanzipation und vor allem die Argumente für die Forderung der gleichen Menschenrechte gegeben wurden, sind fast durchweg Träger der Aufklärung geworden. Aber die *Problematik* der jüdischen Assimilation beginnt erst *nach* der Aufklärung, erst in der Generation, die auf Mendelssohn folgt. Mendelssohn konnte noch glauben, mit den Vorkämpfern der Aufklärung – und das hieß damals mit den Repräsentanten des geistigen Deutschlands – in allem Wesentlichen einer Meinung zu sein. Schon seine Schüler stießen mit dem Appell an Vernunft und moralisches Gefühl auf Widerstand. Schon Schleiermacher rechnet das »Sendschreiben einiger jüdischer Hausväter«, das David Friedländer verfaßte, der »älteren Schule unserer Literatur« zu. Die Juden können vorerst das neue, in Deutschland zum ersten Male aufbrechende Geschichtsbewußtsein nicht verstehen, weil es ihnen keine Argumente mehr liefert für ihre Forderungen.

Das heißt: die Juden als Gesamtheit können sich nicht mehr assimilieren. Noch Mendelssohn sprach immer im Namen »*der*« Juden, die er aufklären, die er befreien wollte. Er glaubt – ebenso wie Dohm – die Juden in ihrer *Gesamtheit* emanzipieren zu können. Die Taufbewegung der nächsten Generation zeigt, daß die Judenfrage zu einem Problem des *einzelnen* Juden geworden ist, zu dem Problem, irgendwie mit der Welt fertig zu werden. Daß trotz der jeweils persönlichen Entscheidung Typen der Lösung zu erkennen sind, spricht nicht dagegen. *Die Judenfrage wird zum Problem einzelner Juden.*

II.

Solche »Einzelne« sind die Rahel, die Henriette Herz, die Dorothea Schlegel, die Schwestern Meyer. Gemeinsam ist ihnen nur, daß sie aus dem Judentum herauswollen, und daß es ihnen allen irgendwie gelingt. Henriette *Herz* versucht es mit Lernen. Sie lernt Latein, Griechisch, etwas Sanskrit, Mathematik und Physik. Das Christentum, das Schleiermacher ihr vermittelt, wird ihr zum selbstverständlichen Bildungsgut. Sie ist geachtet, sie ist schön, sie wird viel geliebt. Man nennt sie kalt, weil sie unberührt bleibt, weil nichts zu ihr dringt. Sie wehrt sich mit gutem Instinkt gegen jede Leidenschaft, gegen jedes ernsthafte Eingehen auf die Welt. Sie glaubt, man kann die Welt *lernen*; sie hofft, man kann die Welt durch Tugend bestechen. Und die Welt gibt ihr Recht, indem sie sie achtet.

Dorothea *Schlegel*, die jüngste Tochter Mendelssohns, läuft ihrem Mann, einem achtbaren jüdischen Kaufmann, fort und Friedrich Schlegel zu. Sie lernt nicht die Welt kennen, sondern Schlegel, sie assimiliert sich nicht an die Romantik, sondern an Schlegel, sie wird nicht zum Katholizismus bekehrt, sondern zu Schlegels Glauben. Ihm möchte sie »einen Tempel errichten«. Ihre Liebe ist völlig unreflektiert, nur der reflektorische Ausdruck für ihr Gebanntsein. Was bleibt, ist das Faktum, daß es ihr wirklich gelungen ist, sich aufzugeben, sich an einen Menschen zu hängen und von ihm sich durch die Welt schleifen zu lassen. Die Welt – nichts als die vergehende Folie für die Gefühle, für die ganze aufgeregte Leidenschaftlichkeit ihres Innern. Marianne und Sarah *Meyer* kommen aus einem reichen Hause, das ihnen »eine vornehme Erziehung und bildenden Unterricht« vermittelte. Ihre Klugheit, ihre Bildung sind identisch mit Weltgewandtheit. Marianne heiratet den Fürsten Reuss und führt nach seinem Tode den Titel einer Frau von Eibenberg. Sarah lebt viele Jahre in einer glücklichen Ehe mit einem livländischen Baron Grotthus. Beide leben in der großen Welt, umgeben von Anerkennung und Schmeichelei. Sie sind in die Gesellschaft aufgenommen wenn sie auch hier und da noch plötzlich zurückgewiesen werden, wenn es auch Häuser gibt, in die selbst sie keinen Zutritt erlangen, wenn auch Gentz meint, ihre Geselligkeit grenze doch immer an »mauvaise société«, und wenn das Wort des Prinzen Ligne, der Baron Arnstein sei »le premier baron du vieux testament«, durch ganz Wien geht. Diese kleinen Kränkungen, auf die jede jederzeit gefaßt sein mußte, erzeugten bei Frau von Grotthus die maßlose Eitelkeit und bei Frau von Eibenberg die »feindliche Menschenkenntnis«. Sie erzeugten aber auch Klugheit, Wachsamkeit und die Kunst, »selbst die Langeweile unterhaltsam« zu machen.

Dies sind nur einige Einzelfälle, die sich beliebig vermehren ließen. Für alle diese Frauen ist es charakteristisch, daß sie verstanden, ihre Spuren zu verwischen, daß es ihnen glückte, in die Welt einzudringen, daß sie gar nicht mehr erst zu betonen brauchten: »Aus dem Judentum muß man heraus« (Rahel).

III.

Es scheint müßig angesichts des Risikos und der Notwendigkeit der Assimilation zu fragen, ob sie gelang oder nicht. Es ist auch nicht möglich auszumachen, ob sie der *Rahel* gelang. Sicher ist, daß es ihr nie gelungen ist, die Spuren zu verwischen, ihre Herkunft faktisch zu verleugnen, obwohl es gerade von ihr die bösesten und verbittertsten Bemerkungen über ihr Judesein gibt. Sie hat dennoch die Bodenlosigkeit ihrer Existenz niemals durch Surrogate aufzubessern versucht, und sie hat es verstanden, jede Verzweiflung, auch die über ihre Herkunft, bis zur letzten Konsequenz zu verfolgen. Dadurch ist sie – weniger das, was sie sagte, als der Gang ihres Lebens selbst – exemplarisch geworden für eine Situation, die nicht nur die ihre ist.

Rahel hat nichts gelernt. Sie betont schon ihrem Jugendfreunde Veit gegenüber ihre »Ignoranz« und daß sie sie nicht ändern könne, »man müsse sie so aufbrauchen«. Keine Tradition hat ihr etwas übermittelt, in keiner Geschichte war ihre Existenz vorhergesehen. Ungebunden schlechthin, weil in keine Bildungswelt hineingeboren, vorurteilslos, weil scheinbar keiner vor ihr geurteilt hat, gleichsam in der paradoxen Situation des ersten Menschen, ist sie gezwungen, sich alles so anzueignen, als ob es ihr zum ersten Male begegnete. Sie ist angewiesen auf Ursprünglichkeit. Herder hat einmal expressis verbis Vorurteilslosigkeit von dem »gebildeten Juden« verlangt. Das Freisein von allen Inhalten ist bei Henriette Herz umgeschlagen in das Freisein für schlechthin alle. Alles wird erlernbar. Ihre Ungebundenheit wird zu einer sinnlosen Begabtheit für alles. Da Rahel auf ihrer Ignoranz besteht, dokumentiert sich in ihr wirklich die Freizügigkeit und Unfixiertheit an eine bestimmte historisch gegebene Welt; daher stammt ihre schlagende Art, Dinge, Menschen, Situationen zu beschreiben. Alles präsentiert sich in ihr gleichsam zum ersten Male. Für nichts hat sie eine angelernte Formel bereit. Ihr Witz, der schon das junge Mädchen gefürchtet sein ließ, ist nur die völlig unbeschwerte Art zu sehen. Sie lebt in keiner bestimmten Ordnung der Welt, sie weigert sich, eine Ordnung der Welt zu lernen; sie kann das Entfernteste im Witz zusammenbringen, sie kann im Zusammenhängendsten die Zusammenhangslosigkeit aufdecken. Dies rühmen ihre Freunde als Originalität, dies empfinden ihre Feinde als Stillosigkeit, als Unordnung, als unmotivierte Lust am Paradox. Ihre Art sich auszudrücken, ist vielleicht wirklich stillos, denn sie hat kein Vorbild, keine Tradition und kein strenges Bewußtsein davon, welche Worte zueinander gehören und welche nicht. Aber sie ist wirklich »originell«: sie wird nie einem gewöhnten Ausdruck zu Liebe eine Sache verdecken. Bei aller Originalität, bei aller Eroberungssucht dokumentiert sich in Rahel nicht nur die Vorurteilslosigkeit, sondern zugleich auch die Leere dessen, der restlos auf Erfahrungen angewiesen ist, der für jede Meinung das ganze Leben braucht.

Eine Meinung in der fremden Welt haben, ist ein wesentlicher Faktor der Assimilation. Rahel ist für diese Meinung auf ihr Leben angewiesen, angewiesen darauf, daß Menschen, Schicksale, Geschehnisse sie nicht im Stich lassen, sie nicht vergessen, sondern auf sie treffen. Sie hätte sich dieser Angewiesenheit auf das eigene Leben entziehen können durch sinnloses Lernen oder durch Heirat. Sie hat es einmal versucht, als sie den Grafen Finckenstein kennen lernte, als er sie liebte, als sie sich mit ihm verlobte. Sie hatte über Finckenstein Macht genug, um ihn zu einer Heirat zu zwingen. Noch viele Jahre später ist es ihren Freunden unbegreiflich, warum sie diese Macht nicht ausgenutzt hat. Der Grund ist sehr einfach: was die Geschichte ihrer Assimilation hätte werden können, wurde ihre persönliche Liebesgeschichte. Sie »ergab sich dem Zufall, wo sie alles hätte berechnen können«. Denn nur im Zufall konnte die Welt, die ihr indefinit war, auf sie treffen; sie hätte den Zufall, daß gerade Finckenstein der erste war, le premier qui a voulu que je l'aime, umlügen können zu einer Notwendigkeit, und sie wäre aufgesogen worden wie Dorothea Schlegel.

Die einzige Chance für Rahel, die Welt kennenzulernen, obwohl sie keine soziale Stellung hat, die eine Orientierung selbstverständlich macht, ist ihr eigenes Leben. Daß sie sich auf dieses Leben und seine Erfahrungen verläßt, ist die Voraussetzung dafür, daß es ihr schließlich gelingt, in die Realität vorzustoßen. Aber auch kaum mehr als die Voraussetzung. Denn um wirklich in die fremde Geschichte einzugehen, in der fremden Welt zu leben, muß sie sich und ihre Erfahrungen mitteilen können.

IV.

Man hebt oft als die größte Merkwürdigkeit der Rahel'schen Assimilation, ja gleichsam als ihre Probe aufs Exempel, hervor, daß sie eine der ersten war, die *Goethe* wirklich verstanden hat. Zweifellos mit Recht. Nur darf dabei nicht übersehen werden, daß es sich bei diesem Verstehen weder um eine besondere Klugheit noch um eine besondere Einfühlungsgabe handelt, daß dieses Verstehen vielmehr aus einer Zwangslage stammt, aus der Zwangslage, sich mitteilen zu müssen und für diese Mitteilung eine Sprache zu sprechen. Sie muß, soll ihr Leben nicht völlig ins Bodenlose versinken, versuchen, sich irgendwie durch Mitteilung der Geschichte zu übermitteln. Dieser Versuch wäre völlig aussichtslos und ohne Orientierung, hätte sie nicht in Goethe den »Vermittler«, den, dem sie sich anschließen, dem sie nachsprechen kann.

Goethe ist der große Glücksfall in Rahels Leben. »Durch all mein Leben begleitete der Dichter mich unfehlbar«. »Kräftig und gesund brachte der mir zusammen, was ich, Unglück und Glück zersplitterte, und ich nicht sichtlich zusammenzuhalten vermochte«. Er lehrt sie den Zusammenhang: daß Glück und Unglück nicht einfach auf eine Kreatur vom Himmel fallen, sondern daß es Glück und Unglück nur in einem Leben gibt, das als solches der Zusammenhalt sein kann. Glück und Unglück sind im Wilhelm Meister bildende Elemente. In Meisters Leben hat die Frage nach Glück oder Unglück kaum einen Sinn: so sehr hat alles, was geschieht, seine Bedeutung, daß es kaum noch eine Stelle gibt, wo das schlechthin Zerstörerische einbrechen kann. Selbst der Zufall ist hier ein »gebildeter Mann« (Schlegel). Rahels Leben hat vorerst keine Geschichte und es ist dem Zerstörerischen ausgesetzt; aber die Folie dieses anderen Lebens lehrt sie verstehen; lehrt sie, daß Liebe, Angst, Hoffnung, Glück und Unglück nicht nur der blinde Schreck sind, sondern daß sie an einer bestimmten Stelle, aus einer bestimmten Vergangenheit mit einer bestimmten Zukunft etwas bedeuten können, was der Mensch verstehen kann. Ohne Goethe sähe sie ihr Leben nur von außen, in seiner gespenstischen Kontur. Sie könnte es nicht in Zusammenhang bringen mit der Welt, der sie es doch erzählen muß. »Mit seinem Reichtum machte ich Kompagnie, er war ewig mein einzigster und gewissester Freund«; denn er ist der Einzige, den sie so lieben muß, daß »das Maß nicht in mir, sondern in ihm abgesteckt ist«. Er zwingt sie, einmal sich dem Gegenstande zu beugen, d. h. nicht ohne Maß und Ziel originell zu sein. Weil sie ihn versteht und von ihm aus sich versteht, kann er ihr fast so etwas wie ein Ersatz für Tradition sein. Sie bekennt sich zu ihm, macht mit ihm Kompagnie und steht damit in der deutschen Geschichte.

Rahel lernt von Goethe zwar nicht die »Kunst zu existieren« (Schlegel), aber sie lernt bis zur Meisterschaft die Kunst, das eigene Leben mitzuteilen, sich selbst darzustellen. Daß sie sich auf Goethe mit Recht berufen kann, daß sie in der Berufung auf Goethe sich den Andern nicht nur verständlich machen, sondern mit ihnen solidarisch sein kann, verdankt sie einer eigentümlichen Kongruenz ihrer Situation mit der ihrer Umwelt: ob ihr Leben gelingt oder mißlingt, hängt davon ab, ob sie zur Realität der Welt vorstoßen kann oder nicht; aus ganz anderen Gründen steht die ganze Generation, die Generation der Humboldt, Schlegel, Gentz, Schleiermacher in einer ähnlichen Situation.

V.

Die Träger der Aufklärung, deren eine Fortsetzung die Romantik ist, sind die Bürger. Diese Bürger gehören keinem Stande mehr an, sie repräsentieren nichts mehr. Der Bürger kann nur präsentieren was er hat; will er etwas »scheinen«, so ist er »lächerlich und abgeschmackt«. Er kann sich nicht »darstellen«, er ist keine »öffentliche Person« (Wilhelm Meister), sondern nur ein Privatmann. In der Repräsentation war der Mensch sichtbar. Im Bürgertum, das auf Repräsentation verzichten muß, entsteht nach Auflösung der Stände die Angst, nicht mehr sichtbar zu sein, nicht mehr in der eigenen Realität garantiert zu werden. Wilhelm Meister versucht durch Bildung das Sichdarstellen zu erlernen. Gelingt ihm dies, so ist er eine »öffentliche Person« und nicht mehr einer, der »nur ist, was er hat«. Im Salon treffen sich die, die darstellen können, was sie sind. Ihre Darstellung ist das Gespräch.

Der »Salon« ist Rahels soziale Chance und Rechtfertigung. In ihm findet sie den Boden, auf dem sie leben kann, den Raum, in dem sie sozial anerkannt wird. Der Salon ist ihre soziale Realität. Solange diese Realität besteht, hat sie weder Heirat noch Taufe nötig. Erst als der Salon nach dem unglücklichen Krieg untergeht oder wieder in die Hände derer gelangt, die von vornherein und fraglos zur Gesellschaft gehören, ist sie gezwungen, sich eine andere Möglichkeit der Existenz zu suchen, eine andere Möglichkeit, nicht vergessen, von der Geschichte nicht übergangen zu werden. Sie heiratet 1811 Varnhagen und tritt zum Christentum über. Varnhagen wendet fast ein ganzes Leben daran, ihr Leben, ihre Briefe, ihre Person aufzubewahren und der Nachwelt zu übermitteln.

16 Gegen Privatzirkel

Von Hannah Arendt
Erschienen am 3. Mai 1933 in der *Jüdischen Rundschau*

Die jüdischen Schulen kamen bisher nur für einen verschwindend kleinen Bruchteil des jüdischen Nachwuchses in Frage. Sofern sie nicht auf orthodoxer Basis standen, waren sie vor allem von Kindern besucht, deren Eltern ein spezifisch jüdisches Selbstbewußtsein wünschten. Sie beruhten also auf einer bestimmten innerjüdischen Auffassung. Sie wurden von der Gemeinde nur dürftig unterstützt, weil die Gemeinde in der jüdischen Schule die Gefahr der »Isolierung« und der Entfremdung von der nichtjüdischen Umwelt sah.

Die heutige Situation erfordert jenseits aller weltanschaulichen Differenzen eine *jüdische Schule auf allerbreitester Basis.* Nur so wird sie den durch die Ereignisse geschaffenen Tatsachen gerecht werden können: nur so wird sie die heute von deutschen Schulen abwandernden Kinder nicht nur als *Ausgestoßene* belassen, sondern auch wirklich auffangen können.

Diese Kinder aufzufangen ist eine der dringendsten Aufgaben der augenblicklichen Situation. Überläßt man sie sich selbst, so werden die *reichen jüdischen Familien* sich zusammentun und in *Privatzirkeln* irgend eine höhere Bildung zu vermitteln suchen. Dies aber würde nicht nur in unheilvoller Weise die heutige Situation belassen, sondern das Ausgestoßensein direkt legitimieren. Es würde die Kinder aus jedem sozialen Zusammenhang reißen, sie in einer künstlichen Atmosphäre jeder Wirklichkeit entfremden, sie weder zu Deutschen, noch zu Juden erziehen. Selbst eine

Höchstqualifikation der Lehrer könnte an dieser Tatsache nichts ändern; könnte vor allem nichts daran ändern, daß diese Kinder immer nur Ausgestoßene sein und bleiben werden. Diese Belastung kann man aber einem Kinde im Grunde genau so wenig zumuten wie eine feindliche antisemitische Umgebung.

Auf der anderen Seite wird durch solche Privatunternehmungen, die doch nur Möglichkeiten der Reichen sind, die jüdische *Schule* existenzunfähig gemacht, weil ihr die *zahlenden* Kinder entzogen werden. Es besteht die Gefahr, daß wir eines Tages auf der einen Seite eine lebensunfähige jüdische Schule haben, auf der anderen viele kleine Zirkel.

Man wende nicht ein, daß diese Privatzirkel ja noch nicht bestehen, daß der Andrang zur jüdischen Volksschule heute groß ist, daß man erst die Dinge sich entwickeln lassen muß. Die Privatzirkel *werden* entstehen: das ist jedem klar, der die Mentalität der deutschen Juden kennt. Der Andrang zu den Volksschulen ist kein Gegenbeweis. Die Privatzirkel werden gerade den Anspruch auf höhere Bildung erheben. Das ist die eigentliche Gefahr. Wenn sie erst da sind, wenn erst unzählige jüdische Lehrer, die jetzt brotlos geworden sind, so beschäftigt werden, wird es außerordentlich schwierig sein, dem wieder zu steuern. Notwendig ist eine *prophylaktische Propaganda*, in der die Eltern aufgeklärt werden über die Gefahren, die ihren Kindern drohen: über die Gefahr der Entfremdung von der Wirklichkeit, über die Gefahr der Charakterlosigkeit, über die Gefahr einer Bodenlosigkeit, in der nicht einmal mehr die Gründe für diese Bodenlosigkeit bekannt werden.

Die jüdische Schule wird das wichtigste Instrument sein, das der jüdischen Gesamtheit zur Beeinflussung der kommenden Generation zur Verfügung steht. À la longue gesehen gibt es kaum eine Frage heute, die so sehr eine Existenzfrage ist, von deren Lösung so viel abhängt. Je einheitlicher diese Lösung ausfallen wird, je geringer die Differenzen der einzelnen Schulen sind, je schneller alle Kinder erfaßt werden, desto mehr kann erreicht werden. Die aufwachsende Generation muß die *Geschichte der Assimilation* und des *Antisemitismus* ebenso kennen wie die Geschichte des Judentums bis zur Assimilation. Nur so kann sie eine Basis erhalten, von der aus sie in einer wahrhaft *vernünftigen* Art ihre Umwelt und sich selbst beurteilen lernt; nur so kann sie eine Substanz für ein Selbstbewußtsein haben, das als bloße moralische Forderung doch immer leer bleiben muß.

Die jüdische Schule sollte sich nicht auf das Prinzip der Reinrassigkeit festlegen. Sie müßte grundsätzlich bereit sein, auch Halb- oder Vierteljuden aufzunehmen, d. h. alle, die durch die politische Situation gezwungen sind, zu ihr zu kommen. Denn es ist wichtig, sich darüber klar zu sein, daß die Assimilation und ihre Folgen nicht einfach rückgängig gemacht werden können – ganz gleich, wie man über diese Assimilation sonst denken mag. Vorläufig sind wir alle noch deutsche Juden, d. h. »assimilierte«. Unsere Kinder werden weder im Ghetto, noch eigentlich im öffentlichen Deutschland aufwachsen können. Diese Situation ist in der jüdischen Geschichte ein *Novum*. Nur die jüdische Schule kann dieser neuen Situation gewachsen sein. Und dies nur dann, wenn sie von Menschen geleitet wird, die diese Situation ohne Illusionen übersehen.

17 Hans Wilhelm Hagen: Rilkes Umarbeitungen

Erschienen 1934 in der *Zeitschrift für Ästhetik und allgemeine Kunstwissenschaft*

Die vorliegende Arbeit liefert für eine Interpretation der Rilke'schen Umarbeitungen ein ziemlich vollständiges Material. Sie ermöglicht vor allem durch eine sehr genaue Synopse der früheren und späteren Fassungen eine schnelle Orientierung.

Die Interpretation selbst will »ein Beitrag zur Psychologie seines dichterischen Schaffens« sein. Sie betrachtet von vornherein die Umarbeitungen als Ausdruck bestimmter seelischer Veränderungen. Man erwartet also die Aufzeigung des Zusammenhanges zwischen Rilkes Lebens- und Entwicklungsgeschichte und seinen Umarbeitungen. Der Verfasser enttäuscht den Leser hierin gleich zu Beginn, indem er dieser seiner angekündigten Aufgabe nur ein Kapitel widmet. Allerdings betont Hagen schon in der Einleitung: »Im Gegensatz zu diesem Entwicklungsprinzip liegt dieser Arbeit der Glaube an die lebendige Entfaltung des Mystikers Rilke zugrunde, der aus allen ureigenen Werken zu uns spricht.« Es ist für den unbefangenen Leser ebenso schwer einzusehen, was, gerade vom psychologischen Blickpunkt betrachtet, Umarbeitungen bedeuten sollen, wenn nicht Symptome einer Entwicklung, wie was der Verfasser unter einem Mystiker versteht. Dies Wort kehrt zwar immer wieder, aber trotz dieser Wiederholungen wird dem Leser nichts anderes klar, als daß Hagen Rilke für einen Mystiker hält: »Rilke ist eben von Grund auf Mystiker«, meint Hagen und hofft, der »gebildete« Leser wird sich darunter schon irgend etwas denken können.

Ganz unverständlich wird leider die Terminologie der Arbeit an der Stelle, die über Rodin handelt; leider, denn sicher kommt Hagen an der Stelle dem Grund der Rilke'schen Umarbeitungen am nächsten. Rodin und sein »il faut travailler toujours« in seiner Bedeutung für das gesamte Rilke'sche Werk aufzuhellen, ist für ein Verständnis Rilkes äußerst wichtig. Der Verfasser weist auch auf die Rolle des »il faut travailler toujours« gerade für die Umarbeitungen ausdrücklich hin, aber es bleibt leider bei diesem Hinweis. Denn daß »Rodin für Rilke das Erlebnis des kunstpsychologischen Schaffens, Cézanne [...] das Erlebnis des kunstästhetischen Gestaltens« genannt wird, ist keine Erklärung: psychologisch kann die Betrachtung des künstlerischen Schaffens sein, nicht das Schaffen selbst; ästhetisch ist niemals das künstlerische Gestalten.

Vollends ungeduldig macht das zweite Kapitel, das »die Umarbeitungen in ihrem ästhetischen Zusammenhang« behandeln soll. Hagen druckt eine Reihe sehr schöner Gedichte ab und ergeht sich in schrankenloser Bewunderung darüber, »wie fein dieses rhythmische Unterscheidungsvermögen (in Rilke) ausgeprägt ist«, »wie tief« er sei und »wie unendlich fein Rilke auch das Ganze einer Gedichtsammlung im Auge hat«. Hätte Rilke kein rhythmisches Unterscheidungsvermögen gehabt, so wäre er ein schlechter Dichter gewesen, und es hätte sich erübrigt, ihn zu interpretieren. Solche Lobeshymnen, die eine Interpretation vortäuschen, wirken peinlich.

Das dritte Kapitel »Die Umarbeitungen in ihrem psychologischen Zusammenhang« bringt nichts, was in dem ersten, zu dem es sachlich gehört, nicht auch hätte stehen können und auch zum großen Teil schon steht. Das vierte und letzte trägt den anspruchsvollen Titel »Die Umarbeitungen in ihrem philosophischen Zusammenhang« und zeigt eine derartige Verwirrung der Begriffe und Sachen, daß selbst eine Kritik sinnlos erscheint.

Berlin. Hannah Arendt.

18 Käte Hamburger: Thomas Mann und die Romantik

Erschienen 1934 in der *Zeitschrift für Ästhetik und allgemeine Kunstwissenschaft*

Die vorliegende Arbeit hat es sich zum Ziel gesetzt, eine Beziehung zwischen Thomas Mann und der Romantik aufzufinden. Aber das »und« im Titel wird dadurch nicht rechtmäßig, daß die Verfasserin selbst prophylaktisch die Sorge äußert, »daß Nichtzusammenhängendes hier gewaltsam aneinander gepaßt« wird. Eine Zusammenstellung wäre nur dann legitim, wenn der wirkliche, d. h. geschichtliche Zusammenhang aufgezeigt und Th. Mann als Erbe dargestellt würde. Das Heraussuchen von geschichtlich neutralen Ähnlichkeiten verfälscht die Geschichte und damit beide Glieder des Vergleichs. Einen geschichtlichen Zusammenhang aufzuzeigen, lehnt die Verfasserin aber ausdrücklich ab. Sie will, wie sie betont, nicht den »Nachweis eines direkten quellenmäßigen Einflusses« der romantischen Schriften auf Th. Mann erbringen; sondern nur den »allgemeineren (Nachweis), daß das Gedankengut, die Geisteshaltung, die die Romantik hinterlassen hat, ein so integrierender Bestandteil des deutschen Geisteslebens geworden ist, daß in dem Werk des modernen Dichters Thomas Mann – und nicht nur in dem seinen – ihr Problemgehalt neue Gestalt gewonnen hat«. Daß die Romantik deutsche Tradition geworden ist und daß Thomas Mann in dieser Tradition steht, ist so selbstverständlich, daß es eines »allgemeineren Nachweises« nicht mehr bedarf.

So erscheint die Themastellung von vornherein als verfehlt. Dieser Eindruck wird verstärkt durch den völlig unbestimmten bzw. nur vom Bildungsgerede bestimmten Gebrauch des Wortes »romantisch«: »[...] wenn wir das Werk dieses [...] Dichters uns vor Augen stellen, so wird uns sozusagen wenig romantisch zumute.« K. Hamburger kann nicht erwarten, daß der Ausdruck dadurch an Helligkeit gewinnt, daß er den beiden anderen: »gemeißelt« und »plastisch« gegenübergestellt wird. Die beiden gemeinsame »urtümliche Problematik« sieht die Verfasserin vor allem in dem »unlöslichen Zusammenhang von Leben und Tod«. Das Thema dieses Zusammenhanges ist in den uns übersehbaren letzten dreitausend Jahren stets zentral gewesen; die Verfasserin glaubt allerdings, daß dieser unlösliche Zusammenhang das »Problem jeder vornehmlich irrational gefärbten Lebenseinstellung« darstelle. Das ist nicht nur undeutlich, sondern ein Irrtum.

Das Buch von Käte Hamburger ist nicht völlig ohne wissenschaftliche Belege. Wenn sie solche gibt, sind sie allerdings Belege gerade im Sinne der Methode, die sie zu Beginn ihrer Arbeit ausdrücklich abgewehrt hatte, nämlich Belege für einen direkten quellenmäßigen Einfluß. (Siehe z. B. S. 56 ff.)

Berlin. Hannah Arendt.

19 Rahel Varnhagen und Goethe

Erschienen 1934 in *Cahiers Juifs*

Die hier gegebene Analyse der Beziehung zwischen Rahel Varnhagen und Goethe ist Teil eines Buches, das am Beispiel von Rahels Leben die wesentlichen Schwierigkeiten und Möglichkeiten der ersten Assimilation in Deutschland aufzeigt. Für diese erste jüdisch-deutsche Generation – wie auch für alle folgenden – spielte Goethe eine entscheidende Rolle. Rahel ist ein hervorragendes und unserer Meinung nach unangreifbares Beispiel echter und authentischer Assimilation. Beweis nicht nur für das, was sie selbst gesagt und geschrieben hat, aber was Goethe erklärte. Er nannte sie ausdrücklich einen der ersten Menschen, die ihn verstanden. Ein Beweis dafür ist auch die sowohl historisch als auch literarisch bemerkenswerte Tatsache, nämlich: Der Goethe-Kult der Berliner Romantik wurde in Wirklichkeit von Rahel ins Leben gerufen. Die Geschichte ihrer Assimilation ist im Grunde nur die Geschichte ihres Goetheanismus.

Für Rahel ist Goethe der »Mittler« zwischen ihr und der fremden Welt, der fremden Geschichte, der fremden Gesellschaft, in der sie keinen durch Geburt und Konventionen vorab festgelegten Platz hat. Sie kann sich diesen Fremden, mit denen sie keine Verbindung hat, nur ergeben, indem sie einen Ausgangspunkt findet, von dem aus sie sich erfolgreich orientieren kann. Goethe ist für sie der Repräsentant der deutschen Kultur. »Goethe begleitet sie ihr ganzes Leben lang« und gibt ihr die Möglichkeit, ihre eigene Existenz so zu verstehen, dass sie wiederum von denen verstanden werden kann, mit denen sie zusammenleben muss, mit denen sie sich assimilieren muss. Aber was lehrte sie Goethe?

Was lernt sie von ihm, um in dieser fremden Umgebung leben zu können? Sie lernt vor allem aus dem *Wilhelm Meister*. »[...] durch all mein Leben begleitete der Dichter mich unfehlbar. Kräftig und gesund brachte der mir zusammen, was ich, Unglück und Glück, zersplitterte, und ich nicht sichtlich zusammenzuhalten vermochte.« Goethe lehrt sie die Zusammenhänge: Er sagt ihr, dass Glück und Unglück nicht vom Himmel auf das Geschöpf fallen, sondern dass sie nur in einem Leben existieren, das ihm als Form dienen kann. Glück und Unglück sind bildende Elemente im Leben von Wilhelm Meister; das Unglück, zum Beispiel in seiner Liebe zu Mariane, ist der Impuls, der ihn in seine Bildungsgeschichte drängt; wir können Glück kaum von Schmerz unterscheiden, sie sind so bedeutungsvoll. Das Leben verläuft völlig verständlich, sodass kaum ein Raum bleibt, in den das rein destruktive Element einbrechen kann, das Element, das den Menschen dazu bringt, sich selbst aufzugeben. Rahels Leben hat zunächst keine Geschichte; es wird der Zerstörung preisgegeben. In Wirklichkeit gibt es keine Analogie zwischen der Existenz einer entwurzelten Frau, die kein klares Ziel und keinen erklärbaren Inhalt hat, und der Existenz eines Lehrers, dessen Aufgabe es ist, zu erziehen und zu bilden. Doch dieses andere Leben lässt sie erkennen, dass Liebe, Angst, Hoffnung, Glück und Unglück nicht nur der blinde Schreck sind, sondern dass sie an einer bestimmten Stelle, aus einer bestimmten Vergangenheit, mit einer bestimmten Zukunft etwas bedeuten können, was der Mensch verstehen kann. Goethe verdankt sie die Fähigkeit, ihre Erlebnisse zu erzählen und nachträglich zusammenzusetzen, was zunächst nur Fragmente waren. Ohne ihn würde sie ihr Leben nur von außen sehen, unter ihrem geisterhaften Äußeren. Sie kann es nicht mit der Welt vereinbaren, in der sie noch leben muss. »Mit seinem Reichtum machte ich Kompagnie, er war ewig mein einziger, gewissester

Freund […]« Denn er ist in seinen Werken der Einzige, den sie so lieben muss, dass »das Maß nicht in mir, sondern in ihm abgesteckt ist.« Er überwältigt sie mit seiner Größe und zwingt sie, einmal sich dem Gegenstande zu beugen, das heißt nicht ohne Maß und Ziel originell zu sein. Weil sie ihn versteht und von ihm aus sich versteht, kann er ihr fast die Tradition ersetzen. Sie bekennt sich zu ihm, macht mit ihm Kompagnie und steht damit in der deutschen Geschichte.

Er ist »ewig […] mein Bürge, daß ich mich nicht nur unter weichenden Gespenstern ängstige, mein superiorer Meister, mein rührendster Freund, von dem ich wußte, welche Höllen er kannte.« Er ist der Bürge dafür, dass sie kein Kuriosum ist; dass das, was sie erfährt, nicht nur ihre Verhextheit bezeugt, dass sie in ihrer Verlassenheit nicht nur von Gespenstern umgeben ist. Er zerbricht ihr die unmenschliche Klarheit der Kontur und zeigt ihr den Übergang und den Zusammenhang, den alles Menschliche mit dem Menschen hat. Sie kann auf Aurelie und Mignon hinweisen, wenn sie von sich und ihrer Verlassenheit erzählt. Sie liest diese Dinge immer wieder, »wie man die Bibel im Unglück liest«.

Denn die ursprüngliche Isolation dieser Jüdin, die nicht mehr in der jüdischen Tradition verwurzelt ist, die nichts mehr mit der Vergangenheit ihrer Väter oder ihrer eigenen verbindet und die noch nicht »assimiliert« ist, kommt in ihrer Haltung aufs deutlichste im Misstrauen gegenüber der deutschen Sprache zum Ausdruck. Ihre Freunde lobten stets ihre Originalität der Sprache, ihre fast willkürliche Art zu sprechen und zu urteilen, die Konventionen missachtet. Aber weder ihre Originalität noch ihr Witz reichten jemals aus, um sich bei den Menschen verständlich zu machen. Sprache ist für sie nicht selbstverständlich, sie verbindet sie nicht mit Menschen, sie kann das Erlebte nicht ausdrücken. Alles, was ihr passiert, sogar ihr ganzes Leben, erscheint ihr unmenschlich, weil sie keine Sprache hat, um es zu interpretieren.

Folglich braucht es eine neue Sprache, in der alle Wörter ihre

Banalität, das heißt ihren gewohnten historischen Sinn, verloren haben. Nur in der Erlösung und völligen Reinheit der Poesie, die alle Wörter wie zum ersten Mal ausspricht, kann Rahel die Sprache in sich aufnehmen, sich ihr wie einer Freundin anvertrauen und ihr ihr Leben überlassen, das von keiner Tradition und keiner konventionellen Norm beherrscht wird. Goethe ist für sie der große »Vermittler«, weil er ihr die Sprache übergibt, die sie sprechen kann. Denn so, wie der Dichter die Worte sagt, »so kommt es mir mit meinem Leben vor. Mich dünkt immer in dem ernsten, aus dem blutigsten, lebendigsten Herzen gegriffenen Sinn tun die anderen Menschen nichts.« Goethes Worte befreien sie immer wieder vom Bann rein äußerer Ereignisse. Die Möglichkeit, sich auszudrücken, gibt ihr Zuflucht in der Welt, lehrt sie, mit Menschen zu sprechen, verschafft ihr den wesentlichen Kontakt mit dem Universum. Dass sie sprechen kann, verdankt sie Goethe.

Durch diese Liebe zum auferstandenen, *poetischen* Wort, das ihr, wie sie sagt, ermöglicht, die Welt zu sehen, ist Rahel der Prototyp der assimilierten Generationen. Denn sie kannte die Literatur nicht als Teil der Welt, sondern die Welt wurde für sie zur Literatur.

Allerdings gibt es einen Unterschied: Was ihr wirklich als Poesie vorkam, wird für ihre Nachfolger zu einer gut gefüllten Bibliothek. Der Besitz und die Zugehörigkeit zu kultivierten deutschen Kreisen scheinen für eine bestimmte Schicht des jüdischen Bürgertums gleichbedeutend zu sein.

Was sind eigentlich die Werte, die *Wilhelm Meister* einer jüdischen Frau vermitteln kann? Welche Lehren zieht diejenige, die sagt »[…] sich immer erst legitimiren zu müssen! Darum ist es ja nur so widerwärtig, eine Jüdin zu sein!!« …?

Rahel erlernt nicht »die Kunst zu leben« (Schlegel), sondern die der Darstellung des eigenen Lebens. Sie beherrscht die Kunst bewundernswert, nicht die Wahrheit zu sagen, sondern Geschichte zu erzählen. Anstatt jedem immer das Gleiche zu sagen, sagt sie jedem, was er verstehen kann. Am meisten leidet sie unter »Unglück ohne Titel«, weil sie weiß, dass man als Wesen mit einer Mission bestimmte Dinge sagen muss, um gehört zu werden. Sie muss vor allem lernen, was andere bereits von Geburt an besitzen: nicht nur in sich selbst zu existieren, sondern in einer definierten Rolle, die sich durch alle natürlichen Gegenüberstellungen des sozialen und weltlichen Lebens vervielfacht, als Mutter und als Tochter, als Schwester und als Geliebte, als Freundin und als Bürgerin. Sie muss diese Diskretion und Höflichkeit lernen, die es uns ermöglicht, niemanden dadurch in Verlegenheit zu bringen, wer wir sind und was wir wissen. »Es ist ein Mangel an Grazie in mir, daß ich mich nicht kann geltend machen.«

Vielleicht war es Mignon, die ihr beigebracht hat, dass diejenige sterben muss, die alle Beziehungen zu anderen verloren hat, die nur im »für Menschen Unerreichbaren« existieren, in diesen »fremde[n] Welten«, die durch ihre pure Nostalgie und ihre unentschlüsselbare Tiefe verlockend sind; »jeder mit sich umherträgt«, und doch zerbricht ihre stille Exklusivität alle menschlichen Beziehungen. Vielleicht hat Harfner ihr zu verstehen gegeben, dass die echte, unermessliche Traurigkeit eines Menschen, der zu viel erlebt hat, als dass es sich lohnen würde, eine Geschichte daraus zu machen, die Wahrheit für sich selbst hat – aber andere erschreckt; wie bedeutsam seine Verrücktheit auch sein mag, sie wird von den Menschen niemals anders als als Wahnsinn verstanden. Sie lernt, dass ein ausschließlich inneres Leben, das behauptet »Ich trage eine Welt in mir«, zugrunde geht, weil diese Welt niemals in der Lage ist, das zu ersetzen, was nur ein Geschenk an den Menschen sein kann. Sie lernt den Stolz zu verachten, der sich in sich selbst zurückzieht, und erklärt, er könne aufgeben; denn dieser Stolz ist entweder eine Leere und eine Lüge oder eine totale Hypertrophie, die sich im Unbegrenzten behaupten will, »mit der innern Welt in einem Kerker sitzen« könnte, sich das Äußere, das Innere vorzustellen. »Der wäre aber toll, der sich, ohne von Realität unterstützt, etwas einbilden könnte, ohne zu wissen, daß es Einbildung ist.«

Das große Glück in Rahels Leben besteht darin, Goethe als einzigen Menschen zu haben, dem sie sich anvertrauen kann. Für sie ist es eine große Chance, sich der Geschichte, der Sprache und der fremden Welt anzuvertrauen. Ihn zu lesen, zu verstehen, zu interpretieren, zu zitieren, zu beschwören, darin Zuflucht zu suchen, scheint ihr die einzige Möglichkeit zu sein, dem Leben zu begegnen. Das Wesentliche für sie ist, dass sie ihre individuellen Erfahrungen allgemein ausdrücken kann, ohne sie zu verzerren. Und alles, was für sie persönlich wichtig ist, wird in dieser allgemeinen Form bewahrt, obwohl die Geschichte ihr keinen durch die Tradition ausgezeichneten Platz vorbehält. »Mein Freund hat es auch diesmal für mich ausgesprochen«, sagte sie, nachdem sie aus dem *Faust* den »Prolog« zitiert hatte. Ihr Wissen, ihr Glück und ihr Unglück werden mit ihr sterben, aber diese Verse werden nicht sterben. Sie kann sich ihnen anvertrauen, sie werden sie beschützen. Es ist diesem Vermittler – der Poesie Goethes – zu verdanken, dass Rahel nicht außerhalb der Geschichte bleiben wird. Für diese Frau, die das Judentum verlassen hatte, die keinen Platz auf dieser Welt hat, ist Goethes Poesie ein Ersatz für Tradition, ein Ersatz für Geschichtsvertrauen. Sein magischer Rhythmus wird die Seele assimilierter Generationen tragen, so wie er es bei Rahel tat.

20 Die berufliche Neuordnung der Jugend[1]

Erschienen am 25. Januar 1935 in *Le Journal Juif*

Die berufliche Neuordnung ist von vitalem Interesse für die gesamte jüdische Jugend, ob sie rechts oder links, religiös oder atheistisch, zionistisch oder assimiliert ist. Aus diesem Grund wollen wir mit den im Folgenden aufgeführten wesentlichen Punkten eine Diskussion anstoßen, an der alle zur Teilnahme aufgerufen sind.

1. Man war sich schon immer dessen bewusst, dass die Aufteilung der Juden auf die unterschiedlichen Berufsgruppen anormal ist, da weder Bauern noch Arbeiter zur Grundlage ihrer sozialen und wirtschaftlichen Existenz gehören. Seit ihrer Emanzipation begannen die Juden, die berufliche Neuordnung als universelles Allheilmittel gegen den Antisemitismus zu predigen. Um 1900, als eine massenhafte Auswanderung aus Russland und Polen nach Amerika und Argentinien stattfand, begannen die jüdischen Wohlfahrtsverbände, diese unglücklichen Menschen umzuschulen. Auf diese Weise entstanden die großen Kolonien in Südamerika. In letzter Zeit machte Hitler die berufliche Neuordnung für die deutschen Juden zu einer politischen Notwendigkeit. Der Zionismus hat allen diesen Unternehmungen eine neue Bedeutung verliehen.

2. Es gibt also viele Gründe für die berufliche Neuordnung. Manche greifen darauf zurück, um sich besser zu assimilieren; die

1 Anm. d. Übers. Das französische »reclassement« hat mehrere Bedeutungen, unter anderem »Umschulung«, »Umgliederung« oder »Wiedereingliederung«. Das zeitgenössische deutsche Äquivalent in den entsprechenden Zusammenhängen war »Berufsumschichtung«.

Juden, so glauben sie, werden auf diese Weise gleichmäßiger in der Bevölkerung verteilt, so dass sie in keiner Berufsgruppe übermäßig stark vertreten sind. Man hofft, sich auf diese Weise zu entjudaisieren, aber dabei wird übersehen, dass *Antisemitismus überall dort entsteht, wo die Juden eine Konkurrenz darstellen*; so gibt es zum Beispiel in Polen, wo bereits ein jüdisches Proletariat existiert, Antisemitismus unter den Arbeitern.

3. Die berufliche Neuordnung wird vordringlich, wenn Juden gezwungen werden, ihre Position aufzugeben und sich auf eine neue Auswanderung vorzubereiten. In dieser Situation muss die Neuordnung im Hinblick auf bestimmte Regionen erfolgen, in denen ein tatsächlicher Bedarf an bestimmten Arbeitskräften besteht. Darüber hinaus muss die Vorbereitung gründlich erfolgen; jeder Dilettantismus in diesem Bereich kann Existenzen zerstören.

4. Die berufliche Neuordnung ist im Zionismus immer aktuell; hier dient sie dem nationalen Aufbau und der sozialen Normalisierung des gesamten Volkes.

5. Die berufliche Neuordnung auf der Grundlage von Wohltätigkeit ist immer zweifelhaft. Natürlich stellen wir den guten Willen und die echte Hilfe vieler großer Wohltäter nicht in Frage. *Aber Wohltätigkeit ist keine Solidarität; sie hilft nur isolierten Individuen; sie handelt nie nach einem Gesamtplan; deshalb ist sie letztlich wirkungslos.* Die Wohltätigkeit spaltet ein Volk in die, die geben, und die, die empfangen. Erstere haben, ob sie es wollen oder nicht, ein Interesse daran, dass Letztere ihre Situation im Land nicht gefährden, dass sie also ferngehalten werden (philanthropischer Antisemitismus). Diejenigen, die empfangen, werden zu unerwünschten Personen, sie werden entwürdigt und demoralisiert.

6. Fassen wir zusammen: *Die berufliche Neuordnung muss in den Händen derer liegen, die sich dazu entschlossen haben, Arbeiter zu werden. Sie darf nicht willkürlich vorgenommen werden, sondern erfordert einen Gesamtplan. Sie ist keine soziale Degradierung, son-*

dern eine soziale Verbesserung. Es ist das Streben nach dem Normalzustand, des ganzen Volkes für das ganze Volk.

Und schließlich: Wir sollten wissen, dass die berufliche Neuordnung kein Allheilmittel ist, sondern nur eines unter anderen. Es soll nicht dazu führen, dass man die spirituelle Seite gering schätzt. Es gab eine Zeit, in der jeder Rabbi mit seinen Händen arbeitete. Das war ein Grundsatz unserer Vorfahren, die die Praxis mit dem Geist verbanden.

H. Stern

21 Martin Buber – eine Leitfigur der Jugend

Erschienen am 24. Mai 1935 in *Le Journal Juif*

Als vor bald zwei Jahren das deutsche Judentum erkannte, dass es in seiner Gesamtheit auf die durch die Ausnahmegesetze erzwungene Isolierung und auf die materielle und moralische Erschütterung seiner kollektiven Existenz reagieren musste, waren notgedrungen alle Juden gezwungen, ein Selbstbewusstsein *als Juden* zu entwickeln. Jeder, der damals diese entscheidende Lage am eigenen Leibe miterlebte, konnte nur unter großen Ängsten die schwierigste aller Fragen denken: Wird es gelingen, diesem von außen aufoktroyierten Ghetto einen geistigen Gehalt zu geben? Wird es gelingen, diese Juden nicht nur äußerlich zusammenzuschließen, sondern sie auch als Einzelne miteinander durch ein *jüdisches* Band derart zu verbinden, dass sie wieder wahre Juden würden? Gibt es einen Menschen, der dieser Aufgabe gewachsen wäre? Gibt es auf diesem Gebiet einen Anführer des deutschen Judentums? Einen »leader«, der mehr ist als ein guter zionistischer Vertreter, mehr als ein hervorragender Kenner jüdischer Angelegenheiten, mehr als ein exzellenter Wissenschaftler und Erforscher des Judentums, ja mehr noch als ein lebendiger Vertreter der jüdischen Kultur – kurz gesagt, einen, der all dies ist und noch mehr?

In diesem Sinn ist *Martin Buber* heute der unangefochtene Anführer des deutschen Judentums. Er ist der offizielle und tatsächliche Kopf aller wissenschaftlichen und kulturellen Institutionen. Seine Persönlichkeit wird von allen Parteien und Gruppierungen anerkannt. Und mehr noch: Er ist der wahrhaftige »leader« der Jugend.

Er ist dies alles nicht erst seit heute. Seit drei Jahrzehnten gibt es keine junge Generation, die nicht entscheidend von ihm geprägt ist. Seit drei Jahrzehnten kritisiert er mit gleicher Festigkeit einerseits jenen rein politischen Zionismus, dessen Aktivitäten sich allzu oft auf Verhandlungen und Organisationsstrukturen beschränken, und andererseits jene Orthodoxie, die in traditionellen Riten zu erstarren droht. Buber, der seit seinen ersten Veröffentlichungen um die Jahrhundertwende als leidenschaftlicher Zionist bekannt ist, hat ebendiesen Zionismus immer mit seinem besonderen Geist durchdrungen. Er vereint auf unvergleichliche Weise das Festhalten an der Vergangenheit mit dem Kampf um die Zukunft. Unermüdlich hat er verkündet, dass das Wiedererstehen des jüdischen Volkes sich nur vollenden kann durch eine radikale Rückkehr zu seiner großartigen Vergangenheit und zu seinen lebendigen religiösen Werten. Das hat ihm die Herzen und Köpfe all der Jugendbewegungen gewonnen, die auf ihrem Weg ins (verloren geglaubte) Judentum verzweifelt nach dem geistigen Gehalt dieses ihnen so entfremdeten Judentums suchten.

Was Achad Ha'am für Osteuropa gewesen, wurde Buber für Westeuropa. In diesem Mann und seinem Werk entdeckte die Jugendbewegung, was sie auch bei den besten Vertretern des offiziellen Zionismus nicht antraf: ein positives Judentum. Seit dreißig Jahren präsentiert und repräsentiert Buber dieses Judentum, immer jung und immer neu. Die »Wissenschaft des Judentums«, welche seit Generationen ein lebendiges Volk unter Monumenten der exakten Philologie und der toten Geschichte zu begraben suchte, hat Buber in »Jüdische Wissenschaft« verwandelt – eine Wissenschaft, die fernste Dinge aus biblischen Zeiten in einen lebendigen und aktuellen Bezug zu unserem heutigen Dasein setzt.

Martin Buber, der große Gelehrte, der die modernen theologischen Diskussionen in Deutschland maßgeblich prägte und in Frankfurt als Professor wirkte, hat sich nie in seiner Wissenschaft verloren: In jedem Moment macht er sich bewusst, warum und zu welchem Ziel er das Wissen benötigt; nie missachtet er die Zukunft um der Vergangenheit willen, sondern findet in der Vergangenheit die Samenkörner der Zukunft; in der Genesis wie in den Psalmen, in den Büchern der Propheten und im Buch Hiob hören wir, so Buber, was das DU Gottes vom ICH des Menschen erwartet. Nur wenn wir diese uralten Stimmen vernehmen und lernen, sie zu verstehen, werden wir die Aufgabe, die Gott diesem, seinem Volk gestellt hat, erfüllen können.

Solche Vergegenwärtigung der Vergangenheit ist das Zentrum der Buber'schen Lehre, seines Werkes und seines Einflusses. Noch bedeutender als seine »Reden über das Judentum« ist seine große deutsche Übersetzung der Bibel, die er vor Jahren gemeinsam mit Franz Rosenzweig begonnen hat. Diese Übersetzung hat nicht nur die Juden, sondern alle an geistigen Dingen interessierten Deutschen erregt, begeistert und beeinflusst. Seit Luther hat niemand solch einen Versuch unternommen: die Bibel poetisch auszulegen – und das ihrem eigenen Geist getreu, jedoch in fremder Sprache. Vor hundertfünfzig Jahren, zu Beginn der Emanzipation, hat die von Moses Mendelssohn verfertigte Übersetzung der Bibel, in deutscher Sprache mit hebräischen Schriftzeichen niedergeschrieben, dazu geführt, dass die jüdische Jugend das Ghetto verlassen und Deutsch lernen konnte, um über diesen einzigartigen Umweg der Übersetzung in das deutsche und europäische Leben jener Zeit hineinzugelangen. Bubers Übersetzung ist ein ähnlich einzigartiger Umweg, doch heute geht es darum, die Juden zum Hebräischen, zur Sprache der Bibel, zurückzuführen; zu ihrer jüdischen Vergangenheit mit deren Werten und Herausforderungen. Am Anbeginn und am Ende der deutsch-jüdischen Geschichte steht eine Übersetzung des größten jüdischen Besitztums, der Bibel. Und vielleicht zeigt nichts so deutlich wie diese Tatsache die unauflösliche Verbundenheit der gesamten jüdischen Geschichte – auch der modernsten – mit ihren großartigen Anfängen.

Wenn die Reden und Abhandlungen Bubers und vor allem sein grundlegendes Werk *Königtum Gottes* sich an eine geistige Elite wenden, so eröffnen und gewähren ihm seine Bibelübersetzung ebenso wie seine Wiederentdeckung des Chassidismus die neuartige Darbietung überlieferter jüdischer Legenden, einen weitaus breiteren, allgemeinen Einfluss; diese Werke dürften heute in keinem jüdischen Haushalt fehlen. Dass die chassidischen Geschichten selbst die assimiliertesten Juden nicht unberührt ließen, beweist, dass Buber recht hat mit seiner Aussage, dass selbst in dem angepasstesten Juden Kenntnis und Herausforderung des Glaubens sich erneuern können, so es nur gelingt, seine Seele zu erwecken. Buber ist es tatsächlich gelungen, die Seelen dieser angepassten Juden zu erwecken, und zwar deshalb, weil er bei aller Vertiefung in die Wissenschaft immer ein moderner Mensch im besten Wortsinn geblieben ist. Er konnte die Jugend gewinnen, weil er weder sich noch das Judentum unter dessen großer Vergangenheit begrub, sondern lebendige Spuren sichtete, um eine noch größere Zukunft zu errichten.

»Ich will weiterleben, ich will meine Zukunft, will ein neues, ganzes Leben, ein Leben für mich, für das Volk in mir, für mich im Volke. Denn das Judentum hat nicht bloß eine Vergangenheit, ja trotz allem, was es geschaffen hat, meine ich: das Judentum hat vor allem nicht eine Vergangenheit, sondern eine Zukunft. Ich glaube: das Judentum ist in Wahrheit noch nicht zu seinem Werke gekommen, und die großen Kräfte, die in diesem tragischsten und unbegreiflichsten aller Völker leben, haben noch nicht ihr eigenstes Wort in die Geschichte der Welt gesprochen.«

22 Junge Menschen brechen nach Hause auf

Erschienen am 28. Juni 1935 in *Le Journal Juif*

Strandgüter!

Seit zweitausend Jahren irren die Juden durch die Welt und schleppen ihr Bündel, ihre Kinder und ihre Sehnsucht nach einer Heimat mit sich. Oft verlieren sie ihr Hab und Gut in fremden Ländern. Und was gewinnen sie? Die Erfahrung der Traurigkeit – die Fähigkeit, sich anzupassen und sich nicht demoralisieren zu lassen. Aber die Kinder, die dieses Schicksal noch nicht richtig verstehen können, verlieren alles: einen wohlgeordneten Haushalt, eine normale Umgebung, ihr Heimatland, ihre Kameraden und ihre Sprache. Sie sind nicht nur entwurzelt, sondern kommen bald auch auf Abwege.

Die deutsche Emigration hat Kinder, Heranwachsende und junge Menschen ohne Zukunft zu uns gebracht, die davon überzeugt sind, dass sie vom Pech verfolgt sind und es nie zu etwas bringen werden. Die Eltern sind von Sorgen bedrückt und haben keine Zeit, sich um sie zu kümmern. Sie haben ihr Leben schon hinter sich, was sie geworden oder nicht geworden sind, ist schon entschieden. An die Zukunft denken sie kaum, und da sie sich ausschließlich mit der unmittelbaren Gegenwart beschäftigen, vergessen sie die Situation ihrer Kinder. Was sollte man auch dagegen tun? Die Kinder haben nicht das Recht zu arbeiten und können nichts lernen. Alles, was sie tun können, ist im Haushalt helfen und die paar Groschen verdienen, ohne die man verhungert. Nicht lange, und die Kinder werden, ohne dass jemand Schuld daran hätte, von ihren Eltern ausgebeutet.

Eine Lösung

In dieser Situation erhielten die Eltern vor einigen Monaten einen Brief von einer ihnen noch unbekannten Organisation: der *Jugend-Alijah*. In dem Brief stand: Es werden zusätzliche Zertifikate für Palästina an junge Menschen vergeben. Zwar nicht sehr viele. Aber diejenigen, die keine Papiere haben, keine Möglichkeit, in Europa was auch immer zu lernen, die ziellos auf den Straßen herumbummeln – genau die werden nach Eretz Israel gehen können. Unser Land ist heute groß genug und so weit entwickelt, dass es einen Teil seiner Jugend selbst ausbilden kann. Und es tut dies gerne. Die jüdischen Siedlungen nehmen junge Einwanderer zwei Jahre lang auf und lassen ihnen eine schulische und praktische Ausbildung zukommen. Sie bieten ihre Bauernhöfe als Schulen an und ihre Haverim (Kameraden) als Lehrer.

So stand es in dem Brief.

Wenn sie den Brief mal erhalten, sind die Eltern zunächst misstrauisch. Noch ein Hilfskomitee? Noch mehr Zeit und Geld für die U-Bahn vergeuden? Das Angebot scheint zu schön, um wahr zu sein; gibt es da keinen Hintergedanken?

Auch die Kinder sind skeptisch. Natürlich stellt jede Mutter ihr Kind als die Perle der Schöpfung vor, versucht aber – paradoxerweise – die Perle zum Schweigen zu bringen und an ihrer Stelle zu sprechen … Am nächsten Tag erst kommen die Kinder, wenig von den »Pst!« eingeschüchtert, von sich aus in die Alijah-Büros und wollen ernsthaft über ihre Zukunft sprechen. Erst im Verlauf dieses Gesprächs zeigt sich die wahre Tragödie dieses kleinen Ahasverus.

Der »alte Zionist«

Eines schönen Tages kommt ein Vater mit seinem Sohn. Adresse: Obdachlosenheim. Er ist dort gestrandet, »ganz einfach«. Zuerst wollte er direkt von Deutschland nach Palästina. Man ließ ihn nicht einmal aussteigen, sondern er wurde nach Marseille verfrachtet. Von dort aus war es nur ein Schritt ins Obdachlosenheim nach Paris. Sein fünfzehnjähriger Sohn begleitet ihn. Während sein Vater von ihrer Odyssee erzählt, ist der Sohn still und ängstlich. Er schämt sich für das ganze Elend, er sträubt sich dagegen, er tut so, als ob ihn das alles nichts anginge, als ob es die Geschichte eines anderen wäre und er sich nur zufällig in diesem Zimmer befände. Er will sich nicht mit dem Unglück identifizieren! Dagegen verkündet er sofort, dass er ein »alter Zionist« sei. Und am nächsten Tag kommt er alleine wieder, ohne seinen Vater. Da können wir in aller Ruhe mit dem jungen Weltenbummler wider Willen sprechen. Er sollte sich nicht für sein Unglück schämen! Er sollte ihm keine persönliche Bedeutung beimessen, denn es ist nicht sein persönliches Unglück, es ist das Unglück seines ganzen Volkes. Nichts ändert oder verbessert sich durch Schweigen oder Heuchelei. Ja, er wird nach Palästina gehen, nicht um Abhilfe für seine persönlichen Probleme zu schaffen, sondern als Mitglied einer großen Gruppe, nicht weil er mittellos ist, sondern weil man ihn dort braucht. Er wird das Land für sich und die anderen aufbauen und für die, die nach ihm kommen. Er wird dort nicht allein sein. Und schon hier hat er nicht mehr das Recht, sich allein zu fühlen, denn er ist solidarisch mit all jenen, die das gleiche Schicksal teilen.

Oft erzählen die jungen Leute, die zur Alijah kommen, ihren Kameraden davon und die Kameraden kommen ganz alleine, ohne Begleitung. Das ist die beste Propaganda. Ein junger Mann kommt herein, vierzehn Jahre alt. Er möchte »Informationen einholen«. Wo sind seine Eltern? »Ich möchte sie nicht unnötig beunruhigen«, sagt er, »bevor ich nicht einen festen Entschluss getroffen habe.« Er sieht Palästina als »die einzige Lösung der Judenfrage«, aber er fragt sich, ob er das Recht hat, seinen Vater zu verlassen, da er dessen gesamte französische Korrespondenz erledigt. Kann man denn auch gehen, bevor man erwachsen ist? Die einzige Antwort auf diese Frage lautet: Jugend-Alijah. Was die französische Korrespondenz betrifft, so wird seine dreizehnjährige Schwester sich darum kümmern müssen. Nachdem er alles vorbereitet hat, informiert er seine Eltern, und zwei Wochen später ist er im Lager, wo er beginnt, die jüdische Frage auf praktische Weise zu lösen, indem er Landwirtschaft lernt.

Die beste Hilfe!

Die Jugend-Alijah ist keine Wohltätigkeitsorganisation. Natürlich muss man denen helfen, die kein Geld haben. Aber Geld allein löst das Problem dieser Umherirrenden nicht. Die Berufsschulen sind nur eine Vorbereitung auf weitere Wanderungen. Und wenn die Eltern noch daran zweifeln: Die Jugendlichen sind sich dieser Tatsache völlig bewusst! In allen gesellschaftlichen Schichten gibt es welche, die Chaluziut (Pionierarbeit) leisten wollen. Und das führt unvermeidlich zu Diskussionen zwischen Vertretern der alten und der neuen Generation …

Die meisten Kinder sind noch nicht geschädigt, aber sie sind verzweifelt. Selbst wenn sie das Schlimmste erlebt haben, finden sie schnell wieder zu sich. Die Eltern haben leider in Paris gelernt, zu »schnorren«; die Kinder »schnorren« noch nicht, oder wenn sie es tun, verlernen sie es schnell wieder, wenn man ihnen erklärt, dass das, was sie zu Unrecht mehr fordern, von ihrem eigenen gemeinsamen Geld oder dem ihrer Kameraden weggenommen wird.

Die schweren Zeiten in Deutschland, die Emigration, das

Leben im Exil haben die Älteren moralisch ruiniert und sie zu unterwürfig oder zu anmaßend gemacht. Die Kinder dagegen gewinnen schnell eine natürliche Würde zurück, sobald sie in eine andere Umgebung kommen und man ihnen Arbeit gibt.

Ein mehrwöchiges Vorbereitungslager mit Arbeit und Lernen, Spielen und Singen, Lesen und freier Diskussion über alle Themen, die sie interessieren, gibt ihnen ihre Freiheit und ihre Freude zurück. Ja, es gibt ihnen ihre verlorene Jugend zurück.

Diese Freude, diese Würde und diese Jugend werden sich in Kraft verwandeln und diese Kraft wird das Land wieder aufbauen.

H. Arendt

23 Jugend-Alijah – Kinderkreuzzug?

Erschienen am 17. April 1936 im *Pariser Tageblatt*

Nach der Katastrophe von 1933 begann die merkwürdigste Wanderung, die die jüdische Geschichte kennt, eine der merkwürdigsten Emigrationen der Geschichte überhaupt, nämlich buchstäblich: der Auszug der Kinder Israels. Die Jugendlichen, die in Hitler-Deutschland keine Zukunft mehr hatten, selbst nicht mehr die Möglichkeit, sich auf Wanderung vorzubereiten, begannen ihre sofortige Auswanderung zu propagieren. Und was erst wie eine romantische Idee der Jugendbünde anfing, wie ein großartiger Traum einiger Menschen, wurde Realität, als die Kolonien in Palästina sich bereit erklärten, ihre Güter als Lehrfarmen zur Verfügung zu stellen, ihre Menschen und Arbeiter als Erzieher und Lehrer.

Gesichert war der Plan, als Miss Henriette Szold, die Gründerin der Hadassa, der größten amerikanischen Frauenorganisation, die langjährige Leiterin der sozialen Arbeit in Palästina, ihre Arbeitskraft und ihren Namen der Sache zur Verfügung stellte. In allen Ländern der Welt werden Komitees gegründet, um die Gelder für die Übersiedlung deutscher Jugendlicher zusammenzubekommen; mit der Regierung werden Verhandlungen geführt (von der deutschen Abteilung der Jewish Agency, deren Vertreterin Miss Szold ist) für die Erlangung von Spezialzertifikaten für Jugendliche – im ersten Jahr gehen bereits mehr als 500 herüber, werden dort empfangen und untergebracht wieder von Miss Szold, die als »Mutter der Jugend-Alijah« bereits in der ganzen jüdischen Welt bekannt ist. Heute, 1936, nach zwei Jahren, sind bereits über 1200 Kinder so herübergekommen, wirklich und buchstäblich gerettet. Und schon verlässt die erste Gruppe ihre Ausbildungsstätte, Ejn Charod, um Platz zu machen den Nachkommenden.

Die deutsche Emigration hat nicht nur verzweifelte Familienväter, sondern – was schlimmer ist – verzweifelte Kinder, Kinder ohne Zukunft und Kinder, die überzeugt sind, daß sie immer Pech haben und daß aus ihnen bestimmt nichts werden kann. Die Eltern haben keine Zeit und sind gehetzt von Sorgen. Die Zukunft haben sie lange vergessen – die Gegenwart ist zu schwer und die Erinnerung an die Vergangenheit zu lastend. Schließlich liegt ihr Leben hinter ihnen, und was aus ihnen geworden ist oder nicht geworden ist, hat sich schon entschieden. Ihnen liegt nichts mehr an der Zukunft und sie vergessen über der bösen Gegenwart die Aussichtslosigkeit ihrer Kinder. Und selbst wenn sie nicht vergessen: was tun? Die Kinder haben kein Arbeitsrecht und können hier nichts lernen. Sie können nur helfen bei Heimarbeit, helfen bei den täglichen paar Francs, ohne die man verhungert. Sie werden schnell, ohne daß einer Schuld hätte, die Ausbeutungsobjekte ihrer Eltern, ohne daß die »Ausbeuter« etwas davon hätten.

Vor etwa einem Jahr entschloß man sich daraufhin in Jerusalem, analog zu den Flüchtlingszertifikaten Jugendlichen-Zertifikate für deutsche Emigrantenkinder zu geben. Im Juni bereits fuhr die erste Gruppe von 32 Jungen und Mädchen, über deren Ankunft das Pariser Tageblatt bereits berichtete, nach Palästina. Heute, sechs Monate später, spricht sie bereits hebräisch und jeder Jugendliche ist in einem festen Arbeitszweig untergebracht, in dem er eine spezialisierte Ausbildung von zwei Jahren erhält. Die zweite Gruppe wird in wenigen Wochen abfahrtbereit sein, und Hunderte warten noch.

Die Zahl der Zertifikate hängt leider ab von 72,– Pfund Kosten für die zweijährige Ausbildung, die bei der Regierung als Garantie hinterlegt sein müssen. Trotz der großzügigen Hilfe des Joint für die Vorbereitungsarbeiten und ein sechswöchentliches Lager und der Hicem für die Fahrtspesen, muß man die Zahl begrenzen, und zwar leider nicht nur nach den Gesichtspunkten der Eignung.

Aber die, die drüben sind, sind gerettet; denn die Kolonien, die sie aufnehmen, verpflichten sich, ihnen später Arbeitsplätze zu verschaffen. Die Jewish Agency sorgt für sie. Nach zwei Jahren sind sie fertige Arbeiter, und einige Zeit darauf haben sie vielleicht schon die Möglichkeit, ihre Familien nachkommen zu lassen. ha.

24 Judenfrage – Vortragsskizze

Verfasst 1936 in Paris

Eines der wesentlichen Kennzeichen der Stellungnahme der jüdischen Welt zur Judenfrage ist ihr Desinteressement an einer Auseinandersetzung mit dem Antisemitismus. In sämtlichen jüdischen Lagern erscholl nach der Katastrophe von 1933 die Parole: Techuwah, Umkehr, Zurück zum Judentum, Selbstbesinnung – ja man kann heute noch in völlig säkularisierten jüdischen Kreisen hören, daß selbst der Ruf: Zurück ins Ghetto *die* politische Parole der Zeit sei.

Inzwischen hat diese Parole des Zurück einige merkwürdige und sicher unerwartete Früchte gezeitigt: Die Jüdische Rundschau gibt in einem Jahresbericht des Kulturbundes und der verschiedenen Lehrhäuser die ständige Abnahme und die wachsende Desinteressierung des Publikums zu – eines Publikums das zu diesen Stätten bis zum Jahre 1935 wie zu Stätten der Erlösung gepilgert war. Die Jugendbünde klagen über das wachsende Desinteressement der Jugend an geistigen Fragen überhaupt. Der Zusammenbruch von 1933, der ein politischer, ökonomischer und ideologischer war, der zugleich den Zusammenbruch einer ganzen geistigen Welt, ihrer Wertungen und ihres nur scheinbar gesicherten Besitzes in sich schloß, dieser Zusammenbruch hat statt zu einer neuen Blüte jüdischen Lebens zur Apathie und – soweit es die Jugend betrifft – zu einer Art Rebarbarisierung geführt.

Und in diesem Zusammenhang wollen wir eingehend zu unserm speziellen Problem am heutigen Abend, uns erst einmal

Rechenschaft abgeben, was die Parolen von 1933 eigentlich bedeuteten.

Die Parole des Zurück bedeutete politisch und auch, wenn Sie so wollen, moralisch, das Eingeständnis der eigenen Schuld. Dies ist ausgedrückt bereits in dem Worte: Selbstbesinnung oder T'schuwah. Alle Kreise des deutschen Judentums gaben von vornherein die Position oder die Positionen, die man hatte, auf. Der Gegner wurde als Macht in seiner Übermächtigkeit anerkannt. Und die alte jüdische Vorstellung von einem Strafgericht Gottes schimmerte durch die Formulierungen der aufgeklärtesten deutschen Führer durch. Der Verzicht auf eine Analyse oder Auseinandersetzung oder gar einen Angriff gegen den Antisemitismus kam einem politischen Verzicht selbst auf Defensive überhaupt gleich. Denn sie besagte, daß man sich nicht einmal für den Gegner interessierte, sondern lediglich sich seiner offensichtlichen Übermacht unterwarf. Und es ist keine Frage, daß in der Politik, das: Erkenne den Gegner, mindesten so wichtig ist, wie das Erkenne Dich selbst.

Mit diesem Erkenne Dich selbst hat, wie mir scheint, die politische und geistige Führung unserer Angelegenheiten einen schwer reparablen Mißbrauch getrieben. Nicht weil man sich nicht selbst erkennen sollte und nicht in dem Sinne, daß diese Selbsterkenntnis und Selbstanalyse nicht außerordentlich wichtige und unentbehrliche Resultate an den Tag gebracht hätte: Aber sie hat in dieser Ausschließlichkeit uns den Blick getrübt für die größeren geschichtlichen Zusammenhänge, in denen auch wir stehen – ob wir es wollen oder nicht – und in die wir – trotz der utopistischen Ghettoschwärmer – mit jedem Tag mehr hereingerissen werden, dh. in die jeden Tag größere Massen unseres Volkes hereingerissen werden. Wenn Sie bedenken, daß der polnische wie der rumänische Antisemitismus sich seine Argumente aus Deutschland importiert, daß Franco, selbst in einem Lande wo es keine Juden und folglich auch keine Judenfrage gibt, gegen die spanischen

Regierungstruppen unter antisemitischen Parolen kämpft, daß wir auch in Palästina dem deutschen Einfluß begegnen – ganz zu schweigen von den nordafrikanischen Ländern – dann wird Ihnen vielleicht klar werden, daß wir uns im Interesse des sogenannten Weltjudentums keine Zurückparolen leisten konnten, ohne sämtliche Juden aller Länder zu gefährden, inclusive Palästinas. Und daß unsere Selbsterkenntnis zwar sehr löblich und auch durchaus notwendig und ergebnisreich, aber gewissermaßen mal à propos war.

Der tiefere Grund für die Verhaltungsweise ist nicht, wie man leicht und zu leicht anzunehmen geneigt ist, Feigheit. Der historische Grund ist einmal zu suchen in der Zersplitterung und Atomisiertheit und Abgeschnittenheit des deutschen Judentums vom jüdischen Volk schlechthin. Diese Selbsterkenntnis hatte zum Resultat – und dies war allerdings unabweisbar wichtig – den Wiederanschluß der deutschen Juden an das Schicksal des jüdischen Volkes überhaupt. Das Jahr 1933 traf auf lauter vereinzelte jüdische Individuen, aber nicht auf eine Judenheit. Diese Judenheit von Gnaden der Nazis mußte erst von uns selbst bestätigt und konstituiert werden. Der zweite Grund war die Erkenntnis, daß wir in unserer eigenen Geschichte hoffnungslos abhängig sind von der Geschichte unserer Umgebung. Dafür ist Antisemitismus immer das klassische Beispiel gewesen. Aus dieser richtigen und sehr bitteren Erkenntnis entsprang die Illusion – die sehr verständlich ist – daß durch eine einfache Abwendung, durch eine Rückkehr, durch eine Selbstbesinnung wir auch eine eigene und völlig unabhängige Geschichte und Kultur wieder rekonstituieren könnten. Eine Illusion aus zwei Gründen, einmal weil es einen Wiederaustritt aus der europäischen Kulturgemeinschaft nur um den Preis der Rebarbarisierung geben kann und weil ferner eine eigene Geschichte nur als politische Geschichte im Kampf gegen … überhaupt konstituiert werden kann, keinesfalls aber im luftleeren Raum.

Es gibt, so will mir scheinen, zwei Sorten von antisemitischen Ländern: solche mit einer echten Judenfrage und solche mit einer unechten. Das Beispiel für ein Land mit wirklicher Judenfrage ist z. B. Polen und das beste Beispiel für ein antisemitisches Land, das gar keine Judenfrage zu lösen hat, ist das heutige Spanien, sofern es in faschistischen Händen ist. Dort ist es offenkundig, daß man künstlich eine Judenfrage erzeugt, wo es gar kein echtes Interesse an dieser Frage geben kann.

Deutschland ist vielleicht deshalb das klassische Land des Antisemitismus heute geworden, weil es genau zwischen zwei solchen Extremen steht. Der deutsche Antisemitismus ist weder sozial heute oder ökonomisch zu rechtfertigen, der noch dazu sich dauernd verkleinernde Prozentsatz der deutschen Juden läßt die Vorstellung, daß es sich um ein politisches Problem ersten Ranges handeln könnte, als schlechthin ridicul erscheinen.

Deutschland war einmal ein Land mit einer echten Judenfrage, nämlich zur Zeit der Emanzipation, die ja für ganz Deutschland nicht weniger als den Zeitraum von 80 Jahren einnimmt. Bis 1869 gab es keine vollständige Emanzipation, aber eine bereits vollständige Assimilation, ein vollständiges Eindringen der Juden in alle bürgerlichen Wirtschaftszweige des Landes – mit den bekannten Ausnahmen – eine immer weiter fortschreitende Amalgamierung der verschiedenen Bevölkerungsteile und eine Anerkennung der Juden als gleichberechtigte, ohne daß doch dieser faktischen, nämlich ökonomischen Gleichberechtigung die politische oder juristische Legalität erteilt worden wäre. Im Kampf um diese Legalisierung gewissermaßen entstand die moderne Judenfrage, die sofern sie der Kampf um die Aufnahme eines bis dahin völlig abgeschlossenen Volkes mit anderen Traditionen und anderer historischer Entwicklung war, eine echte ist.

Die Judenfrage ist überall dort eine echte Frage oder ein echtes Problem – und das will heißen ein historisch *lösbares* – wo große wirkliche Volksmassen inmitten eines andern Volkes sitzen, von dem sie durch Sitte, Tracht, Monopolisierung von Berufen, geschichtlicher Entwicklung klar abgegrenzt sind. Dies aber ist der Fall nur in industriell mehr oder minder rückständigen Ländern, in denen Juden entweder noch kastenmäßig – aus dem Mittelalter her – zusammengeschlossen sind oder in denen sie sich – aus verschiedenen Gründen – zum Träger eines gewissen Fortschritts machen, wie sie z. B. in Polen lange Zeit ein eigenständiges Bürgertum buchstäblich ersetzt haben, um heute rausgeworfen zu werden, ganz nach dem alten Rezept mit dem Mohr und der getanen Schuldigkeit. Dort nämlich sind die Juden in dem einen wie dem andern Fall wirklich noch kenntlich, noch eine »Nation in der Nation«, noch gewissermaßen eine Klasse für sich. Dort kann es eben so Judenhaß geben wie eine historische Lösung, dh. eine Lösung, die mit einer bestimmten historischen Entwicklung Hand in Hand geht. Das Beispiel für das eine sind Pogrome wie sie im zaristischen Rußland und im heutigen Polen an der Tagesordnung sind, oder völlige Eingliederung wie in Sowjetrußland.

In diesem Sinne gab es in Deutschland im Jahre 1933 keine Judenfrage. Um so wichtiger ist es, sich zu fragen, warum gerade in Deutschland die antisemitische Parole so viel Aussicht auf Erfolg versprechen konnte und warum gerade in Deutschland eine Herauslösung der Juden aus dem gesamten Leben der deutschen Nation möglich war.

25 Geschichte des Antisemitismus

Verfasst 1937/38

Im Jahre 1781 erschienen des preußischen Hofrates Christian Wilhelm *Dohm's* Vorschläge »Über die bürgerliche Verbesserung der Juden«. Zehn Jahre später verkündete die Nationalversammlung der Französischen Revolution, anknüpfend an die Proklamation der Menschenrechte, die Emanzipation der Juden. Wieder achtzig Jahre später, im Jahre 1869, hob der deutsche Bundesrat »alle noch bestehenden aus der Verschiedenheit des religiösen Bekenntnisses hergeleiteten Beschränkungen der bürgerlichen und staatsbürgerlichen Rechte«[1] auf. Zwei Generationen weiter und in Deutschland ist nur der im Besitz der bürgerlichen und staatsbürgerlichen Rechte, dem kein jüdischer Großelternteil unter seinen Ahnen nachgewiesen werden kann.

Im Jahre 1701 erschien *Eisenenger's* »Entdecktes Judentum«, das abschließende Kompendium aller jemals in Antike oder Mittelalter gegen Juden erhobenen Beschuldigungen, die bis auf den heutigen Tag nicht versiegte Quelle für Greuelmärchen aller Art, Ritualmord- und Brunnenvergiftungslügen. Hundert Jahre nach Eisenenger, zwanzig Jahre nur nach Dohms ersten Reformvorschlägen, zehn oder fünfzehn Jahre nach einer ersten zaghaften und eine sehr kleine Schicht nur ergreifenden Assimilation wirft *Grattenauer's* »Wider die Juden« eine ganz modern anmutende

1 Wortlaut des von Wilhelm I. und von Bismarck gezeichneten Gesetzes. Zitiert nach *Dubnow*, Weltgeschichte des jüdischen Volkes. Band IX, S. 340.

Antisemitismus-Diskussion auf die Tagesordnung – nicht nur irgendeiner halbgebildeten Plebs – sondern auf die Tagesordnung der geistigen Elite der preußischen Hauptstadt: Friedrich Gentz, Clemens Brentano, Achim v. Arnim, Adam Müller, Heinrich von Kleist: der ganze patriotische Kreis um die Christlich-Deutsche Tischgesellschaft wird antisemitisch. – Im Jahre 1869, dem Jahre der vollständigen bürgerlichen Emanzipation in Deutschland, erscheint Wilhelm *Marr's* »Sieg des Judentums über das Germanentum« in erster Auflage. In den siebziger Jahren ist die Judenfrage schon kein Diskussionsgegenstand mehr, sondern bildet den Kristallisationspunkt einer politischen Bewegung, deren Schlagwort »Antisemitismus«[2] heißt. – 1933 werden alle Vorschläge der über 130 Jahre alten Bewegung – man möchte sagen, alle Wunschträume – erfüllt; mit der einzigen Ausnahme jener immer wieder vorgeschlagenen Lösung der Judenfrage, die im Totschlage aller Juden besteht.

In diesen Etappen, die beinahe zur Deckung kommen, spielt sowohl die Geschichte der deutschen Juden wie die des Antisemitismus. Ist die erste Etappe auf der einen Seite die Geschichte

2 Die Termini »semitisch« und »indogermanisch« haben noch um die Wende des 19. Jahrhunderts, bei Schlegel und Eichhorn, rein sprachwissenschaftlichen Sinn. Als anthropologische und völkische Bezeichnungen werden sie zuerst in der »Indischen Altertumskunde« von Chr. *Lassen* (1847) verwendet. Lassen kennzeichnet als erster die indogermanischen Völker als die begabtesten, produktiven, kurz als die »guten« und die semitischen als die egoistischen, gierigen, unproduktiven, kurz »schlechten«. Vgl. dazu *W. ten Boom*, Entstehung des modernen Rassen-Antisemitismus, 1928. S. 11 ff. Boom zitiert Lassen ausführlich und konstatiert dann mit Recht: »Es ist sicher kein Zufall, daß sich die Äußerung bei dem Vertreter einer Wissenschaft findet, die recht eigentlich aus dem Geiste der Romantik geboren wurde.«
Die politische Umwandlung des Wortes »semitisch« in das Schlagwort »Antisemitismus« sowie seine alleinige Anwendung auf die Juden stammt von Wilhelm Marr ca. 1870.

einer immer weitergreifenden und immer spezifischer werdenden Assimilation ökonomischer und kultureller Art, der doch die staatliche, politische und juristische Legalisierung vorenthalten bleibt, so finden wir in der gleichen Zeit den Antisemitismus auf der Stufe der rein theoretischen Diskussion, und zwar gleichfalls einer immer weitergreifenden und immer spezifischer werdenden Diskussion. Ist die letzte Etappe für die Juden jener armselig kurze Traum von Menschenrecht, Emanzipation und Gleichberechtigung, jene Einbildung eines endlich errungenen und sehr teuer bezahlten Triumphes, so ist sie für die Entwicklung des Antisemitismus das entscheidende Herauswachsen aus dem Stadium der Diskussion in das des offenen Kampfes und der Formierung zu einer politischen Bewegung.

Hatten die paar lumpigen Jahre der Freiheit – einer höchst zweideutigen und höchst bedingten Freiheit – genügt, um bei den deutschen Juden, zusammen mit einer unlöslich erscheinenden Verbundenheit mit Deutschland, eine fast unerträgliche Arroganz gegen die »Ostjuden« zu erzeugen; und dementsprechend bei den Massen des Ostens die recht komische Idealvorstellung von deutschen Verhältnissen, deutscher Kultur und der unbegreiflichen Superiorität deutscher Juden, die es so herrlich weit gebracht, so genügten 1933 wenige Tage, um große Teile der gleichen deutschen Juden, im Gefolge einiger erzwungener Eisenbahnfahrten in andere Länder, von ihrer ursprünglichen und in einer Art prästabilierten Harmonie vorgesehenen Zugehörigkeit zu anderen Völkern und anderen Kulturen zu überzeugen. Inzwischen assimilierten sich die traurig Zurückgebliebenen verblüffend rasch an die offizielle Meinung, daß die Juden an ihrer Katastrophe selbst Schuld seien, und die Juden des Ostens haben sich endgültig bekehrt: die deutschen Juden sind von einer hoffnungslosen Inferiorität.

Das Eingeständnis der eigenen »Schuld«, einzige politische Antwort, die die völlig überrumpelte deutsche Judenschaft seit

1933 zu formulieren weiß, zusammen mit einer sehr merkwürdigen Gleichgültigkeit für den Gegner – dies erst ist das Siegel auf die Ereignisse im Dritten Reich, die Bescheinigung und die Quittierung der Hoffnungslosigkeit der eigenen Position, ja das unfreiwillige Zugeständnis, daß man an die Unantastbarkeit dieser Positionen schon seit langem nicht mehr geglaubt hat. Und damit das sicherste Zeichen dafür, daß mit dem Jahre 1933 wirklich das Ende des Zeitalters der bürgerlichen Emanzipationen und Judenbefreiungen gekommen ist; daß die in Polen, Rumänien und den baltischen Ländern nach dem Weltkriege neu verliehenen Rechte illusorisch sind und die alten in den Ländern Westeuropas nicht mehr gesichert. Denn schließlich hat Deutschland nur die Konsequenzen – wenn auch die bösesten – der bürgerlichen Judenemanzipation gezogen. Wenn die Geschichte anderer Länder es so will, kann das Gleiche morgen anderswo passieren, ohne daß die betreffenden Juden sich besser werden schützen oder mutiger werden behaupten können. In diesem Sinne sind die deutschen Ereignisse durchaus ein Exempel und daher auch bereits ein Vorbild für einige andere Völker, ihrerseits mit dem Vernichtungskampf zu beginnen, der sie so gut wie nichts kostet, in dem sie einen ohnmächtigen Gegner vorfinden, dessen verzweifelte Flucht- und Rettungsversuche zu einem erwünschten Mittel der Devisenanreicherung und der Exportförderung werden könnten.

Die für den weiteren Gang der Ereignisse außerordentlich folgenschwere Kapitulation der deutschen Juden, der die des Weltjudentums rasch folgte, – alle Proteste, Resolutionen und Versammlungen sind nur der Sand in die eigenen Augen, keineswegs in die des Gegners – diese Kapitulation ist zwar in erster Linie von zionistischen Kreisen getragen, und von der zionistischen Bewegung ausgenutzt worden, aber keineswegs von ihr verschuldet. Der Zionismus des schlechten Gewissens war nur das beinahe zufällig bereit stehende Asyl, in das verzweifelte Menschen flüchteten um eines Stückchen Hoffnungs willen und eines Restes von Würde.

Das politische Versagen der deutschen Juden und des Weltjudentums angesichts der deutschen Katastrophe ist durchaus geeignet den Verlauf der hundertfünfzigjährigen Geschichte, deren ruhmloses Ende sie ist, gründlichst aufzuhellen, den wahren Wert dieser Emanzipation bloßzustellen, ihre wahre geschichtliche Bedeutung klarzulegen. Sofern nun die Entwicklung, die uns einst in die deutsche und europäische Geschichte hineinzog und uns heute aus ihr heraustreibt, nicht jüdische Geschichte ist oder war, sondern fremde, so wird sie von selbst, sicher aber am eindringlichsten sich uns heute als Geschichte des Antisemitismus darstellen.

Daß ferner die Katastrophe sich gerade in Deutschland zutrug, daß gerade der deutsche Faschismus sich weltanschaulich und programmatisch im Wesentlichen um den Antisemitismus zentrierte, daß gerade seine Führerschicht aus den Splittern alter antisemitischer Parteien und Gruppen sich formierte, ist natürlich kein Zufall, Und auch keinesfalls mit der alten Ventiltheorie: daß für die Unzufriedenheit des Volkes ein Sündenbock gefunden werden müsse, oder aus der notorischen »Verjudung« von Presse, Theater und freien Berufen zu erklären. Beide Theorien versuchen den Faschismus und seinen Antisemitismus nicht ernst zu nehmen. Die erstere, die Ventiltheorie bleibt auf dem Niveau des alten Witzes, der auf die Frage wer denn an allem eigentlich schuld sei, »die Juden und die Radfahrer« und auf das weitere Erstaunen: »warum die Radfahrer?« mit »warum die Juden?« antwortet. Die Verjudung als Grund des Antisemitismus läßt alle Fragen offen: sei es, daß diese Erklärung von Juden selbst stammt, die mehr »Zurückhaltung« fordern, sei es, daß sie als antisemitische Phrase in den Juden eine Art Landplage erblickt, deren sich – wie durch ein Wunder – die doch sehr viel mächtigeren Wirtsvölker nicht erwehren können.

Daß der Antisemitismus von den Juden komme, ist die böse und dumme Weisheit der Antisemiten, die mit diesem simplen

Teufelsglauben ganze Hekatomben von Menschenopfern und Papierberge von Aufforderungen zu Mord, Plünderung und Brandstiftung verantworten zu können glauben. Aber auch Juden haben die gleiche Weisheit sich zu eigen gemacht und beweisen damit, je nach Bedarf, die Ewigkeit des Antisemitismus oder die Ewigkeit der jüdischen Sendung. Und eine so eminent politische Bedeutung dieser Art von Theoremen bei unseren Feinden zukommt, so politisch wirkungslos werden sie, sobald sie bei uns, armselig reflektiert, auftauchen, Lumpenfetzen, gestohlen aus der Rumpelkammer des 19. Jahrhunderts, die ein gehetztes verfolgtes und pogromites Volk zu einem Märchenprinzen herausputzen sollen.

Die jüdische Geschichte, seit zwei Jahrtausenden nicht von Juden, sondern von den sie umgebenden Völkern gemacht hat im ersten Hinsehen das Aussehen einer monotonen Chronik von Verfolgung, Unglück, Glanz und Sturz Einzelner, den die Masse mit Pogrom und Austreibung büßt. Die jüdische Geschichtsschreibung ist demzufolge zumeist schweigend, selten expressis verbis, bewußt oder unbewußt eine Auseinandersetzung mit den Feinden des eigenen Volkes, besser mit der feindlichen Geschichte überhaupt, gewesen. Dabei ist deutlich die nationale Geschichtsschreibung, die eine Ehrenrettung des jüdischen Volkes durch Aufweis einer autonomen jüdischen Geschichte versuchte, von der apologetischen der Assimilanten zu scheiden.

Verwandelt sich in der Hand der *Assimilanten* die jüdische Geschichte bis zum Ende des 18. Jahrhunderts in eine *Geschichte des Unrechts*, das man uns angetan hat, um dann – ohne Übergang und von Gottes, bez. der Französischen Revolution Gnaden – einzumünden in die *Weltgeschichte* derem »schleichenden Gang« (Hermann *Cohen*) wir uns getrost anzuvertrauen haben, so versuchte das aufgeklärte Judentum des Ostens eine jüdische *Nationalgeschichte* im Geiste des 19. Jahrhunderts zu schreiben, das heißt in unserm Fall, auf der Kulisse der europäischen Geschichte die

Spuren jüdischer Geschichte nachzuzeichnen, um die Konturen einer einheitlichen Nationalentwicklung aus der Zerstreuung des Volkes mühsam zusammenzuflicken. Gelang es den Einen, die im Westen in dem scheinbar sicheren Schutz bürgerlicher Gleichberechtigung saßen, die Geschichte des jüdischen Volkes überhaupt fort zu eskamotieren zu Gunsten einer Geschichte der jüdischen Religion, deren reinster und erhabenster Ausdruck dann ohne Zweifel die Reformsynagoge war, um auf diese ziemlich theoretische Weise der peinlichen Herkunft ledig sich mit einem Sprung in die Weltgeschichte zu stürzen, deren »schleichender Gang« ihnen erst einmal paradoxerweise zu einem heftigen Patriotismus und einer ziemlich sklavischen »Dankbarkeit« verhalf[3] – so durchstöberten derweil die Anderen das Arsenal der gleichen Weltgeschichte, zu deren Fortschritt sie das gleiche Vertrauen hegten, nach allen Stellen, die Bezug auf Juden haben, und betrachteten das Ganze der fremden Geschichte – für sie nichts anderes als Kulisse – mit dem Mißtrauen, das man fremden Sitten und Gebräuchen gegenüber empfindet.[4] Der erhabenen Objektivität

3 Hermann *Cohen*, Jüdische Schriften, Bd. II. »Emanzipation« (1912) S. 223: »Wir fühlen uns zu Kulturpersonen geworden (sc. durch das Emanzipatiionsedikt von 1812). Welches Gefühl der *Dankbarkeit* kann tiefer wurzeln als dasjenige für die Erhebung zur sittlichen Persönlichkeit? Alles Unrecht, das wir zu erleiden haben, darf uns nicht irremachen an dem *Fortschritt* der *Zeiten* […] 224: Machen wir uns auch hier die *Weltgeschichte* in ihrem schleichenden Gang getrost zunutze. […] Die Konsequenz, welche sich aus dem Edikt für uns […] ergibt, ist diese Vertiefung unseres *Patriotismus* aber noch nicht erschöpft.« – Wahrlich: »Die Weltgeschichte geht verschlungene Wege«!! (227). (*[Hervorhebungen]* v. Vf.)

4 Die Verständnislosigkeiten der nationalen Geschichtsschreibung grenzen oft ans Lächerliche. In dieser Hinsicht ist *Cohen's* Urteil über *Graetz* durchaus noch gültig, wenn er empört die »Trivialitäten, wie die Abschätzung deutscher Männer nach dem Grade ihrer Judenfreundlichkeit« ablehnt (*Cohen*, Ein Bekenntnis in der Judenfrage, 1880. a. a. O. II, S. 86 ff.) Nur darf man aus der Empörung und aus dem Ruf zu »historischer Objektivi-

der Westjuden, für die Judentum nur noch eine Religion war, an die sie nicht mehr glaubten, und die folglich versuchten, sich die gesamte europäische Geschichte nachträglich wie eigene Vergangenheit anzueignen, gleichgültig, ob diese Geschichte sie einst pogromiert und verfolgt hatte, der Indifferenz der Assimilanten stellte die nationale Geschichtsschreibung – und das ist ihr ungeheurer Vorzug – ihre Parteinahme entgegen. So gelang es wenigstens, eine »Weltgeschichte des jüdischen Volkes« (*Dubnow*) zu schreiben, die – abgesehen von dem Wert, den einheitlich geleitete Materialsammlungen immer haben – eines bewiesen hat, nämlich, daß es ein jüdisches Volk gibt. Hiergegen, und nicht gegen die offenkundige Verständnislosigkeit für bestimmte geschichtliche Zusammenhänge, richtete sich die empörte Polemik der assimilatorischen Geschichtsschreibung gegen den Vorläufer Dubnows, gegen *Graetz*, war sie doch gerade damit beschäftigt zu beweisen, daß die Juden alles mögliche seien, eine Religion, das Salz der Erde, die Weltbürger par excellence, nur kein Volk.

Beide Typen jüdischer Geschichtsschreibung sind dadurch charakterisiert, dass sie mit dem geschichtlichen Faktum des *Antisemitismus* nicht fertig werden; beide versuchen es aufzulösen in die Meinungen von Individuen über Juden. Die nationale Geschichtsschreibung hilft sich, indem sie einfach die Geschichte abfragt nach ihren judenfreundlichen bzw. judenfeindlichen Tendenzen und sich dann nach vollzogener Prüfung ihre Urteile zusammen-

tät« nicht schließen, daß Cohen im Ernst eine objektive Geschichtsschreibung verlangt hätte. Gegen Ende seines Lebens, anläßlich der »Jahrhundertfeier unseres Graetz« (a.a.O. Bd. II, S. 446 ff. 1917), gesteht er, daß es ihm nur um eine apologetische und opportunistische Frage zu tun war, um die Sorge, was wohl die Andern sagen werden, wenn sie lesen, daß »Gabriel Riesser die Schwäche gehabt habe, in dem zufälligen Lande seiner Geburt aufzugehen« – vgl. *Graetz*, Geschichte der Juden Bd. XI. – kurz: »Man hätte wünschen mögen, daß der 11. Band nicht gerade im Jahre 1870 zur Veröffentlichung gekommen wäre.«

stückt. Die assimilatorische wiederum, deren Vorzug es ist, sich wenigstens mit dem Antisemitismus auseinanderzusetzen, wenn auch nur in seinen harmlosesten Formen, widerlegt einzelne Meinungen, Irrtümer der großen und Lügen der kleinen Männer, glaubend auf diese Weise am besten zum Fortschritt der Zeiten beitragen zu können. Wenn etwa die Antisemiten sagen: die Juden sind unproduktiv, so werden Moses und die Propheten, Maimonides, Spinoza, Heine und Marx zu Zeugen angerufen, daß dem nicht so sei. Einem falschen Talmudzitat wird ein richtiges entgegengestellt. Die Reihe der Argumente ist ihrem Wesen nach unendlich und wird praktisch lediglich von der Erfindungsgabe des Gegners begrenzt. *Unkritisch* im wörtlichsten Sinne des Wortes legt sie sich nie die Frage nach der Bedingung der Möglichkeit von Antisemitismus, von Anschuldigungen, die ja immerhin geglaubt werden, vor. Sie fragt nie nach den tatsächlichen Verhältnissen, die den »Verleumdungen und Irrtümern« zugrunde liegen mögen. Dies gilt vor allem für die moderne Zeit. Für die Epoche bis zur ersten Verkündung der Emanzipation kennt man noch eine wirkliche Abrechnung und Erkenntnis der Mächte, die unsere Geschichte bestimmten. Aber auch nur deshalb, weil und insofern als die fernere Vergangenheit bereits von der Umwelt, in der Juden jeweils leben, abgeurteilt ist. Mit der Emanzipation hört eine Kritik der nichtjüdischen Umwelt vom Standpunkt des Judentums überhaupt auf. Für die Assimilanten fällt nun die Geschichte der Juden mit der Geschichte der Völker in deren Mitte sie leben, zusammen. Jüdischen Geschichte degeneriert zur Chronik von Stadtgemeinden – auch diese eigentlich aus apologetischen Motiven verfaßt, zum Beweis für die Alteingesessenheit der betreffenden Judenschaft, Antisemitismus als Meinung oder als politische Strömung wird aus der positiven Geschichte ausgeschieden und rangiert fortab unter »mittelalterlicher Barbarei« und »überkommene Vorurteile«.

Setzt die nationale Geschichtsschreibung als ihre unkritische

Voraussetzung eine *prinzipielle Distanz* zwischen Juden und Wirtsvolk, so wählt die Geschichtsschreibung der Assimilation die ebenso unkritische Voraussetzung einer *hundertprozentigen Gleichheit* der Juden mit dem gesamten Volk. Der Vorzug der nationalen Hypothese vor der assimilatorischen erweist sich lediglich in der Praxis, er führt nicht zu ganz so absurden Illusionen. Denn während es z.B. in Deutschland deutsche Arbeiter und Bürger, deutsche Kleinbürger und Bauern, Bayern, Preußen, Schwaben usw. gab, existierten außerdem auch noch Deutsche schlechthin: nämlich die Juden. Lange bevor Hitler den Volksgenossen überhaupt erfand, hatte sich diese Abstraktion in das Bewußtsein einer halben Million Menschen geschlichen. Die Juden waren nichts als Deutsche. Und da sie nichts als Deutsche waren, so konnte es keinerlei Interessenunterschiede zwischen ihnen und irgendeinem Teil des deutschen Volkes geben.

Es ist das Verdienst der *zionistischen Kritik*, diese Absurdität erledigt zu haben durch den Nachweis, daß die »nichts als Deutschen« nur deshalb etwas so überschwänglich Positives darstellen können, weil sie faktisch zu keiner Gesellschaftsklasse völlig gehören, weil eben nirgends wirklich assimiliert sind. Und daß ihr übertriebener Patriotismus niemanden als sie selbst darüber zu täuschen vermag.

Aber die nationale Fremdheit ist für den Zionismus – wie für die nationale Geschichtsschreibung – ebenso undifferenziert, wie für die Assimilanten die hundertprozentige Gleichheit. Statt einer Abstraktion: *das* deutsche Volk, stehen sich hier gewissermaßen zwei Abstraktionen gegenüber: *das* deutsche Volk und *die* Juden. Dadurch wird das Verhältnis zwischen Juden und Wirtsvolk ebenfalls seiner Geschichtlichkeit entkleidet und zu dem (Anziehungs- und Abstoßungs-) Spiel zweier naturhafter Substanzen erniedrigt, einem Spiel, das sich überall in der gleichen Weise wiederholen soll, wo Juden wohnen. So bleibt der Zionismus bei der Einsicht in die Absurditäten der Assimilation stecken und versteigt sich gleichfalls zu rein dogmatischen Behauptungen, nur zu den entgegengesetzten. Die faktische Assimilation, dh. die faktisch vollzogene Verwandlung der Juden Westeuropas ist ihm etwas Äußerliches der ewig gleichen jüdischen Substanz gegenüber. Ihr tritt die ebenfalls ewige Substanz des Wirtsvolks entgegen. Die Beziehungen zwischen beiden soll durch den Respekt bei gebührender Wahrung der Distanz geregelt werden. Wobei es natürlich sehr zu beklagen ist, dass namentlich in neuerer Zeit der Respekt etwas einseitig, nämlich von Seiten der zionistischen Juden, dargebracht wird, die – um dies zu kompensieren – auch nicht davor zurückschrecken, der fremden Substanz selbst in Form des Antisemitismus noch allen schuldigen Respekt zu erweisen.[5] Die Geschichte der Emanzipation wird für ihn zum Präludium der Katastrophe, die bei entwickeltem Nationalbewußtsein eintreten mußte. Nur liberalistischen Illusionen und den individualistischen Vorurteilen der Aufklärung ist es s. E. zu danken, daß alles so lange gut ging.

Was den Assimilanten zu erklären übrig blieb – daß es nämlich überhaupt hat schief gehen können – was den Zionisten als Rest verbleibt – daß es überhaupt hat gut gehen können – beide Unzulänglichkeiten sind die gleichen und entspringen der gemeinsamen jüdischen *Furcht*: *eingestehen zu müssen, daß es divergierende Interessen zwischen Juden und Teilen des Volkes, in dem sie leben, gibt und immer gegeben hat.* Um keinen wirklichen und bestimmten Feind anerkennen zu müssen, wird die faktische Annäherung zur hundertprozentigen Gleichheit und die faktische Verschiedenheit zur substanziellen Fremdheit verallgemeinert und verfälscht. Die

5 Die Belege hierfür liefert die Jüdische Rundschau nun seit 1933 unaufhörlich. Gerade in den ersten Jahren war sie zu jedem Exzeß bereit. – Selbstverständlich gibt es Zionisten, die über diese Fragen anders und mit etwas mehr nationaler Würde denken. Aber sie sind nicht typisch. Denn der »Respekt« folgt konsequent aus der zionistischen Substanztheorie – verbunden mit der ererbten Loyalität. Sonst hätte er auch nicht so schnell und so übereinstimmend praktiziert werden können.

Angst der Juden überläßt die Erforschung ihrer eigenen Angelegenheiten dem jeweiligen Bedürfnis der Antisemiten. Nur eine Assimilation im internationalen Maßstab, die einem völligen Verschwinden von Juden gleichkäme, oder eine Gesellschaftsordnung, die im internationalen Maßstab keine Interessengegensätze mehr kennte, könnte, das Faktum der Interessenverschiedenheiten aus der Welt schaffen. Erst die Anerkennung dieses Faktors kann als Index dafür dienen, ob man die Existenz der Judenfrage überhaupt anerkennt oder danach trachtet, sie zu vertuschen.

Am deutlichsten pflegen sich Vertuschungsversuche in den sogenannten *Lösungen der Judenfrage* auszusprechen. Uns gehen sie hier nur insofern etwas an, als sie von Juden für Juden formuliert wurden. Damit scheidet Sowjetrußland aus, das einzige Land, wo die Bürgerrechte der Juden durch den Paragraphen, daß Antisemitismus ein Delikt im Sinne des Strafgesetzbuches sei und folglich nicht nur die Juden, sondern die Gesellschaft überhaupt bedrohe, gesetzlich wirklich garantiert sind. Es würde schon darum nicht in unsere Betrachtung fallen, weil Rußland keine Lösung der Judenfrage gibt, da sie sie nicht im internationalen Maßstabe löst – nicht einmal dem Programm nach.[6]

6 Die Russische Revolution von 1917 hat nicht mehr und nicht weniger gebracht als die von 1789 versprochen hatte, die volle bürgerliche Emanzipation. Nur dann werden Juden nicht mehr diskriminiert, wenn jeder Antisemitismus als Angriff auf die gesamte Gesellschaft gilt. Damit ist nicht gesagt, daß *die* Judenfrage nun nach russischem Vorbild zu lösen sei; ja es ist noch nicht einmal zu entscheiden, ob die russische Judenfrage gelöst ist. Sofern die Emanzipation der russischen Juden nur die vollständige bürgerliche Emanzipation ist, kann sie die Frage nur auf Kosten des Bestandes der russischen Juden »lösen«. Nun hatte zwar die Russische Revolution diesen Rahmen mit der Anerkennung der Juden als einer Nation oder einer »Nationalität« gesprengt. Aber diese erweiterte Emanzipation ist für die Judenfrage als solche wirkungslos geblieben, da sie Hand in Hand ging mit einer kompletten Abschnürung der russischen Juden vom Weltjudentum. Russische Juden, isoliert von den Übrigen, können sich als Nation nicht halten,

Wir werden hier nur kurz die drei Lösungsparolen behandeln, die heute die jüdische Welt in ihren Auseinandersetzungen beherrscht: das ist 1. der pseudomarxistische Versuch Otto *Heller's* (der bis zu einem gewissen Grad das Programm der Arbeiterbewegung geworden ist), und dessen Resultat der *Untergang des Judentums* ist. Das ist 2. der mehr oder minder theoretisch gut fundierte, aber praktisch in den westeuropäischen Ländern noch immer vorherrschende Wille zur kompletten *Assimilation.* Und das ist 3. *der Zionismus* und der Aufbau Palästinas. Alle drei Lösungen, wie sehr sie sich auch untereinander befeinden mögen, sind sich über eines einig: das Judentum in seiner gegenwärtigen Gestalt darf nicht konserviert werden. Lösung hat bei allen dreien zugleich einen Sinn von Auflösung. Soll für die Zionisten das jüdische Volk werden »wie alle anderen Völker«, soll in der Assimilation der Einzelne seine spezifisch jüdischen Eigenschaften verlieren (der individuelle Ausweg, proklamiert als Lösung für alle), so verlangt der etwas verspätete Nachfahre der Assimilation, der in die Arbeiterbewegung verschlagen ist, sogar, daß alle Einzelne, wie Kollektiva, untergehen.

Für *Otto Heller*[7] – in frommer Anlehnung an den »Centralverein deutscher Staatsbürger jüdischen Glaubens« – gibt es zwei vollkommen voneinander geschiedene Judenschaften, denen zwei verschiedene Klassen und zwei verschiedene Arten von Untergang entsprechen. Das eine ist das Westjudentum, das der Bourgeoisie zugehöre und seinen Untergang bereits in der Assimilation an die Bourgeoisie seiner Länder gefunden habe. Sein Problem, so meint Herr Heller in der 2. durchgesehenen Auflage seines Buches im Jahre 1933 (S. 12 ff., S. 77), ist bereits gelöst. Das andere, das Ostjudentum ist das Proletariat und verelendete Kleinbürgertum, das in

---

da die jüdische Nation gerade durch ihre internationale Verbundenheit bestimmt und definiert ist.

7 *Otto Heller*, Der Untergang des Judentums. 2. Auflage 1933.

Biro-Bidschan oder in nationaler Siedlung (Krim) oder in der roten Assimilation seinen Untergang erstrebt. In Rußland ist auch dies Problem bereits gelöst. Die Judenfrage besteht nur noch in Polen, Rumänien und einigen anderen östlichen Ländern.

Auf das gesamte Judentum bezogen heißt die Heller'sche Lösung: Umwandlung aus einer Kaste in eine Klasse.[8] Die voneinander geschiedenen Judenheiten haben »nur historisch und äußerlich« (!! S. 12) etwas miteinander zu tun. »Rein äußerlich« nennt er auch die »juristische Gleichberechtigung«; denn »sozial und ökonomisch sind die Juden seit Cromwell in England faktisch gleichberechtigt«; »rein äußerlich« sind sie es erst seit 1866. Solche Äußerlichkeiten spielen für die Wirklichkeit gar keine Rolle: denn »in Wirklichkeit sind sie Engländer, britische Bourgeois, nicht weniger John Bull als dieser selbst«. Wie traurig, daß seit Heller diese Zeilen schrieb, »rein äußerlich« trotz aller Gleichberechtigung die deutsch-jüdischen Bourgeois über die Grenzen gejagt wurde und das Faktum englischer Juden nicht aus der Welt verschwunden ist.[9]

Die beiden wesentlichsten Elemente der Vertuschung jenes Komplexes von Problemen, den man die Judenfrage nennt, sind bereits gegeben: 1. Die *Trennung von Ost- und Westjudentum*, die *nur* »äußerlich und historisch« zusammengehören. Diese These

8 a. a. O. S. 69: »Alle nun folgenden sekundären Erscheinungen des jüdischen [...] Schicksals [...] haben ihre Ursache im Zusammenstoß der Kaste mit der neuen Klassenscheidung innerhalb der Feudalgesellschaft. Die Kaste [...] muß unterliegen; sie wird in ihrer sozialen Stellung degradiert. Erst eine spätere Entwicklung hebt in Mittel- und Westeuropa diesen Prozeß wieder auf, um damit aber den Untergang des Judentums einzuleiten«.

9 Wir werden im Folgenden noch sehen, was die auch für Deutschland sehr bedeutsame zeitliche Diskrepanz zwischen ökonomischer und politischer Gleichberechtigung für die Geschichte der Juden besagt. Selbstverständlich ist die Emanzipation als legislativer Akt immer nur eine Legalisierung schon bestehender Verhältnisse, die aber sehr wesentlich durch Legalität oder Illegalität bestimmt und verändert werden.

entspricht genau jenen merkwürdigen assimilatorischen Gebilden des vorigen Jahrhunderts, denen zufolge etwa die französischen Juden innerlich und auf Grund einer natürlichen Wahlverwandtschaft Franzosen sind (Grund: z. B. der sog. Rationalismus beider Völker) und die deutschen Juden nur deshalb Deutsche, weil sie den gleichen Hang zur Spekulation haben (Spinoza) wie der Deutsche Idealismus und weil der »kategorische Imperativ« direkt auf die Propheten zurückführt, (Cohen). 2. Die *Ernennung der englischen,* französischen, deutschen *Juden zu Engländern*, Franzosen, Deutschen schlechthin. Auch dies natürlich sehr angenehm in den Ohren der betreffenden Judenheiten klingend, die sich mit Heller darüber hinwegtrösten mögen, daß sie seit über 100 Jahren es noch nicht weiter in der Assimilation gebracht haben und daß immer noch ein Jude dem andern bestätigen muß, er sei ein hundertprozentiger Bürger seines Landes, ohne daß dadurch der status quo der betreffenden Judenschaft auch nur um ein Jota geändert würde. Das Aufsehen, das der »Untergang des Judentums« gerade auch in bürgerlichen Kreisen erregt hat, verdankt es der Zugkraft dieser alten Illusionen im neuen Gewande.

Gegen die beiden Thesen, die im Wesentlichen die unbewiesene Voraussetzung des Heller'schen Versuches bilden ist nur kurz Folgendes zu sagen: 1. Die Judenfrage besteht zu einem wesentlichen Teil in dem Zusammenhang von Ost- und Westjudentum – trotz aller bestehenden Differenzen. Die Judenfrage eines Landes kann jederzeit in ein akutes Stadium treten durch Zuwanderung von Ostjuden; denn daraus entsteht keineswegs eine Ostjudenfrage, sondern die Judenfrage tout court. Die Westjuden werden stets mit den Ostjuden zwangsweise solidarisiert. Das ist zwar »nur historisch und äußerlich«, aber darum auch beweisbar. – 2. Zu ihrem andern wesentlichen Teil besteht die moderne Judenfrage gerade in der offensichtlich nicht geglückten Assimilation des Westjudentums. Für Heller ist das »äußerlich«, quasi bloße Irrtümer der Geschichte; »innerlich« – nämlich unserer Ansicht nach – sind wir ja längst Engländer, Deutsche und so fort. Auf Innerlichkeiten solcher Art nimmt die Geschichte wenig Rücksicht.[10]

---

10 Dem Aufsehen, das *Hellers* Buch gerade in Kreisen der jüdischen Intelligenz erregt hat – nicht seinem wirklichen Gehalt – mag eine etwas ausführlichere Auseinandersetzung entsprechen.
Der behauptete »Untergang des Judentums« beruht auf einer recht kuriosen Begriffskonfusion, die der Vf. anrichtet bei dem Versuch, das Judentum zu definieren. H. geht von der – wie er glaubt – von *Marx* herrührenden Bestimmung des Judentums als einer »*Kaste*« aus und von dem, beim jungen Marx gleichfalls und zwar in verhegelter Form auftretenden, Begriff des »*Wesen des Juden*« (S. 12 ff) Das »Wesen des Juden« wird, wie bei Marx, so bestimmt, daß die Emanzipation der Juden nur die Emanzipation der menschlichen Gesellschaft vom Juden – nämlich von jenem »Wesen des Juden« – sein kann. Für Heller liegen die Dinge nun folgendermaßen: *Als Kaste* gehen die Juden durch ihre Verwandlung in die Klasse unter. *Als Begriff* verschwinden sie durch die proletarische Revolution.
Verzichten wir hier auf eine Polemik gegen die alte sehr fragwürdige Bestimmung der Kaste, die sich von Fries über Bruno Bauer bis zu Marx vererbt hat; denn sie wäre gar nicht in erster Linie gegen Heller zu richten, der sich nur bei Marx und dessen Vorgängern je nach Bedarf bedient. Er definiert nun also die Juden erst einmal als die »historischen Träger jener Marx'schen Kategorie« (nämlich des »Wesens des Juden«), ohne zu merken, daß dies seiner grundlegenden Unterscheidung zwischen Ost- und Westjudentum den Garaus macht, – Marx kennt diese Unterscheidung konsequenterweise auch gar nicht. Genau ebensowenig kann er die so definierten in der bürgerlichen Gesellschaft emanzipiert sein geschweige denn untergehen lassen, da sie ja als die »historischen Träger« das Prinzip der bürgerlichen Gesellschaft – nach Marx – sind und diese sie also konservieren muß; – Marx glaubte daher auch nicht an eine Emanzipation in der bürgerlichen Gesellschaft, sondern hielt fest an einer Verwirklichung des Juden in dieser Gesellschaft oder an eine Emanzipation der Gesellschaft von ihm, was Untergang beider Teile bedeuten sollte. –
Nach den ersten grundlegenden Verwirrungen und Widersprüchen geht es munter weiter. Nachdem Heller auf S. 17 noch rasch fest stellt, daß für ihn das »Judentum kein absoluter, kein mystischer, kein metaphysischer Begriff« ist, kommt er auf S. 19 zu der Grundfrage seiner Untersuchung,

Der Heller'sche Vertuschungsversuch ist der gröbste unter den aktuell wichtigen, derjenige, der am leichtesten zu durchschauen ist. Und dies nicht nur seiner schematischen und ignoranten Behandlung der Geschichte wegen. Sondern weil er eine Methode

---

welche lautet: »In welcher Form geht jenes Judentum unter, dessen begrifflichen Inhalt wir soeben erläuterten?« S. 20 heißt die Antwort: »Es geht unter all das, was den Juden zu jener – nach Marx – besonderen Erscheinung machte, die, ihrer Nationalität nach nicht unbedingt ein Jude sein muss, die aber [...] vor allem der Jude war.«

Der Untergang des Judentums besteht also darin, daß beständig unklar bleibt, wer oder was eigentlich untergeht: Der Jude im Menschen? – also nur eine Kategorie; die Juden als die hauptsächlichsten Träger dieser Kategorie? – also lebendige Menschen; *das* Judentum als Kaste? – also eine gesellschaftliche Formation. Klar ist nur Eines: die Juden müssen untergehen.

Denn dies war schon das Gesetz, wonach sie angetreten, als das jüdische Nomadenvolk wesentlichen Anteil nahm an jenem »Sündenfall der Menschheit«, der darin besteht, »von der nur dem Bedarf dienenden Gemeinschaftsproduktion zu der warenproduzierenden Gesellschaft« fortgeschritten zu sein.

So etwa sieht die untergangssüchtige Begriffskonfusion aus, die als eilig hergestellte Kulisse für eine Reihe historischer Irrtümer verwendet wird, von denen hier nur zwei aktuell wichtige verzeichnet werden sollen: 1. der Zionismus als »Pächter der jüdischen Sendung« (22) ist eine ziemlich freie Erfindung. Er ist viel eher – und das ist eine seiner wesentlichsten historischen Funktionen – ihr Liquidator zu nennen. Er will ja gerade aus den Juden »ein Volk wie alle andern Völker« machen und polemisiert sehr scharf gegen die verweltlichten Sendungsvorstellungen – Salz der Erde etc. – die bei Assimilanten auftauchen. 2. braucht Heller einen Antisemitismus, der »den sozialen Inhalt des antijüdischen [...] Kampfes geflissentlich nicht formuliert«, um seinerseits die Rassentheorie erklären zu können (127). Um von weniger prominenten Judenhassern schamvoll zu schweigen: bereits *Stöcker* ist die Judenfrage expressis verbis eine »soziale Frage« und die antisemitische Pointe des Unterschieds vom »raffenden und schaffenden Kapital« dürfte wohl auch nur Herrn Heller entgangen sein.

und eine Forschungsweise zu vertreten vorgibt, nämlich dialektisch-materialistische, der er selbst auf jeder Seite ins Gesicht schlägt. Hierfür ist das Märchen vom Sündenfall der Menschheit aus dem Paradies der nur dem Bedarf dienenden Gemeinschaftsproduktion in die Erbsünde der Warenproduktion (vgl. Anm. 10.) nur ein besonders krasses Beispiel. Ganz abstrus aber wird dieses Untergangsprogramm dann, wenn man sich fragt, in wessen Namen denn eigentlich dieser Jude spricht. Denn seine eklektische Kombination von Untergängen: bürgerliche Assimilation – der Wunschtraum der Westjuden; Normalisierung durch Umschichtung und nationale Siedlung – der Wunschtraum der jüdischen Nationalisten aller Schattierungen; proletarische Assimilation – die schematische Übertragung der westjüdischen bürgerlichen Emanzipationsillusion auf russische Verhältnisse; – diese Kombination ist kein Ausdruck realer Konflikte und erzwungener Manövrierungskunststücke, sondern nur ein Symptom für die Selbstmordneigung einer Schicht jüdischer Intelligenz, für die die bürgerlich Gesellschaft keinen Platz mehr hatt und von denen einige in der Arbeiterbewegung ihren individuellen Ausweg fanden. Die Heller'sche Theorie ist also nicht einmal eine Ideologie, sondern höchstens eine interessante Erfindung. Nirgends und in keiner historischen Schule ist eine solche Bodenlosigkeit der Argumentation deutlicher sichtbar als gerade in der vom Verfasser mißbrauchten.

Was die nächsten beiden zu besprechenden Lösungsprogramme betrifft, so sind sie nicht bei bloßen Erfindungen oder Proklamationen stehen geblieben, sondern machen bis auf den heutigen Tag alles, was man halbwegs als jüdische Politik ansprechen kann. In dieser Hinsicht gehören sie in die jüdische Geschichte der letzten 100 Jahre. Uns wird hier vorwiegend ihre theoretische Fundierung angehen.

Beide Theorien sind im wesentlichen veranlaßt durch den modernen Antisemitismus und daher überall als Auseinandersetzung, Polemik, Rechtfertigung oder Ausweg zu verstehen.[11] Der zentrale, vom Gegner vorgegebene Begriff und Vorwurf ist – ganz allgemein gesprochen – der der *Fremdheit.* Seit *Herder's* Bestimmung der Juden als ein »unserm Weltteil fremdes asiatisches Volk«[12] hat sich der Vorwurf vielfach gewandelt. In jedem Fall aber war er der einzige, gegen den es schwer war mit der oben erwähnten einfachen und direkten Apologetik anzugehen. Daß gerade dieser Bestimmung gegenüber und nur ihr, eine reguläre Theorie erforderlich war, ist bezeichnend. Sie nämlich hat zur unmittelbaren Konsequenz den Zweifel an der Legitimität der Emanzipation, die aus einer fremden nichtjüdischen historischen Konstellation erfolgte und von Juden nicht erkämpft war, nicht im Zuge der jüdischen Geschichte lag. So jedenfalls stellt sich die Sache im ersten Hinblick dar. Wie sie faktisch vorging, werden wir später sehen.

Beide Theorien, die der Zionisten wie die der Assimilanten, die beide nicht Selbstmörder von Beruf sind, behalten die vorgeworfene Fremdheit auf gewisse Weise bei: die Assimilanten, indem sie sie zu einer harmlosen Religionsdifferenz degenerieren und jede andere Differenz in die Vergangenheit verschieben, die ja bekanntlich schlecht mit den Juden umgesprungen ist, sie verdorben hat. Alles also, was über die Religionsdifferenz hinausgeht, hat im Prozeß der Assimilation als Rest einer bösen Geschichte von selbst abzufallen. Was die religiöse Differenz betrifft, so hat man – seit Moses Mendelssohn – den reinen Monotheismus vor dem christ-

---

11 Dies gilt natürlich auch für die ostjüdischen nationalen Bewegungen, wenn auch nicht so eklatant und in verkleideter Form – Renaissance des Volkes, Auto-Emanzipation usf.

12 »Das Volk ist und bleibt also auch in Europa ein unserm Weltteil fremdes asiatisches Volk, an jenes alte […] ihm gegebene Gesetz gebunden. Wiefern nun dies Gesetz und die aus ihm entspringende Denk- oder Lebensweise in unsere Staaten gehöre, ist kein Religionsdisput mehr […] sondern eine einfach Staatsfrage.« *Herder,* Adrastea.

lichen Europa voraus, einen Monotheismus, zu dem am Ende der Tage (dies ist aus der messianischen Hoffnung geworden!) auch die andere Menschheit kommen wird. In allen anderen Punkten partizipieren die emanzipierten Juden bereits an der Geschichte der Menschheit. – Niemand gibt Antwort auf die Frage, worin denn eigentlich die Geschichte der Menschheit – abgesehen von der nationalen Geschichte der Völker – bestehe, es sei denn in der Entwicklung zu einem reinen Monotheismus.

Die Flucht in die Geschichte der Menschheit kann theoretisch mit dem Faktum der offenbaren Zufälligkeit, die aus Juden mit jüdischer Vergangenheit Staatsbürger der verschiedensten Länder mit den verschiedensten Vergangenheiten machte, nicht fertig werden. Aus dieser Verlegenheit entspringt jener komische Patriotismus, der die deutschen Juden veranlaßt hat, sich bis zu Hermann dem Cherusker, und die französischen Juden sich bis zu Vercingetorix herunterzudatieren.

Alle Theorien, die in der *Assimilation* das Heil der Juden sehen, haben zu ihrer Voraussetzung ein Wirtsvolk, das einen komplett einheitlichen, undifferenzierten Organismus bildet. In diesen Organismus gilt es sich einzufügen. Aus Juden werden deutsche Staatsbürger jüdischen Glaubens. Jedes Zugeständnis, zu einer bestimmten Klasse des Volkes zu gehören, wird vermieden. Wer es auszusprechen wagt, wird als jüdischer Antisemit gebrandmarkt. In der Praxis entstehen dadurch die peinlichsten und absurdesten Situationen. Um sich nämlich zu assimilieren, um möglichst viele Juden in den Assimilationsprozeß einzuschalten – jeder nichtassimilierte Jude ist eine Gefahr für die anderen, weil der lebendige Beweis der fremden Herkunft – mußte man sich von vornherein organisieren. Juden existieren seit Beginn des 19. Jahrhunderts als Juden politisch in den westeuropäischen Ländern nur in Vereinen, deren Aufgabe es ist, sie zum Verschwinden zu bringen – und die in Wahrheit natürlich zur Konservierung des deutschen Judentums nicht Unerhebliches beitrugen. Da die Juden nun ihrer Meinung nach konform gingen mit irgendeinem nicht weiter bestimmten Gesamtinteresse des deutschen Volkes, paradoxerweise aber doch ein eigener Verein waren, so sahen sie sich gezwungen, jeder zufällig herrschenden Regierung – für sie immer nur der zufällige Ausdruck des vorgeblichen Gesamtinteresses – ihr spezielles Vertrauen auszusprechen. Sie sind aus Prinzip – und können gar nicht anders – stets loyal. Sie rühmen sich ihrer Loyalität, lassen sie sich von den jeweiligen Regierungen bescheinigen, – und merken nicht, daß sie damit jeder einzelnen unzuverlässig erscheinen. Der antisemitische Vorwurf des Verrats ist als solcher natürlich aus der Luft gegriffen; daß er geglaubt werden konnte, hat seinen Grund in dieser jüdisch-assimilatorischen Taktik. Daher ist das Jahr 1933 das durchaus natürliche Ende des hundertprozentigen jüdischen Konformismus mit *dem* deutschen Volk: Hitler, der wirkliche Repräsentant *des* deutschen Volkes, benutzte die Juden, um seiner Chimäre in der Rassentheorie eine ideologische Basis und in dem Begriff vom Volksgenossen eine sentimentale zu schaffen; dafür brauchte er nur kurzerhand die stets loyalen Juden zum Volksfeind Nr. 1 zu erklären.

Die Reduzierung der Fremdheit auf die Religion, dieses fadenscheinige Mäntelchen, genügte nicht, die Blöße einer ganzen Schicht von Menschen zu decken, die an ihre eigene Verteidigung nicht mehr glaubten, die ohnehin jedem Angriff besonders exponiert waren und ihm völlig verständnislos gegenüberstanden. Trotz aller Beteuerungen – jede ökonomische Statistik zeigt, daß die deutschen Juden nicht *dem* deutschen Volk angehörten, sondern höchstens seiner Bourgeoisie. Und selbst diese Differenzierung genügt nicht, wie wir noch sehen werden. Trotz allen Patriotismus – die internationale jüdische Verbundenheit dokumentiert nach jedem Pogrom durch die zwangsweise Solidarisierung mit den »Glaubensbrüdern«. Immer fadenscheiniger wird der Mantel der Religion: immer weniger »Glaubensbrüder« gehen in die Synagoge, immer weniger »Christen« in die Kirche. Die Fremdheit bleibt und verstärkt sich. Und gegen Ende der Geschichte passiert diesen ganzen zusammengestümperten jüdischen Theoremen, welche die Religion benutzten, um anderes zu verdecken, und auch an der Religion wieder festhielten, um einen Rest von Eigenständigkeit zu bewahren, zum Schluß passiert ihnen noch das Malheur, im höheren Interesse des Antisemitismus mit den »Christen« kurzerhand in einen Topf geworfen, ja mit ihnen identifiziert zu werden: »800 Jahre lang, nämlich seit den Kreuzzügen, wurden Juden verfolgt, geschlagen, verhöhnt und verketzert, warum? Weil sie so verstockt waren, Juden zu bleiben, da es doch ein Christentum in der Welt gab. Und heut, wo das Christentum an Ansehen eingebüßt hat, was erleben wir? Mit einem Male ist das gepriesene Christentum schnödes Judentum, die Christlichkeit Europas eine Verjudung, die den Germanen ihre herrliche Religion verdorben hat« (Moritz Goldstein). Die offensichtlichen Widersprüche und die noch klarer zu Tage liegende Hilf- und Nutzlosigkeit dieser Ausgeburten der Verzweiflung konnten schon lange vor der eigentlichen Katastrophe einen unbefangenen und in der Geschichte dieses Hexenkessels unbewanderten ehrlichen Menschen nur zu dem Schluß führen: »Wir können unsere Gegner leicht ad absurdum führen und ihnen zeigen, daß ihre Feindschaft unbegründet ist. Was ist damit gewonnen? Daß ihr Haß *echt* ist. Wenn alle Verleumdungen widerlegt, alle Entstellungen berichtigt, alle falschen Urteile über uns abgewehrt sind, so bleibt die Abneigung selbst als unwiderleglich übrig. Wer das nicht einsieht, dem ist nicht zu helfen.«[13]

Die »Einsicht« – eigentlich nur Beschreibung eines Phänomens, nur Eingeständnis eines Fiaskos – ist der westeuropäische Ausgangspunkt des Herzl'schen *Zionismus*. Der Haß der anderen wird verallgemeinert und fixiert, ihm wird ein Objekt untergeschoben, die jüdische Substanz. Die jüdische Substanz ist in Form

13 *Moritz Goldstein*, Deutsch-jüdischer Parnass. 1912! Kunstwart Jhg. 25, Heft 11.

der Juden in einer anormalen Situation und kann sich daher auch nur anormal äußern. Endziel jüdischer Politik ist die Normalisierung der Bedingungen zur Entfaltung der jüdischen Substanz. Ein Volk wie alle andern Völker zu werden – das ist das Ziel – mit einem Spezifikum, wie alle andern Völker. Der substantiellen Fremdheit und der aus ihr entspringenden Abneigung gegenüber sind alle einzelnen Vorwürfe und Verleumdungen nur Symptome, als solche unkurierbar und im Grunde nicht ernst zu nehmen. Der Apologie der Assimilanten stimmt man im Einzelnen natürlich zu, aber ihre Wirksamkeit wird bestritten. Löste die assimilatorische Apologetik den Antisemitismus in die Irrtümer und Verleumdungen der einzelnen Individuen auf, so vermutet und erfindet der Zionismus etwas *hinter* den vereinzelten Meinungen; aber nicht etwa bestimmte verifizierbare Tatsachen, sondern den ewigen Kampf einander fremder Substanzen – und ist damit von neuem jeder historischen Analyse der Verhältnisse enthoben. Auch in dieser Hinsicht, in vollständigem Mangel an historischem Blick, tritt der Zionismus durchaus das Erbe der Assimilation an; nur stellt er es auf den Kopf: Bilden die Einen sich ein, sie hätten sich dem gesamten Volk angeglichen, so antworten die Anderen: nein, der Antisemitismus beweist es, wir sind dem Volk, seiner ewigen Substanz nach, überhaupt fremd und verhaßt. Die schematische Verallgemeinerung scheint der nationalsozialistische Antisemitismus aufs beste zu bestätigen, als er gerade den Antisemitismus zum weltanschaulichen Kristallisationspunkt der »Volksgemeinschaft« machte. Warum aber dies möglich war, ist natürlich heute die Grundfrage jeder historischen Untersuchung über den Antisemitismus. Der deutsche Zionismus ist in Westeuropa führend geworden, genau wie der deutsche Antisemitismus. Die zionistische Substanztheorie traf gerade auf Deutschland scheinbar zu. Das gab der Bewegung ihren theoretischen Elan. Hinzu trat ein ursprünglich moralischer Impuls: der Protest gegen ein Leben, das auf jeden Fall mit einem zerbrochenen Rückgrat zu bezahlen ist, gibt einen guten Start für phänomenale Beschreibungen. Er bleibt aber in der bloßen Beschreibung auch stecken. Da ihm eine tief ungeschichtliche Theorie zu Grunde liegt, erweist er sich als jeder wirkliche Analyse unfähig. Schon im Beginn wird er überrannt und verfälscht von den realen Interessen, sei es der ostjüdischen Massen sei es der Westjuden, die ja in übergroßer Mehrheit in ihren Vaterländern bleiben. Im Interesse der letzteren muß er einen doppelten Patriotismus, eine doppelte Nationalseele behaupten, um ebenso loyal zu werden, wie die Assimilanten es immer schon waren. Auch er kann nicht wagen, innerhalb der jeweiligen Vaterländer die speziellen jüdischen Interessen zu vertreten; er muß sie wie ein Ideal nach Außen projizieren, als gäbe es nur in Palästina jüdische Interessen. Da er aber auf die Hilfe der reichen Juden angewiesen ist, die sich in materiellen Dingen nur schlecht auf Idealität verstehen, muß er an *ihre* Interessen appellieren, die ostjüdischen »Glaubensbrüdern« von den eigenen Vaterländern fernzuhalten, also schließlich an die schäbigsten, an diejenigen, die am klarsten den Interessen der Gesamtjudenheit widersprechen.

Daher hat auch *Herzl's* Beginn, den politischen Zionismus auf wirkliche Analysen zu stützen – ausgehend von der sogenannten »Überproduktion der Mittelstandes« – keinerlei Fortsetzung gefunden. Vertieft hat sich nur das statistische Material. Bestimmend ist in theoretischer Hinsicht vielmehr der *Buber*'sche Zionismus geworden, der sich in pseudophilosophischer Tiefe bemüht, die jüdische »Substanz« zu explizieren. Denn aus der Fixierung der Fremdheit als etwas Substantiellem entspringt das verrückte Bedürfnis nach einer Definition von Judentum, Jude, Jüdischem u.s.f. Die Antworten variieren und widersprechen sich – auf sie einzugehen, wäre völlig sinnlos, sie könnten morgen schon überholt sein, richten sie sich doch lediglich danach, was der »Zeitgeist« seinen Schriftstellern jeweils eingibt. In jedem Fall aber bringt diese Fragestellung den Zionismus auch theoretisch dauernd in eine bedrohliche Nähe der schäbigsten Interessen und antisemitischer Theoreme. Wenn nämlich Definitionen überhaupt gefragt sind, so scheint die auf Rasse basierende schon die probateste zu sein scheint, obwohl die Rassenlehre selbst aus ganz anderen und fundierteren Zusammenhängen stammt und nur sekundär aus dem Bedürfnis nach einer Definition des Juden.

Der Zionismus ist in jeder Hinsicht der legitime Erbe der Assimilation. Er entspringt aus ihrem Scheitern und er ist die Konsequenz der mißglückten, widerrufenen Emanzipation. Er zieht seine historische Legitimation aus dem Unglück und der Not, in die die illusionistische Politik der Assimilanten Westeuropas das ganze Volk gestürzt hat. Er hat heute mehr aufzuweisen als sie alle zusammen, nämlich den Aufbau Palästinas, der immerhin ein Faktum und ein nicht mehr wegzudenkender oder fortzudiskutierender Faktor jüdischer Politik geworden ist. Aber mit dieser Realität: Palästina steht er auch bereits am Ende seines Lateins. Obwohl er längst hat zugestehen müssen, Palästina sei nicht *die* Lösung der Judenfrage, hat er sich rein palästina-zentrisch orientiert, hat sich an den vitalsten Fragen des Diaspora-Judentums desinteressiert.

Aus der Illusion der Assimilation an ein einheitliches Volk hat er die Illusion einer einheitlichen, ewigen Substanz hergeleitet. Aus der unterschiedslosen Loyalität, der die Zionisten eine prinzipielle Fremdheit entgegenstellen, übernehmen sie die Blindheit für den Unterschied von Freund und Feind – die alle gleich fremd sind. Sie sind unfähig, die jüdischen Interessen im Weltmaßstab zu vertreten: sie können nie mit der Tatsache der kompletten Gleichberechtigung der sowjetrussischen Juden fertig werden und sie treten in Verhandlungen mit antisemitischen Regierungen. Indem man die Interessen eines vorgeblich einheitlichen Weltjudentums verteidigt, verrät man die faktischen der ostjüdischen Massen. (Z. B. durch das palästinensische Transferabkommen mit der deutschen Regierung, das allen antisemitischen Regierungen den Weg zur Exporterweiterung und Devisenanreicherung anzeigt.) Da ja alle sogenannte Vernunft – für die Erben der Assimilation allein repräsentiert in assimilatorischer Apologetik – gescheitert ist an der Macht der Anderen, ist man jeden Tag bereit, Macht als Recht anzuerkennen und allen Widerstand aufzugeben. Mit der Behauptung des Primats der palästinensischen Interessen und der Renaissance der »jüdischen Substanz« rechtfertigt man jede nationale Würdelosigkeit.

So enden die Neuerwecker jüdischen Selbstbewußtseins und nationaler Würde. Aus dem Don Quichote, der vor lauter Idealen und lauter moralischen Protesten in uninteressiertem Wohlgefallen zu handeln und zu protestieren glaubte, sind die Realpolitiker und blinden Anbeter augenblicklicher Machtverhältnisse geworden, deren Kongresse noch nicht einmal Protestresolutionen gegen Judenverfolgungen wagen um einiger jüdischer Kapitalien willen.

Der Zionismus als politische Bewegung wird so zerrieben zwischen den Interessen des palästinensischen Aufbaus und denen großer Teile der Judenheit. Er hatte nie große Massen hinter sich, sondern lebte von dem Kredit die Avant-garde des Volkes zu sein. Heute haben sich die Fronten verfestigt und sein Kredit ist aufgezehrt.[14] Er hat um Palästinas willen auf jüdische Politik im Weltmaßstab verzichtet. Er vertritt nur noch die Certifikatsanwärter, denen er eine Flucht ermöglicht, und den fortgeschritteneren Teil des westeuropäischen jüdischen Bürgertums, das um seine Existenz zittert und das von ihm, wie von allen Wanderungsorganisationen, eine gewisse Erleichterung erhofft.

14 Das äußert sich bereits nicht mehr nur in Stagnation der Zahl der Kongreßwählern, sondern bereits in einem positiven Stimmenrückgang, der in Polen bis zu 25 % gemessen an dem vorigen Kongreß von 1935 beträgt. Den Rückgang der Bewegung hat erst kürzlich ein Funktionär des Nationalfonds, der es wahrhaftig wissen muß, unumwunden zugegeben: vgl. *Nathan Bistritsky*, Le Sionisme dans les pays de la diaspora. La Revue Juive de Genève, No 50, Juillet 1937.

In dem Desinteressement des Zionismus am politischen Gegner, in seiner programmatischen Blindheit für Freund und Feind steckt die – à la longue gesehen – gefährlichste Illusion, die von einer möglichen *autonomen jüdischen Politik*. Klar und programmatisch formuliert finden wir diese Idee zuerst in der 1882 erschienenen Broschüre von *Pinsker* »Auto-Emanzipation«; Pinsker stellt das Scheitern der bürgerlichen Assimilation bereits als eine Tatsache hin und sucht nun eine neue Antwort auf den Judenhaß, die ewige »Gespensterangst« der Völker. Die Auto-Emanzipation nun soll im Gegensatz zu der Emanzipation Westeuropas kein »Geschenk« und kein Vertrag sein, den der Mächtigere kündigen kann, wann und wo es ihm beliebt, sondern bereits eine Art nationaler Wiedergeburt, eine *Selbst*befreiung aus dem Ghetto, die erkämpft und daher garantiert ist. Palästina galt und gilt in diesem Zusammenhang als das Territorium, auf dem sich die Selbstbefreiung vollziehen kann. Der Aufbau Palästinas als Folge und begleitet von einer autonomen jüdischen Politik – damit steht und fällt der Zionismus als Idee noch heutzutage. Daher hält auch die heutige zionistische Organisation an ihr trotz aller augenscheinlichen Widersprüche mit allen nur erdenklichen Sophismen fest – fast als wolle sie damit nur die Unmöglichkeit einer solchen Politik ad oculos demonstrieren.

Im Prinzip wendet sich der Zionismus als politische Bewegung an alle Juden. Er stützt sich dabei auf die These, daß vom Aufbau Palästinas die Stellung der Juden der ganzen Welt abhängen werden, daß nur er ihnen eine besser politische Position garantieren könne. Dazu braucht er dringend wenigstens den Schein einer unabhängigen, nämlich nur auf jüdischen Interessen basierten und nur ihnen dienenden Politik. In der Propaganda hält er – wenn auch mit immer mehr nachlassender Intensität – stets die Polemik gegen alle die, welche aus Palästina ein bloßes »Nachtasyl« machen wollen, aufrecht.

In der Wirklichkeit sehen wir indessen, wie der Zionismus

jeden Tag mehr in ein Vasallenverhältnis zu England hineingezwungen wird, in das er einwilligen muß bei Strafe des Verlustes alles schon Erreichten. Der Vorwurf ist alt. Seit der Balfour-Deklaration spricht man von den Juden als den »Schrittmachern des britischen Imperialismus«. Der Zionismus antwortete mit dem Argument von den »koordinierten Interessen«. Inzwischen ist die Entwicklung in ein Stadium getreten, in dem niemand mehr an der Subordination der jüdischen Interessen unter die englischen zweifeln kann. »Ohne die Juden gäbe es kein Palästina« hat dieser Tage ein englischer Politiker gesagt. Sicher gäbe es *für England* ohne die Juden kein Palästina. Wieder empfangen wir unsere Emanzipation, diesmal nicht unter dem Namen »Menschenrechte«, sondern als nationale Rechte nur »geschenkweise«; und selbst der »Judenstaat«, den wir jahrzehntelang selbst propagandistisch nicht mehr in den Mund zu nehmen wagten – wie einst Mendelssohn nicht von sich aus die Emanzipation zu verlangen wagte – wird uns angeboten im Zuge fremder Interessen und einer fremden Geschichte, der des britischen Empires.

Seit jener Zeit, da der polnische Adel die Juden zu sich ins Land lud, um sie als Steuereinnehmer zwischen sich und die auszusaugenden Bauern zu schalten, hat es eine so ideale Koordinierung von Interessen, eine so ideale Kooperation nicht mehr gegeben. Auch damals kamen die Juden, beglückt von so viel Interessenkonvergenz und ahnungslos über ihre zukünftige Rolle. Sie kannten die polnischen Bauern so wenig wie der offizielle Zionismus vor der Balfour-Deklaration die Araber. Damals flohen die Juden Mitteleuropas aus den Pogromen des ausgehenden Mittelalters in das östliche Paradies konvergierender Interessen. Die Folgen haben wir noch heute zu spüren. Auch damals waren wir keine großen Bösewichte und keine bezahlten Agenten – sondern zahlten nur den Preis für die nackte Existenz.

Der Bankrott der zionistischen Bewegung an der Realität Palästinas ist zugleich der Bankrott der Illusion einer autonomen, isolierten jüdischen Politik. Nach dieser Probe aufs Exempel ist das Schlagwort von der Auto-Emanzipation zur Phrase geworden – immerhin der betörendsten Phrase, die unsere moderne Geschichte kennt. Wer den Traum der Autonomie träumend sich von der zufälligen politischen Konstellation Bundesgenossen schenken läßt, die er dann zuliebe der Autonomie auch noch idealisieren muß, kann eines Tages entdecken, daß der Bundesgenosse ein Feind ist. Wer sich eine einheitliche ewig gleiche jüdische »Substanz« einbildet, die über die Interessen des täglichen Kampfes erhaben ist, sieht eines Tages seine besten Ideale an die schäbigsten Interessen verraten.

Die zionistischen Parolen sind zu Phrasen geworden. Hinter ihnen verstecken sich die Interessen eines verelendeten pogromierten Kleinbürgertums im Osten und die einer höchst gefährdeten Bourgeoisie im Westen, die auf jeden Fall versuchen muß, den Strom der Wanderung von ihren Heimatländern abzuhalten. Die Einen werden verschickt und die Anderen finanzieren es – genau wie in der Notabeln- und Wohltätigkeitswirtschaft, gegen die der Zionismus früher einmal so schön rebellierte. Beide »Parteien« sind politisch zu jeder Konzession bereit, bereit die Unterstützung antisemitischer Regierungen zu akzeptieren oder Schutztruppen des britischen Imperialismus zu werden, bereit, überhaupt auf jüdische Politik zu verzichten. Auf das Scheitern der bürgerlichen Assimilation folgt das Scheitern einer bürgerlichen Nationalbewegung.

»Wie schlecht geschützt ist Israel! Falsche Freunde hüten seine Tore von außen, und drinnen sind seine Hüter Narrheit und Furcht.«

(Heine, Der Rabbi von Bacharach)

Das klassische Land des Antisemitismus.

Kein Land der Welt hat in neuerer Zeit so viel Unglück über Juden gebracht wie Deutschland. Weder die Pogrome in der Ukraine noch die in Polen haben uns so verwüstet wie die theoretische Fundierung einer antisemitischen Weltanschauung und der Sieg des Nationalsozialismus.

Kein Land der Welt hat in neuerer Zeit den Juden so viel bedeutet wie Deutschland. Nirgends wurde der Befreiung der Juden so große Dienste erwiesen als in dem gleichen Preußen, das von *Lessing* bis Wilhelm v. *Humboldt* Judenfrage und Judenemanzipation mit dem Kampf für die Befreiung der Menschheit und die Gerechtigkeit für alle Menschen identifizierte.

Wie in unserer Zeit das Jahr 1933 die Entrechtung auch der polnischen und rumänischen Juden einleitete – um nur die beiden Länder mit den größten Judenmassen zu nennen – so hatte einst »Nathan der Weise« und die *Dohm*'sche Schrift die Proklamierung der Menschenrechte für die Juden durch die Französische Revolution vorbereitet.

So wurden in Rußland die ersten großen Pogrome der Neuzeit, in den achtziger Jahren des vorigen Jahrhunderts »vorausgesagt«, im Voraus gerechtfertigt in den Augen der aufgeklärteren städtischen Bevölkerung und des fortschrittlicheren Europas durch die Übersetzung einer deutschen antisemitischen Schrift[15] – kläglicher, aber oft wiederholter Versuch, ein aus feudalen Verhältnissen und Unerträglichkeiten befohlenes und geduldetes Gemetzel mit modernen antisemitischen Strömungen zu konkordieren und als den Gipfel des Fortschrittes und der Modernität hinzustellen.[16] So

15 *Wilhelm Marr*, Der Sieg des Judentums über das Germanentum. 1. Aufl. 1869. – Für die Übersetzung vgl. *Dubnow*, a. a. O. X. S. 120.

16 Kennzeichnend für den mittelalterlichen Charakter der russischen Pogrome ist auch die Rolle, die ein getaufter Jude, Brafmann, und sein »Kahalbuch« (1869 erschienen) bei der innerrussischen Propaganda, bzw. der vorberei-

lebte das rumänische Judenreglement, das ins 17. und 18. Jahrhundert, aber nicht ins 19. und 20. gehörte, (und das der Versailler Vertrag nur für knappe zwei Jahrzehnte liquidieren konnte) von dem gleichen deutschen Antisemitismus und seinem Ruf: »Rumänien den Rumänen«. So haben selbst Englands Liberale für die Judenhetze der Orientkrise (1877/78) ihr Gewissen mit *Marr* und *Treitschke* beruhigen müssen.[17]

Die dem ersten Zublick auffallende Unsinnigkeit der Verkoppelung hypermoderner Parolen mit extrem rückständigen Verhältnissen, verliert an Bedeutung, wenn man von dem rein ideologischen Rüstzeug der Bewegungen einen Augenblick absieht und sich vergegenwärtigt, daß mit den russischen Pogrome der achtziger Jahre die neue Massenwanderung der Juden begann. Bis zum Jahre 1880 wanderten seit 1800 im jährlichen Durchschnitt nur 3000 Juden von Osten nach Westen. Nach den russischen Pogromen wandern in den letzten 20 Jahren des vorigen Jahrhunderts bereits jährlich 50 000 Juden aus – ein verschwindend kleiner Prozentsatz bleibt in Europa, die Mehrzahl zieht nach Amerika, – bis zum Weltkrieg befinden sich jährlich 135 000 Juden auf der Wanderschaft. Durch die Einwanderungsbeschränkungen fast aller Länder nach dem Weltkrieg und das fortfallende Emigrationsbedürfnis der russischen Judenheit fällt die Zahl der wandernden Juden auf 65 000 und hat nie wieder ihre Vorkriegshöhe erlangt.[18]

---

tenden Verhetzung, spielte. (vg. *Dubnow* a. a. O. IX, S. 416) Gleichzeitig bediente sich die russische Regierung der damals zwar sehr modernen, für russische Verhältnisse ganz unsinnigen »Ausbeuter«ideologie, um sich Europa verständlich zu machen. (vgl. *Dubnow*, a. a. O. X, S. 136 ff.)

17 Vgl. dazu *I. G. Tollemache Sinclair*, A Defense of Russia. – Die antisemitische Hetze der Liberalen galt dem Juden Lord Beaconsfield und seiner protürkischen Haltung im russisch-türkischen Konflikt. Der Kampf zwischen Rußland und der Türkei wurde als Zusammenstoß von Christentum und Semitentum ausgelegt.

18 Vgl. *Arthur Ruppin*, Les Juifs dans le monde moderne. Paris 1934. p. 52.

Nach der Machtergreifung Hitlers hat das Auswanderungsbedürfnis eine noch nie gekannte Intensität erreicht; aber gerade die Generalisierung der Judenverfolgungen, die der deutsche Antisemitismus im Gefolge hat, bringt die Bewegung wieder zum Stillstand: jüdische Massen kommen in kein Land der Erde mehr hinein. Die Geschichte des jüdischen Volkes wird wieder einheitlich; auf die Epoche der Emanzipationen, die das Volk in »Ostjuden« und assimilierte Juden geteilt hatte, folgte die Epoche der Wanderungen; sie wird beendet durch die Generalisierung des Antisemitismus, das Aufflammen der Judenfrage in fast allen Ländern der Erde. Die Unterscheidung zwischen »fortschrittlichen« bürgerlichen und »rückständigen« feudalen Staaten wird hinfällig. Die rückständigen Ländern bringen mit Hilfe der fortgeschritteneren ihre Barbarei in die modernsten, faschistischen Formen; die »fortgeschritteneren« greifen auf barbarische Methoden als wirksamstes Ferment ihrer Herrschaft zurück.

Während in Rußland die ersten modernen Pogrome tobten, fanden in Deutschland die ersten internationalen Antisemitenkongresse statt. Der deutsche Antisemitismus hatte bereits für die verschiedenen und widersprechenden judenfeindlichen Tendenzen Europas eine Art gemeinsamer theoretischer Basis gefunden. Noch war die Emanzipation in den meisten Ländern Europas nicht verliehen,[19] noch kämpften die Juden um sie überall mit Argumenten, die gleichfalls aus der preußischen Geschichte stammten – denn seit Adolphe *Thierry* und *Mirabeau* hat es keinen jüdischen Befreiungskampf in Europa gegeben, der nicht sein Pathos aus Lessing und seine Argumente aus Dohm geschöpft

19 Die Juden erlangten die politische Emanzipation in England 1866, in Österreich-Ungarn 1867, in Deutschland 1869, in Italien 1870, in der Schweiz 1874; in Rußland 1917 und in Polen, Rumänien wie den baltischen Randstaaten erst 1919 in der Form der Minoritätengesetze.

hätte,[20] – da kündigte sich schon oft in den gleichen Ländern, unter Deutschlands geistiger Vorherrschaft der moderne Vernichtungskampf gegen die Juden an.

Von *Lessing's* »Nathan« bis *Rosenberg's* »Mythos des zwanzigsten Jahrhunderts« hat jede Befreiung und jede Katastrophe, die Juden in Europa traf, ihre theoretische Fundierung und ihr Pathos in Deutschland entlehnen können; – immer lange bevor eine praktische Nutzanwendung in Deutschland selbst fällig war. Zwischen Lessing und der Emanzipation liegen volle hundert Jahre; von *Marr*, dem Begründer des modernsten Antisemitismus als einer politischen Bewegung bis zu dem Siege *Hitler's* braucht es noch einmal 65 Jahre. Erst in dem vollgültigen Sieg des Antisemitismus findet Deutschland seine wahre »Klassizität«, was die Judenfrage anlangt; erst im dritten Reich steht die Radikalität der Theorie mit keinen praktischen Kompromissen mehr im Widerspruch. Die kurze Epoche der Gleichberechtigung hat sich dessen nicht rühmen können.

Es ist so verwunderlich wie verständlich, daß die Juden selbst dem Lande am kritiklosesten vertrauten, dem sie theoretisch am meisten verdankten. In Preußen wurde bereits Ende des 18. Jahrhunderts die Judenfrage in den engsten Zusammenhang mit den damaligen aktuellen politischen Fragen der europäischen Geschichte gestellt; die Unterdrückung der Juden wurde zu dem Symbol des gesamten gesellschaftlichen Zustandes der Zeit; der Kampf um die Emanzipation der Juden handelte nicht von den

---

20 Vier Jahre nach dem Erscheinen der Dohm'schen Schrift stellte die »Königliche Gesellschaft für Wissenschaften und Künste« in Metz die bereits im Thema charakteristische Preisaufgabe: »Gibt es ein Mittel, die Juden in Frankreich nützlicher und glücklicher zu machen?« Unter den drei preisgekrönten Antworten ist die des Advokaten *Thierry* am offensichtlichsten von Dohm beeinflußt. – Viel wirksamer war das 1787 erschienene Pamphlet *Mirabeau's* Sur Moses Mendelssohn et sur la réforme politique des juifs – eine Art Referat und teilweise eine wörtliche Übersetzung Dohm's.

Juden, nicht von irgendeinem unterdrückten Volk; *theoretisch* verlangte man ein sichtbares Zeichen für die Befreiung der Menschheit, für den Fortschritt, für die Loslösung von Vorurteilen.

Viel Unheil ist daraus entstanden. Gleich zu Beginn wurde aus den Juden *der* Juden, aus vielen Einzelnen ein Prinzip. »Nathan der Weise« ist nicht irgendein edler Mensch jüdischer Abstammung, sondern dichterischer Beweis und dichterisches Beispiel dafür, daß der Jude edel sein *kann* – wie Mendelssohn zum lebendigen Beweis und zum lebendigen Beispiel dieser Möglichkeit gemacht wurde. Nicht die Juden, wie man sie kannte oder nicht kannte, weder den kleinen Hausierer noch den großen Geldleiher, sondern den »Juden überhaupt«, so wie er werden *kann*, in seiner neuen Repräsentanz: Mendelssohn, galt es zu befreien. Und ihn wiederum nicht als Juden, sondern als Menschen. Selbst der Jude ist ein Mensch – was das Unwahrscheinlichste ist. So wird der Jude zum Prinzip des Menschseins und seine Befreiung zum Symbol der Befreiung des Menschen. Um die Menschenrechte geht es all diesen sehr theoretisch verbleibenden Diskussionen der Judenfrage, und nicht um die Gleichberechtigung einiger andersgläubiger Mitbürger in einem christlichen Staat und einer christlichen Welt.

An den Juden sollen die Menschenrechte exemplifiziert und vorexerziert, an ihnen bewiesen werden, bis zu welchem Grade die »sich allenthalben gleiche menschliche Natur« der »vollkommensten Ausbildung und der unglücklichsten Verwilderung fähig ist«.[21] Die Juden sind nur das Beispiel, an denen Verwilderung wie Ausbildung zu zeigen ist. Die Absicht *Dohm's* ist »weder für das Judentum noch für die Juden eine Apologie zu schreiben; er führt bloß die Sache der Menschheit, und verteidigt ihre Rechte. Ein Glück für *uns*, wenn die Sache auch zugleich die *unsrige* wird,

21 *Moses Mendelssohn*, Vorrede zur Übersetzung von Manasseh ben Israel, Rettung der Juden. Die Vorrede erschien gesondert als Anhang der Dohm'schen Schrift in der 2. Auflage 1782.

wenn man auf die Rechte der Menschheit nicht dringen kann, ohne zugleich die unsrigen zu reklamieren.« *Mendelssohn* resümiert in diesen Worten nur die theoretische Basis, auf die Lessing und Dohm die Judenfrage gestellt hatten.

Daß nun aus dieser Verkoppelung die Sache der Juden nie wieder zu lösen war – weder von Nichtjuden, die als Antisemiten ohnehin die Aufklärer verdächtigten, noch von Juden, die recht gern später sich abseits von allen politischen Kämpfen ihre Emanzipation gesichert hätten – ist die große Chance, die Deutschland den Juden gegeben hat – neben allen Nachteilen. Schließlich müssen wir heute noch auf diesen ersten Beginn zurückgreifen, wenn wir um unsere Rechte kämpfen wollen; denn nur auf dieser Grundlage haben wir Aussicht, Verbündete zu finden, und verbunden zu sein mit dem Kampf um Freiheit in allen politischen Formen. Seit die deutsche Aufklärung die Sache der Juden mit den Menschenrechten theoretisch identifizierte, seit die Französische Revolution sie praktisch verkoppelte, ist unsere Geschichte in Europa unabweisbar vorgezeichnet.

Der großartige Vorteil, der in der grundsätzlichen Fassung der Judenfrage lag, wurde zu einem erheblichen Nachteil, als die ökonomische Assimilation, der man in Deutschland fast achtzig Jahre die politische Legalisierung vorenthielt, aus den Unterdrückten und Verfolgten sehr erfolgreiche Bankiers, Kaufleute, und Akademiker gemacht hatte. Sehr schnell rächte sich an uns die Abstraktheit unserer »Freunde«, die unsere Feinde wurden, als sie sehen mußten, daß die lebendigen Juden keineswegs in solcher Allgemeinheit »Unterdrückte« waren. Während des Prozesses, der aus einem unterdrückten Volk mit bestimmten Privilegien und Funktionen Bürger ohne politische Rechte machte, verloren die Juden politisch ihre besten Freunde: die Erben der Aufklärung. Die versteiften sich darauf, die Juden mit der gesamten Menschheit zu emanzipieren, warfen ihnen vor, aus der Emanzipation ein Privileg zu machen und sie für sich forderten und nicht für alle Unterdrückten; und wurden schließlich Antisemiten, weil sie in der alten messianischen Chimäre von der Vorzugsstellung des »auserwählten Volkes« auf die eine oder andere Weise doch befangen blieben: nicht mehr die Christianisierung der ganzen Menschheit erhofften sie sich von der »Bekehrung der Juden«, wohl aber ihre Befreiung, für welche die Emanzipation der Juden nur ein Symbol sei. »Nicht auf Beseitigung seines besonderen Leides, die Aufhebung seiner besonderen Unfreiheit hat der Jude, wenn er die Sache richtig ansieht, anzutragen oder zu hoffen, sondern auf den Sturz eines Prinzips.«[22]

Es ist kein Zufall, daß die grundsätzliche Stellung der Judenfrage in den Juden nicht mehr als ein Exempel, fast nur einen Vorwand gesehen hatte; daß sie gerade von ihren »Freunden« nur als das Prinzip eines Prozesses angesehen wurden; und daß sie niemals in der ganzen traurigen Geschichte der letzten 150 Jahre in den Augen der Anderen je lebendige Menschen wurden. *Dohm* bereits sprach klar aus, wie es um die Freunde der Juden bestellt war, wenn sie auch nur einen Augenblick aufhörten, die Juden als Prinzip, Exempel, Vorwand zu betrachten: »Freilich wäre es besser«, meinte der große »Freund« Dohm, »wenn die Juden mit ihren Vorurteilen gar nicht mehr da wären, – aber da sie nun einmal da sind, können wir wohl zwischen dem: sie (wenn sich so etwas in unsern Zeiten noch denken läßt,) geradezu oder durch dahin zielende Einrichtungen allmählich von der Erde zu vertilgen; oder sie unaufhörlich solche schädlichen Glieder der Gesellschaft bleiben zu lassen, als sie bisher waren; oder sie zu bessern Bürgern der Welt zu machen, – noch wählen wollen?«[23]

Die Juden sind in ihrer konkreten Schlechtigkeit zu vergessen um *des* Juden willen, dessen Unterdrückung eine Schmach der

22 *Bruno Bauer*, Die Judenfrage. 1843. S. 87.

23 *Christian Wilhelm Dohm*, Ueber die bürgerliche Verbesserung der Juden. 1783.

Menschheit ist. Weil man sich über ihre Schlechtigkeit einig war, wurde man so abstrakt. Der moderne Antisemitismus, der weiß, daß die Juden nicht allgemein »schlecht« sind, stellt diese Abstraktheit nur auf den Kopf, wenn er die ihm persönlich bekannten Juden in ihrer »Anständigkeit« (»es gibt auch anständige Juden« etc.) vergißt, um *des* Juden willen als dem endlich gefundenen bösen Prinzip der Geschichte. *Die klassische Formulierung der Judenfrage in der Aufklärung liefert dem klassischen Antisemitismus seine theoretische Basis.*

Den Juden aus einem lebendigen Individuum in ein Prinzip zu verwandeln, in ein Agglomerat von Eigenschaften, die ganz allgemein »böse« sind und auch an beliebigen anderen Menschen wahrgenommen werden können, aber stets »jüdisch« genannt werden – die Anderen sind dann eben verjudet – kurz aus den Juden *den* Juden und aus diesem wiederum *das* Jüdische hervorzuzaubern – dies alles sind an sich Tendenzen des gesamten modernen Antisemitismus, der sich gerade durch seine Abstraktheit vom Judenhaß des Mittelalters wesentlich unterscheidet. Der Rassenantisemitismus, obwohl er durch Definitionen *den* Juden wieder zu konkretisieren sucht, kann ohne den Begriff der »Verjudung« bzw. der »weißen Juden« auch nicht auskommen. Deutschland ist nicht Hitlers und auch nicht einiger weniger totgeschlagener Juden wegen zum klassischen Land des Antisemitismus geworden – im Osten hat man sich mit solchen Kleinigkeiten gar nicht erst abgegeben. Sondern nur, weil es bereits lange vor aller praktischen Nutzanwendung, sozusagen in völliger Interesselosigkeit, den modernen abstrakten Antisemitismus am radikalsten und konsequentesten vertreten hat. Es konnte für die ganze Welt zum Vorbild dienen, weil es sich 1. am schärfsten abgewandt hat vom Judenhaß der voremanzipatorischen Zeit und weil es ihm 2. gelang in *dem* Juden ein weltbewegendes Prinzip, zu entdecken.

Antisemitismus und Judenhaß

Selbstverständlich tritt der moderne Antisemitismus die Erbschaft des mittelalterlichen und damit auch des antiken Judenhasses an. Es ist sogar zuzugeben, dass fast nirgends in der modernen Geistesgeschichte die Verbundenheit mit dem Mittelalter so eng ist, fast nirgends so viel an einzelnen Behauptungen, Aussagen und Vorstellungen direkt übernommen wird. *Eisenmenger's* »Entdecktes Judentum« (1701) hat in vielen Neuauflagen hier die Vermittlerrolle übernommen, und es gibt kaum eine mittelalterliche Anschuldigung, vom Ritualmord bis zum Wucherer, die wir nicht wörtlich in irgendwelcher moderner Schund- und Schmutzliteratur wiederfinden. Je rückständiger das Land – Polen, Rußland, Rumänien – desto stärker überwuchert auch heute noch ein höchst realistischer Aberglauben, eine sehr primitive Gespensterangst alle verallgemeinernden, weltanschaulichen Tendenzen. Ohne den Appell an die uralte, in immer primitivere, dh. geschichtsfremdere Schichten des Volkes heruntergesunkene Angst vor dem »ewigen Juden«, dem Ahasver, den »späten Kindern des Todes« (Clemens v. Brentano), dem unbegreiflichen Phänomen des Überlebens eines antiken Volkes, das ohne Grund und Boden, d. h. anscheinend ohne alle irdische Bindung, so viele europäischen Katastrophen überlebt hat, das ohne auf irdische Weise leben und ohne wie die anderen Völker sterben zu können, sich wie ein Gespenst aus längst vergangenen Tagen hinüberrettet, um sich auf Vampyr Art von dem Blut der Lebenden zu nähren, – ohne den Appell an solche Ängste, stammend aus der Unfähigkeit, geschichtliche Zusammenhänge zu verstehen, kann auch der moderne Antisemitismus nicht existieren.[24]

---

24 Wie groß die Verführung ist, das Überleben des jüdischen Volkes als ein gespenstisches Phänomen zu schildern ist besonders deutlich, wenn sich auch Juden dieser Bilder und Vergleiche bedienen. So beschreibt *Börne* das

Antisemitische Agitatoren haben sich der ererbten und von der Neuzeit oft reproduzierten Gespensterangst stets gut zu bedienen gewußt. Aber auch nicht mehr als das. Politisch einflußreich wurde der Antisemitismus nur dann, wenn er über die Erzählung von Schauermärchen zu einer Theorie kam, die an sehr viel modernere, ja stets sehr aktuelle Verhältnisse anknüpfen und bestimmten Tendenzen des politischen Kampfes, der ursprünglich mit Juden meist nur wenig zu tun hatte, dienen konnte. Propagandistisch war die Benutzung des aus dem Mittelalter verschleppten Aberglauben – vor allem der bäuerlichen Bevölkerung gegenüber – doppelt wertvoll: er gewann der Bewegung auch in Volksschichten und Gegenden, in denen Juden überhaupt nicht vorhanden waren, Anhänger; der Allgemeinheit des bösen Prinzips, das der »Jude überall und nirgends« für die »aufgeklärteren« Schichten darzustellen hatte, entsprach die sehr konkrete Allgegenwärtigkeit eines Gespenstes in anderen, die weder einer Weltanschauung schon fähig waren, noch über irgend eine Anschauung verfügten, von der aus sie hätten abstrahieren können. In der Sprache des Antisemitismus heißt die uralte Judenphobie die »gesunden Instinkte des Volkes«.[25]

Folgenreicher als die direkte agitatorische Wirkung war für die Juden eine andere Konsequenz der primitiven Lügen-Propaganda:

»Verhängnis der Juden« mit folgenden Worten: »Es scheint aus einem dunklen unerklärten Grauen zu entspringen, welches das Judentum einflößt, das wie ein Gespenst, wie der Geist einer erschlagenen Mutter das Christentum von seiner Wiege an höhnend und drohend begleitet.« (Für die Juden. 1819. 1. Abschnitt.)

25 Die Auslegung des Antisemitismus als *Judenphobie* ist zur offiziellen Theorie des Zionismus geworden. Theoretisch wurde sie zum ersten Mal von *Pinsker* als Gespensterfurcht formuliert. (Auto-Emanzipation. 1. Aufl. 1882) Pinsker's Irrtum ist sehr verständlich. Vor ihm lagen die ersten Anzeichen des Scheiterns der westeuropäischen Assimilation, die er als solche richtig einzuschätzen wußte; er versuchte sie zu erklären mit dem Judenhaß, den er aus Rußland kannte.

die an die »gesunden Instinkte des Volkes« appellierende Traktätchen-Literatur schien den Antisemitismus in den Augen der Gebildeten zu diskreditieren;[26] sie trat besonders roh auf und ergab einen sehr erwünschten Vorwand, in rein apologetischer Form die ganze Sache loszuwerden, gerade ihrer offenbaren Unsinnigkeit wegen. Diese Art Literatur war wirklich nichts als »Schund und Schmutz« oder »mittelalterliche Barbarei«; indem man den Antisemitismus mit ihr identifizierte, wurde dem Kampf jede politische Schärfe genommen.

Man versucht oft, den grundsätzlichen Unterschied zwischen dem gesamten mittelalterlichen Judenhaß einerseits, der ein ziemlich einheitliches Gebilde ist von den Kreuzzügen bis zu Luther, und dem gesamten modernen Antisemitismus andererseits in allen seinen Schattierungen, vom sozialen Haß gegen das »raffende Kapital« bis zum Rassenhaß, vom Adelsantisemitismus bis zu dem der Kleinbürger, von den ersten schüchternen Versuchen zu Beginn des 19. bis zur Vollendung im zwanzigsten Jahrhundert – man versucht oft den grundsätzlichen Unterschied zu verwischen und die jeweiligen historischen Unterschiede zu bagatellisieren. Damit erreicht man nichts anderes, als die Judenfrage wieder aus dem historischen Prozeß herauszuabstrahieren, und den Juden wie Nichtjuden gemeinsamen Boden zu vernichten, auf dem über unser beider Schicksal entschieden wird. »Mittelalterliche Barbarei« oder »ewiger Antisemitismus«: für uns Juden ist beides gleich hoffnungslos; wenn die mittelalterliche Barbarei gerade an uns ausbrechen kann, so scheint dies der gültigste Beweis dafür, daß wir nicht in die neuere Geschichte gehören und

26 Daß die Gebildeten sich in nur sehr beschränktem Maße diskreditierten, wenn sie Antisemiten wurden, hätte man wissen dürfen, nachdem gerade die »Gebildeten« in Deutschland die ersten Antisemiten waren, die auf die gesunden Instinkte des Volkes pochten – so *Joseph Görres*, so der Berliner Philosophieprofessor *Fries*. Die Traktätchenliteratur war die Darstellung der gleichen Sache in gemeinverständlicher Form.

nicht in ihr heimisch sind. Die Rede vom »ewigen Antisemitismus« geht nur einen Schritt weiter und wirft uns aus der Menschheitsgeschichte überhaupt heraus.

Zu beweisen sind beide Hypothesen nicht: was die Barbarei anlangt, so hat die Moderne das Mittelalter weit übertroffen. Was die Identität von Judenhaß und Antisemitismus betrifft, so haben die Antisemiten bei aller »Erbschaft« sich selbst immer wieder aufs deutlichste vom Mittelalter distanziert: »Gegen jede Religionsverfolgung nehme ich somit die Juden unbedingt in Schutz«, formuliert *Marr* (der für den gesamten neudeutschen Antisemitismus im höchsten Maße mitverantwortlich ist). Nicht den Antisemitismus aus dem Judenhaß, sondern umgekehrt erklärte er den Judenhaß als eine Vorform des Antisemitismus, als einen in religiösen Formen befangenen Antisemitismus: »Und so mußte denn auch Gott und die Religion herhalten bei allen Judenverfolgungen, während in Wahrheit doch diese Letzteren nichts waren als das Ringen der Völker und ihrer Instinkte gegen die realistische Verjudung der Gesellschaft, als ein Kampf ums Dasein.«[27] – Es ist schwer zu entscheiden, was unsinniger ist: von einer »Verjudung der (feudalen) Gesellschaft« zu reden, oder die sogenannte »mittelalterliche Barbarei« in der modernen wiederzufinden. Schließlich läuft beides auf das Gleiche hinaus, nämlich auf die von Marr behauptete Verweltlichung des alten Judenhaßes. Dann aber bleibt wirklich nur noch die verzweifelte Frage, die der junge *Börne* bereits im Jahre 1819 stellte: »Sonst dachte man die Juden kämen nicht in den Himmel, und darum wollte man sie auch nicht auf Erden dulden; aber jetzt, man ihnen den Himmel gönnt, warum möchte man sie immer noch von der Erde vertreiben?«[28]

Der *christliche Judenhaß* sieht in den Juden das Volk, das Christus geboren und ihn gekreuzigt hat, das auserwählt war und seit-

27 *Wilhelm Marr*, Der Sieg des Judentums über das Germanentum. S. 8 ff.
28 *Ludwig Börne*, a. a. O. 1. Abschnitt.

her verflucht ist. Die Meinung über die Juden und der Haß gegen sie wird einheitlich von der Kirche geleitet, in deren Heils- und Missionsplan die Bekehrung der Juden eine wichtige, ja zentrale Rolle spielt. Ein getaufter Jude ist kein Jude mehr, sondern ein Christ; die gesamte antijüdische Literatur des Mittelalters ist von getauften Juden verfaßt oder zitiert sie als Gewährsmänner.

Christen und Juden waren verbunden durch das Alte Testament, geschieden durch das Neue Testament und den Talmud. Für den Christen ist in jedem Angehörigen des verfluchten Volkes noch das Glied des auserwählten Volkes sichtbar, dessen Unglück für die Kirche so notwendig ist, da er »lebendiger Zeuge für die christliche Wahrheit« ist, den »der Christ nicht ausrotten soll, damit er selbst nicht dabei die Kenntnis der göttlichen Gesetze verliere.« (Innozenz III., der 1215 den »gelben Fleck« einführte.[29]) Der Tod durch Inquisition und auf dem Scheiterhaufen sind nur mehr oder minder geglückte Bekehrungen. Die Bekehrung aller Juden schließlich wird mit dem Reich Gottes auf Erden zusammenfallen. Die zahlreichen Judenverfolgungen der Zeit sind daher gar nicht vergleichbar an Grausamkeit mit denen des ausgehenden Mittelalters, des 16. und 17. Jahrhunderts, die bereits wahre Vernichtungsunternehmungen sind. Theoretisch gerechtfertigt werden diese neue Art Pogrome schon durch *Luther*, der auch hier an dem entscheidenden Wendepunkt zwischen Mittelalter und Neuzeit steht und dessen Judenhaß die ersten modernen Elemente aufweist.

Im sozialen Leben steht der Jude überall unter Ausnahmegesetzen, die ihn absondern, ihm aber im Verkehr mit den Christen gewisse Privilegien einräumen, bestimmte Randbefugnisse, erst den Warenhandel, dann die Pfandleihe, schließlich die Geldleihe. Nur solange ihre wirtschaftlichen Funktionen am Rande des allgemeinen ökonomischen Lebens verbleiben, werden sie in ihnen

29 Zitiert nach *H. Coudenhove*, Das Wesen des Antisemitismus. 1901. S. 167.

geduldet. Je wichtiger, je zentraler sie für die Andern werden, desto rascher werden die Juden aus ihnen ausgeschieden. So verjagte man sie erst aus dem Warenhandel, dann aus der Pfandleihe und schließlich aus dem größeren Kreditgeschäft. Durch Privilegien werden Juden, welche aus Ländern vertrieben wurden, in andere hereingelockt. Ihre auf Privilegien beruhenden ökonomischen Randbefugnisse werden der Volkswirtschaft des Landes oft so notwendig, wie ihre religiöse Existenz dem Christentum wie ihr selbst das Unglück der Kirche als Zeuge für die christliche Wahrheit.

Hier liegt die *unverfälschbare historische Basis des Judenhasses* im Mittelalter: die »halsstarrige« Gegnerschaft der Juden gegen Christus und die gesamte christliche Kultur; und seine ebenso unverfälschbare *soziale* Basis: die Rolle der Juden im Waren- und Geldhandel. Die mittelalterliche Identifizierung von Wucherer und Jude hat nur wenig gemein mit den modernen Identifizierungen, die beliebig sind und über die faktische Rolle der Juden im modernen Wirtschaftsleben kaum etwas aussagen, ihnen vielmehr wechselnd und beliebig Charaktereigenschaften, Charaktermasken zuschieben, deren Willkür nur von den jeweiligen Bedürfnissen eingedämmt wird und nur aus ihnen verstanden werden kann.

Die moderne Willkür beginnt bereits bei der *Definition* des Juden. Da er innerhalb der westeuropäischen Staaten gar keine unanzweifelbare Identität mehr hat, ist die Definition eines der vordringlichsten Bedürfnisse der Antisemiten. Ob nun die Juden eine Religion oder eine Nation sind, ob ein Volk oder eine Rasse, ob ein Staat oder ein Stamm, das ist abhängig von der jeweiligen Meinung der Nichtjuden über sich selbst, in deren Mitte die zu definierenden Juden leben, steht aber keinesfalls im Zusammenhang mit einer ursprünglichen Erkenntnis der Juden. Als die Völker Europas Nationen wurden, wurden die Juden zu einer »Nation in der Nation«; als die Deutschen begannen im Staate mehr zu sehen, als eine politische Repräsentanz, nämlich das eigentliche »Wesen«, da wurden die Juden zu einem »Staat im Staate«; als das Wort »international« in den Köpfen zu spuken begann, repräsentierten die Juden die »goldene Internationale«, um wenig später – in einer ingeniösen Kombination von Staat und Internationale – zu einem internationalen Staate zu avancieren, in Gestalt der »Weisen von Zion«. Seit endlich, Ende des vorigen Jahrhunderts, die Deutschen sich in Arier verwandelten, laufen wir als Semiten durch die Weltgeschichte; und dem angelsächsischen Hochmut des »weißen Mannes« gegenüber seinen Kolonialvölkern verdanken wir das Epitheton: »weiße Neger«.

Gegen diese unsinnigen Spielereien sind die mittelalterlichen Identifizierungen, selbst in ihren abergläubischsten Lügen, in ihren blutigsten Märchen der damaligen Realität der Juden näher. Lügenhaft war das Ritualmordmärchen – aber der religiöse Haß, der ihm zugrunde lag, war echt. Lügenhaft, daß alle Juden Wucherer seien – sie verschwanden in einer Masse armer Handwerker und Hausierer. Aber sofern Juden überhaupt sozial mit dem umgebenden Volk oder bestimmten Volksteilen zusammenkamen, traten sie als Geldleiher auf. Bis ins 16. Jahrhundert war es Christen verboten, auf Zinsen zu leihen;[30] Judesein war ein Stand unter anderen, wenn auch der unterste und der verfehmteste; auch er hatte ein Privileg, wenn auch nur die Geldleihe. Auch die Bezeichnung eines christlichen Wucherers als »getaufter Jude«[31] hatte nicht den modernen Sinn des »weißen Juden«, sondern den, daß

30 *Luther* zeigt in seiner 1540 erschienen Schrift: An die Pfarrherrn, wider den Wucher zu predigen, bereits insoweit moderne Verhältnisse, als er die Juden als Wucherer nicht mehr erwähnt, dafür aber von der Geldleihe als einer christlichen Institution spricht, die sogar als »Dienst und Wohltat« gerühmt wird.

31 Vgl. z. B. *Bernhard von Clairvaux* im Jahre 1146: Pejus judaizare dolemus Christianos foeneratores si tamen Christianos et non magis baptizatos Judaeos convenit appellare. (Zitiert nach *Coudenhove*, a. a. O.)

die Taufe für diesen Christen nur etwas Äußerliches war, daß er einem »jüdischen« Gewerbe nachging. Ein Jude, der sich taufen ließ, wurde kein »getaufter Jude«, sondern ein Christ.

Nur als Wucherer gehörte der Jude der ständischen Gesellschaft an, wie nur als Feind Christi ihrer Kultur. In der christlich-feudalen Welt indizierte der Stand den Beruf. Bei den Juden war, sofern sie überhaupt an dieser Welt teil hatten, sowohl Stand wie Beruf durch die Religion vorgegeben. Dadurch erst konnte der Religionshaß sich mit dem sozialen Haß verquicken: beide zusammen ergaben den Fanatismus des mittelalterlichen Pogroms. Daß die Juden gerade durch ihre aktive Feindschaft gegen die christliche Kultur zur Geschichte Europas gehörten, hat – im Gegensatz zu eigentlich allen jüdischen Historikern – der Junghegelianer Bruno *Bauer* ausdrücklich bemerkt und hervorgehoben: »Die Juden sind gedrückt worden, weil [...] sie sich gegen das Rad der Geschichte gestemmt hatten. Ständen die Juden außerhalb dieses Spiels des Kausalitätsgesetzes, wären sie rein passiv gewesen [...] dann würde auch jenes Band fehlen, das mit Geschichte verknüpft. [...] Ihre Sache wäre schlechthin verloren.«[32] Die Polemik gegen die Juden und ihre »Freunde«, die nach *Dohm* nicht mehr müde wurden, die Juden ob der ihnen zuteil gewordenen schlechten Behandlung zu beklagen, ist deutlich. Erst die moderne Behandlung der Judenfrage, erst ihr Mitleid, dem die Verachtung der Antisemiten auf dem Fuße folgte, hat die Juden aus der Geschichte Europas herauswerfen wollen.

Jedem modernen Antisemitismus, unabhängig von seiner geschichtlichen Entwicklung und Differenzierung, fehlt die Basis, die der Judenhaß hatte, sein konkretes Wissen vom Juden, das die Grundlage aller Verzerrungen abgab. In der Geschichte des Judenhasses geht es wirklich nicht um sehr viel mehr als eben um die Juden; die Geschichte des Antisemitismus versteckt immer ganz

32 Bruno Bauer, Die Judenfrage, Braunschweig 1843, 5.

andere Tendenzen, in denen Juden nicht die entscheidende Rolle spielen. Seine Geschichte könnte man als die Geschichte von Identifizierungen ansprechen – höchst beliebigen Identifizierungen, denen nur ein Minimum an Realitätsgehalt innezuwohnen hat, was die Juden angeht; höchst notwendigen Identifizierungen, von den Kämpfen der Zeit aus gesehen.

Wucherer, Paria, Parasiten

Dem Verschwinden des Judenhasses und dem Entstehen des modernen Antisemitismus des 19. und 20. Jahrhunderts geht ein entscheidender Wandel der Beziehungen zwischen Juden und den Wirtsvölkern in Mittel- und Westeuropa voraus, der im 17. Jahrhundert bereits beginnt, das ganze 18. Jahrhundert hindurch andauert, um Mitte des 19. erst eine juristische und politische Form als Emanzipation zu erhalten.

Vor dieser Zeit kam das Volk der Juden mit den anderen Völkern nur in den Katastrophen und Vertreibungen in Berührung. Das wirtschaftliche Leben des Ghettos erschöpfte sich im kleinen Handwerk, und Hausierhandel. An der Spitze der Gemeinden standen einige, sehr wenige Reiche, die den Kontakt mit der Außenwelt vermittelten, und durch die Geldleihe an der Außenwelt im Wesentlichen verdienten. Der Wucherer hatte im Ghetto gleichsam eine Art Außenhandelsmonopol in Händen. Bei Nichtjuden wie Juden galt er als Repräsentant des Volkes; für die Einen, weil sie ja nur mit ihm in Berührung kamen; für die Andern, da von seiner Wohltätigkeit bei dem außerordentlich knappen Lebensraum des Ghettos oft ganze Gemeinden abhingen. Aber nicht nur wirtschaftlich, auch politisch waren die Gemeinden auf ihre »Wohltäter« angewiesen, die als Faktoren der Fürstenhöfe über die Beziehungen verfügten, die zum Schutze der Gemeinden nötig waren. Sehr früh entstand jene verhängnisvolle und bis auf den heutigen Tag nicht liquidierte Personalunion von Notablen Philanthropen und politischen Repräsentanten.

So sehr sich auch im Verfolg der nächsten Jahrhunderte die Stellung und die Funktion des jüdischen Wucherers änderte, der vom Hofjuden zum Gläubiger der absolutistischen Staaten arrivierte, um schließlich als Bankier des 19. und 20. Jahrhunderts – zwar nicht den Gipfel seiner Macht – aber den Gipfel seines gesellschaftlichen und sozialen Ansehens zu erklimmen – seine Rolle innerhalb der Judenheit ist unverändert geblieben, sofern er nicht selbst auf sie verzichtete und die jüdische Gemeinschaft verließ. Nur das Gesamtbild hat sich ein wenig verschoben: so wie einst ganz Gemeinden von der Philanthropie einiger Geldleiher lebten, so lebten Ende des 19. Jahrhunderts ganze Bezirke des russischen Ansiedlungsrayon von den Millionen des Baron Hirsch, so leben heute große Teile der polnischen Judenschaft von den Sammlungen und den heimgeschickten Dollars amerikanischer Juden. Immer noch hat sich innerhalb des jüdischen Volkes selbst die Klassenscheidung nicht durchgesetzt: der reiche Jude, mitten im kapitalistischen Wirtschaftssystem stehend, tritt immer noch nicht dem armen als »Ausbeuter« gegenüber und der arme dem reichen immer noch nicht als »Arbeitskraft«. Sofern sich diese Beiden in der jüdischen Welt überhaupt begegnen – und sie tun es nur in der Katastrophe – ist immer noch der Reiche für den Armen ein Wohltäter, und der Arme für den Reichen ein Schnorrer.

Als die sehr wenigen reich gewordenen Hofjuden zuerst den Vorschriften der Judengesetzgebungen entrannen – im 18. Jahrhundert – als dann die breitere Schicht der Wohlhabenden ihren Anspruch auf Emanzipation anmeldete, da empfing schließlich die Masse des Volkes seine Bürgerrechte aus den Händen der gleichen Wohltäter, die ihm einst als Bittsteller und Petitionäre den dürftigen Schutz der Ghetti vermittelt hatten. Nur mit dem Unterschied, daß an die Emanzipation eine stillschweigende und durch den Gang der Entwicklung selbstverständlich gewordene Bedingung geknüpft wurde: so zu werden, wie diejenigen, welche direkt und ausnahmsweise das Bürgerrecht als Erste erhalten hatten. Wollte man innerhalb der Emanzipation Jude bleiben, so stand und steht für das innerjüdische Leben die alte Alternative: ein Philanthrop zu werden oder ein Schnorrer zu bleiben. Alle, die sich dieser Alternative entzogen haben, sind dem Judentum verloren gegangen.

Die Hof- und Münzjuden, die Wucherer und Steuerpächter waren die ersten Juden, die den Mauern des Ghettos entflohen;[33] die ersten Hofjuden, die des vollen Bürgerrechts teilhaftig wurden, waren die Friedrich des Großen in Preußen. Sie hießen *Itzig und Ephraim* und wurden belohnt für eine höchst zweifelhafte Tätigkeit als Münzpächter während des Siebenjährigen Krieges, die dem Staate aber immerhin in den letzten Kriegsjahren 6 Millionen Taler jährlich einbrachte.[34] In ihnen sehen wir die ersten

33 Bayern gab bereits zu Anfang des 18. Jahrhunderts seinen Hofjuden Ausnahmestellungen. Und zwar in dem Augenblick, wo das geltende Judenreglement sich als Hindernis für die neue Geschäftstätigkeit der Hofjuden erwies. Vgl. dazu *Paul Sundheimer*, Die jüdische Hochfinanz und der bayrische Staat im 18. Jahrhundert. (Finanz-Archiv, 41. Jahrg. Bd. 1 u. 2. 1924) – Der erste befreite Jude in Bayern war Noe Samuel Isaak; für ihn war »solange er auf Grund der Schuldobligation noch eine Forderung gegen das Kurhaus hatte, der erste Artikel des 5. Buches der Land- und Polizeiordnung aufgehoben. Dadurch war Noe von der Bestimmung befreit, daß jede Handlung zwischen einem bayrischen Untertan und einem Juden ungültig ist und der Strafe der Konfiskation unterliegt.« (S. 6)
Man sieht hier deutlich, wie von *Staats* wegen und in seinem unmittelbaren Interesse die ersten wirtschaftlichen Beziehungen zwischen Juden und Nichtjuden angebahnt wurden.

34 Womit die beiden Münzjuden sich den preußischen Staat zu so großer Dankbarkeit verpflichteten, schildert sehr ergötzlich *R. Lewinsohn*, Les profits de guerre.
»En 1757 Frédéric I afferme les ateliers de la Monnaie de Dresde et de Leipzig aux banquiers Veitel Ephraim Fils et Daniel Itzig et autorise ces derniers

emanzipierten Juden vor uns; die Ehre, die ihnen zuteil geworden, ist umso höher anzuschlagen, als der damals berühmteste Jude, *Moses Mendelssohn*, es unter dem gleichen König nur mit Mühe und Not bis zur außerordentlichen Schutzjudenschaft brachte, die noch nicht einmal seinen Kindern galt. Während alle Fürsprache der Aufklärung, welche Emanzipation für die Juden unter Berufung auf Mendelssohn forderte, diesem selbst gar nichts nützte, geschweige denn dem jüdischen Volke, erhielten Itzig und Ephraim stillschweigend den Preis für ihre Leistungen und wurden damit weithin sichtbar, Vorbild und Pionier des ganzen Volkes. Wollen wir also die Emanzipation wirklich verstehen, die Bedingungen, unter denen sie gegeben wurde, wie den Weg, den die Juden einschlagen mußten, um sie zu erlangen, so müssen wir kurz die Leistungen der ersten emanzipierten Juden kennen lernen, die dann zu unserm Unglück unsere »Befreier« wurden.

Als im 12. und 13. Jahrhundert der Warenhandel aus jüdischen Händen in die eines neu entstehenden städtischen Bürgertums übergeht, beginnt unter den Juden der *Wucher*, die Geldleihe, an Bedeutung zu gewinnen. Zwei Jahrhunderte lang blieb der Wucher an die *Pfandleihe* und damit an eine Art Warenhandel gebunden. Der Wucherer erscheint uns wie eine merkwürdige Zwischenform zwischen dem Schatzbildner alten Stils und dem modernen Warenhaushändler, der an keine Branche gebunden, jeden Gegenstand zur Ware verwandelt. – Das 15. Jahrhundert erst

---

à fabriquer 20 thalers avec la quantité d'argent qu'on employait jusqu'alors pour en frapper 14. [...] Au cours des années des guerres suivantes, ce système prend un nouveau développement. La Monnaie de Brandenbourg est également affermée aux banquiers Ephraim et Itzig qui sont autorisés à frapper des pièces contenant à peine 50% de la teneur antérieure en argent. Or, il ne s'agit pas seulement de mettre cette monnaie [...] en circulation à l'intérieur du pays, mais surtout de la répandre à l'étranger. [...] Le fait est que ce trafic [...] rapporte à l'état Prusse pendant la dernière période de la guerre 6 millions de thalers par an.«

trieb die Juden durch die von der Kirche errichteten Pfandhäuser (montes pietatis) in die reine Geldleihe, die den Namen Wucher voll verdient durch die enormen Zinsen, die einem unübersehbaren Risiko des reinen Wucherers entsprachen, der ja weder ein Pfand noch eine Gesetzgebung zur Sicherheit hatte. Der Wucher selbst spielte damals so wenig wie heute irgendeine bedeutendere Rolle in den großen Handelsgeschäften der Zeit.[35] Er war jener armselige Kleinkredit, der an verschwenderische Adlige gegeben wurde oder an Bauern, die von Mißernte betroffen waren, oder an Handwerker, die durch irgendein unvorhergesehenes Unglück in Armut und Not geraten. Das der Armut und der Verschwendung geliehene Geld diente nur dem Konsum und der Zins war eine reine Risikoprämie; es steigerte nicht die Produktion, sondern konnte sie höchstens vermindern, sei es durch übermäßige Erhöhung des Konsums beim Verschwender, sei es durch Verschuldung von Arbeitsgeräten und Saatgetreide bei Handwerkern und Bauern. So war der Wucher eines der Zersetzungserscheinungen der feudalen Gesellschaft, aber nicht der Beginn einer neuen, der kapitalistischen Wirtschaft.[36]

Der Aktionskreis des Wucherers war außerordentlich eingeschränkt. Nur bei kleinsten Geldsummen schien das Risiko tragbar. Nur individuelle Bedürfnisse kamen zur Befriedigung – gleich

35 An Handelsgeschäften – durch Kredit an Kaufleute – sind Juden nur selten beteiligt; meist nur dann, wenn das Risiko so groß war, daß ein normaler Kredit nicht mehr erhältlich. So steht es nb. auch im »Kaufmann von Venedig« dem Shylock Geld leiht, da sein ganzes Vermögen in verschiffter Kaufmannsware infolge der Unsicherheit der Verkehrswege in Gefahr ist.

36 *Werner Sombart's* demagogisch aufgemachter Theorie, daß an der Wiege des späteren Kapitalismus das jüdische Wucherkapital gestanden habe – vgl. Die Juden und das Wirtschaftsleben – sind *F. Rachfahl*, Das Judentum und die Genesis des modernen Kapitalismus (Preuß. Jhb. Bd. 147 1912) und *Hermann Waetjen*, Das Judentum und der Anfang der modernen Kolonisation (Vierteljahrsschrift f. Sozial- u. Wirtschaftsgeschichte Bd. XI) entgegengetreten.

ob sie durch Verschwendung oder durch Unglück entstanden waren. Er tritt also in keiner Weise in das produktive Wirtschaftsleben des Landes ein.[37] Nur in einem sehr indirekten Sinne konnte er an allgemeiner Bedeutung gewinnen: die regierenden Fürsten bedienten sich schon sehr früh des jüdischen Wucherers als eines Agenten, der für sie aus dem Volke zusätzliche Gelder, illegale Steuern gleichsam, heraussaugte, deren sie sich wiederum durch Vertreibung der Juden und Konfiszierung ihrer Vermögen bemächtigten. Ja, sie holten sich zu diesem Zwecke extra Juden ins Land, wenn sie einen zusätzlichen Profit brauchten.[38]

---

37 Für den Unterschied zwischen Wucherkredit und kapitalistischen Kredit vgl. *F. W. Newmann*, Lectures on Political Economy, 1851: »Der Bankier unterscheidet sich von dem alten Wucherer dadurch, daß er den Reichen borgt, selten oder nie dem Armen. Er verleiht daher mit geringerem Risiko und vermag es zu billigeren Bedingungen zu tun. Aus beiden Gründen vermeidet er den Haß des Volkes, der den Wucherer traf.« – *Gilbart*, The History and Principles of Banking, 1837, zeigt, daß der Wucher am Rande der feudalen, d. h. im wesentlichen ackerbauenden Gesellschaft stand: »Zudem kommt in einem ackerbauenden Lande jemand selten in die Lage Geld zu borgen, außer wenn er zu Armut und Elend heruntergekommen.« Er definiert weiter den Unterschied zwischen der Rolle des Wuchers und der des Kredits dahin, daß »in unsern Zeiten die Rate des Profits die Rate des Zinses reguliert, in jenen Zeiten regulierte die Rate des Zinses die Rate des Profits.« – Die kapitalistische Produktion also, weit entfernt aus dem Wucherkapital zu entstehen, stellte sich von vornherein in einen offenen Gegensatz zum Wucher. Vgl. dazu *Karl Marx*, Theorien über den Mehrwert. Bd. 3. Kap. VII, Anhang. »Die kapitalistische Produktion hat ursprünglich mit dem Wucher zu kämpfen, soweit der Wucherer selbst nicht Produzent wird.« – Daß der jüdische Wucherer *nicht* Produzent wurde, ist das Charakteristikum der jüdischen Wirtschaftsgeschichte in der Assimilation.

38 Vgl. dazu *Max Weber*, Wirtschaftsgeschichte, 3. Kapitel § 8. Der Zins in der vorkapitalistischen Epoche, S. 237: Das Charakteristikum des Judenkredits ist, »daß er den staatlichen Gewalten die Möglichkeit zu einer Schwammpolitik gab, der Ausbeutung der Bevölkerung durch den Judenzins mit in unregelmäßigen Zeitabständen erfolgender Konfiskation des Gewinns und der Außenstände unter gleichzeitiger Ausweisung der jüdischen Gläubiger.

Der Wucher, gebunden an individuellste Voraussetzungen, hat den Juden weder rechtliche noch politische Vorteile gebracht. Hätten sie bis ins 18. Jahrhundert nur als Wucherer Beziehungen zur Umwelt gehabt, sie wären nie emanzipiert worden. Ihr bürgerlicher Status wäre nie über den individuellen Schutz dieses oder jenes Fürsten hinausgekommen, einen Schutz ohne jede rechtliche oder politische Garantie, der sich jeden Tag in Schutzlosigkeit und Vertreibung verwandeln konnte.

Alle modernen, mehr oder minder antisemitisch gefärbten Bestimmungen der Juden als einem Volk – mit der einzigen Ausnahme der Juden als Rasse – haben ihre geschichtliche Grundlage in den mittelalterlichen und spätmittelalterlichen Verhältnissen. Die Juden als *Parasiten*, als ein *Pariavolk* (Max Weber), als *Kaste* – das alles hatte bis auf wenige und sehr bezeichnende Reste das 18. und 19. Jahrhundert ökonomisch liquidiert, um aber gleichzeitig in einer Art politischer (antisemitischer) Gegenbewegung, Juden erneut als Paria, als Parasiten, als Kaste zu bezeichnen.

Parasiten waren die jüdischen Wucherer, Parasiten der Zersetzung und des Zerfalls der feudalen Gesellschaftsordnung. Das ihnen entsprechende Bedürfnis war geboren aus dem Untergang, der die verhängnisvolle Rolle des Wucherkapitals bestimmte: daß er lediglich dem Konsum diente und auf die Produktion nur zerstörerischen Einfluß haben konnte.

Paria waren die Juden, solange sie politisch rechtlos blieben. Dem entsprach die »Schwammpolitik« der Fürsten, durch die verhindert wurde, daß der bei Juden sich ansammelnde Reichtum zur »ursprünglichen Akkumulation des Kapitals«, zu einer Vor-

---

Auf diese Weise sind die Juden von Stadt zu Stadt, von Land zu Land gejagt worden; es wurden förmlich Kartelle zu ihrer Beraubung zwischen den Fürsten geschlossen, etwa zwischen dem Bischoff von Bamberg und dem Hohenzollern'schen Burggrafen von Nürnberg, dahingehend, daß sie sich in die Beute teilen würden, wenn die Juden aus dem Gebiet des einen in das des andern fliehen sollten.«

stufe des Kapitalismus werden konnte; jüdisches Kapital wurde durch Pogrom, Vertreibung und Konfiskation immer wieder dezimiert und zerstreut.[39] Ungesichert, auf »illegale und irrationale Geschäfte wie Kriegswucher, Steuerpacht, Amtspacht usw.«[40] (Max Weber) angewiesen, waren die Juden die Paria des sich entwickelnden europäischen Kapitalismus.

Eine *Kaste* waren die Juden, seitdem sie abgeschlossen für sich, uneingeordnet in Geschichte und ökonomisches Leben ihrer Umwelt, nur aus sich und höchstens parasitär von den Andern lebten; kurz: sofern ihre gesellschaftliche Existenz nicht bestimmt und nicht definiert wurde von anderen Schichten, Kasten oder Klassen. Verbunden allein mit den untergehenden Schichten der feudalen Gesellschaft, vor allem mit dem Adel, der im Untergang sich immer fester zu einer Kaste zusammenschloß, bildeten sie fast notwendigerweise die Komplementärerscheinungen seiner Untergangssymptome: Luxus und Verschwendung, die sie finanzierten.

Spuren dieser jüdischen Vergangenheit haben sich überall bis in die jüngste Gegenwart herein erhalten. Aus ihnen stückt sich der moderne Antisemitismus seinen immer schmaler werdenden Streifen Realität zusammen, den auch er braucht.

Paria waren die deutschen Juden bis zum Jahre 1869. Länger als 50 Jahre blieben sie – nach Aufhebung des Judenreglements in Preußen und der Nichterfüllung des Emanzipationsediktes von 1812 – ohne jeden juristischen und bürgerlichen status. Illegal

39 Die Akkumulationsprozesse großer Kapitalien spielten in den Kolonien Englands und Hollands und den Kolonialgesellschaften. Daß an ihnen Juden so gut wie gar nicht beteiligt waren, weist *Waetjen*, a. a. O., nach.

40 *Max Weber*, a. a. O. S. 313. Vgl. auch Weber's Religionssoziologie, Bd. I. S. 181 ff. wo er den jüdischen Kapitalismus als »spekulativen Paria-Kapitalismus« von dem puritanischen als »bürgerlicher Arbeitsorganisation« abgrenzt und ausführt, daß der letztere für die Entwicklung des modernen Kapitalismus bestimmend gewesen ist.

mußte ihre ökonomische Position wie ihre kulturelle Assimilation erscheinen, da man sie absichtlich nicht durch Bürgerrechte legalisierte.

Außerhalb des Gesetzes stehend bei voller Einordnung in das wirtschaftliche Leben der Umwelt, hatten sie eine so schwierige und umstrittene Sonderposition innerhalb des deutschen Volkes, daß sie Züge der Kaste beibehielten, auch als sie lange keine mehr waren. Nach Verkündigung der Emanzipation erhielten sich solche Züge überall dort, wo sie gesellschaftlich verfemt waren.

Parasitär blieb das Leben der Juden nur in seltenen Fällen, wenn die Revolution der Völker sie nicht erfaßt hatte und sie sich traditionell an die Reste der Feudalherrschaft festbissen. In Deutschland gilt das etwa für Hessen, wo der Bauernwucher in vorwiegend jüdischen Händen lag, und das daher seit je ein dankbares Feld antisemitischer Propaganda und eine nie versiegende Beispielsquelle bildete.[41] Reste sind ferner noch die jüdische Pfandleihe in den Armenviertel mancher Städte.

Daß der Antisemitismus in der Beliebigkeit seiner Identifizierungen die Juden gerade dadurch zu diffamieren wußte, daß er sie mit einer ihrer vergangenen gesellschaftlichen, politischen und ökonomischen Formen gleichsetzte, hat seinen Grund weder in der breiteren Basis an Realität, welche die Vergangenheit hergibt noch in der schmalen, die sie der Gegenwart vererbt hat und die gerade breit genug ist, Beispiele zu liefern. Die Gründe des Antisemitismus liegen in Vorgängen, die mit Juden sehr wenig zu tun haben. Dennoch bleibt typisch für den gesamten Antisemitismus,

41 Der erste antisemitische Reichstagsabgeordnete, *Otto Boeckel*, ist denn auch der Vertreter der hessischen Bauern. Er verdankte seine Wahl lediglich seinen Reden gegen den jüdischen Bauernwucher und seiner entschlossenen Stellung gegen die Konservativen und den Großgrundbesitz. Im Reichstag stimmte er mit den Freisinnigen und den Sozialdemokraten. – Vgl. *Kurt Wawrzinek*, Die Entstehung der deutschen Antisemitenparteien. Historische Studien. H. 168. 1927.

daß er stets versucht, auf alte, überkommene Formen des jüdischen Lebens zurückzugreifen und die gegenwärtigen zu verschleiern. Methodisch charakteristisch und immer wiederholt ist dabei, daß man den Juden just in dem Augenblick z. B. ihr Parasitendasein vorwarf, als sie aufgehört hatten, Parasiten zu sein; daß man von ihrer ungeheuren – diabolischen und geheimen – Macht zu fabulieren begann, sobald sie anfingen, ihre Macht – die weder diabolisch noch sonderlich geheim war – zu verlieren. So setzte auch die faktische Entrechtung der Juden in Deutschland nicht etwa bei dem Kulminationspunkt ihres Einflusses ein, sondern umgekehrt, als sie in ihrer Gesamtheit bereits jegliche politische Machtposition verloren hatten.

Die Tragödie der neueren Geschichte des jüdischen Volkes ist vielfältig und spielt in mehreren Akten. Einer dieser Akte ist bereits zu Ende. In einigen Ländern ist es bereits gelungen, ihr Eindringen in die moderne bürgerliche Geschichte, ihre Anteilnahme an der wirtschaftlichen Entwicklung der Länder, in denen sie wohnen, rückgängig zu machen. Die Lügen des Antisemitismus haben schließlich Wahrheit gelogen: sie haben die Juden, weil ihre Wirklichkeit so grausam machtlos ist, in eine andere verrückte und längst vergangene Realität wieder zurücklügen können. Die deutschen Juden sind heute wieder recht- und staatenlos, Bürger keines Landes – *Paria*. In fremde Länder verschlagen, gejagt in die Ritzen und Spalten fremder Wirtschaftskörper, die nicht gerade auf sie gewartet haben, werden sie wieder zu *Parasiten*. Herausgerissen aus ihren Beziehungen zu den Klassen ihres Landes, weder Bourgeois noch Proletarier noch Kleinbürger oder Bauern, stehen sie wieder nur zu sich selbst in Beziehung, eine Gesellschaft außerhalb der Gesellschaft – eine *Kaste*.

Die Geschichte der Emanzipation der Juden begann im 17. und 18. Jahrhundert in allen den Ländern Europas, in denen absolutistische Staaten mit dem Adel auf dem Lande und den Zünften in den Städten im Kampf lagen. Im Verlaufe des 18. Jahrhunderts namentlich gelang es einigen Wenigen sehr reich zu werden und – was mehr bedeutete – es auch zu bleiben. In ihrem Gefolge kam eine ganze Schicht Ghettobewohner zu recht ansehnlichem Wohlstande. Den Ausschlag aber gibt erst, daß Wohlstand und Reichtum ganz anderen Quellen entstammte als bis dahin, nämlich nicht der Armut und nicht der Verschwendung, sondern den Bedürfnissen des Staates.

Als *Heereslieferanten* und *Staatsgläubiger* in den deutsch-sprechenden Gebieten, als *Steuerpächter* in Polen und dem vorrevolutionären Frankreich, sind die Juden aus der Geschichte des 18. Jahrhunderts nicht mehr wegzudenken. Die zusätzliche fürstliche Aussaugung des Volkes durch Vermittlung des jüdischen Wuchers nahm reguläre und legale Formen an, als er sich an die Steuern heftete, die regelmäßig vom Staate in bar erhoben wurden. Der Wucherer, der sich an den Steuerpächter schloß, um die notwendigen Summen vorzustrecken, pachtete später oft selbst die Steuer. Die Verwandlung des Wuchers in die Steuerpacht bestimmte vor allem den wirtschaftlichen Aufschwung der französischen und polnischen Juden.

Der *Steuerpächter* steht bereits in einem sehr engen Verhältnis zu der Regierung seines Landes, der er die Steuern garantiert. Der Nutzen des Staates, seine zusätzliche Aussaugung ist kein »Zufall« mehr, sondern beruht auf einem Vertrag und auf dem Gesetz. Der Staat selbst schaltet den jüdischen Steuerpächter zumindest in einen Wirtschaftszweig des Landes ein und weist ihm einen Platz in dem politischen System seiner Herrschaft an. Dadurch ist seine Gesamtsituation der des einfachen Wucherers weit überlegen:

obwohl sein Verdienst nur ein Zwischengewinn ist und nicht in das normale wirtschaftliche Leben des Landes eingeordnet ist, wird er doch regularisiert und unabhängig von individuellen Schicksalen, von Armut oder Verschwendung. Der Staat selbst hat in der Form der Steuer das Wuchergeschäft übernommen und es monopolisiert; daher kann der Wucher für den Steuerpächter zu einer belanglosen Nebeneinnahme werden.

Judenvertreibungen kamen auch unter den veränderten Umständen vor; aber während sie noch ein Jahrhundert früher nur inszeniert worden waren, um den reich gewordenen Juden seines Vermögens zu berauben, bekamen sie jetzt einen rein politischen Charakter: die Wut des Volkes sollte auf ein Zwischenglied der Aussaugung abgelenkt werden. Konfiskation der Vermögen wurde auch bei Vertreibungen immer seltener. Das Vermögen der jüdischen Steuerpächter war halbwegs geschützt – aber weder ihr Leben noch ihr Wohnrecht.

Erst als *Hoffaktor* erreichte der Jude im 18. Jahrhundert den Schutz seiner Person – und damit die unmittelbare Vorstufe der Emanzipation. Er unterscheidet sich prinzipiell von seinen mittelalterlichen Vorgängern, den Hofjuden, welche seit dem 11. und 12. Jahrhundert zu Ratgebern und Verwaltern fürstlicher Vermögen geworden waren, nachdem sie aus dem größeren Kreditgeschäft erst in Italien und später auch in England und Frankreich vertrieben worden waren.[42] Die Beziehungen dieser mittelalterlichen Hofjuden zu Fürsten und zu Adligen blieben private, sie hatten weder volkswirtschaftliche noch politische Konsequenzen. Ihre Bedeutung liegt gerade darin, daß sie eine Art Vorform des Hoffaktors waren, dessen Verbindungen zu dem Staat der absoluten Fürsten auf alten fürstlichen Beziehungen beruhten.

Der Zeitpunkt der Verwandlung des Ratgebers und Verwalters des fürstlichen Privateigentums zum Staatsgläubiger ist deshalb so

42 Vgl. den Artikel »Finanz- und Bankwesen« in der *Encyclopaedia Judaica*.

schwer exakt anzugeben, weil noch bis zum letzten Drittel des 18. Jahrhunderts die Finanzen der Monarchien mit den Finanzen des Monarchen völlig identisch sind. Erst gegen Ende des Jahrhunderts entwachsen die Finanzierungsmethoden des modernen Staates denen der absoluten Fürstenhöfe, – welche ihrerseits unmittelbar als dem Darlehens- und Pfandgeschäft des heruntergekommenen Feudaladels verkoppelt gewesen waren. Noch im ersten Drittel des 18. Jahrhunderts waren »die Gläubiger Österreichs eigentlich die des Kaisers«. Also hing bereits der Kredit des ganzen Staates an dem seines Hofjuden.[43]

Die Hoffaktoren verdankten ihren beispiellosen Aufstieg, der sie zu Wegbereitern der Emanzipation machte, zwei Umständen: erstens dem dreißigjährigen Krieg, der die jüdische Bevölkerung weniger schwer getroffen und im ganzen verarmten Land Bargeld zu einer sehr begehrten Seltenheit gemacht hatte. Zweitens dem gleichzeitig einsetzenden großen Geldbedarf der Staaten, die sich auf regelmäßig eingehende Steuern noch keineswegs verlassen konnten. Erleichternd für das Eindringen der Juden in das Staatsgeschäft wirkte noch die allgemeine Unsicherheit und Irregularität der gesamten damaligen staatlichen Wirtschaft. Nur die Juden waren bereit jedes Geschäft zu akzeptieren. Zur Erklärung dieser Tatsache braucht man gar nicht einen starken wirtschaftlichen

43 Vgl. *M. Grunwald*, Samuel Oppenheimer und sein Kreis. 1913. »Nach dem Tode Oppenheimers (1703) zeigte es sich, daß mit seinem Kredit [...] der Staatskredit Österreichs innig verflochten war. Mit über 5 Millionen Fl. war er auf die Vermögenssteuer angewiesen worden. Das Ausbleiben der Bezahlung hatte eine der schwersten Geschäftskrisen heraufbeschworen. [...] Sein Tod bedeutete darum (persönlicher Kredit) eine wirtschaftliche Krisis auch für den Staat. Die gläubiger Österreichs, das waren eigentlich die des Kaisers.«
Das Gleiche schildert *Sundheimer* für Bayern, wo der Kurfürst selbst »die Landschaft dringend zur Zahlung der Noeschen Termine ermahnte, da man den Juden selbst in seinem Kredit schädige und das würde wiederum dem Kurhause zum Nachteil sein.« (a. a. O. S. 14)

Zwang anzunehmen. Sie ergibt sich ganz natürlich aus der – für damalige Zeit bereits – ungewöhnlichen und etwas atavistischen jüdischen Wirtschaftsmentalität, für die noch auf lange Zeit der Zins nichts war als eine Risikoprämie, während ihre Umgebung bereits die rationalistisch-kapitalistische Berechnung des Profites kannte. Es war nur natürlich, daß die Juden geneigt waren, jedes Risiko bei entsprechender Prämie einzugehen.

Immer krasser gestaltete sich im Verlauf des Jahrhunderts der Gegensatz zwischen Staatsgeschäften und denen der normalen kapitalistischen Produktion. So riesenhaft die Heeresbudgets im 18. Jahrhundert waren[44] (unproduktive Ausgaben), so riesenhaft waren auch die Geschäfte, die an ihnen zu machen waren und die Verluste, die man riskieren mußte. Nur wenn alle anderen Möglichkeiten erschöpft waren, ließ man Juden als Kreditgeber heran.[45] Der Fall trat immer häufiger ein und die Fürsten hat-

44 Um die Höhe der in Frage kommenden Summen zu veranschaulichen geben wir nachstehend einige Zahlen, die den Anteil, welchen die Ausgaben für Heereszwecke in dem Staatshaushalt in unserer Zeit einnahmen, veranschaulichen. Wir zitieren nach *W. Sombart*, Studien zur Entwicklungsgeschichte des modernen Kapitalismus. Bd. 2. S. 51 ff. Die Ausgaben für Heereszwecke betrugen in der

Schweiz im Jahre	1639	60 %	*des Gesamtbudgets*
	1680	74 %	
Frankreich	1784	66 %	
Brandenburg	Zeit d. Gr. Kurfür.	66 %	
	Friedr I	55 %	
	1739/40	36 %	
	1797/98	71 %	
	1805/08	75 %	

45 *Paul Sundheimer*, Die jüdische Hochfinanz und der bayrische Staat im 18. Jahrhundert. (Finanz-Archiv, 41. Jhg. Bd. 1 u. 2. 1924) S. 8/9: »Die Juden wurden zweifelsohne immer nur dann herangezogen, wenn sonst kein

ten Gelegenheit, die Vorzüge der jüdischen Kredite kennen zu lernen, der ersten Bankiers mit internationalen Beziehungen. Dem weit von der Heimat Kriegführenden konnte der Jude Y auszahlen und liefern, was der Jude X in der Heimat versprochen hatte.

Für die Judenschaft insgesamt sind die *Heereslieferungen* deshalb von großer Bedeutung, weil an ihnen, der Natur der Sache nach, verhältnismäßig breite Schichten des Volkes beteiligt werden mußten. Nur wenige Juden verhandelten mit den Staaten direkt; aber den ausdrücklich zu Hoffaktoren Ernannten verschafften die Vielen, verstreut in Länder und Provinzen, das Material herbei, Stoffe, Futter und Getreide. Dies hatte zur Folge, daß sich noch innerhalb des Ghettos eine Scheidung zu vollziehen begann zwischen denen die erstens ganz abgeschlossen ihr altes Leben weiterführten, den Ärmsten, denen die zweitens an dem »Außenhandelsmonopol« der Notabeln beteiligt wurden und zu einer mittleren Wohlhabenheit gelangten und drittens den Hoffaktoren selbst, den Reichen, die zugleich die Notabeln der jüdischen Gemeinden wurden. Innerhalb des Ghettos selbst wurde erst in diesem Zeitpunkt der Entwicklung die Herrschaft der Notabeln eine definitive, obwohl sie wirtschaftlich nicht mehr so unabhängig waren wie noch der Wucherer der vergangenen Jahrhunderte: die engen Geschäftsbeziehungen der mittleren Schicht, die sie in ihren Aufstieg mit heraufgezogen hatten, erzeugten ein sichereres Fundament gemeinsamer Interessen als die in verkleinertem Maßstab weitergeführte Philanthropie gegen die ganz Armen. Die deutsche wie die österreichische einheimische Judenschaft ist aus den erwähnten mittleren Wohlhabenden, aus Kriegslieferanten und kleineren Geldwechslern hervorgegangen und hat

günstigerer Ausweg mehr zu finden war. Diese Tatsache zeigt sich bei der Betrachtung der Juden als Geldgeber ebenso wie bei ihrem Auftreten als Heereslieferanten.« (Bd. 2.)

sich daher natürlicherweise auch nie dem politischen Einfluß der »Hofjuden«, der Notabeln, dem sie ihren Aufstieg verdankten, entziehen können.

Die wachsende Wohlhabenheit eines immer noch relativ kleinen Mittelstandes hat wenige Jahrzehnte später die soziale Grundlage für die Emanzipation ergeben. Im 18. Jahrhundert selbst blieb sie politisch fast ohne Konsequenzen. Denn nur sehr Wenige – durch Kriegsgeschäfte genügend reich geworden – kamen in die Lage, dem Staate selbst gegenüber als Geldgeber fungieren zu dürfen. Die starke Verschuldung der absoluten Staaten des 18. Jahrhunderts erleichterte ihr Eindringen in die großen Geschäfte ganz außerordentlich.[46] 35 Millionen Gulden lieh sich der Kaiser Österreichs in den Jahren 1695–1739 von 13 Juden seines Staates.[47] Selbst in Bayern, wo die Juden eine vergleichsweise untergeordnete Rolle spielten, waren sie mit einem Fünftel an Staatskrediten beteiligt. Die starke Verschuldung der absoluten Regierung entsprang der Notwendigkeit, gegen Adel und Bürgertum die Finanzierung des Heeres und eines neuen Berufsbeamtentums durchzusetzen. Nur wo dies glückte, konnten sich die Fürsten gegen Adel und Stände behaupten und damit die Feudalordnung liquidieren. An der Fortentwicklung des Staatsapparates sind jüdische Geldgeber führend beteiligt.[48] Nur in dieser Übergangsepoche kann man

46 In Bayern z. B. waren »die Staatsschulden auf rund 20 Millionen fl. angewachsen, als man die Juden Noe und Wertheimer zwecks Gewährung von Krediten heranzog.« *Sundheimer* a. a. O. Bd. 2. S. 43.

47 Vgl. Grunwald a. a. O. S. 168.

48 »In Preußen und wohl auch in den anderen Staaten tragen die Hofjuden sehr dazu bei, die Herrschaft der absoluten Fürsten gegenüber den Städten, Ständen und dem reichsunmittelbaren Adel zu stärken. Die absoluten Fürsten bedienten sich der Juden zu diesem Zwecke ganz bewußt. Sie waren zum Aufbau des modernen Staates ein ebenso wichtiges Mittel wie die Schaffung eines den Fürsten treu ergebenen Beamtenstandes. Im Kampf der Fürsten gegen die Zünfte zwecks Durchführung des merkantilischen Manufakturprinzips wurden die Juden sehr gern gegen die Zünfte ausge-

rückblickend von einer großen Machtstellung der Juden sprechen, einer Macht, die sie nie zuvor und niemals später wieder gehabt haben. Denn im gleichen Maße, in dem das Bürgertum lernte, sich des neugeschaffenen Staats- und Beamtenapparates zu bedienen, sank der Einfluß der Juden auf das Staatsgeschäft, sank gleichzeitig überhaupt die Macht der Juden bis zur gänzlichen Ausschaltung. Schließlich war es nur ein Zeichen für die Rückständigkeit des deutschen Bürgertums und die Überalterung seines politischen Systems, wenn Juden noch unter Wilhelm II. eine gewisse, wenn auch schon sehr eingeschränkte und zweitklassige Rolle spielen konnten.

Wer der erste Hoffaktor des neuen Typs war, ist schwer zu sagen. Wir kennen vom Ausgang des 17. Jahrhunderts an bis in das letzte Drittel des 18. viele Namen – in Bayern, in Österreich, Würtemberg und Preussen. Die mächtigsten wurden die Rothschilds, die sich aus den direkten Staatsgläubigern und Geldgebern in die Emissionäre fast aller europäischen Staatsanleihen verwandelten und bis tief in das 19. Jahrhundert eine einzigartige Machtposition innehatten, die sie dem reaktionären Regiment Metternichs, dem sie aufs engste verbunden waren verdankten. Einer der letzten war Bleichröder, dessen preußischer Einfluß aus dem Konflikt Bismarcks mit Parlament und Bürgertum entsprang.

Bis zu den Rothschilds zeichnete sich keiner der Hofjuden durch ein besonders großes Vermögen aus. Sie waren, wenn auch in einer wesentlich engeren Schicht als die Heereslieferanten, auf ihren Kredit unter Juden angewiesen. Nur der gesamte jüdische Reichtum ermöglichte ihnen die großen Geschäfte. Erst das Rothschild'sche Familienvermögen in seiner Blüte ist von dem innerjüdischen Kredit unabhängig. Bis zu ihnen unterscheiden

spielt.« *Alfred Philipp*, Die Juden und das Wirtschaftsleben. Eine antikritisch-bibliographische Studie zu W. Sombart, Die Juden und das Wirtschaftsleben. Strasbourg 1929.

sich die Hofjuden prinzipiell vom Wucherer, der seine Geschäfte selbstständig tätigte, durch ihre Verflochtenheit untereinander, ihre Angewiesenheit auf Andere.

Nehmen wir die Rothschilds aus der Zeit der Napoleonischen Kriege, während derer fast die Hälfte der Geldunterstützungen Englands an die Alliierten – 20 Millionen Pfund – durch ihre Hände ging,[49] als den Höhepunkt dieser Entwicklung und den kleinen Dorf- und Adelswucherer als ihren Ausgang, so sehen wir genau in ihrer Mitte die Hofjuden des 18. Jahrhunderts: sie leihen noch an Fürsten, aber nicht mehr zum persönlichen Gebrauch, sondern durch sie an den Staat; ihre Beziehungen zum Staat sind aber auch noch nicht so enge, ihr Einfluß noch nicht so groß, ihre Vermögen noch nicht so gewaltig, daß sie Staatsanleihen mit ihrem Namen garantieren und durch ihren Kredit in Kurs bringen könnten.[50]

Was den rechtlichen Schutz seiner Person angeht, so ist der Abstand zwischen unserem Hofjuden und den Rothschilds oder dem reichen Judentum des 19. Jahrhunderts geringfügig, der Fort-

---

49 Vgl. R. Lewinsohn, Les profits de guerre. S. 58 ff.

50 Die *Sombart'sche* Geschichtsfälschung über die Entstehung des bösen Kapitalismus aus dem bösen Wucherkapital der Juden ist wissenschaftlich längst widerlegt worden. (vgl. S. 253 f., Anm. 38.) Hier sei nur ein besonders eindrucksvolles Beispiel zitiert. In seinen Studien (a. a. O.) stellt Sombart die Familie der *Fugger* die *Rothschilds*, die beide »ihre Reichtümer dem Kriege verdanken«, einander gegenüber, um zu bemerken: sie »stellen die beiden Formen dar, in denen dieser Reichtum gebildet werden konnte; man könnte sie als *deutsche* und die *jüdische* einander gegenüberstellen: die direkte Darlehensgewährung und die börsenmäßige Anleihen-Emission: *Auge in Auge persönlicher Kredit* dort – *hinter dem Rücken des Publikums unpersönlicher Kredit* hier.« (Unterstreichungen v. Vf.)
Nun besteht natürlich sachlich genau der gleiche Unterschied zwischen aller Darlehensgewährung im 19. Jahrhundert gegen solche der früheren Jahrhunderte, also z. B. auch zwischen den Rothschilds und den Hofjuden. Die *300 Jahre*, die die Fugger früher lebten als die Rothschilds, sind wie ein Tag vor den Augen eines deutschen Professors, wenn er ein Antisemit ist.

schritt hingegen gegen das 17. Jahrhundert der personalen Rechtlosigkeit sehr groß. Der Hofjude der absoluten Staaten ist weder ausraubbar noch vertreibbar. Sein Kredit ist von gleicher Bedeutung wie das Geld, das er faktisch herbeischafft. Da sein Kredit an seiner Person hängt, wird seine persönliche Rechtlosigkeit zu einer Gefahr für die Finanzen des Staates.

Sein Schutz kann nicht mehr dem Gutdünken der Städte oder der kleinen Fürstenhöfe überlassen bleiben. Die Judenfrage wird zu einer Staatsfrage. Der Hofjude ist der Schutzjude der Regierung selbst. Der Staat garantiert die persönliche Sicherheit »seiner« Juden, nämlich des Kredits seines Juden, genau so wie er für seine Finanzen und eingegangenen Verpflichtungen garantiert.

Daß die Hofjuden aufhören rechtlos zu sein, besagt aber nicht, daß sie in die Gesellschaft, geschweige in die bürgerliche Gesellschaft ihrer Zeit aufgenommen werden. Sie bleiben an der Schwelle der bürgerlichen Gesellschaft, kommen kaum mit ihr in Berührung, weil ihre Gelder nicht in die neu entstehende kapitalistische Produktion eingehen. Die Kriegswirtschaft, die sie finanzieren helfen, war damals nichts weniger als eine Angelegenheit des Volkes oder der Gesellschaft. Was der Nation, was dem Gewinn eines Krieges diente, galt dem Volke keineswegs als in seinem Interesse stehend. Der Münzjude Ephraim mochte immerhin durch seine Kunststücke Friedrich II. die Fortführung des siebenjährigen Krieges ermöglichen; das Volk haßte ihn darum nicht weniger. Eigene Söldnertruppen waren ebenso gefürchtet wie feindliche Heere. Das erstrebenswerte Ziel war in Kriegszeiten – nach einem Wort Friedrich II., der es schließlich wissen mußte – daß »der friedliebende Bürger es gar nicht merkt, wenn die Nation sich schlägt.« Und Clausewitz nennt das Heer des 18. Jahrhunderts einen »Staat im Staate« und seine Kriege »ein bloßes Geschäft der Regierung und dem Interesse des Volkes entfremdet«.[51]

51 Zitiert nach *Franz Mehring*, Die Lessinglegende. Stuttgart 1906. S. 195.

Dem »Staat im Staate« der Heeres- und Kriegswirtschaft gehörten die Juden an. Und sind damit von vornherein von allen Schichten des Volkes getrennt, befinden sich in einer Ausnahmeposition. Zwar kommen sie mit dem Wirtschaftsleben der Länder in engere Berührung als früher, da sie mit allen Behörden zu tun haben, die in irgendeiner Beziehung zu den Staatseinkünften stehen. Das bringt aber nie gesellschaftliche Beziehungen zu den Volksschichten, die etwa in der gleichen Vermögenslage sind wie sie selbst. Zudem sind die Staatseinkünfte ja selbst nichts anderes als oft übermäßig hohe – direkte und indirekte – Steuern, deren Eingang von Juden als Staatsgläubigern kreditiert oder als Steuerpächtern garantiert ist. Es handelt sich also um Einnahmen und Einkünfte, denen vorerst einmal das ganze Volk feindlich gegenübersteht. An der Schwelle der bürgerlichen Gesellschaft stehend, helfen die Juden dem Staat ein für die bürgerliche Epoche passendes Regiment aufzubauen; davon hat das Bürgertum noch keine Ahnung. Was aus der Epoche bleibt, ist nur der Haß des Volkes auf die Zwischenglieder der staatlichen Ausbeutung. Für die Juden ergibt sich die Unmöglichkeit, auf die Produktion der Epoche Einfluß zu nehmen oder auch nur in sie einzudringen. Den verfehlten Anschluß des 18. Jahrhunderts hat das 19. nur kärglich korrigiert, indem es endgültig den Juden im reinen Bankkapitalismus ihren Platz anwies. Dort verloren sie mit dem gewaltigen Anwachsen der kapitalistischen Produktion und mit der wachsenden Unabhängigkeit des Staates von privaten Geldgebern zwar ihren Einfluß; der Haß des Volkes, das am Bankkapital am klarsten kapitalistische Räubereien zu diagnostizieren glaubte, blieb ihnen erhalten.

Nachdem die Verwandlung des Wucherers in den Staatsbankier, des Wucher- und Pfandgeschäftes in den Kredit und die Steuerpacht einzelne Juden bereits gegen Verfolgungen immunisiert hatte, begannen die Regierungen, vor allem Preußen und Österreich, sich mit der Ausarbeitung neuer Judenreglements zu befassen. Natürlich sind sie nicht die Emanzipation, wohl aber ihre direkte Vorstufe. Den Schutz erteilten die Monarchen selbst, der König von Preußen und der Kaiser von Österreich, die oberste politische Instanz. Damit wurde die Judenordnung, wie später die Emanzipation zu einer Frage der hohen Politik, unabhängig von lokalen Verwaltungen. Überall wo die lokale Administration zu entscheiden hatte, wie z. B. in den sogenannten »freien Städten« blieb nicht nur im 18. Jahrhundert alles beim Alten; der weitere Verlauf der Geschichte der politischen Emanzipation zeigt aufs deutlichste, daß nur der moderne Staat und keineswegs die moderne Gesellschaft ein wirkliches Interesse an Judenschutz und -Emanzipation bekundete. So verlangten die Städte – Frankfurt, Hamburg, Bremen und Lübeck – auf dem Wiener Kongreß die Aufhebung der Napoleonischen Emanzipation und zögerten damit die deutsche Emanzipation um 50 Jahre hinaus. Metternich setzte sich dagegen für eine Resolution ein, die auf eine Garantierung aller von Juden bis dahin erworbenen Bürgerrechte hinauslief. Und dies nicht, weil er persönlich dem Bankhause Arnheim in Wien verpflichtet gewesen wäre und nicht in irgendeiner freiheitlichen Aufwallung, sondern *weil* er »reaktionär« war und das Interesse eines absoluten Staates und dessen Finanzpolitik vertrat.[52]

Den Juden wurden also noch im 19. Jahrhundert die Menschenrechte immer dort besonders hartnäckig verweigert, wo das

52 Vgl. *Dubnow*, a. a. O. Bd. IX, § 3. Bekanntlich hatte der Napoleonische Feldzug den eroberten Ländern die Emanzipation gebracht, die auf dem Wiener Kongreß wieder rückgängig gemacht wurde, und zwar ausdrücklich auf Betreiben der Städte, vor allem Frankfurt/M's; gleich nach erlangter »Freiheit« wurden die Juden hier wieder entrechtet. Ähnlich ging es in Hamburg, in Lübeck kam es sogar zu einer regelrechten Judenvertreibung. Die Städte erklärten auf dem Kongreß, daß die *Entrechtung der Juden* ihr verbrieftes *Recht* sei und bewiesen dies durch ein Gutachten der Berliner Juristischen Fakultät, an deren Spitze damals *Savigny*, der Begründer der historischen Rechtsschule, stand; ihre reaktionäre Findigkeit blieb allerdings für die preußische Hauptstadt selbst ohne alle Bedeutung.

Bürgertum an der Herrschaft war. Einige der wichtigsten dieser Rechte wurden ihnen langsam, tropfenweise von den Staaten und Monarchen verliehen, die das Bürgertum halb protegierten und halb zurückdrängten in seinen Herrschaftsansprüchen. So liegt die Situation in Preußen und in Österreich, wo es lange unentschieden blieb, welche gesellschaftliche Klasse die Macht verlieren, welche sie behalten und welche sie erlangen wird. Das Verhalten der »freien Städte«, die bürgerlich regiert wurden, ist gerade darum so charakteristisch, weil zweifellos die Juden, nach den kurzen Jahren der Napoleonischen Herrschaft, in ihrer Mehrheit dem Bürgertum zugerechnet werden müssen.[53]

Über die Stellung des deutschen Bürgertums wird an anderer Stelle zu reden sein. Hier mußte einiges vorweggenommen werden, um die fast allgemein anerkannte These von der direkten Abhängigkeit der Judenemanzipation von dem Aufstieg des Bürgertums einzuschränken. So sehr es richtig ist, daß die Wohlhabenheit des westlichen Judentums der kapitalistischen Entwicklung Europas geschuldet ist, so sicher hat politisch die tragende Klasse der Entwicklung, das Bürgertum, den Tag der Verkündung der Menschenrechte für Juden überall hinausgezögert – mit der einzigen Ausnahme, der ersten revolutionären Vorhut in Frankreich[54] und einigen Achtundvierzigern in Deutschland. In dem

53 Nach *Unna,* Statistik der Frankfurter Juden bis 1866, gab es 1824 auf 939 berufstätige Juden: 547 selbstständige Geschäftsleute, von denen 192 im Finanzgeschäft und 149 in der Tuchindustrie tätig waren.

54 Die französische Judenpolitik vor der Revolution unterscheidet zwischen den spanischen und portugiesischen (sephardischen) Juden einerseits und den elsässischen (aschkenasischen) andererseits. Die ersteren waren Steuerpächter, der Staat war ihnen ähnlich verpflichtet wie in Österreich, Preußen u. anderen zentraleuropäischen Ländern. Die elsässischen hatten vor den Bauernwucher und das Hausiergeschäft monopolisiert. Dem Emanzipationsedikt von 1791, das unterschiedslos Menschenrechte für Menschen verkündete, folgte 1808 das décret infâme, das wieder auf die alte Scheidung zurückgreift und für die elsässischen Juden Sonderbestimmungen einführt

bürgerlichsten Land Europas, in England, bekamen die Juden erst 1866 die Emanzipation; in der Schweiz, wo das Bürgertum seit je die uneingeschränkte Herrschaft besaß, war der Kampf um die Emanzipation besonders schwer.

Absolute Staaten waren also am ehesten geneigt, ökonomische Funktionen der Juden zu legalisieren, bzw. für Leistungen den entsprechenden politischen Preis zu zahlen. Das preußische Judenreglement Friedrich II. hat die Tendenz, den Juden für ihre spezifisch »jüdischen« wirtschaftlichen Möglichkeiten Schutz und Spielraum zu gewähren, sie dabei aber als Juden zu erhalten. Es ist ohne alle Assimilationsprätentionen – (im Unterschied zu dem österreichischen Toleranzedikt Joseph II.[55]).

Das städtische Judentum wird gefördert, Ackerbau und Erwerb von Grund und Boden bleiben verboten, die meisten Handwerke gesperrt. Nur die dem Staate unmittelbar nützlichen Berufe werden gefördert, also die Heereslieferanten, die Bankiers und die Exporteure von Erzeugnissen der Staatsmanufakturen. Die ausdrücklich bestätigte Kollektivhaftung der Gemeinden für die Schulden einzelner bankrottierter Juden garantierte die reibungslose Ausschaltung armer Elemente wie die Fernhaltung unerwünschten Zuzugs. Das Interesse des Staates wird auf diese Weise zum Interesse der jüdischen Gemeinde selbst. Die Juden werden zu einem staatserhaltenden Element. Da ihr Wohnrecht von ihrem

und die Juden von Bordeaux mithin privilegiert. Das décret infâme entspricht exakt der Judenpolitik der übrigen europäischen Staaten. Nur mit dem Unterschied, daß entsprechend dem schnelleren Tempo der französischen Entwicklung überhaupt, die Wiederherstellung der Gleichberechtigung früher erreicht wurde.

55 Das Österreichische Toleranzedikt Joseph II. vom Jahre 1787 gibt den Juden alle »christlichen« Gewerbe frei, setzt eine wirtschaftliche Prämie auf die Taufe, erlaubt sogar den Ackerbau und hebt die jüdische Gemeindeautonomie auf. In der Praxis kommen aber beide Judenreglements doch ziemlich auf das Gleiche heraus, da auch in Wien nur die Wohlhabenden »toleriert« wurden und das Zuzugsverbot in Kraft blieb.

Vermögen abhing – vor allem in Berlin und Wien – da die Eheschließungen, bis auf die des ältesten Sohnes die unter Umständen frei blieb, gestaffelt besteuert wurden, gehörten die 3000 Berliner Juden bald zu den wohlhabendsten Kreisen der preußischen Hauptstadt. So umsichtig und genau hat sich der Staat um das Wohl seiner christlichen Untertanen nie bekümmert.

Für die Masse der armen und »rückständigen« Juden, die der preußische Staat anläßlich der Teilung Polens und der Eroberung Schlesiens in seine Grenzen bekam, blieb es bei der alten Rechtlosigkeit. Die breitere Schicht der Wohlhabenden erhielt das Schutzjudenstatut. Die Wenigen, welche bereits eine für den Staat lebensnotwendige Leistung aufzuweisen hatten, erhielten – *ausnahmsweise* – die Menschenrechte in Form der »Generalprivilegien«. Dazwischen gab es nur das Statut eines »außerordentlichen« Schutzjuden, nämlich eines solchen, der zwar persönlich Schutzjudenrechte genoß – Aufenthalts-, Gewerbeerlaubnis – aber nicht das Recht hatte, diese »Würde« auf seine Kinder zu vererben.

Vom Staate geschützt und gefördert, wird die Schicht des wohlhabenden, städtischen Judentums immer breiter. Immer weitere Kreise von Menschen ziehen die Hofjuden in ihren Aufstieg. Im letzten Drittel des 18. Jahrhunderts gibt es bereits 3000 Juden allein in Berlin – natürlich alles wohlhabende Leute, da an Reichtum ja das Wohnrecht gebunden war. Gleichzeitig werden immer mehr Juden wirtschaftlich abhängig von dem Schicksal des Gastlandes. Die Arrivierten, die immer noch nur einen kleinen Prozentsatz des Volkes stellen, haben die Massen, welche von ihrem Aufstieg unberührt bleiben, aus den Augen verloren. Die preußische Judenpolitik hat die Judenheit geographisch gespalten: die Armen bleiben in Posen, die Reichen wohnen in Berlin und den Hauptstädten der Provinzen. Aus dem Gegensatz von Reich und Arm, von Handwerk und Geldleihe an die Außenwelt, der das Leben des Ghettos bestimmte, wird innerhalb der Grenzen der westeuropäischen Staaten – denn für Österreich und Frankreich gilt mutatis mutandis genau das Gleiche – der Gegensatz von *West- und Ostjuden.*

Damit wird die für das ganze Jahrhundert entscheidende gesellschaftliche Wandlung des modernen Judentums eingeleitet. Indem die preußische, österreichische und in gewissen Grenzen auch französische Judenpolitik das Ghetto aufhebt, schiebt sie den einzigen sozialen Gegensatz, den das Ghetto kannte, den von Arm und Reich, geographisch auseinander. Indem sie eine breitere Schicht von Juden protegiert und bis an die Schwelle des modernen Wirtschaftslebens heranführt, wandelt sie die gesellschaftlichen Gegensätze des Volkes in einen geschichtlichen um: nämlich den zwischen Juden, die noch so leben, wie sie vor 100 oder 200 Jahren gelebt hatten, und den anderen, die von Staats wegen aufgehört haben, das abgeschlossene Leben einer Kaste zu führen. Aber auch die privilegierten Juden sind weit davon entfernt, auch nur Ansätze einer sich bildenden Bourgeoisie zu zeigen: die armen Juden werden von ihnen nicht als Arbeitskräfte benutzt, schon weil sie geographisch von ihnen entfernt sind. In die private kapitalistische Produktion dringen sie nicht ein, weil diese nicht unmittelbar vom Staate gefördert wird, und weil sie über keine Arbeitskräfte verfügen. Die Armut des Volkes ist komplett sinnlos, weil ohne produktiven Nutzen. Für Geschäfte, in denen sie verbleiben, brauchen sie weder jüdische noch nichtjüdische Arbeitskräfte. Nur wo die geographische Trennung von Reich und Arm nicht statt gefunden hat – wie etwa in Polen – konnten sich Ansätze eines jüdischen Unternehmertums entwickeln, die aber ohne allzu große Bedeutung blieben, da sie von der Rückständigkeit des Landes dauernd gehemmt waren.

Der gesetzlich garantierte *Schutz von Aufenthalt, Person und Eigentum* – kurz die Menschenrechte im Verstande des 18. Jahrhunderts – wird von den wohlhabenden Juden mit besonderen Steuern, und speziellen Leistungen an den Staat *bezahlt.* Das volle Bürgerrecht – die Generalprivilegien, welche den jüdischen Kaufmann dem christlichen gleichstellten – erhielten die Münzjuden Itzig und

Ephraim für besonders hohe Leistungen. Die Menschenrechte waren gestaffelt nach der Zahlungsfähigkeit. Die Generalprivilegien, die der Emanzipation gleichkommen, sind kein »Geschenk«, sondern eine genaue Gegenleistung in der Form der *Prämie*. Erst für die unbemittelten Juden, die trotz aller staatlichen Sicherheitsmaßnahmen, die von den jüdischen Gemeinden wirksam unterstützt werden, spärlich zufluten, wird die Gegenleistung des Schutzes zum *Geschenk*. Zwar nicht einem Geschenk der Regierung – wie es antisemitische Geschichtsschreiber seit je versuchen darzustellen, – wohl aber *der reichen Juden an die armen*, die schließlich in Form der Kollektivhaftung für jene bürgen müssen. Aus der Gegenleistung wird erst innerhalb der jüdischen Welt ein Gnadengeschenk, eine Gabe, an die Bedingungen geknüpft sind. Die Reichen hatten die Bedingungen bereits vorher erfüllt. Die jüdischen Notabeln – an der Spitze der Berliner Gemeinde stand u. a. auch der generalprivilegierte Itzig – haben bis auf den heutigen Tag nicht aufgehört, für das Geschenk des Schutzes und später der »Freiheit« den gebührenden Respekt zu verlangen. Dafür leisteten sie ja dem Staat und der Umwelt gegenüber die Bürgschaft für die Nützlichkeit des ganzen Stammes. Sie haben durch ihre Haltung gegen die »Ostjuden« und die »Schnorrer« gezeigt, daß sie nie vergessen haben, wer die Emanzipation eigentlich bezahlt hat und wem sie zugedacht war.

An der Schwelle der Emanzipation wird den Münz- und Hofjuden das Bürgerrecht als Prämie verliehen. Die Freiheit der Wenigen zeigt den Vielen und später den Allzuvielen deutlich und ohne alle Phrase den Preis, für welchen die Menschenrechte zu erstehen sind.

Ausnahmejuden

Zwei Vorbilder bestimmten und leiteten den »Freiheitskampf« der preußischen Juden: die politische und juristische Befreiung der generalprivilegierten Münzjuden durch den Staat und die gebildete Anerkennung der geistigen Leistung Moses Mendelsohn's durch die Gesellschaft. Bildung und Geschäft bildeten fortan das Lebenszentrum der gesamten deutschen assimilierten Judenheit bis zur Katastrophe.

Mendelssohn wie die generalprivilegierten Itzig und Ephraim waren »*Ausnahmen*«, und sie waren nur als solche von der Umwelt – wenn auch einer jeweils sehr verschiedenen Umwelt – anerkannt worden. Nur wenn man sich von der Masse der Juden abhob, sich deutlich von ihr unterschied, sei es im Sinne der geistigen Qualität, sei es im Sinne besonderer wirtschaftlicher Leistung an den Staat, konnte man hoffen weiterzukommen. Daß aus diesem geschichtlich vorgezeichneten und täglich neu prämiierten rücksichtslosen Ehrgeiz nicht ein Krieg aller gegen alle wurde, sondern daß aus ihm ein neues Solidaritätsbewußtsein entsprang, welches dann im einzelnen auch zumeist schäbig genug aussah, verdanken die deutschen Juden lediglich der Chance, die ihnen durch die staatliche Trennung von »Ost und Westjuden«, von reichen und armen, von gebildeten und ungebildeten Juden, geboten worden war. Nur die staatlich finanzierte und legalisierte Trennung vermochte an die Stelle der alten Ghettogemeinschaft mehr zu setzen als einen Haufen verzweifelter Emporkömmlinge; sie schuf zwei neue, geographisch und ökonomisch divergierende Einheiten. Die relativ kleine Zahl der friderizianischen Schutzjuden hob sich *kollektiv* ab von der Masse der armen posenschen und westpreußischen Juden. Die jüdische Assimilationspolitik des folgenden Jahrhunderts beruht viel weniger auf der berühmten »Atomisierung« des jüdischen Volkes als auf dieser Konzeption der *kollektiven Ausnahme*.

Das friderizianische Judenreglement hatte dem Ausnahmejudentum durch die geographische Trennung von reichen und armen Juden eine starke und tragfähige Basis geschaffen. Die preußischen Schutzjuden bildeten im Jahre 1803 nur etwa 20% der gesamten jüdischen Einwohnerschaft Preußens. Ihre ökonomische Differenzierung ist leider für diese Zeit noch nicht statistisch zu belegen. Aber die Erhebung des Jahres 1834 zeigt noch drastisch genug die Situation an. Das reiche Bürgertum (Großhändler, Bankiers und Rentner) ist in Preußen sechsfach so stark wie in Posen, die Mittelklasse (freie Berufe und Einzelhandel) umfaßt in Preußen mehr als die Hälfte der jüdischen Bevölkerung, in Posen jedoch nur ein starkes Drittel; fast 40 % der posenschen Juden ist ohne allen nennenswerten Besitz (Hausierer, Handwerker u. Tagelöhner), in Preußen nur 30 %; mehr als ein Fünftel der Bevölkerung ist in Posen ausgesprochen verelendet und fällt der ohnehin armen Gemeinde zur Last, während die viel reicheren preußischen Gemeinden nur mit 6,5 % Almosenempfängern belastet sind.[56]

56 Vgl. die von *Heinrich Silbergeleit* (Die Bevölkerungsverhältnisse der Juden im Deutschen Reich. 1930) mitgeteilte Erhebung des Jahres 1834 (Tab. 29), die zwischen Posen und allen übrigen preußischen Gebieten unterscheidet. Danach nährten sich unter 100 Judenfamilien

als	***in Preußen***	***in Posen***
I. Großhändler, Banquier, Fabrikunternehmer	4,3	0,5
II. Rentner ohne Beruf	4,3	0,9
III. Freie Berufe	4,3	3,0
IV. Einzelhändler, Kommissionäre und Gastwirte	49,3	34,8
V. Landwirte	0,4	0,4
VI. Hausierer	10,6	7,9
VII. Handwerker	10,0	23,7
VIII. Tagelöhner und Gesindedienst	10,3	7,3
IX. Almosenempfänger u. ohne Beruf	6,5	21,3 Familien

So vorteilhaft sich die Ostjuden als gesellschaftliche Kulisse sowohl für das Bewußtsein der Schutzjudenschaft Preußens als auch für das der »gebildeten Gesellschaft« erwiesen, so hinderlich waren sie doch einer gesetzlichen Regelung des Judenstatuts im Sinne der bürgerlichen Verbesserung. *Emanzipation* hieß für den preußischen Staat, und konnte für ihn gar nichts anderes heißen, als *Generalisierung von Generalprivilegien*, die ausdrücklich nicht jüdischen Hausierern und Tagelöhnern zugedacht waren.[57] Erst als nach dem unglücklichen Krieg die judenreichsten Provinzen Preußen verloren gingen, änderte sich die Situation zu Gunsten der verbleibenden Schutzjuden, die mit einem Schlage die große Majorität – bis 90% – der Gesamtjudenschaft darstellten.[58] Be-

Wir haben im Text dem Großbürgertum die Kategorien I und II, den mittleren Klassen die Kategorien III und IV, den Besitzlosen die Kategorien VI, VII und VIII und den Verelendeten die letzte zugerechnet.

Die Unterschiede dürften für die Zeit bis 1812 noch erheblich krasser gewesen sein, da ab 1816 ein stetiger Zuzug aus Westpreußen und Polen nach den übrigen preußischen Provinzen eintritt. So haben die gesamten preußischen Provinzen mit Ausnahme Posens und Westpreußens vom Jahre 1825 bis zum Jahre 1834 ihren Judenbestand um rund 18% vermehrt, Posen und Westpreußen aber nur um ca. 11%, eine Differenz, die sicherlich nicht von einer geringeren Geburtenziffer verursacht ist. Charakteristisch für diese Wanderung ist die zehnfache Steigerung der »Fremden« in der Berliner Judenschaft von 1816 bis 1843, nämlich von 0,8% auf 11%. (Vgl. Silbergeleit, Tab. 9) Die Erhebung von 1834 unterscheidet in Preußen nicht zwischen »einheimischen« Juden und »Ostjuden«. Man kann aber wohl annehmen, daß ein großer Teil der in Preußen wohnhaften besitzlosen Juden nicht zu den preußischen Ausnahmejuden, sondern zu den nur langsam sich assimilierenden »Ostjuden« gehört. Die beruflichen und ökonomischen Unterschiede zwischen West- und Ostjuden müssen in Wirklichkeit demnach viel schärfer gewesen sein als sie durch die Statistik von 1834 ausgewiesen werden.

57 Es war in dem Zeitraum von 1815–1848 allgemein üblich, die Hausierer – den sogenannten Schacher- oder Nothandel – von der Regelung der Posener Zunft auszunehmen. Vgl.

58 Vgl Silbergeleit a. a. O. Tab. 4, 5,9. – Für das Jahr 1803 zählen wir diejenigen Juden zu den »Ausnahmejuden«, welche in Gebieten wohnen, die auch

reits 1808 erhalten sie das städtische Bürgerrecht. Für sie ist das Emanzipationsedikt von 1812 bestimmt. Da sie insgesamt als Ausnahmejuden gelten konnten, ist man bereit sie insgesamt, als Judenschaft, zu emanzipieren.

Die Restitution des alten Gebietsumfanges nach dem Freiheitskrieg löste notwendigerweise einen rückläufigen Prozeß der Emanzipationsbestrebungen aus. Durch Entziehung einer Reihe von Rechten wird der nur noch 53% starken Schutzjudenschaft ihre Gleichberechtigung wieder geraubt. Die ihnen verbleibenden Rechte verwandeln sich dadurch von selbst in Privilegien zurück. Wieder erscheinen sie als privilegiert gegenüber den posenschen Juden, die fast die Hälfte der Gesamtjudenschaft bilden und doch bis zum letzten Drittel des 19. Jahrhunderts als die eigentlichen »Ostjuden« Preußens zu betrachten sind. Diese haben bis 1848 in den preußischen Staaten noch nicht einmal das Stadtbürgerrecht für sich durchsetzen können. Ihre Eingliederung in die ehemalige preußische Schutzjudenschaft, also die Gemeinschaft der »Ausnahmejuden«, erfolgte ebenfalls »ausnahmsweise«. Individuell wird entschieden, ob sie bereits die gleiche staatsbürgerliche »Reife«, nämlich die gleiche wirtschaftliche Position, haben wie ihre seit einem Jahrhundert vom Staate protegierten Brüder.[59] Sehr lang-

1808 bei Preußen bleiben, die also 1812 das Emanzipationsedikt erhalten. Die 80% »Ostjuden« verteilen sich in der Hauptsache auf Westpreußen und Posen. Die »Ausnahmejuden bilden nach der Zählung von 1811 rund 90% der jüdischen Einwohnerschaft in dem preußischen Rumpfstaat; wir rechnen ihnen die gesamten Schutzjuden zu, 10% unter ihnen sind jüdische Fremde, also gewöhnliche Juden ohne »Ausnahme«stellung oder Ostjuden. Für die Jahre 1816 und 1843 bzw. 1846 gilt die einfache Unterscheidung von Juden mit und ohne Staatsbürgerrecht, dh. solchen, die unter das Emanzipationsedikt fallen und ihre »Ausnahme«position behaupten und den Ostjuden der neu erworbenen Provinzen.

59 Diese Reife hatte sie eo ipso erreicht bei einem Grundbesitz im Werte von 2000 oder beweglichem Kapital im Werte von 5000 Talern.
cf. Jost Bd. 10, Kap. Preußen.

sam nur gehen sie in der privilegierten Judenschaft auf: 1848 bilden sie noch mehr als ein Drittel, nämlich 37 % der jüdischen Gesamtbevölkerung.[60]

Es ist das Paradox der Geschichte des deutschen Judentums, daß ihm die gesellschaftliche *Assimilation* im Sinne der vollen Anerkennung durch eine nicht-jüdische Gesellschaft nur solange zuteil wurde, als die Emanzipation ihnen durch die Kulisse, von der sie sich so vorteilhaft abhoben, verstellt war. Es ist nur zu verständlich, wenn sich die gesamte assimilierte Judenheit bis auf den heutigen Tag nur schwer von dem »Ausnahme«bewußtsein, das allem ihrem Gerede über Ost- und Westjudentum immer zu Grunde lag, trennen kann. Denn nie wieder, unter keiner staatlich garantierten Gleichberechtigung, ist es ihnen gesellschaftlich je so gut ergangen als unter dieser Flagge. Je näher die Emanzipation rückt, ernsthaft diskutiert seit Ende des 18. Jahrhunderts, eingeleitet aber erst durch das Städtegesetz von 1808 – desto feindlicher wird die Umwelt. Nur die 25 Jahre um die Jahrhundertwende, bis zum Ausbruch des Krieges von 1806/07, war für eine schmale Schicht reicher und gebildeter Juden die Verwirklichung eines Traumes, der dann unbekümmert von allen Realitäten noch ein gutes Jahrhundert weiter geträumt wurde. Damals war der alte Judenhaß abgetan und der neue Antisemitismus fast noch nicht geboren. Was die assimilatorische Judenheit bis zum Untergang in der Phrase festhielt, war einige gezählte Jahrzehnte lang wirklich wahr: Judenfeindschaft galt als eines gebildeten Menschen unwürdig.[61] Sicher war der jüdische

60 Die Gleichsetzung von Ostjuden, Juden ohne Staatsbürgerrecht und posenschen Juden, die im Text stillschweigend vorausgesetzt wird, kann hinlänglich gerechtfertigt werden durch den überwältigenden Prozentsatz, den die posenschen Juden dem Kontingent »jüdische Fremde« stellen: Acht Neuntel der Bevölkerung war 1816 vom Staatsbürgerrecht ausgeschlossen und 1846 war diese Ziffer erst auf vier Fünftel »gesunken«.

61 Wie weite Kreise der Gebildeten diese Toleranz ergriffen hatte, illustriert vortrefflich jene kleine Anekdote, die uns vom Jahre 1788 berichtet wird:

Einfluß Ende des 19. Jahrhunderts und zur Zeit der Weimarer Republik sichtbarer und – auf Presse und Kulturbetrieb gestützt – auch mächtiger. Aber nie wieder begegnen wir ihm so offen, so ungetarnt, so sehr seiner eigenen Sache sicher. Die Überzeugung, daß die eigene Sache auch die der Menschheit sei, verlieh den Frauen der jüdischen Salons ihre Unbefangenheit, den Juden der Zeit überhaupt ihre eigentümliche Freiheit und ihr gutes Gewissen, was Judenfrage und Judenhaß angeht.

Die Berliner Ausnahmejuden in ihrer Jagd nach Bildung und Reichtum haben 3 Jahrzehnte lang Glück gehabt. Der *jüdische Salon*, das immer wieder erträumte und oft unter den widerwärtigsten Zugeständnissen erzwungene Idyll einer gemischten Geselligkeit war das Produkt der zufälligen Konstellation in einer gesellschaftlichen Übergangsepoche. Die Juden wurden zu Lückenbüßern zwischen einer untergehenden und einer noch nicht etablierten Geselligkeit. *Adlige* und *Schauspieler*, beide außerhalb der bürgerlichen Gesellschaft stehend (wie die Juden), beide gewohnt eine Rolle zu spielen, zu repräsentieren, sich auszudrücken, darzustellen »was man ist« – und nicht nur wie der Bürger (nach einem Worte »Wilhelm Meisters«) »zu zeigen was man hat« – sie geben in den jüdischen Häusern der heimatlosen *bürgerlichen Intelligenz* einen Boden und ein Echo, das sie nirgends anderswo hoffen durften zu finden. Juden werden in dem gelockerten Konventionsgefüge der Zeit in der gleichen Weise gesellschaftsfähig wie die Schauspieler: beiden attestiert der Adel ihre sehr bedingte »Hoffähigkeit«.[62]

---

eine Berliner Theateraufführung des »Kaufmann von Venedig« schickte dem Stück einen kleinen entschuldigenden Prolog voran, der sich an das »kluge Berlin« wendet, das »die Glaubensgenossen des weisen Mendelssohn höher zu schätzen anfängt«.

62 So wird z. B. der Salon der *Henriette Herz* durch die *Grafen Dohna* kreiert, die Rahel Levin durch den *Prinzen Louis Ferdinand* zur guten Gesellschaft gestempelt.

Das preußische Bürgertum, ökonomisch rückständig und politisch geknechtet, konnte damals wirklich noch nicht an eine großzügigere Geselligkeit, zu der ja stets auch gesellschaftliche Repräsentation gehört, denken. Obwohl in den knapp 100 Jahren von Lessing und Klopstock bis zu Goethes und Hegels Tod das große bürgerlich-deutsche Kultur- und Bildungsgut geschaffen wurde, war doch in der Zeit selbst die bürgerliche Gesellschaft komplett unfähig, Bildung im Sinne einer zentralen Formung und Erziehung zur Repräsentation im öffentlichen Leben zu gewährleisten.[63] Dafür gibt es kein schlüssigeres Beispiel als den klassischen deutschen Bildungsroman, den »Wilhelm Meister«, der von Adligen und Schauspielern »gebildet« wird und dessen Erziehung – nach einem treffenden Wort von Victor Hehn[64] – gleichbedeutend ist mit der »Erhebung des Bürgermanns zum Edelmann«, keinen schlüssigeren Beweis zugleich für die Einsamkeit und die gesellschaftliche Kapitulation der deutschen Intelligenz vor dem Adel, der ihr seinerseits höchstens zu einem sehr knappen »bürgerlichen Auskommen« verhalf, keineswegs zu einer neuen gesellschaftlichen Heimat. Denn die Erhebung des »Bürgermanns zum Edelmann« war keine reale, weder ökonomisch noch geistig. Sie bestand lediglich darin, daß das preußische Junkertum, welches

In diesem Zusammenhang mögen noch die sehr zahlreichen jüdischen Adelsheiraten erwähnt werden, da sie – im Unterschied zu späteren Jahrzehnten – auch für die zurückbleibenden Juden gesellschaftliche Konsequenzen hatten: die so glänzend Arrivierten brachen nicht mit jedem jüdischen Verkehr. Das kann man aus jedem Briefwechsel der Zeit feststellen.

63 Daher auch der spezifisch bürgerliche Widerwille der Zeit gegen Repräsentation überhaupt, die der liberale Schriftsteller *Buchholz* (a. a. O. S. 51 ff) ein bloßes »Scheinen« nennt.

64 *Victor Hehn*, Gedanken über Goethe. 2. Aufl. 1888. S 260 ff.
Hehn, ein vom Zaren geadligter »Bürgersmann«, hemmungsloser Antisemit, schildert sehr lustig, weil völlig unfreiwillig respektlos, wie Goethe sich aus »kleinen bürgerlichen Verhältnissen emporgearbeitet, sich von Schlakken gereinigt und dabei unsäglich ausgestanden« habe.

auch alles andere eher abzugeben hatte als gerade Bildung,[65] sich zur Erziehung seiner Löhne bürgerliche Hauslehrer anstellte, geniale Hungerleider, für welche die verzweifelte Enge der deutschen bürgerlichen Welt überhaupt keinen Platz zu haben schien.

So wenig also die deutsche Bildung in irgendeiner Gesellschaftsschicht verankert war, so wenig waren die jüdischen Salons, obwohl Zentren gebildeter Geselligkeit, ein Zeichen für die gesellschaftliche Verankerung der deutschen Juden. Das genaue Gegenteil ist der Fall: gerade weil die Juden außerhalb der Gesellschaft standen, wurden sie für kurze Zeit eine Art neutraler Boden, auf dem sich die »Gebildeten« trafen. Und genau wie der jüdische Einfluß auf den Staat erlischt, sobald das Bürgertum, für das er seiner historischen Notwendigkeit nach bestimmt war, sich seiner bemächtigt hatte, genau so wird – nur viel früher schon – das jüdische Element aus der Gesellschaft wieder eliminiert, sobald sich nur die ersten Ansätze einer bürgerlichen gebildeten Geselligkeit zeigten.[66]

Als darum das Idyll einer gemischten Geselligkeit zusammenbrach, unterging in der Katastrophe des Jahres 1807, war gar nicht so sehr viel passiert. Es dankte ja seine Existenz nur seiner politischen Konsequenzenlosigkeit, und ging gerade an ihr so schnell

65 *Buchholz* (a. a. O. S. 151) konstatiert mit Genugtuung, daß »der Adlige, so oft das Bedürfnis nach Kunst und Wissenschaft in ihm erwachte, sich genötigt sah, zu den Bürgerlichen herabzusteigen«.

66 Dies ist cum grano salis zu verstehen. Denn als nach 1807 die jüdischen Salons fast von einem Tag zum andern vereinsamt waren, entstanden – übergangsweise – die neuen Zentren der Gesellschaft noch vorwiegend in adligen Häusern: so bei der Grafin Voß und dem Fürsten Radziwill. Insofern ist der Salon der Geheimen Staatsrats Stägemann eine Ausnahme. Aber dieser Salon erwies sich als erheblich lebensfähiger als alle andern. Außerdem hatte die Besucherschaft sofort sehr geändert: es überwiegt das bürgerliche Element, der Militär- und Beamtenadel, also der niedere Adel. Ausgeschaltet sind Schauspieler und Juden. – Vgl. auch v. Vf. »Berliner Salons«, Deutscher Almanach 1932.

und so gründlich zu Grunde. Aber angesichts dessen, daß so gute Zeiten für die deutschen Juden nie wiederkamen, daß sie fortab gesellschaftliche Anerkennung stets mit zerbrochenem Rückgrat und dem daraus folgenden schlechten Gewissen zu bezahlen hatten, zeugt es durchaus von Weitblick, wenn die aus den zwanziger Jahren des Jahrhunderts Zurückblickenden das Jahr 1806/07 entscheidender bewerten als die Enttäuschung des Wiener Kongresses und den Hepp-hepp-Sturm von 1819. »Wo ist unsere Zeit! wo wir alle zusammen waren. Sie ist Anno 6 untergegangen. Untergegangen wie ein Schiff: mit den schönsten Lebensgütern, den schönsten Lebensgenuß enthaltend«. (Rahel Varnhagen.[67])

Was aber bleibt uns noch zwischen den Händen, wenn wir an jene »glücklichen Zeiten« zurückdenken? Solange das deutsche Bürgertum sich gesellschaftlich von Adligen und Schauspielern hatte vertreten lassen müssen, waren Juden mit von der Partie. Von wem sonst waren sie gesellschaftlich anerkannt? Was den Adel anging, so hatte er seit langem ihnen gegenüber eine von dem übrigen Volk etwas divergierende Position. Er hatte schon seit langem von den landläufigen Urteilen und Vorurteilen »seinen« Leib-, Land- und Viehjuden ausgenommen. Zu solchen Ausnahmejuden war in seinen Augen schließlich die gesamte Berliner Judenschaft avanciert – zumindest alle, mit denen er verkehrte.

Bezeichnend bleibt für den Gang der Dinge, dass nicht Dohms Theorie und nicht Lessings Haltung, die beide aus der Tatsache der »Ausnahme« Mendelssohn auf die Dignität des ganzen Volkes – und damit aller Menschen – schlossen, maßgebend wurde für die gesellschaftliche und politische Befreiung der Juden; sondern daß nichts weiter geschah als eine Erweiterung der staatli-

67 Aus einem unveröffentlichten Brief der *Rahel Varnhagen* an Pauline Wiesel, die ehemalige Geliebte des Prinzen Louis Ferdinand, aus dem Jahre 1819. (Varnhagen-Archiv der Berliner Staatsbibliothek.)

chen Praxis und der gesellschaftlichen Vorstellung von Ausnahmejuden, die beide immer weitere Kreise von Juden ergriff, und miteinzubegreifen bereit war.

Schließlich waren die Berliner Ausnahmejuden nicht mehr und nicht weniger *assimiliert*, von der Gesellschaft anerkannt, als ihre Väter die Schutz- und generalprivilegierten Münzjuden *emanzipiert*, vom Staate anerkannt gewesen waren. Diese waren nur das getreue Abbild jener und hatten selbst wenig gemein mit dem Lessing'schen Aufklärungspathos und dem Freiheitskampf der Französischen Revolution. Beides war ihnen unter den Händen zur gesellschaftlichen Idylle zerronnen.

Gesellschaft und Staat schaffen die Ausnahmejuden ab.

Die Abtretung der judenreichsten Provinzen Preußens nach 1807 kostete die verbleibenden Schutzjuden ihre wirkungsvollste Kulisse. Gleichsam über Nacht, sehr überraschend für die patriotisch empfindenden Berliner Juden, waren die jüdischen Salons vereinsamt, die Juden isoliert, die Illusion von den Ausnahmejuden gesellschaftlich liquidiert. Ohne Lärm, fast ohne Gehässigkeit, in stillschweigender Übereinkunft wurde die begonnene Assimilation wieder rückgängig gemacht.

Der gesellschaftliche Stimmungsumschwung zu Ungunsten der Juden wurde von den Zeitgenossen nur vereinzelt notiert[68] und von den Geschichtsschreibern kaum zur Kenntnis genommen. Die Vorbereitung des Emanzipationsediktes von 1812 stellte für den Historiker alle antisemitischen Regungen der Gesellschaft in den Schatten und stempelte die Zeit bis zu den Befreiungskriegen zu einer judenfreundlichen. Das gilt zweifellos von den offiziellen staatlichen Maßnahmen. Staat und Gesellschaft waren jedoch

68 Vgl. die Briefe Wilhelm v. *Humboldts* an seine Frau aus dem Jahre 1808.

damals so wenig miteinander identisch, daß man von keiner Klasse des Volkes sagen konnte, sie stände wirklich hinter dem Staat, geschweige denn hinter seinen judenfreundlichen Maßnahmen. Die absolute Monarchie war von dem Volke auch dann noch »absolut« getrennt, wenn sie volksfreundliche Reformen durchführte. Daher blieb der gesellschaftliche Antisemitismus vorerst politisch genau so wirkungslos als es der Philosemitismus und die Assimilierungstendenzen der vergangenen Jahrzehnte gewesen waren.

Was der Juden gesellschaftlicher Tod wurde: der Verlust der Kulisse, war ihre politische Chance: die Befreiung von allen nicht »staatserhaltenden«, nicht dem Staate unmittelbar nützlichen Elementen. Es ist das erste, aber nicht das letzte Mal in der gespenstischen Geschichte des Westjudentums, daß es gezwungen wird, gesellschaftlichen Glanz und politisches Elend gegen gesellschaftliches Elend und einen höchst kümmerlichen politischen Hoffnungsstrahl einzutauschen.

Die Niederlage von 1807 wird zum Wendepunkt in der Geschichte der preußischen Juden, weil an zwei politisch zentralen Punkten jüdische Sonderinteressen klar hervortreten. Die gesamte antijüdische Stimmung der Zeit konzentrierte sich erstens um die Protektion der Juden durch den Staat und zweitens um die politischen Vorteile, die den Juden aus der französischen Besetzung erwuchsen. Das Interesse des Staates an den ihm verbleibenden Schutzjuden zeigte der Gesellschaft aufs deutlichste, daß sie es nicht mit einzelnen Ausnahmen, sondern mit einem Kollektiv zu tun hatte, das den Interessen der absoluten Monarchie aufs engste verbunden sein mußte. Die Juden mochten ferner noch so patriotisch und preußisch gesinnt sein, keiner konnte annehmen, daß sie nicht mit Napoleon sympathisierten, der sie in allen besetzten Gebieten befreite. Beides machte sie verdächtig. Die Berliner gebildete Gesellschaft war an Napoleon patriotisch geworden und kristallisierte sich in der Opposition gegen den absoluten Staat.

Führend im Kampf gegen Napoleon waren die »Patrioten«, die sich aus der bürgerlichen Intelligenz rekrutierten und dem Adel seit je treu ergeben waren. Führend im Kampf gegen den Staat war der Adel, der gesellschaftlich tonangebend blieb und durch die Reformen, zu denen auch die geplante Emanzipation gehörte, ohnehin aufs äußerste erbittert war.

Der erste gesellschaftliche Antisemitismus hatte noch keine eigentlich aggressive Note. Zwar sah man bereits in Juden die Repräsentanten bestimmter Ideen – was sie nicht einmal waren – aber noch nicht *die* Repräsentanten. Immerhin wurden sie schon mit Aufklärung, Bürgertum (»Philisterei«) und Franzosensympathie identifiziert – während sie sich gerade zu den loyalsten aller loyalen Staatsbürger entwickelten. In der gesellschaftlichen Idylle der vergangenen Jahrzehnte war ihnen jeder Sinn für politische und geistige Realität abhanden gekommen. Sie sympathisierten weder mit Napoleon noch fanden sie einen Weg ins Bürgertum. Reiche Juden, das Haus Rothschild an der Spitze, finanzierten den Kampf der legitimen Herrschaftshäuser gegen Napoleon und versuchten dabei mit allen Mitteln zu adligen Titeln und christlichen Orden zu kommen.[69] Eine Chance, neuen gesellschaftlichen Anschluss in den kleinen liberalen Kreisen zu finden, von denen die Reformbewegung getragen wurde, bestand faktisch auch kaum. Hier waren Juden durch die adlige Assimilation kompromittiert. Hinter ihren gesellschaftlichen Verbindungen witterte man die alte wucherische Unterhaltung des alten raubsüchtigen Feindes.

69 Vgl. Egon Caesar Conte *Corti*, Der Aufstieg des Hauses Rothschild, S. 120 ff, S. 189 ff. Sehr bezeichnend und ergötzlich ist die Geschichte des Rothschild'schen Wappens. Der Entwurf, den die Brüder dem österreichischen Kaiser zur Genehmigung vorlegten, enthielt eine ganze Sammlung heraldischer Insignien, viele Tiere und eine Krone. Der österreichische Waffeninspektor schloß aus dem Entwurf, daß die »israelitische Nation mit den Vorzügen des Adels nicht genug bekannt sei« und strich grausam alle Tiere und die Krone. Rothschilds behielten nur zwei halbe Adler.

Die jahrhundertealte Bindung zwischen jüdischen Wucherern und adligen Verschwendern löste sich langsam und annährend in den gleichen 25 Jahren, in denen der Adel die Berliner Juden »hoffähig« gemacht hatte. Das Wucherdarlehen an den Adligen war zur Staatsanleihe an absolute Fürstenhäuser geworden. Das Darlehen an einzelne verschuldete Hoflakaien diente im Wesentlichen nur noch der Bestechung und der Sicherung einer Einflußsphäre auf den Staat.[70] Die Vorliebe der adligen Gesellschaft für Juden ging rasch an ihren wirtschaftlichen und politischen Interessengegensätzen zugrunde, die sich in voller Klarheit erst nach 1807 zeigten und die um den wachsenden Einfluß der Juden auf den Staat und ihr wachsendes Desinteressement an dem Adel zentriert waren. Immerhin hatte der adlige Schwanengesang auf die Vergangenheit genügt, um schnell noch die Anderen auf etwas aufmerksam zu machen, was zu allem Unglück nicht einmal mehr existierte, um schnell noch bürgerliche *liberale* Argumente gegen die Juden zu erzeugen, deren Realitätsgehalt seit Jahrzehnten versickerte und dessen gesellschaftlicher Widerschein gerade verglänzt war.

Genau in dem gleichen historischen Augenblick, der den Adel erst in seinem Verhalten und denn in seinen Argumenten antisemitisch macht, (im Jahre 1807), erhebt der bürgerlich liberale Schriftsteller *Buchholtz* seine Anklage gegen *Adlige und Juden*:[71] um den Adel abschaffen zu können, müsse man zuerst die Juden

70 Die Geschichte des Hauses Rothschild bietet eine ausgezeichnete Illustration dieser Entwicklung. Der alte Meyer Amschel (Ende des 18. Jahrhunderts) macht noch richtige Kreditgeschäfte mit Privatpersonen. Seine Söhne verdienen enorm an den Staatsanleihen, vor allem in Österreich, und geben an Private oft zinslose Darlehen, machen mit ihnen überhaupt nur Geschäfte zur Sicherung ihrer gesellschaftlichen Stellung. Die dritte Generation kennt solche Geschäfte mit Privatpersonen überhaupt nicht mehr, sondern zahlt direkte Bestechungsgelder. Vgl. *Corti*, a. a. O. Bd. I u. II.

71 Friedrich *Buchholz*, Untersuchungen über den Geburtsadel. 1807. S. 167 ff.

abschaffen, denn der Adel »steht mit der Judenschaft in einem so engen Verhältnis, daß er ohne dieselbe nicht fortdauern kann; beide bestehen nur dadurch, daß sie sich gegenseitig ergänzen und unterstützen, der Adel die Juden durch die Gewalt, die Judenschaft den Adel durch List und Betrug.« Dies und nichts anderes ist die historische Konsequenz der ersten »Assimilation«, nämlich das Ressentiment des Bürgers, seine Empörung gegen den gesellschaftlichen Hochmut der Junker und die neumodische Art der Geselligkeit, in der schließlich alles vertreten war, außer Bürgern. Was an Intelligenz, bürgerlicher Intelligenz der Herkunft nach, in den jüdischen Salons aus- und eingegangen war, gehörte ja so wenig zu ihnen wie einst Lessing zur bürgerlichen Gesellschaft seiner Zeit. Die Empörung galt in erster Linie natürlich jenen Ausnahmejuden, die schneller in die »gute Gesellschaft« aufgenommen worden waren, als irgendwer sonst. Aus naheliegender Rankübe begann eine halbspielerische Identifiziererei von Adel und Judentum, von der wenig in den neuen deutschen Antisemitismus einging. Anders Frankreich! Was blieb, war die Rankübe.

Wie stark aber mußte das Ressentiment bereits sein, wenn gleich die erste antisemitische Pöbelschrift, *Grattenauer's* »Wider die Juden« die 1803 erschien, in 13000 Exemplaren verbreitet werden konnte![72] Grattenauer, ein heruntergekommener, verschuldeter Advokat, hat unstreitig den Ruhm, die antisemitische Literatur in jenem Pöbelton und ordinären Deutsch inauguriert zu haben, ohne die es dann nie wieder abgegangen ist. Daß selbst in diesem Machwerk, das noch dazu eine ausdrückliche Verbeugung vor dem Adel macht,[73] die adels*feindliche* Tendenz der Polemik gegen

72 *Grattenauer* benutzte die kurz vorher erschienene lateinische Schrift des Kriminalrats *Paalzow*, De civitate Judaeorum, ein umständlicher und langweiliger Beweis von der bürgerlichen Unreife der Juden.

73 Es ist bezeichnend für die subalterne Charakterlosigkeit Grattenauers, daß er schon 1803, als selbst der gebildete Adel noch liberale Tendenzen zeigte, zu behaupten wagt, »daß die Bildung des menschlichen Geschlechts seit der

den Ausnahmejuden zur Geltung kommt, ist bezeichnend genug für die Stimmung weiter Kreise.[74] Grattenauer will nichts mehr hören »von dem und jenem Juden, von keinem jüdischen Individuo«, sondern findet als erster die glückliche Formulierung vom »Juden überhaupt, vom Juden überall und nirgends«, deren große Bedeutung ihm ebensowenig klar wurde, wie seinen zeitgenössischen Lesern. Deutlich wird in jeder Hinsicht nur die mit Vielen geteilte Ranküne auf Beziehungen, die man selbst nicht hat. Sie inspiriert ihn zu einer höchst plastischen Schilderung, in der die jüdische gesellschaftliche Situation als reine Hochstapelei erscheint, da sie ja nicht gesetzlich legalisiert sei, nur auf Beziehungen beruhe,[75] auf einem gleichsam überhöhten Lebensstandard, dem das Gesetz jeden Tag ins Gesicht schlage.[76] Daraus folgert er dann die notwendige Illegalität des Stammes, seine »revolutionäre

Wiederherstellung der Wissenschaften durch den Adel mittelbar und unmittelbar hervorgebracht, befördert und verbreitet ist«.

74 »Es ist höchst lächerlich, wenn […] die jüdischen Freigeister […] oder gar die minderjährigen Judenjungens, – welche zum Beweise ihrer Kultur im Thiergarten auf Stelzen gehen, am Schabbas öffentlich Speck fressen, auf den Promenaden Kiesewetters Logik laut auswendig lernen und die Arien aus dem Herodes […] absingen – eine Ausnahme von den allgemeinen gesetzlichen Verfügungen zu verlangen sich unterfangen wollen«.

75 »Das Gespräch beginnt nun mit einer Apostrophe an die *aufgeklärte Zeit* […] Hierauf folgt eine langweilige Erzählung, von welchem vornehmen Mann sie herkommen, was sie Interessantes mit ihm gesprochen haben, zu welchen *großen* Leuten und Leuten vom Stande sie noch höchst notwendig in der geschwindesten Geschwindigkeit eiligst und schleunigst hingehen müßten. […]«

76 »Es bleibt meinem Verstande ein unerklärlicher Widerspruch, wie derjenige meine Achtung und mein Zutrauen im Privatleben fordern will, der doch die öffentliche Zurücksetzung zu ertragen im Stande ist, welche darin liegt, daß ich im Gerichtshofe sein Zeugnis als bedingt ungültig zu verwerfen und seinen Eid nur als bedingt heilig … zu gestatten das vollkommenste Recht habe.«

Tendenz« und seinen »der bürgerlichen Gesellschaft höchst gefährlichen Geist«.

Grattenauer hatte Pech: er war ein paar Jahre zu früh gekommen und blieb trotz großer angeblicher Erfolge ohne Einfluß, ja war sogar persönlich reichlich kompromittiert. Für den pöbelhaften wie für den bürgerlichen Antisemitismus war die Zeit noch nicht gekommen; er konnte sich weder in der geistreichen Form von Buchholtz noch in der ordinären von Grattenauer durchsetzen. Beiden fehlte noch die schmale Basis an Realität, die wirksamer ist als alle Ranküne, die nie ausgesprochen zu werden braucht und die doch erst den antisemitischen Argumenten ihre so verblüffende Wirksamkeit verleiht. Beiden fehlte die Rückendeckung, die nur die Gesellschaft selbst geben kann, eine Schicht, eine Klasse, die sich dann einmal gröberer und einmal feinerer Patrone zu bedienen weiß. Die auf die Dauer wirksamste Pointe der Grattenauer'schen Broschüre: »der Jude überall und nirgends« blieb unverstanden in einer Zeit, die die Ausnahme und nur sie assimilierte.

Die dilatorische Behandlung der Judenfrage durch den Staat hatte die gesellschaftliche Assimilation ermöglicht. Die Ausnahmejuden, die sich von der dunklen Masse der Judenschaft abhoben, erschienen wirklich als Individuen, die individuell assimilierbar waren. Daß sie dennoch Juden blieben, konnte ohne Schwierigkeit zu ihrem persönlichsten Problem, ihrer persönlichsten »Interesssantheit« werden, die in der intimen Sphäre der Salons nicht unwillkommen war. Die Biographien bedeutender Juden der Zeit, deren Jugend in die achtziger Jahre, spätestens in die Jahrhundertwende, fällt, zeigen übereinstimmend, wie aus der persönlichen Problematik der Jugend, aus der Indifferenz des Mannesalters eine eigentümliche Rückkehr zum Judentum im Alter resultiert.[77] Das gleiche Phänomen können wir in dem

77 So Heinrich Heine, Rahel Varnhagen.

Nachlassen der Judentaufen und der Mischehen nach 1815 konstatieren.[78] Die Flucht aus dem Judentum – in die Taufe oder die persönliche Problematik – wird unmöglich, sobald die Judenfrage kollektiv gestellt wird; auch für den Einzelnen wird damit das Judesein zu einem unentrinnbaren Faktum.

Der Staat, der *seine* Ausnahmejuden, die Schutzjuden, durch Emanzipation liquidieren und als Juden vernichten will, schafft gesellschaftlich für sie eine paradoxe Situation. Im selben Maße als der Staat ihm nationalen Untergang wünscht, den er durch Emanzipation legalisieren will, in demselben Maße gibt er ihnen als den insgesamt zu Emanzipierenden eine Sonderposition. Sie existieren gesellschaftlich wieder als Juden, eben weil sie als Juden emanzipiert werden sollen. Die rein formale Paradoxie des Emanzipationsaktes tritt in den folgenden Jahrzehnten immer konkreter zu Tage durch die Verschleppungstaktik des Staates und wird schließlich zu einem eminent politischen Faktor. Sie wird trotz ihrer Formalität gesellschaftlich deshalb sofort wirksam, weil der neuen politischen Sonderposition eine ökonomische (in der Staatswirtschaft) entsprach.

Die Emanzipation der französischen Judenheit, die von der Revolution *zusammen* mit dem Bürgertum emanzipiert wurde, hatte einmal eine politische Chance geboten, dem Emanzipationsparadox zu entgehen. Die napoleonische Judenpolitik, die in dem édict infâme von 1808, das eine Sonderbehandlung der elsässischen Juden diktierte, gipfelte, zeigt aufs deutlichste, wie die alten wirtschaftlichen Sonderpositionen auch diese Chance nicht zur vollen Wirksamkeit kommen ließen.

In Deutschland aber, das nie eine bürgerliche Revolution ge-

78 Nur in Ungarn hat sich die adlige Assimilation infolge besonders rückständiger Bedingungen und dem völligen Fehlen eines eigenständigen Bürgertums bis in die neueste Zeit fortgesetzt. Ungarn lieferte daher auch den bei weitem höchsten Prozentsatz an Judentaufen und Mischehen (dreimal soviel z. B. als Wien, das selbst mit an erster Stelle steht.)

kannt hat und demzufolge nie eine *ausdrückliche* Befreiung der bürgerlichen Klasse, erscheinen die Juden als die einzige emanzipationsbedürftige oder als die einzige emanzipierte, also privilegierte Schicht. Je länger das Land ohne ausdrückliche bürgerliche Emanzipation blieb, desto mehr mußte sich im Bürgertum die Vorstellung von der Sonderstellung des Judentums verfestigen, desto schlagender mußte die Emanzipation der Juden als Beweis eines kollektiven – nationalen oder ökonomischen – Zusammenhanges wirken. Schließlich waren die Juden die einzigen, welche eine, wenn auch zögernde und unvollständige, Veränderung ihres politischen Status erreicht hatten; das machte die Emanzipation in den Augen der anderen zu einem »Geschenk«, wenn nicht zu einem Privileg.

Nur Wilhelm von *Humboldt*, dessen großer Einfluß auf das Zustandekommen des Edikts von 1812 bekannt ist, scheint die Gefahr, mit der Judenemanzipation das Gegenteil des Beabsichtigten zu bewirken, gesehen zu haben. Er will die Befreiung unbemerkt vollzogen wissen und spricht sich scharf gegen eine »allmähliche Aufhebung« der Beschränkungen aus, welche nur »die Absonderung, die sie vernichten will, in allen nicht mit aufgehobenen Punkten bestätigt« und »gerade durch die neue größere Freiheit die Aufmerksamkeit auf die noch bestehende Beschränkung verdoppelt und dadurch sich selbst entgegenarbeitet.« Es trat genau das ein, was Humboldt befürchtet hat: die Emanzipation blieb nur wenige Jahre in Kraft und die »allmähliche Aufhebung der noch bestehenden Beschränkungen« wurde das Prinzip der staatlichen Judenpolitik.[79]

Humboldt glaubte an die Allmacht des Staates, die Juden durch Emanzipation einfach der Gesellschaft zudiktieren zu können. Die Verschleppung der Emanzipation, vor allem die negative

79 Vg. Wilhelm v. *Humboldt's* Gutachten zur Emanzipation von 1809. *Freund*, Judenemanzipation, 1912. Bd. II, S. 270 ff.

gesellschaftliche Wirkung, die sie bereits vor ihrem In-Kraft-Treten ausübte, zeugt für die Notwendigkeit des unglücklichen Verlaufs und deutet bereits die Unmöglichkeit einer politischen Befreiung bei bestehendem Konflikt zwischen Staat und Gesellschaft an.

In der gleichen Illusion wie Humboldt lebten die als Reformer bekannten preußischen Staatsmänner, deren wichtigster für die Juden *Hardenberg* war. Sie glaubten wirklich mit der Emanzipation die Juden überhaupt aus der Welt assimilieren zu können und übersahen keineswegs die gesellschaftlichen Folgen ihrer Maßnahmen. Das war die natürliche Denkweise von Staatsbeamten. Der Staat hatte von der Assimilation, von der veränderten sozialen Stellung »seiner« Juden nie Notiz genommen. Kannte er doch Ausnahmejuden, aber das waren keine Individuen, sondern die Schutzjuden insgesamt, ein Kollektiv mit bestimmten Leistungen und bestimmten wirtschaftlichen Möglichkeiten. Einzelnen, besonders Leistungsfähigen hatte er bereits die Generalprivilegien erteilt und schickte sich nun an, sie auf alle auszudehnen. Auch er argumentierte – wie alle, die sich später zu unserem Schaden Philosemiten genannt haben – vom Individuum aus; nur daß sein Exempel kein Philosoph war, sondern ein Münz- oder ein Hofjude. Durchaus ohne es zu wissen, machte der Staat aus seinen jüdischen Individuen wieder eine Gemeinschaft, eine gesellschaftlich abgestempelte Schicht. Ohne es zu wissen, aber nicht ohne später bewußt davon zu profitieren. Gerade diese halbe zweideutige Kollektivität des Juden des 19. Jahrhunderts lag in seinem Interesse. Nur eine von ihm ganz abhängige, weil von der Gesellschaft ganz verfemte Schicht war jederzeit loyal und zu allen Leistungen bereit.

Am schnellsten reagierten auf die paradoxe Sonderposition, die das staatliche Emanzipationsedikt geschaffen hatte, die Juden selbst. Sie gründeten Vereine zur Erziehung und Verbesserung derjenigen Juden, die noch keine Ausnahmejuden waren, die noch nicht die hohe Stufe jener Ausnahmemenschen erklommen hatten, die nun anscheinend in nichts mehr von ihrer Umwelt zu unterscheiden waren. Diese Vereine, deren einziger bewußter Zweck die Auflösung des Judentums war, bewirkten eine organisierte Konservierung der deutschen [und jeder assimilierten] Judenschaft.

Dem Antisemitismus aber lieferte die Emanzipationssituation die erste Basis für seine wirksamste Unterscheidung zwischen dem Juden als Individuum und »dem Juden überhaupt, dem Juden überall und nirgends«. Was der Staat nicht ausspricht, was die Verfechter der Emanzipation nicht wissen, spürt der Antisemitismus sofort: aus einzelnen Leistungen der Hofjuden, aus ausnahmsweise zugestandenen Prämien an einige Wenige, soll ein Leistungskollektiv mit genereller Prämiierung zur prinzipiellen Stützung des Staates geschaffen werden. Aus einzelnen, anscheinend zufälligen Glücksfällen eine ökonomisch privilegierte Schicht, aus Ausnahmefällen ein staatlich verankertes Prinzip. Kurz – in der von Gespensterfurcht genährten Sprache des Antisemitismus: aus dem Juden als einem Individuum (den man fast schon assimiliert hatte) der Jude überhaupt, der Jude überall und nirgends (der nie wieder freien Herzens von der Gesellschaft akzeptiert wurde).

Hier liegt einer der wichtigsten Ursprünge des modernen Antisemitismus, der eine gesellschaftliche Reaktion auf eine staatliche Maßnahme war. Boden konnte er nur in den Schichten finden, die in offener Opposition zum Staate standen. Die vornehme Distanzierung der Liberalen wie der ordinäre Pogromantisemitismus verkrachter bürgerlicher Existenzen blieb unwirksam, solange die Gesellschaft in allen ihren Schichten dem Staate mehr oder minder gleichgültig gegenüberstand. Dass die 13 000 Exemplare des Grattenauer'schen Pamphletes den Berliner Juden kaum schadeten, beweist, daß selbst eine verbreitete Antipathie gegen Juden erst dann gefährlich wird, wenn sie sich mit anderen politischen Tendenzen verkoppeln kann. Dies war der Fall, als der Haß der

Patrioten auf den Staat, der das Land mehr oder weniger an Napoleon verraten hatte, die beginnende staatsfeindliche Nationalbewegung der bürgerlichen Intelligenz mit der wütenden Opposition des Adels gegen die staatlichen Reformen ein Bündnis schloß.

Der gesellschaftliche Ausdruck dieses Bündnisses, das knapp den Krieg von 1813/14 überdauerte, war die *Christlich-Deutsche-Tischgesellschaft*, ein patriotisch-regierungsfeindlicher Verein, der vor allem Hardenberg bekämpfte.[80] Zugleich ist er die erste programmatisch antisemitische Organisation Deutschlands. »Juden, Franzosen und Philister« werden laut Statuten nicht aufgenommen. Je näher der Antisemitismus jener Zeit dieser Gesellschaft blieb desto wirksamer war er. Die skurrile und dürftig-witzige Schrift Clemens von *Brentanos*, die dort verlesen wurde (»Der Philister vor, in und nach der Geschichte«), war gefährlicher als alle Schreiereien. Denn sie verbreitete – keinen Judenhaß, aber – Judenantipathie in genau den gleichen Kreisen, auf die Juden gesellschaftlich angewiesen waren und bereitete so den Boden für die massiveren Angriffe vor, die erst nach dem Wiener Kongreß aktuell wurden. Die Intelligenz, die ohnehin nur auf adliges Kommando hin Juden gesellschaftlich anerkannt hatte, gab sie schnell auf, als der Adel nicht mehr wollte. Und sie besorgte ihm noch die Argumente für seinen Rückzug.

Praktisch zwar hörten die »Ausnahmejuden« nicht mit einem Schlage auf zu existieren – alle diese Antisemiten verkehrten auch in jüdischen Häusern, Clemens Brentano wie Achim von Arnim, und selbst Kleist und Adam Müller. Aber der Verkehr beschränkte sich nun wirklich nur noch auf einzelne Individuen. Wenn von *den* Juden die Rede war, so argumentierte man keineswegs mehr mit irgendwelchen Ausnahme-Exemplaren seiner Bekanntschaft. Die Gesellschaft schuf, nachdem die »Ostjuden« mit den abgetretenen Provinzen verschwunden waren, eine neue Kulisse: die

80 Vgl. Reinhold *Steig*, Heinrich von Kleist's Berliner Kämpfe.

Juden überhaupt, von der sich Einzelne abheben konnten, wenn sie persönlichen Nutzen brachten oder eine ungewöhnliche Charakterlosigkeit zu produzieren bereit waren.

Als die neue judenfeindliche Intelligenz, jene Generation, die man »politische Romantik« genannt hat, sich gezwungen sah, in dem offen ausbrechenden Konflikt zwischen Staat und Junkertum Partei zu ergreifen, da hatte sie gesellschaftlich bereits für den Adel optiert und brauchte ihm nur noch das Opfer ihrer Freiheit nachzuliefern. Dieser Sachverhalt wird von den romantischen Konvertiten nur dürftig verschleiert, die der Kirche das sacrificium jenes intellectus darbringen, der – wie die Geschichte von Kant bis Hegel beweist – nur in bürgerlichen Verhältnissen funktionieren konnte. Dennoch blieb die Intelligenz heimatlos und tendierte nach wie vor, im Staatsdienst Grund und Boden unter die Füße zu bekommen. Für den Adel also ein zweideutiger Bundesgenosse, der zum Verrat geneigt sein mußte, sobald sich das Bürgertum wirklich des Staatsapparates bemächtigte und ihn nicht mehr nur als Versorgungskrippe für seine brotlose Intelligenz ansah. Das aber geschah in Deutschland erst 1918, als der Adel, von allen Seiten verraten und verkauft, seine getreuen »Gebildeten« plötzlich im Lager der »Aufrechten« Republikaner und Demokraten erblickte.

Bis dahin jedoch, und vor allem zu Beginn des 19. Jahrhunderts war die erwähnte Zweideutigkeit von großem Nutzen für den Adel und von großem Schaden für die Juden. Sie diente nämlich – und das ist die eigentlich historische Bedeutung der politischen Romantik – der Versöhnung von absolutem Staat und Junkertum. Aus der ideologischen Vermählung beider erzeugen die *Adam Müller* und *Joseph Görres* den totalitären Ständestaat. Sie helfen den theoretisch nicht gerade glänzenden Junkern auf die Beine und lehren sie, das Bürgertum zu diffamieren: es sei vaterlandslos, weil verstrickt in die »Buhlerei mit dem Golde«; unzuverlässig, weil kein »lebendiges Ganze«, sondern »zerschnitten und zersplittert« in öffentliches und privates Leben; dadurch dem Zugriff des Staates entzogen, der als *das* »Ganze« Anspruch auf das *ganze* Leben seiner Untertanen habe. Der Vergötzung eines christlichen Staatsideals, in dem der Adel wieder der »erste Stand« sein soll, entspricht der hemmungslose Ausfall auf die damalige Regierung der Stein und Hardenberg, welche es wagten, junkerliche Interessen anzutasten und von denen daher behauptet wird, sie setze an die Stelle des Adels einen »neuen Geldadel, dessen Prinzen von Geblüt die Juden« seien. Das »lebendige Ganze« – der Staat – soll gesäubert werden von unorganischen und zersetzenden Elementen, das heißt von allen, die sich nicht durch Herkunft und Abstammung legitimieren können. Herkunft ist göttliche Bestimmung – daher die Christlichkeit des Staates – der die »menschliche Willkür« des Parvenus entgegengesetzt wird. Zwei Extreme kennt die immer mit Gegensatzpaaren jonglierende organische Geschichtsphilosophie: den Adel, der durch Familienchronik jedem seiner Glieder eine höchste Aktivlegitimation erteilt, gleichsam das Sinnbild der göttlichen Bestimmung, und die Juden, deren Herkunft allein schon diffamierend ist, die sich in den Organismus des Volkes eingeschlichen haben – ein Sinnbild »menschlicher Willkür«. Zwischen diesen Extremen lebt das »Volk«, das organisch den »Prinzen von Geblüt« unterworfen und vom »lebendigen Ganzen« des Staates beherrscht werden soll. Zugleich verachtet und vergöttlicht scheidet es aus der Geschichte selbst aus, um ihr als dunkler Grund zu dienen; stets bereit für den Appell an seine »Instinkte«, die dann in ihrer viehischsten Brutalität zum Gottesurteil avancieren.[81]

Die romantischen Staatstheorien geben den Nährboden für alle antisemitische Ideologie ab. In der »organischen Geschichte«

81 Vgl. Adam *Müller*, Elemente der Staatskunst. Vorlesungen, gehalten 1808/09, und Joseph *Görres*, Fall der Religion und ihre Wiedergeburt, 1810. (Politische Schriften, Bd. I, S. 132 ff.)

haben Juden keinen Platz: »menschliche Willkür«, nämlich allein der wirkliche Gang der Geschichte hat die Juden zu Europäern gemacht. Ihre gesellschaftliche Stellung haben sie *trotz* ihrer Herkunft erlangt. Die Unterscheidung in »öffentliches und privates Leben« – sie sei so zweideutig wie sie will – wurde von niemandem in der Folgezeit so notwendig gebraucht wie von assimilierten Juden, welche aus allem Zwiespalt herauszukommen hofften, wenn sie sich öffentlich als Deutsche und privatim als Juden deklarierten. Sie lebten von der Illusion, daß ihr Judesein ihre Privatsache sei, an die zu rühren indiskret ist.

Seit der politischen Romantik haben die »Gebildeten« Deutschlands keine Diskretion in dieser Frage mehr gekannt. Ihr »Takt« war schließlich so schäbig geworden, daß er einer Beleidigung sehr ähnlich sah. Keine noch so große Masse von Ostjuden diesseits oder jenseits der deutschen Grenzen hat mehr dem armen Häuflein assimilierter Juden zu einem kollektiven Ausnahmebewußtsein verholfen. Von nun ab mußte jeder einzeln beweisen, daß er, obwohl ein Jude, doch kein »Jude« sei. Und mußte damit nicht nur Teile seiner »zurückgebliebenen Glaubensbrüder«, sondern das ganze Volk verraten wie sich selbst.

Der Adel wird antisemitisch

Solange der Antisemitismus sich nicht grundsätzlich den großen geschichtlichen Kämpfen seiner Zeit verbinden kann und solange er nicht von mindestens einer einheitlichen Schicht des Volkes getragen wird, bleibt er ohne politische Bedeutung und ist den Juden nicht gefährlich. Der gesellschaftliche Antisemitismus, der die Assimilation der »Ausnahmejuden« so schmerzlich hemmte, scheint in dieser seiner harmlosen Form nur dazu da, die Atmosphäre zu vergiften und beide Teile, Juden wie Nichtjuden auf Kommendes vorzubereiten. Zwar ist die jüdische Assimilation, sofern sie nur einen Abschnitt in der Geschichte der Säkularisierung des jüdischen Volkes bildet, nicht mehr rückgängig zu machen; die von Staatswegen protegierten Juden in ihrem reißenden Drang nach europäischer Bildung nicht zu hindern; selbst nicht daran, auf ihre Art Deutsche zu werden. Aber diese kleine Gruppe von Menschen, die sich noch dazu mit einer gewissen Berechtigung als völlig entjudet empfindet, sozial heimatlos zu machen, das bringt selbst der harmlose gesellschaftliche Antisemitismus noch alle Mal zu Stande. Er erzeugt eine kastenartig abgeschlossene Schicht gesellschaftlicher Paria, die sich gegenseitig über ihre Situation hinwegtäuschen und deren Kreis oder Salon zu einer Karikatur der »guten Gesellschaft« werden. Er hindert und hemmt als Druck von Außen jede notwendige und durch die ökonomischen Verhältnisse vorgezeichnete politische Differenzierung innerhalb der jüdischen Gesellschaft selbst und führt – gerade solange er politisch wirkungslos und daher hinterhältig, zweideutig und heimtückisch ist – die Juden in jene ebenfalls hinterhältige und zweideutige Solidarität, die noch heute, da sie längst ganz und gar sinnlos geworden ist, einen guten Teil unseres politischen Lebens durchherrscht und jene politische Wirkungslosigkeit mitverursacht, die allen unsern politischen Gesten und Akten anhaftet.

Der politische Antisemitismus tritt nur äußerst langsam aus dem Nebel der vergifteten gesellschaftlichen Atmosphäre hervor. Dennoch kann man seine ersten Konturen bereits für die Zeit seiner nur gesellschaftlichen Wirksamkeit nachzeichnen. Man darf sich nicht dadurch beirren lassen, daß viele Jahrzehnte hindurch diese Ansätze – weil sie keinen eigentlichen politischen Erfolg aufweisen können – immer wieder aufgelöst werden in den Nebel gesellschaftlicher Imponderabilien. Denn nach einiger Zeit werden sie erneut und nicht einmal sonderlich verwandelt mit schärferer Physiognomie und intensiverer Wirkung zu einem politischen Faktor. Das ganze 19. Jahrhundert ist durchzogen von solchen Rückverwandlungen des Antisemitismus in rein gesellschaftliche und harmlos erscheinende Phänomene. Der Vorteil der Antisemiten, nach jedem Mißerfolg wieder in die Gesellschaftsklasse, zu der sie gehören, zurücktauchen zu können, in ihr weiterzuwirken und sich weiterzuentwickeln, war der grundsätzliche Nachteil der Juden wie ihrer großen Protektorin, der absoluten Monarchie: nämlich solch eine gesellschaftliche Heimat nicht zu haben, politische Erfolge nicht gesellschaftlich unterbauen zu können und daher tatenlos zusehen zu müssen, wie jeder politische Mißerfolg der Antisemiten zu ihrem gesellschaftlichen Erfolg wurde, die Atmosphäre aufs Neue vergiftete und den Boden neu vorbereitete.

Vor dieser teuflischen Maschinerie haben assimilierte Juden mit Recht überall Angst: sie haben stets Angst vor den eigenen Erfolgen. In ihr wird ihnen das Rückgrat gebrochen und die Urteilskraft, das Vermögen zwischen Freunden und Feinden zu unterscheiden, geraubt. Der Mechanismus politische Argumente in gesellschaftliche Imponderabilien rückzuverwandeln oder sie heimtückisch zu vertuschen, jedenfalls aus jedem offiziellen Mißerfolg eine verbreiterte gesellschaftliche Basis zu schaffen, erreicht die völlige Verwirrung seiner Opfer, denen ihre eigene Geschichte bis kurz vor der Katastrophe in einer verzweifelten Dunkelheit verbleibt, die dann nach Belieben mit illusionistischen Phantasmagorien bevölkert wird.

Der gesellschaftliche Antisemitismus verliert seine Harmlosigkeit, wenn er nicht mehr nur um Juden zentriert ist, wenn er aus seiner vornehmen Distanz des Wohlgeborenen gegen den Parvenu – welcher der Jude ja wirklich ist – heraustritt und die Juden in irgendeiner Weise in den politischen Tageskampf miteinbezieht. So sahen wir bereits in der Judenantipathie der Christlich-Deutschen Tischgesellschaft andeutungsweise die Identifizierung von Juden mit Bürgern, von Juden mit Franzosen. Sie entsprang der politischen Argumentation des Adels gegen das Bürgertum und gegen den modernen Staat. In dem Zweifrontenkampf, den die Junker mit wechselnder Schärfe bis tief in das zwanzigste Jahrhundert hinein in Preußen geführt haben, wurden zu Beginn auf beiden Fronten antisemitische Argumente eingeschaltet. Hier liegt der erste Kristallisationspunkt, um den herum im Verlaufe von Jahrzehnten die disparatesten Elemente zusammenschießen und immer wieder, trotz zahlreicher Auflösungen und Umgruppierungen des politischen Kernes, zu einem einheitlichen Gebilde sich formen.

Die absolute Monarchie, die in Preußen zwischen 1807 und 1813 von oben herab einige notwendige Reformen zum Schutze von Bauern und Bürgern durchführte, war bei Junkern und Liberalen gleicherweise verhaßt. Die absolute und konstitutionslose Herrschaft wog in den Augen der Liberalen die wenigen und den Adel noch dazu sehr milde behandelnden Reformen voll auf. Der Adel wiederum sah in den Reformen, die ihm seine gutsherrliche Herrschaft und Gerichtsbarkeit über die Bauern raubte und die Mobilisierung des Grundbesitzes verfügte, mit einigem Recht einen Angriff auf sein politisches Herrschaftsmonopol.

In diesem Zusammenhang hatte der Judenhaß des Adels seinen guten Grund. Das »alt-ehrwürdige Brandenburg-Preußen« einen »neumodischen Judenstaat« zu schimpfen war sicher »unpassend«, wie Hardenberg meinte, aber auch nicht ganz und gar ungegründet.[82] Wir sahen bereits, in welchem Ausmaß das Hofjudentum zur finanziellen Stütze des modernen Staates beigetragen hatte. Die moderne Verwandlung der Hofjuden in Staatsgläubiger und Staatsbankiers hatte den modernisierten Bedürfnissen des

82 Vgl. die »Letzte Vorstellung der Stände des Lebusischen Kreises« vom Jahre 1811 mit den Randbemerkungen *Hardenbergs* für den König. Der Verfasser dieser besonders scharf gehaltenen junkerlichen Petition ist vermutlich *Ludwig von der Marwitz*, der begabteste Vertreter des preußischen Adels seiner Zeit. Die »Vorstellung [...]« nebst den Randbemerkungen ist veröffentlicht in *Meusel*, Ludwig von der Marwitz. Bln. 1908. Bd. II.

Absolutismus Rechnung getragen. Auf veränderter Basis blieb die Finanzierung die gleiche, die Rolle die hervorragende Juden spielten nur wenig verändert. Mangels irgendeiner anderen königstreuen, staatlich interessierten und finanzkräftigen Klasse der Bevölkerung griff der Staat für fast jede Anleihe auf Juden zurück.

Die königlichen Reformen verfolgten vor allem den Zweck die Macht des Staates zu stärken und den gesamten Beamtenapparat so unabhängig wie möglich von junkerlichen Interessen zu machen.[83] Die Stärkung des handeltreibenden Bürgertums durch Gewerbefreiheit, die Bauernbefreiung, die Aufhebung der adeligen Steuerprivilegien, die Mobilisierung des Großgrundbesitzes, kurz die Zerschlagung der feudalen »Ordnung« und die Freigabe, ja die Entfesselung des Klassenkampfes zwischen Bourgeoisie und Junkertum, zwischen Handelskapital und Großgrundbesitz, sollten die »absolute« Macht der Monarchie sichern.[84] Sie sollten den König aus der Klasse der Grundbesitzer, der er bis dahin als primus inter pares, nämlich als größter Landbesitzer Preußens, angehört hatte, lösen. Dem dienten vor allem auch die königlichen

83 Dies geht besonders deutlich aus dem *Hardenberg*'schen Immediatbericht an den König vom 23. Juni 1811 hervor, in dem es u. a. heißt: »Sie (sc. die Feudalen) stellen sich als Mitregenten auf, und wenn man die Auslegung statt finden lassen wollte, die sie veralteten Stellen und Recessen geben, so würden wenig Fälle übrig bleiben, wo bei der Ausübung der landesherrlichen Rechte […] und bei Königlichen Beschlüssen nicht erst ihre Zustimmung erforderlich wäre.«

84 Daß die sogenannten bürgerlichen oder freiheitlichen Reformen mit Freiheit höchst wenig zu tun hatten und mit dem Bürgertum nur so viel, daß nur auf dem Umwege einiger Reformen eine Sicherung des absoluten Staatsapparates gegen den Adel überhaupt zu erreichen war, geht selbst aus der hohenzollerntreuen Darstellung *Delbrück*s eindeutig hervor. Er schreibt u. a.: »Der Umbau des Staates vollzog sich zwar nicht im Sinne der Freiheit, sondern in einer viel strafferen Zentralisierung, sodass der bürokratische Absolutismus dadurch gesteigert wurde.« Vgl. *Delbrück – Molinski*, Weltgeschichte. Bd. II, S. 273 ff.

Domänenverkäufe des Jahres 1809, die auf den Adel wie ein Alarmsignal wirkten.

Die Junker haben sich nach 1815 große Teile ihres Einflusses auf den Staatsapparat wieder zurückgeholt; sie haben in keinem Lande so herrlich von der Konstitutions- und Parlamentsangst der Monarchie profitieren können; sie haben dem preußischen und später dem deutschen Staat treulichst geholfen, das liberale Bürgertum zu ersticken, seinen Nationalismus in Byzantinismus zu verwandeln und seine geistige und wissenschaftliche Entwicklung mit Kammerdienergewohnheiten zu vergiften und zu stoppen. Aber als sie am Ende ihrer glorreichen indirekten Herrschaft noch einmal versuchten, das Staatsoberhaupt mit sich völlig zu identifizieren, aus einem »Staatspensionär« einen Junker zu machen, Hindenburg in Neudeck zu installieren, da war der scheinbare Erfolg, das heißt das obstinate Schweigen der Republik und des gesamten Berufsbeamtentums, nur noch das Alarmsignal für ganz andere »Erben« als sie selbst.

Daß eine absolute Monarchie im Sinne einer absolut unabhängigen Herrschaft, einer vollkommenen Gerechtigkeit über den Klassen, Vertreterin nur nationaler Interessen, nichts ist als das Hirngespinst in Köpfen von Berufsbeamten, später Anhänger der »sozialen Monarchie« genannt, das wußten die Junker zu allen Zeiten sehr gut.[85] Daher kämpften sie zugleich gegen den Staat, der ihre Interessen antastete und gegen das Bürgertum, auf das er sich einen kurzen Moment lang, bis 1815, stützen zu wollen schien.[86] Dies nun war wirklich nur ein Schein. Die Avantgarde

85 Die oben zitierte »Letzte Vorstellung [...]« malt bereits ausführlichst dem König die Gefahr an die Wand, die er laufen würde, wenn er sich erst allein der Masse des Volkes gegenüber befände, in der man nicht mehr wagen könnte »Unzufriedenheit zu erregen«. Sicherheit für den König gäbe es nur, wenn der Adel weiterhin eine Art »Mittelstand« zwischen ihm und dem Volk bilde.

86 Hardenberg war der entschlossenste, wenn auch selbst sehr schwankende

des Bürgertums, die Liberalen, hielten wenig von Reformen von oben, die keine politischen Garantien bieten und verlangten nichts anderes als die Verfassung. Die Absolutheit der Monarchie bestand nur in dem höchst schwankenden, unsicheren Wille, von den Großen nicht ganz und gar gefressen zu werden, ihnen nicht das ganze Volk zum Fraße vorzuwerfen einerseits, und dem sehr bestimmten Wille andererseits, dem Bürgertum keinen Anteil an der politischen Macht, dem Volke keine Verfassung zu geben.

In dieser ihrer »unabhängigen« Stellung, zwischen Skylla und Charibdis ängstlich hin- und hergerissen, fand sich nur eine finanzkräftige Schicht, die loyal war und die vor allem keinen politischen Preis für finanzielle Hilfe fordert – oder nur einen sehr niedrigen –: das waren die Schutzjuden. Der Preis, das Emanzipationsedikt von 1812, wurde genau in dem Augenblick gezahlt, in dem die »Absolutheit« der Monarchie wirklich vollendet war, in dem sie nämlich in keiner Volksschicht mehr auf Sympathien rechnen konnte. Das Emanzipationsedikt wird ermöglicht durch vorläufige Loslösung des Monarchen oder besser des Staates aus der Junkersphäre und das ebenfalls vorläufige Fehlen eines Drukken von Seiten des Bürgertums.

Die höchst ephemere und schwankende Unabhängigkeit der Monarchie von allen Schichten des Volkes gab ihr eine sehr merkwürdige und einzigartige Chance, in ihren Bann gerade die besten Köpfe und die freiesten Geister des damaligen Deutschlands zu ziehen. Unter ihnen ist der Bedeutendste und für die Juden der Wichtigste *Wilhelm von Humboldt*, dessen berühmtes Gutachten zur Judenemanzipation von 1809[87] nicht wenig dazu beigetragen

Repräsentant dieser Versuche. So meinte er denn auch gegen die Junker, daß sich der »hier als notwenig geschilderte Mittelstand von selbst bilden werde«. Das hätte nicht viel mehr und nicht viel weniger als die Verfassung gekostet, wie das eifrigst für »Thron und Altar« kämpfende Bürgertum der konstitutionellen Monarchie bewiesen hat.

87 Siehe Ismael *Freund*, Judenemanzipation. 1912. Bd. II, Urkunden.

hat, die jüdische Intelligenz über die eigentlichen Hintergründe der Emanzipation zu täuschen. Nichts vielleicht beweist schlagender die politische Weltfremdheit des deutschen Humanismus als der Wahn, seine zentrale politische Idee: Erziehung und Bildung, durch den Staat der Reformen verwirklichen zu können. Durch die Emanzipation sollte nach Humboldts Meinung der Staat »nicht gerade die Juden zu achten lehren, aber die inhumane und vorurteilsvolle Denkungsart aufheben, die einen Menschen nicht nach seinen eigentümlichen Eigenschaften, sondern nach seiner Abstammung und Religion beurteilt, nicht wie ein Individuum, sondern wie zu einer Rasse gehörig und gewisse Eigenschaften gleichsam notwendig mit ihr teilend ansieht.« Zwar versuchte auch der Staat eine Zeitlang, (solange Hardenberg Staatskanzler war, also bis 1819) einen gewissen Einfluß auf die Gesellschaft auszuüben, sie zu zwingen die Juden zu assimilieren – durch Verbot antisemitischer Hetzschriften u. ä. –; aber er konnte natürlich in keiner Weise hindern, daß von der Emanzipation genau das übrig blieb, was die Gesellschaft in ihren jeweils herrschenden Schichten für akzeptabel erklärte. Von den humanistischen Argumenten und Politikern blieb in der offiziellen Politik keine Spur; aus ihnen wurde das offen regierungsfeindliche und revolutionäre Junge Deutschland.

Alle staatlichen Bemühungen, die Emanzipation mit einer gewissen Assimilation zu vereinigen, scheiterten an dem offenen Konflikt, der zwischen der Monarchie und dem Adel ausgebrochen war, und dem latenten Konflikt mit dem Bürgertum. Die Bemühungen des Staates um seine Juden schoben diese in den Vordergrund aller ausbrechenden Konflikte. Freundlich gesinnt waren ihnen höchstens ein Teil des Beamtentums, Hardenberg an der Spitze (den man nb. gerade deswegen für korrupt hielt), das aber nur höchst sekundär als Vertreter bürgerlicher Kreise anzusehen war, in erster Linie vielmehr die Interessen des Absolutismus verteidigte und deshalb ein so erbitterter Feind des Adels und ein so ergebener Freund des Juden wurde.[88] Gerade in den Jahren der Emanzipation besaß der Staat keine andere gesellschaftliche Basis als die seiner bezahlten Funktionäre, von denen emanzipiert zu werden alles andere als eine Empfehlung bedeutete.

Vielleicht hätte es für das emanzipierte Judentum Preußens eine etwas bessere Chance für Assimilation, im Sinne des Akzeptiertwerdens von der Umwelt, gegeben, wenn der preußische Staat jener Jahre wirklich auch nur daran gedacht hätte, sich im Bürgertum eine neue Herrschaftsbasis zu schaffen. Wie wenig ernst es ihm damit war, ersieht man leicht aus der sogenannten Bauernbefreiung, welche die Bauern zwar der gutsherrlichen Hörigkeit und Gerichtsbarkeit entzog, um sie der staatlichen zu unterstellen und aus ihnen einen neuen Typus Soldaten zu bilden, sie aber ökonomisch nicht nur nicht befreite, sondern noch mehr versklavte.[89] Die Stein'schen Reformen verhalfen dem Adel zu einer enormen Vergrößerung seines Landbesitzes[90] und liefen so eher auf eine Modernisierung des Großgrundbesitzes als auf eine Bau-

88 Wie die »preußische Reform ein Werk von oben und nicht von unten war«, eingeführt »durch den Willen des Königs«, nicht erzwungen von dem des Volkes oder des Bürgertums (s. *Delbrück*, a. a. O. II,274), so waren auch die preußischen Reformer nicht einfach Vertreter des Bürgertums, sondern in erster Linie Beamte des preußischen Staates: *Stein* war seit 1780 und *Hardenberg* seit 1792 in der Beamtenlaufbahn. Sie »fühlten sich mit vollem Recht als Fortsetzer der Mission des absoluten Königtums, indem sie den Grundgedanken des modernen Staates gegenüber den Feudalen und Privilegierten vertraten« (*Meusel*, in seiner Einleitung zu der Herausgabe der Marwitz'schen Schriften, a. a. O. XXXVIII). Daher – und nicht aus bürgerlichen Motiven – die erbitterte Feindschaft gegen die Feudalen, daher – und nicht aus der Französischen Revolution oder der deutschen Aufklärung – die Freundschaft für die Juden.

89 Den Stein'schen Reformen zufolge mußten die Bauern bei ihrer »Befreiung« den Grundherrn mindestens ein Drittel ihres Bodens abtreten; wenn diese einen erblichen Anspruch auf ihn besaßen, sogar die Hälfte.

90 Die Mobilisierung des Grundeigentums und die Abtretung großer Teile bäuerlichen Besitzes setzte die Großgrundbesitzer in die Lage, die Bauern

ernbefreiung heraus. Aus der geplanten und geforderten Expropriierung der Junker wurde eine Landlosmachung der Bauern. Der adlige – und nicht der bäuerliche – Besitz wurde zwangsweise reformiert, aus überalterten Herrschafts- und Eigentumsformen gelöst und dem modernen Kapitalbegriff angepaßt. Die wahre Krönung der Bauern»befreiung« ist das bereits eindeutig reaktionäre Ablösungsgesetz des Jahres 1821, das dem Adel anderthalb Millionen Morgen Land, 18 Millionen Taler in bar, anderthalb Millionen Taler in jährlicher Rente und eine viertel Million Scheffel Getreide als jährliches Deputat einbrachte.[91] Dem preußischen Staat war das Kunststück gelungen, seine Junker zu Kapitalisten zu machen, ohne sie als Bürger deklarieren, ohne ihnen das Odium des Kapitalisten anheften zu müssen. Auf staatlichem Umwege erhielt der Adel eine lebensfähige ökonomische Basis, ohne allzuviel in Form politischer Prärogativen bezahlen zu müssen.

Diese Schwächung des preußischen Bauerntums hatte als wichtiges historisches Nebenprodukt die Trennung von Bauern und städtischem Bürgertum zur Folge. Die verhängnisvollen Reformen, vom Adel noch dazu als bürgerliche Reformen verschrieen, hatten die Bauernschaft mißtrauisch, mit einem Schlage wieder reaktionär gemacht, unter den junkerlichen Einfluß zurückgejagt. So beraubte man das Bürgertum, das zahlenmäßig bis in die Mitte des 19. Jahrhunderts hinein sehr schwach blieb, seiner natürlichen Massenbasis auf dem Lande, mit deren Hilfe allein es – wie die Geschichte der letzten Jahrhunderte lehrt – seine Revolutionen durchzuführen vermag.

Die absolute Monarchie ging aus ihren Reformen gestärkt hervor. Zwar war es ihr nicht gelungen, den politischen Einfluß der

---

weiter auskaufen zu können, ihren eigenen Grund und Boden also zu vermehren – was nb. Marwitz bereits voraussagte.

91 Siehe Franz *Mehring*, Zur preussischen Geschichte S. 131 ff.

Junker radikal auszuschalten; dafür aber hatte sie ihren viel gefährlicheren Feind, das liberale Bürgertum, entscheidend geschlagen. Der Fortgang der Geschichte zeigt, daß dies im Ganzen eine ungewöhnliche Verlängerung ihrer Herrschaft zur Folge hatte.

Der Zweifrontenkampf des Adels um die ökonomische Niederhaltung der bürgerlichen Klasse und die Rückgewinnung der verlorenen politischen Positionen hatte die Juden als die einzige gesellschaftliche Stütze des feindlichen Staates denunziert und sie als einen wichtigen ökonomischen Faktor in der Staatswirtschaft entdeckt. Beides entsprach mehr oder minder der Realität, bezog sich wirklich nur auf die Juden und ihre ökonomischen Verhältnisse, und hatte gerade darum keine den Juden gefährliche antisemitische Pointe. Erst als man begann, die Judenemanzipation mit der vorgeblich bürgerlichen Reform zu identifizieren, sie als die eigentlichen Nutznießer von Gewerbefreiheit und Mobilisierung des Grundeigentums hinzustellen, hatte die einfache Judenfeindschaft einer immerhin begrenzten Schicht ihre wirklich antisemitische Pointe gefunden: nämlich die Verbindung mit einer politischen reaktionären Bewegung, die das ganze Jahrhundert bestimmen sollte.

Bürgerliche Reform und Judenemanzipation wurden beide zum Nutzen des absoluten Staates gewährt. Das ist aber auch das einzige Band, das sie verknüpft.[92] Hier hatte die antisemitische Propaganda des Adels, die den Bürger zum Juden stempelte, jene schmale Basis an Realität, die allen antisemitischen Verleumdungen zu Grunde liegen muß. Bezeichnend ist in diesem Sinne das

92 Die fast zufällige Identität von projüdischer und probürgerlicher Polemik ist festgehalten in dem närrischen Pamphlet von *Clemens von Brentano* (s. a. a. O. S. 21), der den Philister teils mit dem Juden gleichsetzte, teils aber auch Juden und Philister als die entgegengesetzten Pole der gleichen Sache: der Aufklärung, darstellte. Interessant ist in diesem Zusammenhang die sehr bösartige Schilderung *Hardenbergs*, des Repräsentanten eines »Hauptzugs aller Philister«: der »Staatsklugheit mit Niedertracht verbunden«.

Jahr 1809, das zugleich dem Bürgertum städtische Selbstverwaltung und den Juden die Ortsbürgerschaft sowie das aktive und passive Wahlrecht für die Stadträte eintrug. Auch der Sieg der Reaktion nach dem Wiener Kongreß hat die Rechte der städtischen Judenschaft nicht mehr rückgängig machen können, ein Zeichen mehr, daß es der Emanzipation nur um die vom Staate bereits privilegierte Schicht der Schutzjuden zu tun war und nicht um die Judenschaft als Ganzes. Das Bürgertum selbst verhielt sich in der ganzen Angelegenheit durchaus passiv: der Staat, der glaubte, die Assimilation erzwingen zu können, diktierte die Juden dieser Klasse der Gesellschaft zu. Damit gehörten sie natürlich weder ökonomisch noch gesellschaftlich wirklich dazu; immerhin wird hier eine erst später einsetzende Entwicklung bereits indiziert.[93]

Die antisemitische und lügenhafte Verbindung von Gewerbefreiheit und Judenemanzipation hatte einen großen propagandistischen Vorteil: gegen beides waren die städtischen Zünfte, die in den Juden die Vertreter der Staatswirtschaft, die Hoflieferanten und Förderer der Manufaktur seit eh und je bekämpft hatten und die zugleich in der Gewerbefreiheit mit Recht den Todesstoß der alten zünftigen Privilegien witterten. Der Adel gewann sich auf diese Weise, durch die Einschaltung der antisemitischen Polemik, aus einem uralten Todfeind, einen Bundesgenossen. Den Juden kam die Gefahr dieser Bundesgenossenschaft erst Ende des Jahrhunderts wirklich zum Bewußtsein, als – nach einem Worte von Engels – der »Kleinadel, das Junkertum, das zehntausend Mark einnimmt und zwanzigtausend Mark ausgibt und daher den

93 Metallhandel, Konfektion, Getreidegeschäft und Bank, welche in fast allen Ländern die wichtigsten jüdischen Wirtschaftspositionen darstellen, entstehen sämtliche aus dem Geschäft mit Kriegslieferungen, aus dem staatlichen Geldgeschäft und den staatlichen Manufakturen des 18. Jahrhunderts. Die Juden übernahmen in der Wirtschaft des 19. Jahrhunderts nur den Ausbau von Positionen, die sie in einem anderen Wirtschaftszusammenhang bereits innegehabt hatten.

Wucherern verfällt, in Antisemitismus machte, und der dem Untergang durch die großkapitalistische Konkurrenz verfallene Kleinbürger, Zunfthandwerker und Kleinkrämer den Chor bildete und mit schrie.«[94] Das begann damals schon. In demselben Maße also, in dem das fortschrittliche Bürgertum seine Massenbasis auf dem Lande in den Bauern verlor, gewann sich der Adel in den Städten eine neue politisch-propagandistische Grundlage, die er ideologisch infizieren und beliebig leiten konnte.

Während der junkerliche Kampf gegen den absoluten Staatsapparat sich von vornherein antisemitischer Argumente bediente, war sein Kampf gegen das Bürgertum vorerst ganz frei von ihnen. Nichts beweist deutlicher die eindeutige Zugehörigkeit der Juden zu dem schmalen Sektor der Staatswirtschaft, als ihr völliges Fehlen in der Polemik gegen die Gewerbefreiheit bei *Ludwig von der Marwitz*, dem gleichen Manne, der in anderem Zusammenhang gerade Brandenburg als einen »neumodischen Judenstaat« bezeichnet hatte.[95] Je weniger von Juden in der durch die Gewerbefreiheit entfesselten Polemik die Rede ist desto klarer und eindeutiger treten die ursprünglich antibürgerlichen Tendenzen zu Tage. Die bürgerliche Reform bedeutet die »Revolutionierung des Vaterlandes«, den »Krieg der Besitzlosen gegen das Eigentum, der Industrie gegen den Ackerbau, des Beweglichen gegen das Stabile, des krassen Materialismus gegen die von Gott eingeführte Ordnung, des eingebildeten Nutzens gegen das Recht, des Augenblicks gegen die Vergangenheit und Zukunft, des Individuums gegen die Familie, der Spekulanten und Comptoire gegen die Felder und Gewerbe, der Bureaus gegen aus der Geschichte des Landes hervorgegangene Verhältnisse, des Wissens und eingebildeter Talente gegen Tugend und ehrenwerten Charakter.«[96]

94 Brief von Friedrich *Engels* 1890. S. V. Adler, Reden und Briefe. 1929. Bd. I.
95 »Letzte Vorstellung der Stände.« a. a. O.
96 S. Ludwig von der *Marwitz* a. a. O. I,402.

Es ist erstaunlich zu sehen, wie früh und mit welch sicherem Griff die Junker daran gehen, sich ihren Chor aus allen rückständigen oder notwendig zweideutigen Schichten, aus den Zünften (»Gewerben«) und den Bauern (»Feldern«), zu bilden. Verblüffend aber ist die völlige Übereinstimmung der Schilderung des entstehenden Handels-, Bank- und Unternehmerkapitals mit späteren antisemitischen Hetzschriften: kaum ein Argument, kaum eine Eigenschaft, die später verabsolutiert nur noch auf Juden Anwendung findet, fehlt hier: das Bürgertum ist vaterlandslos, kraß materialistisch, revolutionär;[97] es lebt nur im Augenblick und ist geschichtslos, ohne Bindung an die Nation; es ist betrügerisch und will durch Spekulation, statt durch ehrliche Arbeit sein Geld verdienen.

Begriffen, die im weiteren Verlauf der Geschichte immer abstrakter werden, lag hier noch ein für jeden sichtbares Anschauungsmaterial zu Grunde: materialistisch ist der Erwerbende im Gegensatz zum Besitzenden, dem ein Erwerb nicht mehr nachgewiesen werden kann.[98] Patriotisch ist, wer große Teile des Vaterlandes besitzt, vaterlandslos, wer das Vaterland nicht »besitzt«. Das »Stabile« ist die »Ewigkeit« des Grundbesitzes, seine Mobilisierung heißt schlechtweg »Zerstörung«. Zum gesellschaftlichen Sein des nicht-adeligen Teiles der Menschheit gehörte »ursprünglich« kein Besitz, er konnte ihn nur hinzuerwerben; was er hat, gilt also als etwas »Äußerliches«, während beim Adel Haben und Sein zusammenfallen als geschichtlicher Besitz.[99] Den Bürger

---

97 Joseph *Görres*, Politische Schriften Bd. I, S. 163

98 Die »wirklich adligen Familien« haben daher nach *Marwitz* (a. a. O. I,42) gar keine Diplome, »weil ihre Macht und ihr Ansehen früher entstanden und fortgepflanzt waren, als man überhaupt Diplome erteilte«.

99 Vgl. hierzu auch Lorenz von *Stein*, Geschichte der sozialen Bewegungen. Bd. I, S. 157 ff. Stein definiert noch den adeligen Grundbesitz als »geschichtlichen Besitz, dessen ersten Erwerb man in tausend Fällen gar nicht einmal nachweisen konnte«. Dem feudalen Besitz steht das »Kapital«, der bürger-

nennt man betrügerisch, weil sein Erwerb als illegal gilt; der Parvenu verschleiert durch Reichtum seine »angeborene« Besitzlosigkeit. Der Bürger ist an den Augenblick gebunden, an die Gegenwart nämlich, der er seinen Erwerb verdankt; er wird als »egoistisch und individuelle« verschrieen, weil er nur sich selbst, nicht der Zugehörigkeit zu seiner Familie verdankt, was er hat und ist. Der von Gott und der Ewigkeit selbst privilegierte Adel hingegen, im Vollbesitze des Vaterlandes und aller Tugenden hielt es – in der Zeit des bürgerlichen Patriotismus – für angezeigt, die Vaterlandsliebe noch hinzu zu pachten, unter verächtlichem Hinweis auf den vaterlandslosen Gesellen, den »Kaufmann, der sich in allen Staaten gleich wohl befindet«,[100] und ohne auch nur die kleinste Erwähnung der Schlacht bei Jena und den auf sie folgenden Kapitulationen zu widmen.

Diese gehässige Schilderung des Bürgertums ist der historische Entstehungsort fast aller antisemitischer Argumente. Es fehlt schon hier, bei Marwitz, nichts als die Identifizierung mit dem Juden. Die war verhältnismäßig einfach und sollte ursprünglich nur den Gipfel der Diffamation bilden: der Bürger ist in Wahrheit nichts anderes als ein Jude. Dazu brauchte man nur den kapitalistischen Erwerb durch Profit und Zins als Wucher zu deklarieren: der Bürger ist in Wahrheit nichts als ein Jude und Wucherer. Auf arbeitsloses Einkommen hat nur der ein Recht, der schon besitzt. Das »wilde Streben«, das die Gewerbefreiheit entfesselte, bringt gesellschaftlich nur Parvenus hervor:[101] keiner kommt von so tief unten in die Gesellschaft als der Jude. So sehr man in jedem Hau-

liche Besitz gegenüber, der »aus der Arbeit hervorgegangen« ein »erworbener Besitz« heißt.

100 »Letzte Vorstellung […]« a. a. O.

101 »Jeder Bauernsohn will ein Handwerker, jeder Handwerkersohn ein Schreiber, jeder Schreiberssohn ein Präsident, jeder Schulmeister ein Gelehrter, jeder Kaufmann oder Gelehrter ein großer Herr werden.« Ludwig von der *Marwitz* a. a. O. Bd. II, 270.

sierer eine Art künftigen Rothschild fürchtete, so sehr verachtete man noch in jedem Rothschild die Rechtlosigkeit, die er mit dem Hausierer teilte.

Die preußischen Juden, Hoflieferanten, Staatsgläubiger, Abnehmer und Exporteure der staatlichen Porzellanmanufaktur, Münzen- und Juwelenhändler, kleine Wechsler und noch kleinere Hausierer – sie alle waren nichts weniger als ein integrierender Bestandteil jener sehr schmalen Schicht von Kaufmannsstand und Unternehmertum, welche die Avantgarde der Bourgeoisie bildete. Nur für den Adel war der eine so gut ein Parvenu wie der andere, und gerade deshalb neigte der Adel noch am wenigsten zu gesellschaftlich ausgesprochenem Antisemitismus. Der Jude, weil er ein Parvenu war, diente als Zerrbild des Bürgers; nichts konnte ein Bürgertum ohne Selbstbewußtsein schärfer verletzen, als seine Eigenschaften jüdische zu nennen.

Die Bürger haben es durch Antisemitismus verstanden, dieses Odium von sich abzuwälzen. Schließlich bleibt von den bürgerlichen Eigenschaften nur noch übrig, daß sie »jüdische« sind. Schließlich sind nur noch die Juden kraß materialistisch, vaterlandslos, revolutionär, zerstörerisch, spekulativ, und betrügerisch, nur dem Augenblicke lebend und ohne geschichtliche Bindung an die Nation.

Nicht also der geschichtlich bedingte Judenhaß des Adels gegen die Financiers des neuen Staates ist den Juden so gefährlich geworden, sondern Argumente und Eigenschaften, die für ganz andere Leute zugeschnitten und zugepaßt, schließlich auf ihnen hängen blieben. Alle antisemitischen Argumente sind feudalen Ursprungs. Wie ungeheuer und buchstäblich überwältigend der politische, gesellschaftliche und geistige Einfluß des Junkertums und seiner Helfershelfer bis in die neueste Zeit gewirkt hat, kann man schwerlich an irgendetwas besser ablesen als an der monotonen Geschichte antisemitischer Argumentation. Immer noch genügt es populären Philosophastereien und bescheidenen Weltanschauungsansprüchen, sich in diesen endlosen und durch Assoziation beliebig zu erweiternden Gegensatzpaaren von Ewig und Zeitlich, Stabil und Destruktiv, Bodenständig und Entwurzelt, Aufbauend und Zerstörerisch, Positiv und Negativ herumzutreiben. Daß es dem preußischen Adel gelungen ist, diese Kategorien und Beurteilungsmaßstäbe solange dem deutschen Bürger einzudrillen, bis er sich schämte, einer zu sein – das ist das wahre, gleichsam »ideologische« Unglück des deutschen Judentums geworden. Weil nämlich selbst den Liberalen schließlich und am Ende aus ihrem wirklich zerstörerischen Selbsthaß der Judenhaß als das einzige Mittel erwuchs, sich von sich selbst zu distanzieren, die Diffamation auf andere abzuwälzen, welche nun ihrerseits, ohne im eigentlichen Verstande »Bourgeois« zu sein, doch hundertprozentig ihn verkörpern mußten.

Der Ursprung des deutschen Antisemitismus, die Diffamierung des Bürgertums durch den Adel, blieb für die Geschichte des modernen Judentums durchaus bestimmend. Je näher die antisemitische Argumentation der feudalen Polemik verbunden war, desto besser eignete sie sich zum Export in Länder mit feudalen oder halbfeudalen Verhältnissen, also in die Länder des Ostens mit großen Judenmassen. Deshalb ist die deutsche Judenfrage so entscheidend wichtig für das jüdische Volk, ungeachtet der verhältnismäßig kleinen Zahl deutscher Juden. Im Zeichen der preußischen Junker hat sich der deutsche Antisemitismus die Welt erobert. Nicht in den Händen des Adels zwar, aber in den Händen jedes gedrückten und in seinem Selbstbewußtsein geschädigten Bürgertums wurden die adeligen Argumente gegen Bürger und Juden zu einer furchtbaren Waffe.

Nicht in den Händen des Adels: er war es schon nach 1815 zufrieden, die bürgerliche Emanzipation der Juden sine die zu vertagen. Er wurde wieder der erste Stand im Staate – mit Duldung eines bürgerlichen niederen Beamtentums. Er fühlte sich mit Kaiser und Thron wieder so verbunden, daß er seinen Antisemitismus auf viele Jahrzehnte lang in den dem Staate notwendigen Grenzen hielt. Er gewann sich auf dem Umwege über die Monarchie seine alten Geldgeber wieder zurück. Die Juden machten mit Adeligen keine Geschäfte mehr, sie bezahlten nur ihre Schulden, bezahlten nur das Trinkgeld, das unerläßlich gefordert wurde für den Eintritt in die bessere Gesellschaft, für die Fürsprache beim Monarchen bei ersehnten Adelsdiplomen. Die zinslosen Darlehen, die Geschenke, die freundschaftliche Beteiligung an Geschäften, welche den Aufstieg der Rothschilds im 19. Jahrhundert in allen Ländern ihrer Tätigkeit begleiten, sprechen eine beredte Sprache.[102]

So bedeutungslos auch ökonomisch diese neuartigen, »desinteressierten« Geschäfte waren, so genügten sie doch, die Sache der Juden zu kompromittieren. Immer reaktionärer wurden ihre Protektoren, denen sie nicht mehr schuldeten als den Aufstieg sehr

---

102 Vgl. *Corti*, Aufstieg und Blütezeit des Hauses Rothschild. 1928. –
Was es mit den Beteiligungen der *Rothschilds* auf sich hatte, schilderte *Heine* anläßlich der Emission der Aktien Nordeisenbahn in Frankreich. »Jede Beteiligung, die jenes Haus einzelnen Personen gewährt, ist eine Vergünstigung, ja, um mich ganz bestimmt auszudrücken, sie ist ein Geldgeschenk, das Herr von Rothschild seinen Freunden angedeihen läßt. Die eventuellen Aktien [...] stehen nämlich schon mehrere hundert Franken über Pari, und wer daher solche Aktien al pari von dem Baron James de Rothschild begehrt, bettelt im wahren Sinne des Wortes. Aber die ganze Welt bettelt jetzt bei ihm, es regnet Bettelbriefe, und da die Vornehmen mit dem würdigen Beispiel vorangehen, ist jetzt das Betteln keine Schande mehr.« (Lutezia, II. Teil. LVII)
Daß auch *Heine* zu den solchermaßen »Beteiligten« gehörte, der »auf den Eifer eines Publizisten von viel verzweigten Einfluß« pochend, in Rothschild »eine Art natürlichen Bundesgenossen« zu sehen behauptete und ohne alle falsche Scham »Anspruch auf eine Subvention bei einer alliierten Macht« erhob, ist ihm vielfach vorgeworfen worden. Wir werden darauf noch zurückkommen. – Vgl. für die Beziehungen zwischen Heine und den Rothschild, Friedrich *Hirth*, Heine und Rothschild. Deutsche Rundschau, Januar/März und Oktober/Dezember 1915.

Weniger, und nicht weniger als den Entzug der Menschrechte Aller. Immer reaktionärer wurden im Gefolge ihrer Beschützer die jüdischen Fürsprecher und Notabeln selbst,[103] »die Reichen unter uns, [...] die den Räten der Gewaltherrscher näherstehend, sich einflüstern ließen: wenn das Volk zur Macht käme, werde es die Ketten der Juden noch enger schließen« (Börne).[104] Metternich wird als Beschützer der Juden der Nachfolger Humboldts und Hardenbergs (schon auf dem Wiener Kongreß tritt er gegen die Frankfurter Bürgerschaft auf), wird der große Protektor und Schuldner der Rothschilds, und verhinderte auf diese neuartige Weise am wirksamsten eine Emanzipation in Österreich. Was aber nichts daran ändert, daß er mit vollem Recht in weiser Voraussicht des Kommenden zu Salomon Rothschild sagen konnte: »Wenn der Teufel mich holt, holt er Sie auch!«

Je mehr der Adel sich seinen Einfluß auf den Staat zurückholte, je mehr er wieder gesellschaftlich tonangebend wurde, desto mehr verwandelte sich die Aggressivität seines Antisemitismus in gesellschaftliche Imponderabilien zurück. Die einzige gesellschaftliche Heimat, welche die Juden zu Beginn des Jahrhunderts besessen hatten, war ihnen ohnehin geraubt. Sie kamen nur noch geadelt in adelige Gesellschaft, nur noch getauft in die christlich-loyalen Schichten und in die Beamtenschaft, auf die der christliche Staat sich stützte. Der Adel begriff rasch, daß für ihn das Christentum noch immer der beste Bundesgenosse gegen die Juden war. Es

103 Ludwig *Börne*, Briefe aus Paris. 78. Brief März 1832.

104 Im innerjüdischen Leben standen die Notablen, vor allem die Rothschilds, auf Seiten der Orthodoxie gegen die jüdischen Reformer. Als die Orthodoxie im Frankfurt der dreißiger Jahre gegen eine Reformrabbiner, der von der Majorität der Gemeinde gewünscht wurde, beim Bundesrat petitionierte, der Rabbiner aber von der Frankfurter Judenschaft dennoch angestellt wurde, zogen die Rothschilds die Schenkung einer Synagoge zurück. – Schon vor Gabriel *Riesser* waren in den Augen der Notabeln die Reformer fast ebenso anrüchig wie die offen revolutionären Juden.

gestattet die dem Staate inopportune Aggressivität zu entfernen, indem man von der Gegenwart absieht und sich, solange das nur irgend angängig ist, auf die mittelalterliche Realität der Juden festlegt. In der christlichen Form werden antisemitische Maßnahmen auch der Monarchie annehmbar. Sie ermöglichte auch offiziell die Kündigung der Menschenrechte und die Aufhebung der Emanzipation (1823).[105]

Die Waffe der antisemitischen Argumentation ging unterdes auf andere Schichten über, vererbte sich an kräftigere und gewalttätigere Nachfolger. Diffamation des Bürgers, die im Wesentlichen auf der schiefen Identifizierung von Profit und Wucherzins beruhte, bemächtigte sich einer Klasse, die gesellschaftlich alles Interesse daran hatte, sich von der bürgerlichen Art des Erwerbs zu distanzieren, ohne ihn doch faktisch aufgeben zu können. Die schiefe und absichtlich fälschende Identifizierung von Wucherer mit Bourgeois indizierte wie von selbst die Juden, die einst Wucherer ja gewesen und als solche im Gedächtnis der Völker fortlebten, indizierte sie als die »eigentlichen« Wucherer, von denen sich zu distanzieren die Rettung der gesellschaftlichen Existenz bedeuten sollte.

Wie sich die Entwicklung der jüdischen Wirtschaft antisemitischen Identifizierungen dieser Art besonders leicht darbot, wie sich das Bürgertum adliger Argumente bediente und in welchen historischen Momenten, werden wir in den folgenden Kapiteln sehen.

105 Es handelt sich um das Gesetz für die Provinzialstände von 1823, das zum ersten Male regierungsoffiziell das aktive und passive Wahlrecht an die Zugehörigkeit zu der »Gemeinschaft mit einer der christlichen Kirchen« knüpfte. Das war die offene Kündigung des Edikts von 1812.

Bibliografie

1. Arendt, Hannah, »Philosophie und Soziologie: Anläßlich Karl Mannheim, Ideologie und Utopie«, in: *Die Gesellschaft* 7, Nr. 1, S. 163–176, 1930.
2. Arendt, Hannah und Stern, Günther, »Rilkes ›Duineser Elegien‹«, in: *Neue Schweizer Rundschau* 23, Nr. 11, S. 855–871, 1930.
3. Arendt, Hannah, »Augustin und der Protestantismus«, in: *Frankfurter Zeitung*, S. 1, 75. Jahrgang, Nr. 902, 4. Dezember 1930.
4. Arendt, Hannah, »Weil, Hans: Die Entstehung des deutschen Bildungsprinzips. (Schriften zur Philosophie und Soziologie. Hersg. v. K. Mannheim. IV.) Bonn, Friedrich Cohen, 1930. 269 S. Preis: Geh. M. 9.–, geb. M. 11.–«, in: *Archiv für Sozialwissenschaft und Sozialpolitik* 66, Nr. 1, S. 200–205, 1931.
5. Arendt, Hannah, »Sören Kierkegaard.«, in: *Frankfurter Zeitung* 76, Nr. 75–76, S. 2, 29. Januar 1932.
6. Arendt, Hannah, »Friedrich von Gentz: Zu seinem 100. Todestag am 9. Juni.«, in: *Kölnische Zeitung*, Nr. 308, Unterhaltungsblatt, 8. Juni 1932.
7. Arendt, Hannah, »Adam Müller-Renaissance?«, in: *Kölnische Zeitung*, Nr. 502, Unterhaltungsblatt, 13. September 1932.
8. Arendt, Hannah, Fortsetzung: »Adam Müller-Renaissance?«, in: *Kölnische Zeitung*, Nr. 510, Unterhaltungsblatt, 17. September 1932.
9. Arendt, Hannah, »Berliner Salon.«, in: *Deutscher Almanach für das Jahr 1932*, S. 173–184, Leipzig 1932.
10. Arendt, Hannah (Hg.): »Brief Rahels an Pauline Wiesel: Zum ersten Male veröffentlicht von Hannah Arendt.«, in: *Deutscher Almanach für das Jahr 1932*, S. 185–190, Leipzig 1932.
11. Arendt, Hannah, »Aufklärung und Judenfrage.«, in: *Zeitschrift für die Geschichte der Juden in Deutschland* 4, Nr. 2–3, S. 65–77, 1932.

12. Arendt, Hannah, »Giovanni Papini, Gog, Paul Neff Verlag, Berlin 1931. 339 S.«, in: *Die Gesellschaft* 10, Nr. 1, S. 88, 1933.
13. Arendt, Hannah, »Dr. Alice Rühle-Gerstel. ›Das Frauenproblem der Gegenwart.‹ Eine psychologische Bilanz. Verlag S. Hirzel. Leipzig 1932. 420 S.«, in: *Die Gesellschaft* 10, Nr. 2, S. 177–179, 1933.
14. Arendt, Hannah, »Rahel Varnhagen: Zum 100. Todestag«, in: *Kölnische Zeitung*, Nr. 131, Unterhaltungsblatt, 7. März 1933.
15. Arendt, Hannah, »Originale Assimilation: Ein Nachwort zu Rahel Varnhagens 100. Todestag.«, in: *Jüdische Rundschau* 38, Nr. 28–29, S. 143, 7. April 1933.
16. Arendt, Hannah, »Gegen Privatzirkel.«, in: *Jüdische Rundschau* 38, S. 174, 3. Mai 1933.
17. Arendt, Hannah, »Hans Wilhelm Hagen: Rilkes Umarbeitungen. Form und Geist, Band 24. Verlag Eichblatt, Leipzig 1931. 138 S.«, in: *Zeitschrift für Ästhetik und allgemeine Kunstwissenschaft* 28, Nr. 1, S. 111–112, 1934.
18. Arendt, Hannah, »Käte Hamburger: Thomas Mann und die Romantik. Neue Forschung 15. Verlag Junker & Dünnhaupt. Berlin 1932.«, in: *Zeitschrift für Ästhetik und allgemeine Kunstwissenschaft* 28, Nr. 3, S. 297–298, 1934.
19. Arendt, Hannah, »Rahel Varnhagen et Goethe«, in: *Cahiers Juifs*, 2 (1934) 11–12 (octobre/décembre) 1934, S. 186–190.
20. Arendt, Hannah, »Le reclassement professionnel de la Jeunesse«, in: *Le Journal Juif*, S. 8, 25. Januar 1935.
21. Arendt, Hannah, »Martin Buber – Un guide de la jeunesse«, in: *Le Journal Juif*, 24. Mai 1935.
22. Arendt, Hannah, »Des jeunes s'en vont chez eux«, in: *Le Journal Juif*, S. 8, 28. Juni 1935.
23. Arendt, Hannah, »Jugend-Alijah – Kinderkreuzzug?«, in: *Pariser Tageblatt*, 17. April 1936.
24. Arendt, Hannah, »Judenfrage«, Vortragsmanuskript, 1936.
25. Arendt, Hannah, »Geschichte des Antisemitismus«, 1937/38.

Anfänge und Ausblicke[1]

Nachwort von Thomas Meyer

Um die Referenzen möglichst übersichtlich zu halten, wird auf die einzelnen Texte mittels der zugewiesenen Ziffer verwiesen. Für eine Übersicht siehe Inhalt beziehungsweise Bibliografie.

Der erste Band der *Vorträge und Aufsätze* Hannah Arendts enthält ihre Texte aus den Jahren 1930 bis 1937/38.[2] Darunter sind zahlreiche Artikel und Rezensionen, die zum ersten Mal seit ihrer Veröffentlichung wieder abgedruckt werden (Texte 4, 6, 7, 8, 13, 16, 17, 18). Zwei auf Deutsch verfasste, sich im Nachlass Arendts befindliche Typoskripte, wohl in den Jahren 1932/33 bis 1937/38 geschriebene Kapitel für ein geplantes Buch (Text 25) und ein Vortragsentwurf von 1936 (Text 24), waren bislang nur in Übersetzung publiziert, und werden jetzt in der Originalsprache zugänglich gemacht. Drei auf Französisch erschienene Zeitungsartikel werden hier erstmals bzw. vollständig übersetzt vorgelegt (Texte 19, 20 und 22). Ein weiterer französischer Text war bereits zuvor ins Deutsche übertragen worden (Text 21). Unbekannt war bislang ein 1936 im *Pariser Tageblatt* auf Deutsch veröffentlichter Artikel, den Arendt mit dem später auch in den USA benutzten

1 Dieser Text ist dem Ideenhistoriker Rolf Rieß (1959–2023) in freundschaftlicher Verbundenheit gewidmet.

2 Siehe Hannah Arendt, *Ich will verstehen. Selbstauskünfte zu Leben und Werk.* Hg. v. Ursula Ludz, München ^{6}2013, S. 257–341.

Kürzel »ha.« zeichnete (Text 23).[3] Die anderen Texte sind mindestens einmal nachgedruckt worden.

Die folgenden Bemerkungen ordnen die Texte in Arendts Lebens- und Denkweg ein. Einordnen soll bedeuten, dass die zum großen Teil allenfalls Spezialisten bekannten Publikationen und Archivstücke in die zeitgenössischen Zusammenhänge eingebettet werden, aus denen heraus sie entstanden sind.

Dieser Band dokumentiert Arendts kurze Zeit als Publizistin in Deutschland und die ersten fünf Jahre im Pariser Exil zum ersten Mal vollständig. Da sich weder Manuskripte oder Typoskripte der publizierten Texte gefunden haben noch präzisierende Hinweise in Korrespondenzen finden, orientiert sich die chronologische Reihenfolge an den Veröffentlichungsangaben.[4]

Mit dem vorliegenden Band wird eine große Lücke in der weitverzweigten internationalen Forschung zu Hannah Arendt geschlossen, deren frühe Texte, mit sehr wenigen Ausnahmen, bisher keine Aufmerksamkeit erhielten.

3 Zwei Buch-Typoskripte, letztlich Vorstufen zu der erstmals 1959 auf Deutsch über Rahel Varnhagen publizierten Biografie, kommen hier nicht zum Abdruck. Die Veröffentlichung der aus den Dreißigerjahren stammenden Texte fand bzw. findet durch die Herausgeberin der kritischen Ausgabe, Barbara Hahn, statt. Siehe *Rahel Varnhagen. Lebensgeschichte einer deutschen Jüdin.* Kritische Gesamtausgabe, Bd. 2. Hg. v. Barbara Hahn, Göttingen 2021, S. 9–125 und den Kommentar S. 625–700. Das zweite Typoskript wird online zugänglich gemacht werden.

4 Ein gelegentlich Arendt zugewiesener Text über den Zionistenkongress 1936 stammt nicht von ihr. Siehe Thomas Meyer, *Hannah Arendt. Die Biografie*, München, 4. verbesserte Auflage 2024, S. 171 f. Dieses Nachwort wird immer wieder auf Zusammenhänge verweisen, die in der Biografie ausführlicher behandelt werden. Weiterhin ist ungeklärt, welche Texte Hannah Arendt ihrem damaligen Lebensgefährten Heinrich Blücher 1936 von Genf aus nach Paris schickte, damit sie von dort an nicht näher bezeichnete Zeitschriften weiterversandt werden konnten.

I.

Hannah Arendt konnte mit der Wahrnehmung ihres ersten veröffentlichten Textes mehr als zufrieden sein. Ihre am 7. Oktober 1929 beim Berliner Verlag von Julius Springer veröffentlichte, auf ihrer im Vorjahr abgeschlossenen Dissertation beruhende Studie *Der Liebesbegriff bei Augustin* wurde in der philosophischen und theologischen Fachpresse des In- und Auslands ausführlich gewürdigt und intensiv diskutiert.[5]

Kurz vor dem Erscheinen des Buches – genauer: am 26. September – hatte Arendt den Philosophen und Journalisten Günther Stern in Nowawes standesamtlich geheiratet. Der »Privatgelehrte« Stern und die »berufslose« Arendt, so die Angaben im Register des Standesamtes, hatten Pläne: In Frankfurt wollten sie ihre Studien fortsetzen. Das Ehepaar hatte offensichtlich einen Ort gefunden, an dem es für *beide* beruflich weitergehen konnte. Die Ankunft wurde von einer guten Nachricht begleitet: Die Notgemeinschaft der Deutschen Wissenschaft hatte Arendt ein zweijähriges Stipendium zuerkannt. Nach zwei gescheiterten Versuchen, finanzielle Unterstützung für ihr geplantes Buch über Rahel Varnhagen zu erhalten, war schließlich ein Antrag erfolgreich, den ihr Doktorvater Karl Jaspers, der ebenfalls in Heidelberg lehrende Theologe Martin Dibelius und ihr Marburger Lehrer von 1924 bis 1926, der Philosoph Martin Heidegger, mit Gutachten unterstützten. Die offiziell als Habilitationsschrift deklarierte Biografie war gemäß Arendt und ihren Gutachtern nicht mehr in der Philosophie, sondern in der Schnittmenge aus Geistesgeschichte und jüdischer (Emanzipations-)Geschichte angesiedelt.

5 Siehe dazu ausführlich: Thomas Meyer, »Hannah Arendt und *Der Liebesbegriff bei Augustin*«, in: Hannah Arendt, *Der Liebesbegriff bei Augustin. Versuch einer philosophischen Interpretation.* Herausgegeben und mit einem Nachwort versehen von Thomas Meyer, München 2021, S. 139–187.

Es gab aber noch eine weitere in die Stipendienangelegenheit involvierte Persönlichkeit, die gerade in diesen Jahren zu erheblicher Prominenz gelangte: Karl Mannheim.[6] Arendt hatte den Soziologen bereits 1926 in Heidelberg kennengelernt, wo ihr der »jüdische Privatdozent« und in der Philosophie Ausgewiesene gleich aufgefallen war, wie sie später einem Freund mitteilte. Die Wahl, nach Frankfurt zu gehen, hatte also auch mit Karl Mannheim zu tun. Der wurde nämlich nach längerem Hin und Her am 27. Januar 1930 als Nachfolger Franz Oppenheimers zum planmäßigen Professor für Soziologie berufen und gleichzeitig zum Direktor des soeben eingerichteten Soziologischen Seminar ernannt.[7] An der Frankfurter Reformuniversität wurde Mannheim sehr schnell zu einem beliebten und einflussreichen Lehrer:

> Es ist kein Zufall, wenn Mannheims Vorlesungen und Seminare eine bestechende Anziehungskraft auf Studenten gleich welcher politischen Richtung ausüben. Um ihn sammeln sich Nationalökonomen, Juristen, Kunst- und Literaturwissenschaftler, Studenten der Philosophie, Soziologie, Philologie und Geschichte. Was zieht sie an? Das sittliche Pathos der Illusionslosigkeit, das Mannheim zu einem aktuellen Denker der Zeit in anspruchsvollem Sinne des Wortes macht. Es ist das Pathos dessen, der weiß, »daß es auch im Gebiete des Geistigen durch die Ratio

6 Trotz steigendem Interesse an Karl Mannheims Denken fehlt weiterhin eine umfassende Biografie. Die Studien von David Kettler sind weiterhin unentbehrlich, ebenso die Monografie von Reinhard Laube über *Karl Mannheim und die Krise des Historismus*, Göttingen 2003. Eine gute, konzise Einführung bietet Amalia Barboza, *Karl Mannheim*, Köln [2]2020, die auch die entsprechende Literatur anführt.

7 Bereits Ende November des Vorjahres hatte der mit allen Beteiligten gut bekannte Journalist Siegfried Kracauer in der *Frankfurter Zeitung* über den Nachfolger von Franz Oppenheimer berichtet, wohl auch, um Druck auf die Entscheidungsträger auszuüben.

> erfaßbare Prozesse gibt und daß es falsche Mystik ist, dort, wo noch Erkennbares vorliegt, romantische Verdunkelungen walten zu lassen. Wer das Irrationale schon dort haben möchte, wo de jure noch die Klarheit und Herbheit des Verstandes walten muß, der hat Angst, dem Geheimnis an seinem wahren Ort ins Auge zu sehen.«[8]

Es war Mannheim, der sich bei dem innerhalb der Notgemeinschaft sehr einflussreichen früheren Justizminister Gustav Radbruch am 3. Mai 1930 für die Zuerkennung der Förderung auch im Namen Arendts bedankte. Da Arendts Notgemeinschaft-Akte wohl nach 1933 vernichtet wurde, sind weitere Überlegungen in Sachen Mannheim und Stipendium reine Spekulation, da auch dessen Nachlass keine weiteren Informationen enthält. Während des Pariser Exils unterstützte Mannheim Arendt mit einem Empfehlungsbrief.[9]

Fest steht, dass Arendts Beziehungen zu Mannheim in persönlicher und sachlicher Hinsicht eng gewesen sein müssen. So ist in das aus ihrer Bibliothek überlieferte Exemplar von *Ideologie und Utopie* ein privates Foto von Mannheim eingeklebt.[10] Womöglich erhielt Arendt dieses Exemplar direkt von Mannheim, denn es findet sich eine handschriftliche Korrektur eines Druckfehlers von ihm darin. Arendt und Stern teilten sich das Buch, wie die zahlreichen von beiden stammenden Marginalien belegen. Stern publi-

---

8 Hans Speier, »Der Soziologe des Wissens«, in: *Deutsche Allgemeine Zeitung*, 28. Dezember 1930, S. 10. Das Zitat am Ende stammt aus: Karl Mannheim, »Die Bedeutung der Konkurrenz im Gebiete des Geistigen«, in: *Verhandlungen des 6. Deutschen Soziologentages vom 17. bis 19. September 1928 in Zürich. Vorträge und Diskussionen in der Hauptversammlung und in den Sitzungen der Untergruppen*, Tübingen 1929, S. 35–83, hier: S. 83.

9 Siehe dazu: Thomas Meyer, *Hannah Arendt*, S. 90 ff.

10 Der Band kann hier eingesehen werden: https://blogs.bard.edu/arendt collection/mannheim-ideologie-und-utopie/ (letzter Zugriff 8. März 2024).

zierte im *Archiv für Sozialwissenschaft und Sozialpolitik* einen Aufsatz über *Ideologie und Utopie*.[11]

II.

Damit ist zunächst der biografisch-intellektuelle Zusammenhang aufgerissen, in dem Arendts wichtigster veröffentlichter Text nach der Augustin-Studie in Deutschland bis 1933 steht. Wie es zu der Publikation der Auseinandersetzung mit Mannheims erstem Hauptwerk *Ideologie und Utopie* in der sozialdemokratischen Theorie-Zeitschrift *Die Gesellschaft*[12] kam, lässt sich nicht rekonstruieren. Hannah Arendt kannte den gelegentlichen Beiträger Walter Benjamin, ein Großcousin ihres Mannes. Wahrscheinlicher ist aber, dass Arendt über den in Berlin lehrenden Soziologen und seit 1928 die Redaktion der Zeitschrift leitenden Albert Salomon die Möglichkeit zur Rezension erhielt. Salomon stand sowohl mit Arendt wie auch mit Mannheim in Kontakt. Aber es gab für Arendt einen gewichtigen Grund in der Sache, der im Text selbst genau benannt wird. Zuvor aber sind ein paar einordnende Bemerkungen notwendig.

Direkt nach dem Erscheinen im Sommer 1929 begann eine Debatte zu Karl Mannheims *Ideologie und Utopie*.[13] Sie war auch deshalb so heftig und dabei aufs Grundsätzliche zielend, weil sein

11 Günther Stern, »Über die sogenannte ›Seinsverbundenheit‹ des Bewußtseins«, in: *Archiv für Sozialwissenschaft und Sozialpolitik* 64 (1930), S. 492–509.

12 Die Zeitschrift ist vollständig digitalisiert und kann hier inkl. einer Suchfunktion eingesehen werden: https://library.fes.de/gesellschaft/index.html (letzter Zugriff: 10. März 2024). Bei Verweisen auf Texte in der *Gesellschaft* wird daher im Weiteren auf genauere bibliografische Angaben verzichtet.

13 Karl Mannheim, *Ideologie und Utopie*, Bonn 1929. Alle Angaben beziehen sich auf diese Ausgabe.

Auftritt beim sechsten Soziologentag in Zürich im September des Vorjahres noch nachklang. Der dort vorgestellte Text »Die Bedeutung der Konkurrenz im Gebiete des Geistigen« brachte bei den Anwesenden heftige Reaktionen hervor, die zunächst in den Tageszeitungen, dann immer mehr in den Fachzeitschriften aufgegriffen wurden.[14] Im Oktober 1929 nahm die Diskussion entschieden an Fahrt auf: Der bedeutende Bonner Romanist Ernst Robert Curtius attackierte Mannheims Buch und seine Methode der »Wissenssoziologie« in der *Neuen Schweizer Rundschau*, im Monat darauf antwortete Mannheim auf die scharf formulierten Einwände.[15] Ebenfalls im Oktober 1929 brachte *Die Gesellschaft* gleich zwei Artikel, die sich mit Mannheims Buch auseinandersetzten, darüber hinaus noch einen Essay, der dessen Thesen vom Soziologentag kritisch aufgriff.[16]

Mit Paul Tillich hatte *Die Gesellschaft* einen der bedeutenden Religionsphilosophen der Zeit, mit Herbert Marcuse einen der aufstrebenden Philosophen jener Jahre gewonnen. Der Sozialist Tillich war 1929 nach Frankfurt berufen worden, der Marxist Marcuse war promovierter Literaturwissenschaftler und arbeitete an einer Habilitation über Hegels Ontologie und die Theorie der Geschichtlichkeit.[17] Beide waren Arendt bekannt: Marcuse aus

14 Gleichwohl eine umfassende Darstellung der Kontroverse fehlt, ist Dirk Hoeges, *Kontroverse am Abgrund: Ernst Robert Curtius und Karl Mannheim. Intellektuelle und »freischwebende Intelligenz« in der Weimarer Republik*, Frankfurt/Main 1994, noch immer die beste Wahl.

15 Die *Neue Schweizer Rundschau* ist vollständig digitalisiert und mit einer Volltextsuche leicht zu erschließen, daher entfallen hier weitere Angaben: https://www.e-periodica.ch/digbib/volumes?UID=alp-004 (letzter Zugriff 10. März 2024).

16 Der Text des Ökonomen und Soziologen Albert Meusel war wiederum nicht der erste in der *Gesellschaft*, der sich mit dem Soziologentag beschäftigte.

17 Das gleichnamige Buch erschien 1932 im Frankfurter Verlag Klostermann. Für die Habilitation wollte Marcuse Heidegger gewinnen.

der gemeinsamen Zeit in Marburg, da beide bei Heidegger studierten. Tillich lernte sie wohl in Frankfurt kennen und war mit ihm auch später in den USA noch in Kontakt, wo sie miteinander korrespondierten und mehr oder weniger freundschaftlich verbunden blieben.[18]

Unter denen, die in Mannheims Buch den unmittelbarsten und gewichtigsten Ausdruck der soziologischen Deutungsansprüche sahen, waren nicht wenige bereits etablierte Philosophen, so etwa Max Horkheimer, Siegfried Marck und Helmuth Plessner. Der in Frankfurt lehrende Horkheimer und der Breslauer Professor Marck kritisierten Mannheim von »links«, während sich der politisch schwer einzuordnende Kölner Plessner den »Ideologie«-Begriff vornahm. Die folgende Eigendynamik war beachtlich: Immer mehr Beiträge aus allen erdenklichen politischen und wissenschaftlichen Richtungen nahmen sich auch in den Feuilletons ausführlich Mannheims Buch an. Und sie alle vermitteln – mitten in einer dramatischen Finanzkrise, die die Weltwirtschaft und damit auch die seit dem Ersten Weltkrieg mühsam etablierte politische Ordnung in den Abgrund zu stürzen drohte – den Eindruck, dass es der Soziologe war, der Grundsätzliches ansprach, und man sich deshalb zu der Studie verhalten müsse.

Was aber war das Grundsätzliche, das man glaubte durch eine Analyse von Mannheims Buch herausstellen zu können? Es war der Antwortversuch auf die zentrale Frage des Buchs, der das gesamte Spektrum von weit rechts bis weit links in Aufregung versetzte. »Wie kann der Mensch in einer Zeit, in der das Problem der Ideologie und Utopie einmal radikal gestellt und zu Ende gedacht wird, überhaupt noch denken und leben?« Die Frage war

18 Claudia Schulze/Alf Christophersen, »Chronologie eines Eklats. Hannah Arendt und Paul Tillich«, in: *Zeitschrift für Neuere Theologiegeschichte* 9 (2002), S. 98–130. Anschließend wird der Briefwechsel (S. 131–156) abgedruckt.

aus einer »Lebensverlegenheit« entstanden: der der radikalen Unsicherheit. Auf diese Unsicherheit konnte, so Mannheim, nur eine noch unfertige Theorie reagieren:

> Nicht durch übereiltes, gereiztes Abtun der neu auftauchenden Probleme kann man eine Krisis lösen, auch nicht dadurch, daß man sich in vergangenen Sekuritäten vergräbt, sondern durch ein allmähliches Ausweiten und Vertiefen der gewonnenen neuen Sicht und durch allmähliche Vorstöße in der Richtung der Bewältigung.[19]

Mannheims Buch war Ausdruck einer diagnostizierten Krise und wollte zugleich eine Lösung anbieten. Dazu aber war eine schonungslose Analyse der Gegenwart vonnöten. Eine, die sich im Spannungsverhältnis von Ideologie und Utopie hielt und die vor allem zu der eingeforderten Schonungslosigkeit die Verabschiedung von vermeintlich bewährten und stabilisierenden Begriffen wie »Geist«, »Tradition« oder »Fortschritt« verlangte. Es galt vielmehr »mit unserem wissenschaftlichen Denken auf der Höhe der Situation«[20] zu sein. Waren das alles schon Zumutungen, so bot Mannheim auch noch eine aus der Analyse hervorgegangene und diese zugleich vorantreibende Disziplin, deren prekärer, weil noch nicht bewährter Zustand sie gerade für die gegenwärtige Situation tauglich mache: die »Wissenssoziologie«.

Die Mannheim'sche Variante der »Wissenssoziologie« hatte einen philosophischen Ursprung, nämlich im Werk des 1928 verstorbenen Kölner Denkers Max Scheler, und wurde jetzt zum Entsetzen der geisteswissenschaftlichen Traditionalisten soziologisch umgedeutet. Dass Mannheim zudem Sozialist war, was immer das genau bedeutete, und keinerlei Demut vor der streng hierarchisch

19 Karl Mannheim, *Ideologie und Utopie*, S. 65.
20 Ebenda, S. 41.

geordneten Welt der deutschen Ordinarien hatte, verlangte nach einer Antwort. Dass er zudem die Zentralkategorie der einstmaligen »Weltanschauungskrieger«, als die sich viele deutsche Professoren im Ersten Weltkrieg begriffen hatten, frontal angriff, nämlich den »Geist,« führte zu heftigen Reaktionen. Aber mit der Kritik war es nicht getan. So von der »Geist«-Metaphysik entkoppelt übergab Mannheim das Deutungsprimat der Gegenwart in die Hände der unberechenbaren »sozial freischwebenden Intellektuellen«. »Deutscher Geist in Gefahr«, so fasste Curtius 1932 von konservativer Seite in einer Polemik das zusammen, was da durch die Mannheim'sche »Wissenssoziologie« drohte.[21] Ein Buch, das Arendt wiederum erwerben und sehr genau lesen sollte.[22]

Auch wenn sie sich von Konservativen wie Curtius distanzierten und jede Vorstellung eines *deutschen* »Geists« ablehnten, so war doch der »Geist« das, was auch sie nicht einfach so aufgeben wollten: Marxisten, Kommunisten, Liberale wollten die metaphysische Kategorie nicht aufgeben. Zudem fanden sie die Vorstellung unerträglich, dass die »Soziologie«, für sie ein Fach ohne Tradition, die erste Instanz in Sachen Gegenwartsanalyse werden könnte.[23]

21 Ernst Robert Curtius, *Deutscher Geist in Gefahr*, Stuttgart/Berlin 1932. Wie er im »Vorwort« zur zweiten Auflage aus dem gleichen Jahr betont, sollte darauf ein »aufbauendes Werk« (S. 9) folgen: »Elemente der Bildung«, das aber erst 2017 mit ausführlicher Kommentierung erschien: Ernst Robert Curtius, *Elemente der Bildung*. Aus dem Nachlass herausgegeben von Ernst-Peter Wieckenberg/Barbara Picht, München 2017.

22 In ihrer Bibliothek haben sich zudem die Schriften *Die literarischen Wegbereiter des neuen Frankreich* (Potsdam 1918) und *Französischer Geist im neuen Europa* (Stuttgart 1925) von Curtius erhalten.

23 Arendts Lehrer Jaspers pflegte ein Nichtverhältnis zu Mannheim und man darf bei seiner Umdeutung Max Webers in einen Philosophen mit guten Gründen vermuten, dass darin auch die Absicht zum Ausdruck kam, der Soziologie ihren wichtigsten Vertreter zu entreißen.

Als Hannah Arendts Text 1930 im Oktober-Heft der *Gesellschaft* erschien, hatte sich die Debatte um Mannheim also etabliert. Arendts Beitrag beinhaltet jedoch keinerlei Wiederaufnahme des bereits Gesagten, sondern nutzt die kritische Lektüre von *Ideologie und Utopie*, um ebenfalls eine grundsätzliche Klärung des Verhältnisses von Philosophie und Soziologie zu liefern.

Für Arendt verkörperten Heideggers *Sein und Zeit* (1927) und Karl Jaspers' *Psychologie der Weltanschauungen* (1919) – Jaspers' dreibändiges Hauptwerk *Philosophie* war noch nicht erschienen – den Stand der Diskussion. An ihnen war der Selbstanspruch Mannheims zu messen. Arendts Bereitschaft, sich auf den Boden der »Wissenssoziologie« zu begeben und der daraus folgenden Kritik an den philosophischen Programmen ihrer Lehrer erst einmal zu folgen, ist mehr als beachtlich. Sie kann aufgrund ihrer intimen Kenntnis von Mannheims Programm etwas erkennen, was den anderen Kritikern vollkommen entgeht: dass *Ideologie und Utopie* eine radikale Umkehr der neuen Ontologien aus Marburg/Freiburg und Heidelberg enthält. Die Verpflanzung des »Seins« in die kapitalistische Wirklichkeit (Politik, Wirtschaft, Technik) macht es zu einem »*öffentlichen Sein*« – ein Begriff, der gleich viermal vorkommt. Überhaupt lässt sich eine bemerkenswerte »ökonomische« Lesart Mannheims bei Arendt feststellen. Nicht nur das ist ein Beleg dafür, dass sie aus den Grenzen der Heidegger'schen und Jaspers'schen Philosophien heraustritt. Es gibt noch einen Gesichtspunkt, der Arendt beschäftigt, und der steht den Entwürfen der beiden Lehrer unmittelbar entgegen: »Heimatlosigkeit«. Heidegger wie Jaspers betonen die Bedeutung des Verwurzeltseins der menschlichen Existenz, die im wahrsten Sinne des Wortes Bodenständigkeit und vor allem die damit verbundene »Geschichtlichkeit ihres Denkens«.

»Heimatlosigkeit« selbst hat eine Geschichte, ist das Ergebnis einer Entwicklung, die sich wiederum soziologisch erklären lässt. Der Mensch wird einsam in dem Moment, in dem die religiösen

Bindungen eine eigene Welt schaffen, da sie ja die ursprüngliche Welt gar nicht benötigen. Die neue Welt ist die der alltäglichen Verrichtung, des Berufs, des Gelderwerbs, des Kapitalismus, der als wirkmächtige Großformation den Einzelnen aus jeder Bindung hinaustreibt – eben in die »Heimatlosigkeit«. Diese Geschichte zu verstehen, ist selbst eine philosophische Aufgabe. Philosophie muss herausfinden, inwieweit die soziologische Analyse, dass die neue »Heimatlosigkeit« ohne jeden weltlosen »Geist« auskommen könne, einen Grund hat – womöglich sogar im Kapitalismus.

Die abschließende Bemerkung jedenfalls klingt, blickt man auf die folgenden Beiträge zu Rahel Varnhagen, wie ein Programm: »Vor der Mannheim'schen Frage nach dem sozialen und historischen Ort soziologischer Fragestellung steht die nach der Seinslage, in der soziologische Analysen historisch berechtigt sind.«[24] Dieser »Seinslage« wird Arendt sich in nicht allzu ferner Zukunft widmen. Zuvor aber erscheint noch ein weiterer Text.

Einen einzigen Aufsatz hat Hannah Arendt mit ihrem ersten Ehemann Günther Stern verfasst, »Rilkes ›Duineser Elegien‹« (Text 2). Gedruckt wurde er in der *Neuen Schweizer Rundschau*, einer vor allem unter der Leitung des Schweizer Essayisten und Journalisten Max Rychner in den Jahren 1922 bis 1931 über den deutschsprachigen Raum hinaus angesehenen Zeitschrift. Gut möglich, dass Rychner, in dessen Zeitschrift der Streit um Mannheim begonnen hatte, durch die Beiträge von Arendt und Stern zu *Ideologie und Utopie* auf die beiden aufmerksam wurde.

Dass Arendt den gemeinsam verfassten Text nie wieder nachdrucken lassen wollte, dürfte weit weniger mit der Scheidung und den sich anschließenden Problemen zwischen den früheren Partnern zu tun gehabt haben. Sowohl begrifflich wie stilistisch, methodisch wie strukturell lässt sich in den Analysen nur sehr wenig »Arendt« erkennen.

24 Siehe dieser Band, S. 33.

Es ist schwer zu entscheiden, welchen Status der mit Stern verfasste Essay über die *Duineser Elegien* überhaupt hat. Einerseits wird hier eine poetische Gegenfigur zur philosophischen Tradition aufgebaut – das Ehepaar beginnt mit Augustin und endet bei Max Scheler, mit dessen Schriften sich Arendt und Stern intensiv auseinandergesetzt hatten. Andererseits werden die *Elegien* ganz in die Gegenwart gezogen, die sich auf die Gottlosigkeit der Welt und die Gottlosigkeit dieser Dichtung bezieht. Am Ende des Aufsatzes heißt es in einer Art dialektischem Umschlag:

> Nihilismus wird damit zum »positiven Nihilismus«, da er seine Gottlosigkeit verzweifelt als Gottverlassenheit versteht, Verzweiflung wird zum einzigen religiösen Residuum und nicht wie in konfessionell gebundenen Zeiten zum Beginn und Stachel der Häresie, Elegie zur letzten literarischen Form religiösen Dokumentes, zum Ausdruck der Verlorenheit selbst, nicht zur Klage um das Verlorene.[25]

Der Artikel war offensichtlich als Probe verfasst, die *Elegien* existenzialistisch zu lesen, ohne dabei auf Heideggers und Jaspers' Vokabular zurückgreifen zu müssen. Wenn es doch erwähnt wurde, dann negativ: So sehen Arendt und Stern in Rilke etwa die Verweigerung von »Kommunikation« (Jaspers) und eine gänzlich andere Form der »Transzendenz« (Jaspers/Heidegger), die den Menschen nicht in der Welt hält, sondern ihn »bezuglos« werden lässt. Außerdem finden sich ständige Oppositionsbildungen, wie etwa im obigen Zitat, was zumindest für Arendts Denken in der Zeit völlig untypisch war.

Schwer ist auch zu sagen, was genau die Motive waren, die hinter der Interpretation standen. Rilke war *en vogue*, Arendt und Stern lasen den Dichter seit vielen Jahren. Von beiden wird man

25 Dieser Band, S. 58.

Ähnliches jedenfalls nicht mehr lesen, und obwohl Arendt Rilke in späteren Schriften immer wieder zitiert, mutete sie weder ihm noch einem anderen Dichter je wieder die Last zu, die sie den *Elegien* aufbürdete.

Der Text fand weder in der Rilke-Forschung, mit der sich Arendt nur einmal und das wohl nur mit wenig Lust auseinandersetzte (Text 17), noch in den diversen Debatten um die Existenz- oder Existenzialphilosophie größere Beachtung. Innerhalb von Arendts Werk stellt der Text in jeder Hinsicht ein Kuriosum dar: Er ist die einzige Veröffentlichung, die einen Mitautor ausdrücklich nennt.

III.

Anfang 1933 erschienen zwei Besprechungen (Texte 12 und 13) Arendts in der Zeitschrift *Die Gesellschaft*. Die Rezension eines Romans von Giovanni Papini trägt dabei alle Züge einer Gelegenheitsarbeit.[26] Wichtig ist, nicht zuletzt für Arendts spätere Positionen zur sogenannten Frauenfrage und dem Feminismus, ihre Auseinandersetzung mit der seinerzeit viel diskutierten Schrift *Das Frauenproblem der Gegenwart*[27] von Alice Rühle-Gerstel. Die Vorgehensweise in der Rezension entsprang dem damaligen Interesse Arendts an soziologischen Methoden und der Art und Weise, wie damit auf die »Wirklichkeit« zugegriffen wurde. In dieser maßgeblich durch Karl Mannheim geprägten Phase interessierte sich Arendt für die Bildung von Typologien, Empirie und den Folgen, die sich daraus für eine Philosophie ergeben.

---

26 Zu einer Einordnung des Texts siehe: Thomas Meyer, »Christus kam nicht nur bis Heidelberg«, in: *Frankfurter Allgemeine Zeitung,* 23. Dezember 2020, N. 3.

27 Alice Rühle-Gerstel, *Das Frauenproblem der Gegenwart. Eine psychologische Bilanz*, Leipzig 1932.

Obwohl der Text nur zwei Seiten ausmacht, gelingt es Arendt, ihre soziologisch-analytische Sicht der Frauenfrage darzustellen:

> Die durchschnittliche Situation der berufstätigen Frau ist aber noch komplizierter. Nicht nur, daß sie trotz ihrer prinzipiellen Gleichberechtigung eine faktische Geringschätzung ihrer Leistungen einstecken muß, sie hat außerdem noch Pflichten übrigbehalten, die sich mit ihrem neuen Stand nicht mehr vereinbaren lassen und die teils auf gesellschaftlichen, teils auf biologischen Tatsachen basieren: sie soll neben dem Berufe noch einen Haushalt besorgen und für ihre Kinder sorgen. So scheint die Freiheit des Erwerbs entweder zu ihrer Versklavung oder zu einer Auflösung der Familie zu führen.[28]

Aus dieser Ist-Situation folgt für Arendt eben nicht, dass es eine spezifische »Frauenbewegung« geben dürfe, ebenso wenig wie eine »Jugendbewegung«. Beide seien zu abstrakt, könnten die Partikularinteressen, wie man heute sagen würde, nicht plausibel so darstellen, dass die an sich berechtigten Forderungen der Frauen sich ins Politische übersetzen und dann die Verhältnisse ändern würden.

Die aus einer deutsch-jüdischen Familie stammende, in Prag geborene Rühle-Gerstel spannte das »Frauenproblem« nicht nur soziologisch-empirisch, sondern auch individual- und tiefenpsychologisch, letztlich marxistisch auf. Alles Disziplinen und Ideologien, die Arendt als Herausforderung für die Philosophie begriff. Anders als die Soziologie weckten die diversen Psychologien der Zeit ihre Skepsis, war doch die verhandelte Intimität ohne jede Aussagekraft für das Ganze der Person oder gar der Gesellschaft. Auch der Blick auf Rühle-Gerstel bildet in dieser Zeit letztlich nur ein Intermezzo.

28 Dieser Band, S. 142.

Hannah Arendts Auseinandersetzung mit *Ideologie und Utopie* und der gemeinsam mit Günther Stern verfasste Rilke-Aufsatz schlossen eine erste Phase in ihrer intellektuellen Entwicklung ab, die mit der Augustin-Studie begonnen hatte. Sie forschte von nun an über Rahel Varnhagen, ihre Zeit und ihre Umfelder. In Arendts Publikationen geht es nicht länger um philosophische Grundlegungsfragen, sondern um konkrete historische Personen und Konstellationen und deren Verhältnis zur Mehrheitsgesellschaft. Die beiden Texte in der *Frankfurter Zeitung* zu Augustin und Sören Kierkegaard (Texte 3 und 5) bestätigen als Ausnahmen die Feststellung. Aber selbst in diesen beiden Fällen gilt Arendts Interesse mehr den historischen Persönlichkeiten und ihrer Rezeption als einer philosophischen Einordnung. Am Kierkegaard-Text mag man zudem eine Opposition zu der 1933 in Buchform erschienenen, zwei Jahre zuvor in Frankfurt bei Tillich eingereichten Habilitationsschrift von Theodor W. Adorno erkennen.[29]

Die Varnhagen-Beiträge (Texte 9, 10, 11, 14 und 15) sowie jene zu Adam Müller (Texte 7 und 8) und Friedrich von Gentz (Text 6) entstanden aus einem Forschungszusammenhang, den Karl Mannheim an der Frankfurter Universität geschaffen hatte. In einem Brief Mannheims an den Religionsphilosophen Martin Buber vom 22. Dezember 1931 heißt es dazu:

> So habe ich u. a. im Anschluß an meine Übungen eine Forschungsgemeinschaft herausgebildet, die das Spezialproblem »Liberalismus und Judentum« behandeln, in erster Reihe die Frage, wie die einzelnen sozialen Schichten sich in der ersten Hälfte des 19. Jahrhunderts zu den Emanzipationsbestrebungen gestellt haben, und welche Art von Existenzialbeeinflus-

29 Theodor Wiesengrund Adorno, *Kierkegaard. Konstruktion des Ästhetischen*, Tübingen 1933.

sungen zwischen Juden und Nichtjuden in dieser Zeit aufzuweisen sind.[30]

Vor allem Arendts früher Aufsatz über die jüdischen »Emanzipationsbestrebungen« (Text 11), die Keimzelle des Buches über Rahel Varnhagen, entstammte genau diesem Arbeitszusammenhang, in dem auch die Dissertationen des Soziologen Hans Gerth und des späterhin berühmten Jerusalemer Historikers Jakob Katz entstanden waren. Deren Arbeiten *Die sozialgeschichtliche Lage der bürgerlichen Intelligenz um die Wende des 18. Jahrhunderts* und *Die Entstehung der Judenassimilation in Deutschland und deren Ideologie* waren Beispiele dafür, dass Mannheims Forderung, die »Heimatlosigkeit« zum Ausgangspunkt zu machen, soziologisch-historisch konstruktiv sein konnte. Es ging dann nämlich um die an die jeweilige Gegenwart gebundenen Perspektiven, ohne dazu selbst einen Standpunkt einnehmen zu müssen. Nicht ein irgendwie geartetes Allgemeines sollte über Erkenntnis und Interesse der Forscher stehen, nicht die Gegenwart sollte verstanden werden, sondern, ganz im Sinne der Synthese Mannheims, im Historischen das Überdauernde, womöglich in die Zukunft Weisende betrachtet werden – immer aus der Sicht der jeweiligen Epoche. Der Liberalismus war insofern für diese Sichtweise eine Herausforderung, als er selbst ohne einen »Geist« auszukommen schien, der auf ein philosophisch Allgemeines zielte, und stattdessen der jüdischen Minderheit nicht mit Vorgaben, sondern mit Angeboten, mit einer bestimmten Offenheit gegenübertrat.

Hannah Arendt konnte in Mannheims Analysen und in den Arbeiten seiner Schülerinnen und Schüler zugleich erkennen, dass solche Prognosen nichts taugten, wenn nicht die grundlegenden Begriffe geklärt waren. In Arendts Fall hießen sie »Aufklärung und Judenfrage«, zu denen sie in der renommierten *Zeitschrift für die*

30 Martin Buber Nachlass, Arch. Ms. Var 350/File 473 Karl Mannheim.

Geschichte der Juden in Deutschland (Text 11) ihr Debüt in einem Zusammenhang gab, der ihr gänzlich fremd war. Die Zeitschrift gehört zu den wichtigen Organen der Wissenschaft des Judentums. Geprägt wurde sie wesentlich durch Ismar Elbogen. Der Historiker war Professor an der Berliner Hochschule für die Wissenschaft des Judentums. Elbogen war an Arendt wohl auch deshalb interessiert, weil zur gleichen Zeit Siegfried Ucko, später Sinai Ucko, an einer Habilitationsschrift zu genau diesem Thema saß. In den USA wird Elbogen Arendt bei Salo Wittmayer Baron einführen, mit dem sie eine lebenslange Arbeitsbeziehung und Freundschaft verbinden wird.

Arendts Aufsatz bildete die Basis für die späteren Versuche, Rahel Varnhagen und ihr jüdisches wie nichtjüdisches Umfeld in der Aufklärungs- und Emanzipationsgesichte zu situieren. Wie intensiv sie sich in die Literatur von Lessing bis in die Romantik eingelesen hatte, belegt nicht nur der Text selbst, sondern auch ihre Analyse von Hans Weils Buch über die *Entstehung des deutschen Bildungsprinzips* (Text 4). Die Schrift des wesentlich durch Mannheim geprägten Weil machte damals Furore und wurde in der ersten Fassung 1930 als Dissertation, zwei Jahre später dann in Frankfurt als Habilitation anerkannt. In ihrer Rezension prüfte Arendt das Historische ebenso ausführlich wie kenntnisreich.

Was die Texte von 1932 charakterisiert, ist die Gleichzeitigkeit von Zugangswechsel und Politisierung. Die »geistige Situation« wird umwegig erfasst und dazu immer die Gegenwart einbezogen. Nirgendwo wird das klarer und deutlicher ausgesprochen als am Ende des großen Aufklärungs- und Emanzipationsaufsatzes (Text 11):

> Innerhalb einer geschichtlichen Wirklichkeit, innerhalb der europäischen säkularisierten Welt, sind sie [die Juden] gezwungen, sich dieser Welt irgendwie anzupassen, sich zu bilden. Bildung aber ist für sie notwendig all das, was nicht jüdische Welt

> ist. Da ihnen ihre eigene Vergangenheit entzogen ist, hat die gegenwärtige Wirklichkeit begonnen, ihre Macht zu zeigen. Bildung ist die einzige Möglichkeit, diese Gegenwart zu überstehen. Ist Bildung vor allem Verstehen der Vergangenheit, so ist der »gebildete« Jude angewiesen auf eine fremde Vergangenheit. Zu ihr kommt er über eine Gegenwart, die er verstehen muß, weil er an ihr beteiligt wurde. Die Vergangenheit muß, soll die Gegenwart überhaupt begriffen werden, neu und ausdrücklich ergriffen werden. Das Ausdrücklichmachen der Vergangenheit ist der positive Ausdruck für die Herder'sche Distanz des Gebildeten – eine Distanz, die die Juden von vornherein mitbringen. So entsteht aus der Fremdheit der Geschichte die Geschichte als spezielles und legitimes Thema der Juden.[31]

Die herkunftsbedingte Aufmerksamkeit, die Arendt hervorhebt, ist natürlich eine, die selbst auf geschichtlichen Erfahrungen beruht, ohne dass, und das wird für Arendt in den Vierzigerjahren wesentlich werden, jüdische Geschichte als eine mitgestaltete sichtbar würde. Arendt wird Rahel Varnhagens Texte und Briefe aus dieser Perspektive lesen, dabei aber in den verschiedenen Arbeitsstufen hin zur Biografie den Ton ändern und schließlich mit ihr ganz auf Augenhöhe sein. Die »Heimatlosigkeit« war 1930 noch ein Problem, das sich in die Gegenüberstellung von Philosophie und Soziologie pressen ließ. Als sich Arendt zwei Jahre später mit einer zentralen Figur der jüdischen Emanzipationszeit beschäftigte, war die »Heimatlosigkeit« Teil der eigenen Situation geworden. Auch insofern gehören die Rahel-Analysen schon dem Exil an, das Arendt bald nach der Machterteilung an Hitler im Sommer 1933 tatsächlich mit der Flucht über Prag nach Genf und schließlich Paris antrat, dem eigentlichen Zielort.

Die Texte zu Varnhagen präsentieren eine Salonnière, die es

31 Siehe dazu dieser Band, S. 136 f.

in der Bedeutung mit den kanonisierten Klassikern aufnehmen kann, die aber durch ihr Jüdischsein *in der Zeit* eine ganz andere Wahrnehmung von sich und der Gesellschaft hat. Arendts erster Text zu Varnhagen war noch 1931 geschrieben, im Jahr darauf veröffentlicht worden (Text 9). Publiziert im viel gelesenen *Deutschen Almanach* des Reclam-Verlags, teilte sie zudem den Archivfund eines Briefes von Varnhagen an Pauline Wiesel (Text 10) vom Juni 1826 mit. Beide Texte stehen ganz im Kontext des Bandes, der sich als ein freier Beitrag zum Goethe-Jubiläumsjahr verstand. Teile des Essays wanderten später ins Varnhagen-Buch, manches in andere Zusammenhänge, was nochmals auf den Kompositionscharakter der Biografie verweist.

Der Essay über Varnhagen von 1932 ist aber auch ein Dokument der Beziehung Arendts zu ihrem Ehemann. Günther Stern hatte 1930 in dem Arendt gewidmeten Vortrag »Freiheit und Erfahrung« einen Begriff benutzt, der zum festen Bestandteil seiner anthropologischen Überlegungen gehörte: »Unfestgelegtheit«. Es ist dieser Begriff, der im Zentrum des Varnhagen-Essays steht. Die »Unfestgelegtheit« bezeichnete für Arendt den Freiheitsspielraum Varnhagens, den sie durch ihr Außenseiterinnendasein gewann. Denkt man »Unfestgelegtheit« mit »Heimatlosigkeit«, dann ergibt sich die durch Arendts Status – »berufslos« – beglaubigte, politisch-persönliche »sozial freischwebende Intellektuelle«, von der Mannheim als neuem Typus der Zeit schrieb.

Arendts Rahel Varnhagen war in den Jahren 1932/33 ein konkreter Idealtypus geworden. Ihre Geschichte war zunächst die Geschichte eines Austritts aus der unverschuldeten Unmündigkeit. Aber das alles andere als leichthin ausgerufene »Sapere aude« Immanuel Kants konnte dann doch nur in sehr bestimmten intellektuellen und sozialen Umfeldern aufgenommen werden. Selbst Moses Mendelssohn wies die vermeintliche Naivität entschieden zurück, zum Gebrauch der eigenen Vernunft aufzurufen reiche schon aus, um aufgeklärt zu sein. Das galt noch mehr für Varnhagen, bei der Arendt die Gleichzeitigkeit von In-sich-gefangen-Sein, der sich daraus ergebenden Persönlichkeit und der hauchdünnen und doch stabilen Wand, die ihre Heldin von der Welt trennte, erkennen konnte. All das wurde nicht zugeschnitten auf ein »jüdisches« oder »weibliches Schicksal«, dem etwas Besonderes, Einmaliges anhaftete und das doch nie als etwas Individuelles erschien. Genau darüber, glaubte Arendt, habe Varnhagen selbst geschrieben, die spätere Biografin übersetzte es bereits in den Aufsätzen in ihre Zeit.

So wird die Rezension einer Auswahl-Ausgabe von politischen Schriften Adam Müllers im September 1932 zu einem Angriff auf die »nationalsozialistische Bewegung«, denn der Herausgeber möchte die »Bewegung« mit einer in die politische Romantik hinein verlängerten »Geschichte ausstatten« (Texte 7 und 8).

Mit dem 30. Januar 1933 beginnt eine neue Zeitrechnung. Inmitten einer Phase von Gewaltexzessen und ersten nationalsozialistischen Gesetzen und Anordnungen beginnt die angestrebte »Volksgemeinschaft« erste Konturen anzunehmen. Zugleich erhalten sich, durchaus selbstbewusst, Freiräume, die aber nicht einfach »da« sind, sondern bereits verteidigt werden müssen. So wird ein für den 6. März 1933 geplanter Radio-Essay Arendts über Rahel Varnhagen wenige Tage zuvor aus dem Programm genommen.

Max Rychner hingegen steht bis 1937 für »Freiräume« in der *Kölnischen Zeitung* ein. Arendts Beitrag vom März 1933 (Text 14) ist nun in einem anderen Ton gehalten: Varnhagen bildete keinen Überschuss, hatte in diesem Sinne keine Interessen, vielmehr war sie ganz ihr Leben. Insofern war sie ein Ideal, denn in ihrer Person fielen Privates und Öffentliches in eins. Arendt verzichtete darauf, von Identität oder Authentizität zu schreiben, sie folgte auch keiner philosophischen Tradition, die zwischen Sein und Seiendem oder Objekt und Subjekt unterschieden hätte. Die Fülle des Lebens, nicht mehr und nicht weniger, war das, was sie war, und das, was sie interessierte. Dieses Interesse entstand im Zusammensein mit anderen und führte dennoch auf sie zurück.

Genau einen Monat später, am 7. April, wählte Arendt in der *Jüdischen Rundschau* einen anderen Zugang (Text 15). Im Beitrag in der *Kölnischen Zeitung* war Varnhagen zurückgeworfen auf ihre Selbstwahrnehmung, die Öffentlichkeit bestätigte bloß, was sie über sich wusste und ausdrückte. Genau das war »Originale Assimilation. Ein Nachwort zu Rahel Varnhagens 100. Todestag«, wie die Überschrift in der *Rundschau* lautete. Durch diesen Text, den man als Kommentar zur Kölner Variante lesen kann, wird Letztere politisch, jüdisch-politisch. Denn genau diese ursprüngliche Anpassung an die nichtjüdische bürgerliche Mehrheitsgesellschaft war nach Arendt nunmehr gescheitert, deshalb war das angekündigte »Nachwort« wörtlich zu nehmen. Die offene Gewalt gegen Jüdinnen und Juden, die Zerschlagung des Weimarer Parlamentarismus, die ersten antijüdischen Gesetze und Verordnungen, die freiwillige und angeordnete (Über-)Anpassung an den neuen Maßnahmen- und Normenstaat verlangten einen Rückblick auf das historische Ereignis. Für die Zeitgenossen war all das sonnenklar: Der 7. April 1933 war der Tag, an dem im Reichsgesetzblatt das »Gesetz zur Wiederherstellung des Berufsbeamtentums« veröffentlicht wurde, dessen Paragraf 3 den sogenannten Arierparagraphen enthielt.[32]

Das war die Wirklichkeit, auf die zu reagieren war. Die Diagnose der »Unfestgelegtheit« wurde beibehalten, dieses Mal ohne den Begriff, dafür geschichtlich und soziologisch begründet. Dazu wird der Text zu Beginn mit zeitgenössischen Diskussionen und ihren Topoi geradezu vollgestopft. Jeder Satz ließe sich auf Bestrebungen jüdischer Verbände und Organisationen, deren Vertreter

32 Siehe: https://www.bundesarchiv.de/DE/Content/Virtuelle-Ausstellungen/NS-Digitalisierung/Berufsbeamtentum_virtuelle_ausstellung.html (letzter Zugriff 8. März 2024).

und die öffentlichen Stellungnahmen beziehen. Wenn bei Arendt vom jetzt ausgerufenen »Abwehrkampf« die Rede ist, dann steht der Central-Verein deutscher Staatsbürger jüdischen Glaubens dahinter; wenn sie auf die »Taufe« und die Abgrenzung vom »Ostjudentum« zu sprechen kommt, dann thematisiert sie zwei etablierte Formen der Distanznahme, die jetzt weggefallen waren, da die Nationalsozialisten ein Konstrukt namens »Jude« geschaffen hatten, das von nun an jede Jüdin, jeden Juden, so Arendts implizite These, auf das Leben zurückwarf. Und genau dadurch brachen die gesellschaftlich-sozialen Unterschiede innerhalb der verschiedenen Judenheiten in Deutschland in aller Schärfe auf. Wenn sich Arendt erneut in der *Jüdischen Rundschau* gegen »Privatzirkel« (Text 16) wandte, dann weil es ihr schien, dass nichts mehr an der Zeit sei, als dass alle jüdischen Verfolgten eine Einheit bilden müssten. Doch auch dieser Hoffnungsschimmer, wenn es denn einer war, erlosch rasch. Nach einer wenige Tage dauernden Haftzeit – Arendt hatte im Auftrag der *Jüdischen Rundschau* und des Schriftstellers Arnold Zweig antisemitische Texte in Lokalzeitungen gesammelt und war erwischt worden – verließ sie Deutschland für immer.

IV.

Paris. Hannah Arendt kam im Oktober 1933 in der französischen Hauptstadt an. Alte Kontakte, die jetzt Emigrantenkontakte waren, blieben bestehen. So etwa jener mit dem bereits erwähnten Arnold Zweig, der Arendt als Mitarbeiterin für ein geplantes Buch mit dem Titel *Bilanz der deutschen Judenheit* gewann.

Wohl im Frühjahr 1934 begann Arendt für die Organisation »Agriculture et Artisanat. Association pour la préparation professionelle de la jeunesse juive« (»Landwirtschaft und Handwerk. Verein zur Berufsvorbereitung der jüdischen Jugend«) zu arbeiten, die von dem katholischen Zionisten Justin Godart 1933 gegründet worden war.

Eine Tätigkeit, die Arendt mit zahlreichen jüdischen Zionistinnen zusammenbrachte, mit denen sie nicht nur Aktivitäten wie die Rettung von Kindern und Jugendlichen teilte, sondern die ihr den Einstieg in die französisch-jüdische Publizistik ermöglichten.

Der italienische Kantor und Großrabbiner David Prato wirkte von Alexandrien aus ins französisch-jüdische Leben hinein, zunächst mit der zweisprachigen französisch-hebräischen Zeitschrift *L'Illustration Juive*, ab dem Januar 1933 mit den sehr anspruchsvollen *Cahiers Juifs*. Sich zeitlebens als Zionist und orthodoxer Jude verstehend, hatte sich Prato sehr früh in der Bildungsarbeit für Kinder und Jugendliche eingesetzt und war in zahlreichen international tätigen jüdischen Verbänden engagiert, so auch beim Jüdischen Weltkongress in Genf, den er 1934 miteröffnete. Aus den internationalen Kontakten rekrutierte er zahlreiche Autorinnen und Autoren für die diversen Zeitschriften, stets gemischt mit jungen Kräften vor Ort. Prato wurde nach seiner Rückkehr 1937 Oberrabbiner von Rom, wo er durch den faschistischen Gruß in der Synagoge Skandale produzierte, was die Naziblätter als Anbiederung begeistert registrierten und auch in deutschen jüdischen Zeitschriften thematisiert wurde. Sich und die anderen italienischen Juden glaubte er sicher, musste jedoch 1938 nach Palästina fliehen, bevor er 1945 als Oberrabbiner nach Rom zurückkehrte.

In den *Cahiers* wurde die politische Entwicklung in Deutschland sehr genau verfolgt: Im September 1933 erschien ein über 300-seitiges, mit einem Vorwort von Albert Einstein versehenes Doppelheft unter dem Titel »L'Apport des Juifs d'Allemagne à la civilisation allemande« (»Der Beitrag der Juden Deutschlands zur deutschen Zivilisation«). In diesen *Cahiers* veröffentlichte Hannah Arendt ihren ersten fremdsprachigen Artikel. »Rahel Varnhagen et Goethe« (Text 19) war mit wenigen Umarbeitungen dem Maschinenmanuskript der Varnhagen-Biografie entnommen, das sie Karl Jaspers 1933 hatte schicken lassen. Der mit »Hannah Arendt-Stern« gezeichnete Text erschien in der Herbstausgabe 1934 und wirkt in seiner sehr unterschiedlichen sprachlichen Qualität wie ein nachträglich überarbeiteter und verbesserter Beitrag.

Von »Agriculture et Artisanat« ging es weiter zur am 30. Januar 1933 durch Recha Freier in Berlin-Charlottenburg gegründeten Kinder- und Jugend-Alijah, einer Organisation, die ebenso wie Godarts Gruppe möglichst viele Jugendliche nach Palästina bringen wollte. Hier wird Arendt von 1935, mit einer Unterbrechung von Ende 1936 bis etwa Mitte 1938, dann bis Ende 1939 arbeiten. Sie fährt im Frühsommer 1935 selbst mit einer Gruppe von Jugendlichen nach Palästina, arbeitet für Henrietta Szold in Jerusalem, der Nachfolgerin Freiers, baut in Paris ein eigenes Büro auf, besucht verschiedene zionistische Kongresse und ist ganz und gar in die Arbeit eingebunden. Die wenigen Texte, die sie in dieser Zeit schreibt, sind ganz und gar an den Zielen ihrer Arbeit ausgerichtet. Mit Martin Buber wird den Jugendlichen eine Leitfigur vorgestellt, an dessen Engagement und Mut sie sich ausrichten sollen (Text 21). Die anderen Texte, die allesamt in *Le Journal Juif* erschienen, beschreiben die elende Lage der jüdischen Flüchtlinge, und wie man ihr Abhilfe schaffen kann (Texte 20 und 22). Zum engsten Umfeld des *Journal Juif* zählte Juliette Stern, mit der Arendt bis Ende September 1939 im Rahmen der Kinder- und Jugend-Alijah aufs engste zusammenarbeiten wird. Stern, die sich in zahlreichen französisch-jüdischen Organisationen engagierte, war eine überzeugte Zionistin. Sie und weitere Frauen waren überzeugt, dass die Arbeit mit Jugendlichen an vorderster Stelle der Aktivitäten stehen müsse. Auch deshalb brachte das *Journal* von 1935 in jeder Ausgabe zwei Seiten mit Themen für Jugendliche.

1936 folgt noch ein Text in der Exil-Zeitung *Pariser Tageblatt* (Text 23). Arendt, die sich – soweit bekannt – vollständig aus den zahllosen Emigrantendebatten über den Widerstand gegen die

Nationalsozialisten und die künftige Gestaltung Deutschlands und Europas herausgehalten hatte, dürfte gleichwohl leicht Kontakt zur Redaktion der Zeitung gefunden haben. Auch wenn die oftmals zu lesende Vorstellung, dass jeder jeden kannte und jeder jedem half, eine erfolgreich verfangende populärwissenschaftliche Mär ist, so kannte Arendt doch mindestens zwei Journalisten, die für das Tageblatt schrieben. Darunter Erich Gottgetreu, der in seinen Texten immer wieder auf die Kinder- und Jugend-Alijah zu sprechen kam.

Die Texte dokumentieren eine völlig andere Arendt, wenn man so will. Gleich bleiben die absolute Ernsthaftigkeit und Klarheit, die ihre früheren Texte bis hin zu den fachlichen Polemiken und Auseinandersetzungen kennzeichneten.

Nunmehr geht es jedoch um Menschen. Der »Typus« hat nun Fleisch und Politik, das »Sein« hat Hunger oder Durst, benötigt eine Unterkunft, Sprachunterricht, muss lernen, Getreide anzubauen oder zu feilen. All das ist nichts, wenn es kein Visum gibt. Arendt lernt in Rechtsbegriffen und -dimensionen zu denken, denn sie sind es, die das eigene Überleben und das der Schutzbefohlenen sichern können.[33]

V.

Von Ende Mai bis Ende Juni 1936 hielt Arendt an der Deutschen Volkshochschule in Paris an vier Abenden Vorträge über die »Geschichte des Antisemitismus in Deutschland«. Dabei stand gemäß den Presseankündigungen zunächst der moderne Antisemitismus innerhalb der Aufklärungsepoche, sodann im Adel und in der Romantik bis etwa 1830 im Mittelpunkt, darauf folgte eine Analyse von Karl Marx' Schriften zur Judenfrage bis hin zum selbst

33 Zu all dem siehe Thomas Meyer, *Hannah Arendt*, S. 103–205.

ernannten »Vater der antisemitischen Bewegung«, dem Theologen Adolf Stoecker, um die Vortragsreihe schließlich bis zur Gegenwart zu führen. Von diesen Vorträgen hat sich lediglich ein nicht vollständig ausgearbeiteter Text erhalten (Text 24).

Es gibt keine Hinweise darauf, wie Arendt in Kontakt mit der Deutschen Volkshochschule kam, die Johann-Lorenz Schmidt, wie sich László Radványi seit der Heirat mit der Schriftstellerin Anna Seghers 1925 nannte, im November 1935 mitbegründete. Radványi wurde 1923 in Heidelberg bei Karl Jaspers promoviert, damit ist eine mögliche Verbindung oder Bekanntschaft angedeutet. Er gehörte auch zum Budapester »Sonntagskreis« um Georg Lukács, zu dem auch Karl Mannheim gehörte – eine weitere Möglichkeit.

VI.

Arendt wird gegenüber einem Freund im Dezember 1941 behaupten, dass sie seit 1933 ja nichts geschrieben habe. Der vorliegende Band widerlegt die Behauptung und lässt danach fragen, warum sie eine solche Aussage traf.

In Arendts Nachlass findet sich nämlich ein insgesamt 160 Seiten umfassendes maschinenschriftliches Typoskript, das ganz offensichtlich für eine Publikation gedacht war (Text 25). Das aus sieben Kapiteln bestehende Konvolut, dessen letzter Abschnitt (»Der Adel wird antisemitisch«) mit »Handexemplar« überschrieben ist, ist gleichwohl nicht vollständig, denn auf der letzten vorhandenen Textseite wird auf die kommenden Kapitel verwiesen. Von fremder Hand wurden die Jahreszahlen »1937/38« auf das Typoskript geschrieben, was darauf hindeuten könnte, dass es sich um eine schriftliche Ausarbeitung der Vorträge handelt. Allerdings ist nur wenig Literatur aus der Zeit nach 1933 aufgeführt, sodass zumindest weite Teile des Manuskripts wohl zu jenem

Buchvorhaben gehören, dass Arendt bereits 1934 als mehr oder weniger abgeschlossen bezeichnete.

Fragen der Datierung spielen hier eine wichtige Rolle, denn bis zu den sogenannten Nürnberger Gesetzen von 1935 waren nicht wenige Beobachter der Entwicklung in Deutschland unentschieden über die Fortdauer der nationalsozialistischen Diktatur. Nicht so Arendt. Die Flucht aus Berlin war eine aus der akuten Bedrohung heraus und erfolgte eingedenk der Gewissheit, dass sich die Lage für Jüdinnen und Juden in Deutschland immer mehr und schließlich dramatisch verschlechtern werde.

Diese Einschätzung prägt auch das Typoskript. Schon damals hatte Arendt keinen Zweifel daran, dass es den zur Macht gelangten Antisemitismus in dieser Form nur in Deutschland geben könne. So begann sie mit Christian Wilhelm Dohms *Ueber die bürgerliche Verbesserung der Juden* von 1781, und noch auf der gleichen Seite verwies sie auf Johann Andreas Eisenmengers *Entdecktes Judenthum*, ein bereits von den jüdischen Zeitgenossen als eminent gefährlich verstandenes »Kompendium« aller antiken und mittelalterlichen Lügen über die Gefährlichkeit des Judentums für die jeweiligen Mehrheitsgesellschaften. Während es sich bei den beiden um Klassiker handelte, die einander immer wieder gegenübergestellt wurden, bot Arendt noch eine dritte Schrift auf, nämlich Carl Wilhelm Friedrich Grattenauers *Wider die Juden*, die sie mit der romantischen Bildungselite, also den Brentanos, Arnims, Kleists und der einflussreichen Christlich-Deutschen Tischgesellschaft in Verbindung brachte. Schließlich führte sie noch Wilhelm Marrs *Der Sieg des Judenthums über das Germanenthum* an, sozusagen all die Ausgeburten eines Traums, der nahezu in Erfüllung gegangen war: Seit 1933 herrschten die Nationalsozialisten, eine »Bewegung, deren Schlagwort ›Antisemitismus‹ heißt.«[34] »Nahezu« lediglich, denn »mit der einzigen Ausnahme jener immer

34 Dieser Band, S. 204.

wieder vorgeschlagenen Lösung der Judenfrage, die im Totschlagen aller Juden besteht«.[35]

So begann Arendt ihre Analyse des Antisemitismus, die zugleich eine Analyse der jüdischen Geschichte sein sollte – denn das eine war ohne das andere nicht zu haben, so ihre Überzeugung.

Arendt wählt für die Analyse eine eigene Sprache, es ist die der Entstellung und Ausstellung dessen, was geschehen ist. So hätten die »lumpigen Jahre der Freiheit«, dazu noch einer »bedingten«, offensichtlich ausgereicht, um die »Ostjuden« zum Gegenstand von Arroganz und Überlegenheitsgefühl zu machen.[36] Um sogleich 1933 innerhalb weniger Tage in die Wirklichkeit zurückgeholt zu werden: Von der Superiorität der deutschen Juden sei nichts als eine Fluchtbewegung geblieben. Wer zurückblieb, suchte die Schuld bei sich, während die »Juden des Ostens« feststellten, dass die deutschen Juden von einer »hoffnungslosen Inferiorität« seien.[37]

1933 war folglich das Jahr, das »wirklich das Ende des Zeitalters der bürgerlichen Emanzipation und Judenbefreiungen« markierte, das die Sicherheit im Westen beendete und zugleich signalisierte, dass die neuen Sicherheiten im Osten »illusorisch« seien. Wenn solche Dinge in Deutschland geschehen konnten, dann war es nur eine Frage der Zeit, bis sich Ähnliches morgen woanders ereignete. Die Erfahrungen der deutschen Juden waren für Arendt »durchaus ein Exempel«, ein Aufruf an andere Völker, mit dem »Vernichtungskampf zu beginnen«, weil man ja auf einen schwachen Gegner treffen werde.[38]

Angesichts der »deutschen Katastrophe« und der schwachen Reaktion von deutschen Juden und »Weltjudentum« werde so ein

35 Ebenda.
36 Ebenda, S. 205.
37 Ebenda.
38 Ebenda, S. 206.

Licht auf die letzten 150 Jahre, also die Jahrzehnte der Emanzipation geworfen. Die Entwicklung habe sich nur in Deutschland abspielen können, einer geschichtlich gewachsenen Struktur, die schon immer um den Antisemitismus zentriert gewesen sei, die kein Ventil, keinen Sündenbock benötigt habe. Dies nicht zu sehen war möglich, weil jüdische Geschichte stets als Opfergeschichte konzipiert war.[39] Auch wenn sich im 19. Jahrhundert zwei Formen ausbildeten: im Westen die Hoffnung, in »Weltgeschichte« einzugehen, also ohne das Gepäck des Leidens und ohne Gott, so Arendt. Während im Osten eine »Nationalgeschichte« konstruiert wurde, die nach den »jüdischen« Spuren in den einzelnen Geschichten suchte und dabei »immerhin« die Existenz eines jüdischen Volkes nachwies, hatte die westliche Variante ihren Endzweck schon erreicht: die »Reformsynagoge« als Verkörperung einer Besonderheit, die keine mehr sein will.

Beide Seiten aber hätten, das ist Arendts Punkt für die gesamte folgende Untersuchung, eines nicht verstanden: Dass der Antisemitismus innerhalb dieser Modelle immer nur für eine »Meinung« von Einzelnen gehalten wurde, war ein fataler Irrtum. Doch »unsere Geschichte« – Arendt spricht stets als Jüdin, die sich in diesen bis in die Gegenwart führenden Analysen immer einbindet – möchte schließlich aufgehen in der Geschichte der Mehrheitsgesellschaften, die sie umgäben. »Die Juden waren nichts als Deutsche.« Diesen dogmatischen Schlummer beendet zu haben war das Verdienst des Zionismus. Versagt hatte er dort, wo er an die Stelle der Assimilation, der Anpassung, des Gleichwerdens, die Vorstellung zweier Substanzen setzte: des jeweiligen »Wirtsvolkes« und der Juden, beide ewig, beide unveränderlich. Daher würden beide Deutungen in eine gefährliche Irre führen, denn beide überließen es den Nichtjuden, die jüdische Geschichte zu bestimmen.[40]

39 Vgl. ebenda, S. 207.
40 Vgl. ebenda, S. 208 ff.

Arendt führt Otto Hellers Buch *Der Untergang des Judentums* von 1931 an, um an ihm die dramatische Sackgasse aufzuzeigen, in die die jüdische Geschichtsschreibung als Teil der Gegenwartsanalyse geraten war. Nun war Heller, der 1897 in Brünn geboren wurde und Ende März 1945 im KZ Ebensee, einem sogenannten Außenlager, entkräftet verstarb, kein wirklicher Theoretiker oder Kenner des gewählten Gegenstandes. Er lebte seit 1936 in Paris, sein Buch wurde ins Französische übersetzt, doch die Rolle, die ihm Arendt zuschrieb, hatte es nie: Es war für niemanden exemplarisch, es zeigte auch nichts Allgemeineres an. Die Prominenz des Buches spricht zum einen dafür, dass die früheren Abschnitte aus einem Typoskript stammen, das Arendt im September 1934 als »in seinen Hauptstücken bereits fertiggestellt« bezeichnete.[41] Zum anderen schien es Arendt, dass Heller irgendwie stellvertretend für die »Linke« und ihr Versagen gegenüber der nationalsozialistischen Herausforderung stand.

Weitaus wichtiger war Arendts eigene Gegenwartsanalyse. Sie sah es als fatal an, dass der jeweilige Zustand der Emanzipation, vorgegeben von der deutschen Mehrheitsgesellschaft, nicht als Grund für das Überdenken des eigenen Handelns, sondern auch als Grund für die Anpassung an die jeweiligen Verhältnisse betrachtet wurde. So standen schließlich die deutschen Juden vor dem »wirklichen Repräsentanten« des deutschen Volkes: Hitler, der sie wissen ließ, eine »Rasse« zu sein, für die er besondere Bestimmungen und Gesetze erließ.

Während in diesem Moment völlige Lähmung, Hilflosigkeit und Flucht die einzigen Reaktionsformen waren, hatte der Zionismus seit Theodor Herzl eine andere Strategie, mit den wechselnden Verhältnissen umzugehen. Es ging um die Wahrung dessen, was er unter jüdischer Identität angesichts des Antisemitismus

41 So in einem Schreiben an die Society for the Protection of Science and Learning. Siehe Thomas Meyer, *Hannah Arendt*, S. 126 f.

verstand. Damit hatte sich nach Arendt eine Angleichung von nationalsozialistischer und zionistischer Dogmatik ergeben: Die einen möchten etwas ausscheiden, »ausmerzen«, was aufgrund seiner Fremdheit, seines grundsätzlichen Andersseins nicht dazugehört, während die anderen darauf bestehen, dass das Judentum das Andere ist, etwas, das die Möglichkeit seiner Entfaltung suchen muss, weil es nur so seiner Substanz vollständig gewiss werden kann. Ob nun in ökonomischer Analyse wie bei Herzl oder in »pseudophilosophischer Tiefe« wie bei Martin Buber, heraus komme das, was beide auf ihre Art zu vermeiden trachteten: Die zu rettende Substanz wurde an die jeweilige Gegenwart, den »Zeitgeist«, angepasst.

Arendts Philippika findet ihren, je nach Sichtweise, Höhe- oder Tiefpunkt in der Behauptung, dass der Zionismus der legitime Nachfolger der Assimilation sei. Liest man die scharfen polemischen Äußerungen gegen das Festhalten an dem Ziel, Palästina zur neuen Heimat aller Juden zu machen, dann wird darin vor allem der Verrat an der Substanztheorie deutlich. Denn die Substanz kann nicht im Aufruf zur eindimensionalen Isolation bestehen, derer es bedarf, um Palästina für sich zu gewinnen. »Der Bankrott der zionistischen Bewegung an der Realität Palästinas ist zugleich der Bankrott der Illusion einer autonomen, isolierten jüdischen Politik.«[42]

Das erste Kapitel des Typoskripts ist eindeutig vor dem Engagement für die Kinder- und Jugend-Alijah geschrieben. Was Arendt aber verwirklicht gesehen haben dürfte: dass es möglich war, »jüdische Politik« zu betreiben, zumindest in der Form der Reaktion auf eine existenzielle Bedrohung aller Jüdinnen und Juden. Denn die These, dass Deutschland lediglich die erste Etappe in der Geschichte eines neuartigen Antisemitismus sei und die Gefahr der Vernichtung drohe, hatte sie ja immer wieder betont.

42 Vgl. dieser Band, S. 230 f.

Das erste Kapitel ist mit »Das klassische Land des Antisemitismus« überschrieben und fasst die deutsche Entwicklung als Auslöser einer gesamteuropäischen Angleichung der verschiedenen Judenheiten mit ihren spezifischen Geschichten und Umwelten. Doch Hitlers sogenannte Machtergreifung macht alle Jüdinnen und Juden gleich, er versetzt alle in die gleiche Dynamik, mit noch unterschiedlich spürbaren Folgen: Der deutsche Antisemitismus ist universell, er will alle treffen, er spricht alle gleichermaßen als Feind an. Der größten Errungenschaft, dem größten Vorbild und dem gezollten Respekt folgt nun der Absturz, für Arendt eine Klammer von Lessing bis Rosenbergs *Der Mythus des 20. Jahrhunderts* – sie gehören vom Ende her gedacht in eine Erzählung, die die »Juden« erst in »Menschen« aufgehen sieht, um dann das Menschliche der Jüdinnen und Juden zu bestreiten.

Dazwischen liegt der entscheidende Schritt: die Abstraktion. Der Stolz des Universellen macht aus lebendigen Jüdinnen und Juden ein Prinzip, einen Träger von Eigenschaften, die in einem münden – dem Bösen. Die Gleichsetzung von Jude und Bösem war zunächst als Leistung genug für den Antisemitismus, er zielte noch gar nicht auf die Folgerungen aus dieser Formel. Das war späteren Generationen vorbehalten.

Wichtig war zunächst, dass dieser Prozess möglich, gesellschaftlich akzeptiert und »wissenschaftlich« erreicht worden war. Das zweite Kapitel »Antisemitismus und Judenhaß« versucht dem nun Rechnung zu tragen. Arendt insistiert darauf, dass der moderne Antisemitismus darauf beruht, dass gesellschaftliche Ausdifferenzierungsprozesse rückgängig gemacht werden müssen. »Juden« drohen durch Assimilation und rechtliche Gleichstellung zu »verschwinden«, eine Definition, eine Festlegung nur kann davor bewahren, dass ein Amalgam entsteht.

> Seine Geschichte [die des modernen Antisemitismus] könnte man als die Geschichte von Identifizierungen ansprechen – höchst beliebigen Identifizierungen, denen nur ein Minimum an Realitätsgehalt innezuwohnen hat, was die Juden angeht; höchst notwendigen Identifizierungen, von den Kämpfen der Zeit aus gesehen.[43]

Im dritten Kapitel »Wucherer, Paria, Parasiten« wird eine geschichtliche Entwicklung mit soziologischen und ökonomischen Kategorien rekonstruiert. Wesentlich daran ist, dass die drei Kennzeichnungen durch die gesellschaftlichen und wirtschaftlichen Entwicklungen im 19. Jahrhundert obsolet geworden sind, aber gerade deshalb mit Juden in Verbindung gebracht werden. Er, der Andere, ist nicht modern, ist qua seiner Eigenschaften dem verhaftet geblieben, was sonst als überkommen betrachtet werden muss. Bleibt der Paria, der die Figur der Gegenwart ist – »recht- und staatenlos, Bürger keines Landes«.[44] Als solche werden die Juden wieder Parasiten, denn selbst Flüchtlinge müssen irgendwo leben, und so gehen sie über in eine »Gesellschaft außerhalb der Gesellschaft – eine Kaste.«[45] Arendt bringt hier zum ersten Mal ausformuliert eine späterhin berühmt gewordene These ins Spiel, auch wenn der zweite Begriff – der des Parvenüs – noch fehlt. Es können sich aus der jüdischen Emanzipation heraus nur zwei Typen bilden: eben der Parvenü und der Paria.

Typen, genauer: Idealtypen sind auch die historischen Figuren, die Arendt in der Folge im vierten Kapitel, »Hofjuden und Menschenrechte«, auftreten lässt. An ihnen interessiert sie das Primat des Ökonomischen als Möglichkeit des Erfolges, die Frage der Rechte und schließlich der gesellschaftlichen Teilhabe. Zwischen

43 Dieser Band, S. 248.
44 Ebenda, S. 257.
45 Ebenda.

ihnen gibt es keinerlei Durchbruchsmöglichkeit, das Höchste ist die Verbesserung der Rechtslage. »Dabei« sind die sogenannten Hofjuden noch lange nicht, nur weil sie Privilegien genießen, die ihnen jederzeit wieder entzogen werden können. Dass die Gettos im 18. Jahrhundert aufgelöst wurden, mag als Einbrechen von Grenzen gedeutet werden, doch nunmehr setzt sich die Armut frei, die Reichen werden nun die räumliche Trennung von ihren einstmaligen Schicksalsgenossen vornehmen. Der Fall der Mauern macht den Unterschied zwischen West- und Ostjuden noch augenfälliger, die Gegensätze werden jetzt erst richtig instrumentalisierbar.

Das fünfte Kapitel widmet sich den »Ausnahmejuden«, also jenen, die aufgrund ihrer Ausgeschlossenheit einen Raum anbieten können, der mal aus Kuriosität, mal aus Neugier oder Faszination angenommen wird, zumindest bei den gebildeten Ständen. Arendt sieht diese Situation als Grundlage für die Entstehung der jüdischen Salons an. Das Zeitfenster schließt sich rasch wieder, wie das sechste Kapitel, »Gesellschaft und Staat schaffen die Ausnahmejuden ab«, belegen soll: Die enge, nun nicht mehr »bloß« ökonomische Verbindung zwischen Adligen und Juden führt zu neuen Ressentiments. Für Revolutionen, für radikale Veränderung plädieren Juden und Adlige aus Sicht der Bürger gleichermaßen und greifen auf diese Weise auch gleichermaßen den Status quo an. Das Ressentiment verdoppelt sich, da Adlige nicht auf die »Judenseite« geschoben werden möchten.

Das hatte nach Arendt weitreichende Folgen: Diejenigen, die gegen den Staat standen, fanden den Antisemitismus am attraktivsten und setzten ihn entsprechend ein. Die Verbindung der Ausnahmejuden mit dem Staat war ein beliebter Angriffspunkt moderner Antisemiten, denn was konnte das schon für ein »Staat« sein, der die eigenen Leute schröpfte und die Profiteure der Situation mit Vorteilen ausstattete?

Das siebte und letzte überlieferte Kapitel trägt die These bereits im Titel: »Der Adel wird antisemitisch«. Die Herausbildung eines eigenständigen Bürgertums, das zudem ein Emanzipationsversprechen an die jüdische Minderheit äußerte, musste, so Arendt, als Bedrohung aufgefasst werden. Dem konnten die Angegriffenen nur durch eine Transformation der Staatsbegründung und eine Neuordnung der sozialen Struktur entgegenwirken. Beides ging in der politischen Theorie der Romantik zusammen, wenn man sie unter dem Begriff des »Organischen« zusammenfasste. Dieser Begriff ermöglichte es dem Adel, eine autonome Geschichte ohne jeden fremden Einfluss zu erzählen, schließlich zählte er nach Jahrhunderten, Generationen, Schlachten und Ehrbezeugungen, nicht nach kurzfristigen Beziehungen und Abhängigkeitsverhältnissen. Der Staat verstand sich als gewachsenes Gemeinwesen: Zu ihm gehörten diejenigen, die schon seit Langem zu seinem Wohlergehen beitrugen, die für ihn arbeiteten, die hier geboren waren, eine historische Kategorie also, die keine Evidenz in der Gegenwart benötigte, sondern aus der Vergangenheit schöpfen konnte. Das hieß, dass nicht jeder von Anfang an mit dabei war.

Doch dabei gilt es eines zu beachten, eine Einsicht, die Arendt für alle ihre Entwicklungsgeschichten als Regel aufstellte, obwohl es ihrem Geschichtsverständnis fundamental widersprochen hätte, wenn von Prozessen oder gar messbaren und dadurch logisch herleitbaren Ereignissen die Rede wäre. Arendt schrieb:

> Solange der Antisemitismus sich nicht grundsätzlich den großen geschichtlichen Kämpfen seiner Zeit verbinden kann und solange er nicht von mindestens einer einheitlichen Schicht des Volkes getragen wird, bleibt er ohne politische Bedeutung und ist den Juden nicht gefährlich.[46]

46 Ebenda, S. 297.

Gelingt dies aber, dringt er aus dem Ungefähren hervor, dann ist der Antisemitismus ein politisches, das heißt die gesamte Gesellschaft betreffendes Problem. Dann wird er gefährlich, weil er nach Solidarität fragt, weil er die Grenzen auslotet, vor allem die Grenzen des Staates, der sich um die Stabilisierung nach innen bemühen muss, das Ganze im Blick hat, nicht irgendwelche Partikularinteressen. Möglichkeiten für solche Durchbruchversuche bietet, so Arendt, gerade das assimilierte Judentum. Es will die Freiheiten nutzen, zugleich den Eigensinn beibehalten und mit der gesellschaftlichen Modernisierung zum eigenen Nutzen verändern. Zugleich dürfen weder Erfolg noch Misserfolg etwas werden, was Aufmerksamkeit erzielt. Neid und Schadenfreude sind zwei leicht mit alten antijüdischen Stereotypen zu verbindende Emotionen, die Eigendynamiken entwickeln können. Aber noch ist es nicht so weit. Die Funktionen von Juden und die Bilder, die man sich von ihnen macht, wechseln mehrfach.

Der Staat entdeckt zum einen, dass Reformen allen nutzen müssen. Die Einsicht darin muss gefördert werden, und so muss der politische Auftrag lauten, Bildung und Erziehung als Mittel zur Stärkung des entstehenden Bürgertums einzusetzen. Jude, Bürger, Deutscher gleichzeitig sein zu können, das ist das Ziel, das erreicht werden muss.

Doch das Bürgertum ist kein vom Himmel gefallenes Phänomen, es ist allmählich entstanden und wie jede neue Schicht, jede Klasse, muss es Vorhandenes verdrängen oder so stark werden, dass sich andere zu seinen Erwerbs- und Lebensformen bekennen. Der Adel ist hier in erster Linie angesprochen. Bürger wie Juden scheinen aus dessen Sicht die Nutznießer der Entwicklung zu sein: Die beiden Träger der Moderne verschmelzen zu einem. Der Antisemitismus in seiner modernen Form ist ebenso antibürgerlich.

Auch diese Feststellung wurde für Arendt zum Exempel, zu einem möglichen Muster, um in anderen Ländern die antisemitischen Tendenzen genauer bestimmen zu können. Bei alldem stand insbesondere eines fest: Wenn die europäischen Jüdinnen und Juden nicht die Bedeutung des Politischen erkannten, würden sie zwischen Nationalstaatsträumen und Flucht zerrieben werden.

Mit dem Typoskript endet die Überlieferungsgeschichte von Hannah Arendts Weg als Philosophin, Historikerin, Soziologin und Publizistin, in Deutschland wie in Europa. 1938 wird sie sich nochmals in der Kinder- und Jugend-Alijah engagieren. Als ihre Stelle Ende September 1939 ausläuft, hat sie, die mithilfe einer Stiefschwester ihre Mutter aus Königsberg herausholen konnte, den Weg der zunehmenden Entrechtung in Frankreich vor sich. Am 16. Januar 1940 wird Arendt Heinrich Blücher in Paris heiraten, kann später glücklich aus dem Lager Gurs entkommen und über Marseille nach Lissabon gelangen. Ende Mai 1941 kommt das Ehepaar Blücher-Arendt mit dem Schiff in New York an. Ein gänzlich neues Leben beginnt jetzt, bestimmt vom Zweiten Weltkrieg und dem, was später Holocaust oder Shoah heißen wird: der Vernichtung des europäischen Judentums.